La Universidad.
Una propuesta de renovación

Colección
"Pensamiento"

Lydia Jiménez (dir.)

LA UNIVERSIDAD.
UNA PROPUESTA DE RENOVACIÓN

Edición de:
MARÍA TERESA CID VÁZQUEZ

FUNDACIÓN UNIVERSITARIA ESPAÑOLA

Publicaciones
de la
FUNDACIÓN
UNIVERSITARIA
ESPAÑOLA

Colección "Pensamiento" – 3

Cubierta: Claustro del *Palazzo dell'Archiginnasio*, sede histórica del *Alma Mater Studiorum*, Universidad de Bolonia, entre 1563 a 1803; actualmente es la Biblioteca Municipal *Archiginnasio*.

FUNDACIÓN UNIVERSITARIA ESPAÑOLA
Alcalá, 93. 2800 MADRID
Tel. 91 431 11 93 – 91 431 11 22
Fax: 91 576 73 52 – e-mail: fuesp@fuesp.com

ISBN: 978-84-19672-52-0
eISBN: 978-84-19672-53-7
Depósito Legal: M-14320-2025

ÍNDICE

PARTE II
LA UNIVERSIDAD QUE NECESITAMOS:
CULTURA E INVESTIGACIÓN

CAPÍTULO 8. AL SERVICIO DEL HOMBRE: LA MISIÓN DE LA UNIVERSIDAD SEGÚN JOHN HENRY NEWMAN, GABRIELA SCHMIDT

AUTORES

Dr. Rafael Alvira Domínguez (†) (*Capítulo 9*). Catedrático de Filosofía de la Universidad de Navarra. Doctor en Filosofía por la Universidad Complutense (Premio extraordinario) de Madrid y por la Lateranense de Roma. Profesor de Teoría de la Sociedad en la Facultad de Ciencias de la Información de la Universidad de Navarra, en la que fue Decano, Director del Departamento de Filosofía Práctica y Rector de la Cátedra de Música, entre otros cargos. Perteneció como miembro permanente a la Comisión Nacional para la Reforma de las Humanidades. Fue miembro fundador y Presidente del Instituto Empresa y Humanismo (Universidad de Navarra). Vicepresidente de la AIESC (Asociación Internacional para la Enseñanza Social Cristiana), Presidente del Consejo de Administración de la *Académie Européenne* (Estrasburgo), Presidente del Consejo Asesor del CEI del Instituto Internacional San Telmo (Sevilla) y miembro del Comité Científico del MCE (*Markets, Culture and Ethics Research Centre*) en Roma. Autor de dieciocho libros y cerca de 400 artículos y trabajos de su especialidad, dirigió 81 tesis doctorales. Doctor honoris causa por la Universidad Panamericana de México, y la Universidad de Montevideo (Uruguay). Falleció el 4 de febrero de 2024, su recuerdo perdura imborrable.

Dr. Juan Arana Cañedo-Argüelles (*Capítulo 12*). Catedrático de Filosofía de la Universidad de Sevilla. Académico de número de la Real Academia de Ciencias Morales y Políticas de Madrid desde 2015. Docencia impartida en Universidades de Buenos Aires, Bogotá, Ciudad de México, Santiago de Chile, Lima, Montevideo, Río Piedras y Mayagüez (Puerto Rico), Arequipa, Málaga, Granada, Pamplona, Salamanca y Madrid. Becario Humboldt (Münster, Berlín). Autor de 18 monografías, 6 ediciones, en torno a 230 capítulos de libro y artículos en revistas científicas. Editor responsable de 12 volúmenes colectivos. Fundador-director de tres revistas científicas y dos colecciones editoriales. Miembro del comité editorial, comité de redacción o consejo editorial de 12 revistas científicas. Miembro de las juntas directivas de 4 asociaciones científicas. Miembro del comité de ética del CSIC, así como del subcomité de bioética del mismo organismo. Ha recibido el premio internacional de investigación "Razón abierta" en la convocatoria de 2018.

Dra. Coral Barbas Arribas (*Capítulo 11*). Catedrática de Química Analítica en Farmacia, del Máster de Química Médica y de diversos programas de doctorado, entre ellos el de Química Médica en colaboración con Universidad Complutense y Universidad de Alcalá con mención de excelencia. Coordinadora de las Universidades CEU: San Pablo, Madrid; Abat Oliba, Barcelona; Cardenal Herrera, Valencia; y Fernando III, Sevilla. Directora de la Escuela Internacional de Doctorado (CEINDO) que agrupa a las 4 universidades CEU (Madrid, Barcelona, Valencia, y Sevilla). Miembro del Consejo Asesor externo del Hospital La Fe en Valencia. Presidenta de la RSEQ_STM, y Vicepresidenta de la Sociedad Española de metabolómica. (SESMET). Premio de la Sociedad Belga de Ciencias Farmacéuticas (BSPS) en 2018 y doctora Honoris Causa por la Universidad Médica de Bialystok en 2018.

Dr. Juan Manuel Blanch Nogués (*Capítulo 3*). Catedrático de Derecho Romano, en la Facultad de Derecho de la Universidad San Pablo CEU. Se licenció en Derecho en la UAM con Premio Extraordinario, en esa misma universidad se doctoró. Ha sido Decano de la Facultad de Derecho durante once años. Ha obtenido el Primer Premio a la Mejora de la Calidad de las Universidades de la Comunidad Autónoma de Madrid concedido a la Facultad de Derecho siendo él Decano (2001). Premio de Investigación Ángel Herrera (2018), por una novedosa obra «Locuciones latinas y razonamiento jurídico» (2017). Miembro de la Sociedad Española de Estudios Clásicos desde el año 1984. Académico Correspondiente de la Real Academia de Jurisprudencia y Legislación desde 1997. Socio de Honor de Asociación Universitaria *Universitas* (para la Investigación y la Docencia). Miembro del Comité Científico del *Studium Generale Marcianum* de Venecia (Italia). Miembro del Comité Editorial de *«Comunicación y Hombre*. Revista científica interdisciplinar de Ciencias de la Comunicación y Humanidades».

Dr. Rafael D. García Pérez (*Capítulo 10*). Acreditado oficialmente como Catedrático de Universidad. Profesor Titular de Historia del derecho, subdirector del Instituto Core Curriculum de la Universidad de Navarra e investigador-colaborador del Instituto Cultura y Sociedad de esta Universidad. Ha sido *visiting scholar* en las Universidades de París-Sorbona, Florencia, Georgetown y Chicago. Su investigación se ha centrado en tres grandes campos: la historia del derecho indiano, ámbito sobre el que realizó la tesis doctoral sobre el Consejo de Indias durante los reinados de Carlos III y Carlos IV, que mereció el Premio Internacional de Historia del Derecho "Ricardo Levene" en 1998; las relaciones entre el *ius commune*, la justicia y los discursos político en el Antiguo Régimen, y la religión y tradiciones constitucionales. Es miembro del Instituto Internacional de Historia del Derecho Indiano, de la Sociedad Española de Historia del Derecho y de la Asociación Española de Americanistas.

Dra. Esther Gómez de Pedro (*Capítulo 4*). Doctora en Filosofía por la Universidad de Barcelona. Licenciada en Filosofía por la misma universidad. Profesora de pregrado y posgrado en varias Universidades, y Directora nacional de Formación e Identidad de la Universidad Santo Tomás desde el 2014 hasta la fecha, miembro del Nuevo Círculo de Discípulos Joseph Ratzinger/ Benedicto XVI. Autora de numerosas publicaciones sobre ética y antropología.

Dr. Higinio Marín Pedreño (*Capítulo 1*). Rector de la Universidad CEU Cardenal Herrera de Valencia. Doctor en Filosofía por la Universidad de Navarra. Profesor Titular de Antropología Filosófica de la UCH CEU. Ha sido profesor en la Universidad de Navarra, en la Universidad Pública de Navarra, en la Universidad Católica San Antonio de Murcia, y en los institutos Juan Pablo II de Valencia y Edith Stein de Granada, así como en escuelas de negocio y gobierno nacionales e internacionales. Dirigió la Cátedra de Ciencias Sociales, Morales y Políticas. Forma parte del Consejo Asesor de la Fundación Civismo; miembro del Seminario Permanente Ética, Política y Ciudadanía. Autor de numerosas monografías, capítulos en obras colectivas, y artículos en revistas especializadas.

Dr. José Manuel Pagán Agulló (*Capítulo 14*). Rector de la Universidad Católica de Valencia San Vicente Mártir. Doctor en Derecho, MBA Executive, abogado y profesor de Derecho Tributario de Derecho de la UCV. Abogado colegiado en el Ilustre Colegio de Abogados de Valencia durante más de 20 años, dejó el ejercicio de la abogacía cuando empezó a compaginar su tarea docente con el desempeño de distintos cargos en la Universidad Católica de Valencia, como vicerrector de Ordenación Académica, y Decano de la entonces Facultad de Derecho; se-

AUTORES 19

cretario de la Facultad de Estudios de la Empresa y Secretario General Adjunto de la Universidad.

Dr. Pablo Pérez López (*Capítulo 2*). Catedrático de Historia Contemporánea en la Universidad de Navarra, y lo fue antes en la de Valladolid. Es director científico del Instituto Cultura y Sociedad. Su investigación actual se centra en la historia de la transición a la democracia en España, historia europea comparada e historia cultural. Es miembro de la comisión académica de la Fundación Transición Española, de la junta directiva de la Asociación de Historiadores del Presente, de los consejos científicos de la Asociación de Historia Actual y del *Istituto Storico* San Josemaria Escrivá (Roma). Dirige el Curso online de Estudios sobre la mujer impartido por su universidad.

Dr. José Alfredo Peris Cancio (*Capítulo 7*). Exrector de la Universidad Católica de Valencia. Es Doctor en Derecho, Filosofía del Derecho. Ldo. en Derecho (Premio Extraordinario); Ldo. en Filosofía y Ciencias de la Educación. Profesor Titular de Filosofía. Rector Comisario y Primer Rector de la Universidad Católica de Valencia San Vicente Mártir durante tres mandatos (2003-2015). Su actividad investigadora se ha centrado en Filosofía del Derecho, Derechos Humanos, Familia, Doctrina Social de la Iglesia, Filosofía y Cine.

Dr. Rafael Rodríguez-Ponga (*Capítulo 13*). Exrector de la Universitat Abat Oliba CEU, de Barcelona, donde ha sido profesor de Lengua en la Facultad de Comunicación, Educación y Humanidades. Doctor en Filología Hispánica por la UCM. Pertenece al Cuerpo Superior de Administradores Civiles del Estado desde 1984. Formó parte del Consejo de Administración del Instituto Cervantes desde 1996 hasta 2001, del Consejo General de la Emigración, del Consejo Escolar del Estado, del Consejo de Cooperación al Desarrollo, del Consejo Jacobeo, de la Academia de España en Roma, de la Casa de América y de otros órganos de participación social. Es presidente de la Asociación Española de Estudios del Pacífico. Ha sido secretario general del Instituto Cervantes (2012-2018). Ha publicado estudios sobre lingüística, literatura y cuestiones culturales.

Dr. Fernando Romera Galán (*Capítulo 6*). Decano de la Facultad de Humanidades y Educación. Doctor en Teoría de la literatura. Profesor de la Universidad Católica de Ávila. Además, es poeta, traductor y ensayista, y columnista en diversos medios de comunicación. Es autor de varias monografías sobre literatura y de numerosos artículos en revistas y libros especializados. Premio Nacional de Narrativa de la Asociación de la Prensa de Ávila; Premio Nacional de Poesía Joaquín Benito de Lucas; Premio de Innovación educativa. Junta de Castilla y León.

Dr. Daniel Sada Castaño (*Capítulo 15*). Rector de la Universidad Francisco de Vitoria, de Madrid. Doctor en Derecho por la Facultad de CC Jurídicas y de la Administración en la Universidad CEU San Pablo. Licenciado en Ciencias Económicas y Empresariales por la UCM. Máster en Filosofía por la Universidad Francisco de Vitoria. Fundador de la Asociación IUVE, de la que fue Presidente. Ha sido Director de la Fundación Carolina, dependiente del Ministerio de Asuntos Exteriores de España; y Director del Comité Organizador del Congreso Internacional de Universidades (UCM y Universidad de Alcalá). Ha recibido la Gran Cruz al Mérito Civil, de la Orden del Mérito Civil (España, 2004).

Dra. Gabriela M. Schmidt (*Capítulo 8*). Licenciada en Filología clásica y Filología inglesa. Doctora en Literatura inglesa por la Ludwig-Maximilians-Universität de Múnich (LMU). De 2004 a 2009 fue investigadora en el centro "Pluralización y autoridad en la época premoderna" de la LMU. Actualmente es profesora contratada en el Instituto de Filología inglesa de la LMU; es miembro de la comisión de redacción de la revista *Moreana* (publicada por Edinburgh University Press), colaboradora en el proyecto de investigación "Trayectorias de la traducción en la Gran Bretaña premoderna (1473-1660)" de la Universidad de Montreal (Canadá) y miembro asociado de la Cátedra John Henry Newman de la Universidad Católica de Ávila.

Dra. Raquel Vera González (*Capítulo 5*). Doctora europea en filosofía por la UCM; máster en Ciencias del Matrimonio y la Familia por el P.I. Instituto Juan Pablo II de Roma. Es profesora de Antropología y de Historia del pensamiento en occidente en la Universidad Francisco de Vitoria; ha sido subdirectora del Máster en Antropología personalista de la Universidad a Distancia de Madrid (UDIMA). Es miembro de la comisión de redacción y coordinadora de reseñas de la revista de filosofía personalista *Quién*; y miembro de la junta directiva de la Asociación Española de Personalismo.

EDICIÓN Y COORDINACIÓN

Dra. María Teresa Cid Vázquez. Doctora en Derecho por la UCM. Licenciada en Derecho por la Universidad Autónoma de Madrid. Máster en Ciencias del Matrimonio y la Familia por el P.I. Juan Pablo II de Roma. Investigadora profesora Titular de Historia del Pensamiento y de los Movimientos Sociales y Políticos de la Universidad San Pablo-CEU. Es investigadora del Seminario de Pensamiento "Ángel González Álvarez"; redactora jefe de la revista *Cuadernos de pensamiento*; miembro del comité científico de la *Colección Pensamiento* que edita el Seminario de pensamiento "Ángel González Álvarez" de la Fundación Universitaria Española; y miembro de la Comisión Asesora de la Cátedra "Santa Teresa de Jesús" de estudios sobre la mujer, de la Universidad Católica Santa Teresa de Jesús de Ávila.

PRÓLOGO

Lydia Jiménez
Presidenta de la Fundación Universitaria Española
Directora del Seminario de Pensamiento
«Ángel González Álvarez»

Me alegra presentar el libro, *La Universidad. Una propuesta de renovación*, editado por la Fundación Universitaria Española, en la Colección Pensamiento. Es una espléndida obra colectiva en la que participan quince estudiosos: filósofos, juristas, historiadores, filólogos, economistas y científicos de reconocido prestigio internacional, de los cuáles cinco son rectores de universidad. Todos ellos participaron en los dos últimos cursos monográficos sobre la universidad, celebrados en esta Fundación: *Renovación e innovación: la identidad de la Universidad en el siglo xxi* (2023), y *La Universidad que necesitamos: cultura e investigación* (2024).

La reflexión sobre la universidad ha sido un tema central en nuestra Fundación en los últimos años. En *Cuadernos de Pensamiento 36* (2023), publicamos tres artículos sobre la universidad. En 2021, en el curso sobre *John Henry Newman, testigo y maestro* (2021), publicado en la Colección monografías con el mismo título, se aborda el tema. En 2020, el curso sobre *Mayo del 68 y su legado. La universidad ante los retos del siglo XXI* (2020), publicado en la Colección Monografías. Y en 2017, el curso *Razón de la Universidad: identidad, misión y desafíos*, cuyos trabajos se publicaron en el número monográfico de la revista *Cuadernos de Pensamiento 30* (2017).

Como ya señalaba hace unos años, Alfonso Bullón de Mendoza, para plantearnos con seriedad cuáles son los retos de la universidad del siglo XXI lo primero que debemos tener claro es cuál es la finalidad de la universidad[1]. Contra lo que pueda parecer no es un tema obvio, se trata de un debate que tiene ya siglos de antigüedad. Tres son los rasgos cuya interacción parece marcar los diversos conceptos de universidad: la formación integral de la persona, la formación para el mercado laboral y la investigación.

Antes del siglo XII han existido centros de enseñanza y de educación en distintas civilizaciones y culturas, sin embargo, la universidad como institución es una creación original europea que surge a partir de la fe cristiana[2]. Ha tenido tres grandes

---

[1] Cf. A. BULLÓN DE MENDOZA, "Retos de la universidad del siglo XXI", en L. JIMÉNEZ (dir.), M. T. CID VÁZQUEZ (ed.), *Mayo del 68 y su legado. La universidad ante los retos del siglo XXI*, Fundación Universitaria Española, Madrid 2020, pp. 225-236.

[2] Cf. W. RÜEGG, *La historia de la universidad en Europa*, 4 vols., Cambridge University Press (trad. Universidad del País Vasco, Servicio de Publicaciones 1994). El cardenal Newman tiene una interesante *Historia de las universidades*, que se puede leer online: *Rise & progress of universities:* https://www.newmanreader.org/works/historical/volume3/universities/index.html Publicado en español: J.G. RODRÍGUEZ PAZOS, M. RUMAYOR, J. FERNÁNDEZ CASTIELLA

modelos en los últimos siglos: el modelo francés, el modelo británico y el modelo alemán. El modelo francés ponía mucho énfasis en la lección magistral, en las clases, siguiendo en parte la tradición de la universidad medieval[3]. La universidad británica estaba centrada en buena medida en las tutorías, es decir, en la relación directa entre profesor y alumno. Y la universidad alemana se centró en la investigación de manera progresiva. Es evidente que hoy no podemos prescindir de ninguna de esas facetas de la vida universitaria.

La universidad está en un momento de crisis. Hay momentos en los que las crisis son más fuertes y quizá ahora sea uno de esos momentos. *Pensar* la universidad supone volver a considerar su *identidad* y su *historia*. La universidad, como cualquier tipo de sociedad, sólo tiene existencia real cuando está conformada por una idea unitaria de fondo, y esa idea es la que genera lo más característico y decisivo desde el punto de vista de la formación, que es el ambiente, es lo que se ha solido denominar también vida universitaria. La vida universitaria está ausente de la intención de los autores de las reformas actuales. La universidad se concibe como un lugar donde se imparte "docencia y se hace investigación" con la finalidad de formar profesionales y de obtener resultados que den éxito a la institución; lo cual exige evaluaciones continuas porque a través de ellas es como se puede controlar el nivel de consecución de los resultados. Sin embargo, tanto la docencia como la investiga-

---

(eds.), John Henry Newman, *Auge y progreso de las universidades*, Encuentro, Madrid 2024; J.L. Lorda, *La vida intelectual en la Universidad. Fundamentos, experiencias y libros*, Eunsa, Pamplona 2016.

[3] R. Alvira, "La universidad en su idea y en su historia", conferencia impartida en la Universidad Panamericana, Campus de Guadalajara, el 2 de febrero de 2010; Id., "El espíritu investigador universitario", en revista *Nuevas tendencias*, núm. 87 (2012), pp. 13-17.

ción sólo son verdaderas si proceden del *espíritu de estudio*.
Porque sólo el que aprende con gusto puede transmitir bien.
¡Sólo el que *vive* la materia que está enseñando puede transmitir esa vida a los que están con él!

Los resultados son sólo una parte de la realidad, la otra parte la forman el espíritu, los principios y los fundamentos. Volcarse solo en los resultados acaba reduciendo la libertad a una caricatura, como se experimenta hoy en las universidades por la presión ejercida a través de la enorme cantidad de burocracia y evaluaciones. En el fondo, se trata de un sistema basado en la desconfianza, la cual es siempre prueba de pequeñez de espíritu, y tiene su fundamento en los actuales planes universitarios inspirados en un sistema de pensamiento –y funcionamiento– meramente técnicos.

Esta visión da lugar a planteamientos eminentemente prácticos de la docencia y la investigación, y la universidad va dejando de ser una *universitas*, es decir, un grupo de profesores y alumnos que buscan el ideal del "árbol del saber", en el que las diferentes ciencias son "ramas" del mismo árbol. Poco a poco va apareciendo la especialización como el ideal, y especializar significa también compartimentar el conocimiento.

Esta es la esencia de la *crisis de la universidad* actual, en la que el experto sustituye al sabio y el técnico al maestro. La innovación tecnológica y de método prima sobre el entorno favorable al intercambio de ideas. La participación en el saber deja de ser comunitaria y pasa a ser yuxtapuesta, en detrimento del crecimiento por influencia personal que es fruto del diálogo creativo entre estudiosos. Se cae así en lo que ya advirtió Newman:

> La influencia personal del profesor puede prescindir, en cierto
> modo, del sistema académico, pero el sistema no puede prescindir

en modo alguno de la *influencia personal*. Con influencia hay vida; sin ella, no la hay. Si a la influencia se le arrebata la posición que le corresponde, no se la eliminará, sino que surgirá de un modo irregular, peligroso. Un sistema académico sin la influencia personal de los profesores sobre los alumnos es un invierno ártico: el resultado será una universidad constreñida por el hielo, petrificada, de hierro fundido, y nada más[4].

Los nuevos planes están hechos al margen de la idea de universidad como *casa de estudios*, es decir, están hechos al margen de la misma esencia universitaria. Álvaro d'Ors insistía en que la universidad es de modo primario y fundamental un lugar, una casa de estudio: lo importante es el espíritu de estudio, pues él es el que genera tanto la docencia como la investigación. Estudiar no es sobre todo memorizar datos, tampoco es lo mismo que pensar. Estudiar esconde en su misma palabra de origen latino la idea de mirar con afecto e interés, es decir, no se puede saber si falta *amor al saber*. Un maestro transmite por ósmosis el amor por el saber que cultiva: sólo la vida transmite vida y un alumno nota inmediatamente si al profesor le gusta y ama ese saber o simplemente "se lo sabe objetivamente" o "lo piensa objetivamente".

La centralidad que las facultades humanísticas han concedido al texto escrito, por la influencia cientificista, ha conducido a una cierta falta de verdadera formación humana de los humanistas, tanto profesores como estudiantes: «No hay formación verdadera que se base solo o principalmente en textos escritos. Es precisa la relación directa»[5]. La influencia personal se produce en el diálogo vivo entre profesores y estudiantes:

---

[4] J. H. NEWMAN, *Auge y progreso de las universidades...*, p. 112.
[5] R. ALVIRA, "Sobre la situación del humanismo hoy", en R. ALVIRA, K. SPANG (eds.), *Humanidades para el siglo XXI*, Eunsa, Pamplona 2006, p. 21.

La universidad es el lugar donde el profesor se torna elocuente, donde es misionero y predicador, donde muestra su ciencia de forma más completa y atractiva, donde la entrega con el celo que da el entusiasmo y enciende los corazones de los que lo escuchan con el amor que siente por ella [...] Es asiento de la sabiduría, luz del mundo, ministro de la fe y alma mater de la generación que se está formando. Tal es una universidad en su idea y en su fin; tal fue de hecho, en gran medida, en tiempos pasados. ¿Volverá a serlo de nuevo?[6]

La universidad moderna necesita aunar flexibilidad y capacidad de adaptación a las condiciones sociales, y hacerlo de modo que se protejan el ideal educativo humanístico y la presencia de la religión. Es el único modo de oponerse creativamente a la ideología, la incredulidad metódica y el relativismo. Hay que enseñar al hombre a ser hombre –y mujer– y solo después deberían intervenir la especialización y la preparación para el empleo.

Enseñarles a ser verdaderos universitarios, es decir, personas cultas, en quienes se puede confiar porque tienen criterio, carácter y rectitud moral. La sociedad y, por supuesto, el mundo laboral necesita personas gentiles, con dominio de sí, que sepan cuál es su verdadero bien y lo que les corresponde decir y hacer en cada momento, conscientes de sus limitaciones y responsabilidades, dispuestos a aportar con generosidad lo que son capaces de hacer por el bien de la sociedad a la que pertenecen. Nos permite devolver a la universidad la orientación que le corresponde, recordando que su fin es primordialmente el saber universal, objeto de la inteligencia, que posibilita el logro de una visión amplia de lo que es esencial, gracias al diálogo interdisciplinar entre las distintas áreas de conocimiento.

---

[6] J. H. NEWMAN, *Auge y progreso de las universidades...*, pp. 52-53.

Los autores nos ofrecen un marco de referencia útil para la renovación de la universidad. Analizan la universidad en su historia, los principales rasgos de la universidad en nuestros días, sus logros más recientes, los defectos más señalados, las amenazas, los desafíos y sus posibles soluciones. En definitiva, nos ofrecen una reflexión sobre la naturaleza de la universidad y cómo ser fiel a ella en nuestro tiempo.

Parte I

RENOVACIÓN E INNOVACIÓN. LA IDENTIDAD DE LA UNIVERSIDAD

CAPÍTULO 1. LA UNIVERSIDAD: UNA ARQUEOLOGÍA HISTÓRICO-ESENCIAL

HIGINIO MARÍN[1]
Rector de la Universidad
CEU Cardenal Herrera, Valencia

SUMARIO

1. Presentación. 2. Arqueología histórico-esencial del saber. 3. Arqueología social de la libertad. 4. Transformaciones modernas que afectan a la universidad. 5. Balance final.

1. Presentación

HE ORGANIZADO MI EXPOSICIÓN con una presentación introductoria muy breve pero imprescindible. En el primer apartado se abre

---

[1] Este texto tiene como base la transcripción de la conferencia "La universidad: una arqueología histórico-esencial", impartida en el 37 "Curso de pedagogía para educadores: *Renovación e innovación: la identidad de la universidad en el siglo XXI*", Fundación Universitaria Española, Madrid, 14 febrero 2023.

una perspectiva histórica sobre la universidad al hilo de unos cuantos hitos en la historia social del conocimiento, del saber. En el segundo se aborda una genealogía histórica de la libertad europea. Como se verá, la genealogía del conocimiento y la de la libertad están entretejidas tan inextricablemente que apenas se puede hablar de lo uno sin lo otro. Tras ellos, un tercer apartado en el que se abordan las transformaciones modernas que afectan a la institución universitaria. Y, finalmente, un cuarto apartado que será la consideración final sobre algunos caracteres que han comparecido como sustanciales y sobre algún otro que habría merecido una atención más pormenorizada.

Nuestro punto de partida es que la universidad es una institución que necesita saber lo que es para serlo. Esta es la dinámica interna propia de todas las organizaciones humanas que tienden a constituirse en instituciones. Una de las diferencias entre una mera organización y una institución es el grado de autoconciencia que tiene una organización. La universidad es entre las instituciones de nuestra tradición una de las que tiene por derecho propio, pero también por exigencia propia, un nivel de autoconciencia más alto. Piensen ustedes en qué sería de una institución como el ejército si olvidara, si no tuviera conciencia de sí; si esa conciencia de sí se volviera difusa, confusa, o pereciera en el olvido o pereciera en elementos sustanciales en el olvido, la institución misma perdería consistencia, malograría su misión y erraría sus objetivos. O piensen en la Iglesia, qué sería de la Iglesia si no mantuviera constantemente actualizada la memoria, la conciencia de sí. De hecho, la Iglesia constantemente actualiza su memoria como institución, y la actualizan todos los que forman parte de ella porque esa conciencia de sí tiene una sede institucional, pero tiene también una sede subjetiva en el corazón de los que forman la comunidad de los creyentes; y si no fuera así, la institución decaería, olvidaría o

confundiría su misión. Esa es la cotidianidad de las instituciones, también de la universidad a su modo y maneras propios.

Todas las instituciones están en guerra abierta contra la confusión, el olvido y el malogramiento. Quiero sugerir que la
universidad está en crisis –ya sé que esto no es una aportación
novedosa– pero que su crisis es una crisis de autoconciencia,
una crisis de esclarecimiento y conciencia de sí: se ha olvidado
de sí misma. La universidad necesita saber lo que es para serlo;
y cuando se confunde se malogra, pierde consistencia. Por eso
es constitutivo de la universidad la discusión y la reflexión acerca de qué es, la actualización perpetua en forma conversacio-
nal, dialógica de discusión y debate también acerca de qué es.
Me dirán ustedes que si es una institución, que lo es, habría
que aplicarle aquella mirada de Ortega que decía que no hay
esencia sino historia. En cierta medida es así, pero la historia,
la cultura, es también la realización, la expresión, el cumplimiento de tendencias constitutivas de la naturaleza humana.

Se podría hablar de la universidad precisamente como la
modalidad europea en la que se han institucionalizado algunas
tendencias y hábitos humanos, en concreto, los que hacen relación al deseo de saber y su comunicación. Si eso es así, entonces, en su historia podemos encontrar también elementos
caracteriológicos, idiosincráticos o si quieren esenciales. Y eso
es lo que propongo con el término "arqueología"; no quiero
decir rescatar vestigios fósiles para su estudio, utilizo el término
en el sentido etimológico y más noble de la expresión que es
el *logos* que busca el *arjé*, que busca el principio, que busca los
episodios, los acontecimientos en este caso, que son constituti-
vos de una institución que es exclusiva durante la mayor parte
de su historia de la tradición europea, y que además, es impensable sin esa tradición (al mismo tiempo esa misma tradición
europea es impensable sin la universidad). Esta era esa presen-

tación breve aunque imprescindible; entiendo que se justifica-
ría más como conclusión que como presentación, pero espero
que se vaya esclareciendo.

2. Arqueología histórico-esencial del saber

Aristóteles dice que lo poético es la configuración de totalida-
des rápidas y esenciales; nosotros no podemos hacerlo de otro
modo al respecto de nuestro asunto, así que comenzamos con
un vistazo 'poético' al modo aristotélico. Voy a intentar bosque-
jar en sus trazos esenciales, pero de una manera inevitablemente
rápida, algunos de los episodios que me parece que permiten
contrastar y entender qué es la universidad. Sin autocompren-
sión la universidad no lo es; sin el esfuerzo constante de auto-
comprenderse, o sea, de saberse, la universidad no lo es. La
universidad necesita saber lo que es para serlo, y de ahí parte
sustancial de nuestro problema actual, el olvido de lo que somos como universitarios.

Y nos tenemos que remontar muy lejos, me temo que tan
lejos como cabe. Nos tenemos que remontar a las comunidades
de cazadores y recolectores del paleolítico y hablar de un aspecto menor, pero no para nuestro propósito central, que es el
hallazgo con el que Margaret Mead dijo emocionarse, pues encontró un conjunto óseo de *sapiens* en el que había una lesión
antigua e incompatible con la locomoción de un individuo que,
no obstante, había sobrevivido durante años tras padecer la
lesión. Ese resto fósil tiene una importancia esencial desde el
punto de vista antropológico pues es el vestigio documentado
de la práctica del cuidado.

Así que aquellas comunidades de cazadores recolectores
que con dificultad superaban el medio centenar y que estaban
sometidas a un régimen de penuria constante, o casi constante,

asumían la carga de la alimentación de un individuo maduro que suponía un exiguo aporte en lo que se refería al acopio de los bienes para la satisfacción de las necesidades. Este asunto es crucial porque este individuo estaba inmovilizado como las mujeres lactantes, como los neonatos, ancianos, enfermos; y forma un elemento nuevo en el grupo que es el tullido o impedido que es inútil en orden a la producción de lo necesario para la subsistencia, y que, sin embargo, la comunidad toma a su cargo.

Entre aquellos que no podían participar de las excursiones recolectoras y de caza, se produce probablemente la primera –y tal vez también la única– especialización que se puede apreciar en el paleolítico más remoto, que es la de aquellos que no tienen un contacto directo con la realidad, con la actualidad de los cazadores recolectores porque no pueden abandonar el campamento base. Pero tienen con esa realidad una relación mediata, un contacto narrativo; escuchan lo que los demás cuentan, y se van convirtiendo en el archivo viviente de las narraciones acerca de las peripecias que la subsistencia imponía a aquellos grupos. Y precisamente por eso, empiezan a convertirse en la sede de la memoria común al respecto de lo que hay que hacer, de cómo hay que hacerlo, de lo que no hay que hacer, de cómo hay que evitarlo. Y todo eso se congrega en el sujeto que, además, está impedido de suyo hacia las labores que significan acopio de bienes para la subsistencia, y que, por tanto, se especializa en todas las variantes que podamos pensar acerca de lo que es la memoria narrativa colectiva.

Este vínculo entre lo inútil, sostenido mediante el esfuerzo común, y que esa inutilidad convierta al que la padece en la sede del reconocimiento y de la autoconciencia del grupo, y en la memoria, en el memorial de lo que el grupo ha logrado saber, es un acontecimiento inaugural en la historia del saber. Y, por decirlo así, perdura en mi propuesta hasta dar sus perfiles esenciales y caracteriológicos al catedrático universitario, al profesor universitario, al que también le corresponde en términos sociológicos el estatuto de *tullido*, de sujeto que no hace ni produce nada que sea directamente interesante al respecto de la satisfacción de las necesidades de la vida, pero que tiene, respecto a la comunidad a la que pertenece, la encomienda misional de que no sucumba al olvido. Él no puede hacer nada para que la comunidad no sucumba al hambre, pero puede hacer mucho, es el recurso especializado para que no sucumba al olvido, también al respecto de las formas de superar el hambre.

Esa especialización de la memoria existe en todos los sistemas sociales. Seguro que han visto ustedes a niños aprendiéndose de memoria el Corán, los libros de la Biblia, como se han aprendido de memoria todos los libros que no lo fueron en su origen, que fueron narraciones de naturaleza oral. Hay en lo que les he querido contar, el mismo sentido, la misma intuición que en nuestra tradición cuando de Homero – del que como ustedes saben no terminamos de estar ciertos si existió y exactamente qué escribió– se dice que era ciego. La memoria, la especialización en la memoria tiene como su sede un tullido, ya sea un 'tullidez' previa o consiguiente: el que se especializa en la memoria se vuelve inútil, si no lo era ya, en orden a la producción de bienes, a la generación de aquello que garantiza la subsistencia. Sin embargo, esa especialización produce la persistencia del grupo con la forma de la memoria.

Mi primera reivindicación acerca del estatuto del profesor universitario, también en la actualidad, es que cuando no tiene el estatuto de un *tullido*, es un sujeto cuyo estatus tiene que ser sometido a revisión. Exactamente lo contrario de lo que el sentido común parece aconsejar, y es que al que no es productivo, hay que someterlo a análisis y vigilancia. En nuestra institución ocurre muchas veces lo que he llamado 'estado de excepción', de manera que ocurre que lo razonable es exactamente lo contrario de la norma general: es el que es productivo en orden a la generación de bienes para la subsistencia, aquel cuyo estatus de profesor universitario requiere una revisión, no digo que no lo pueda ser, quiero decir que aquello requiere una justificación.

En cambio, el que se dedica a saber lo que los demás no saben, y sirve como memorial viviente de lo que hemos llegado a saber, ese sujeto no necesita justificación. Ese es su estatus y su misión. Y la universidad es la institución en la especialización de la memoria, ciertamente es más cosas, pero es también eso y, según propongo, tiene su genealogía más remota –su arqueología– en el conjunto de impedidos que aprendían de todo pero mediante narraciones en las que lo conservaban y transmitían a su vez.

Hay un segundo acontecimiento que me parece muy relevante para entender qué es la universidad, en este caso por contraste. Cuando se abandona el paleolítico y se inaugura el neolítico, en las aldeas o primeras sociedades vecinales, la propia densidad demográfica y la invención de la agricultura y la ganadería, dieron lugar a que esos lugares se establecieran en torno –o bien generaran ellos mismos– lugares de intercambio de los excedentes para la satisfacción de las necesidades básicas, y también para su holgura y su ornato; es decir, aparece el mercado. El mercado es una pieza clave en la historia social del conocimiento porque va a permitir algo que difícilmente se habría dado antes en las sociedades cazadoras recolectoras, va a permitir que una persona pueda dedicar toda su vida a una sola labor, es decir, va a permitir la especialización, porque aquellos excedentes ahora son intercambiables por otras cosas necesarias a las que uno no tiene ningún otro acceso que el mercado.

Un hombre del paleolítico seguramente no almacenaría más piedras de filo bifaz que las que podía transportar, porque suponían una rémora y un peso muerto. Aunque tuviera un talento particular para afilar piedras, haría las que necesitaba el grupo y quizá algunas otras, pero no muchas más porque el excedente no tiene sentido. Así que en general todos hacían de casi todo y ninguno una sola cosa. Sin embargo, en una comunidad vecinal donde hay mercado el excedente tiene sentido, y entonces ese sujeto se puede especializar en un oficio, lo que implica que va a acumular toda la experiencia de una sola vida en un conjunto de labores muy concretas.

Quiere decir además que un niño que se sume al arte, por ejemplo, textil, cuando empieza a ser operativo con ocho, con nueve años, empieza donde lo dejó su padre, que acumula el saber de su abuelo, de su tatarabuelo. Antiguamente llamábamos al neolítico la *historia* y al paleolítico la *prehistoria* porque la velocidad de los cambios que se producían en la prehistoria y su comunicación es tan lenta que apenas apreciamos cambios en cientos de miles de años, mientras que desde hace diez o doce mil, desde que hay aldeas y mercados la acumulación de conocimiento es tal que se produce lo típico de la historia que es un proceso creciente de aceleración en los cambios y en su comunicación.

Este hecho para nosotros es muy importante porque ese saber acumulado generacionalmente, se transmitía y se acumulaba generando un nuevo sujeto, un sujeto de naturaleza genealógica, la memoria individual del niño que empezaba en la herrería, que era una memoria que tenía contenidos que se remontaban a su bisabuelo, que había sido herrero, se transmitía pero se transmitía en un régimen estricto de secreto, porque ese conocimiento no podía ser difundido abiertamente por la sencilla razón de que te montaban una herrería en la puerta de enfrente. Y entonces el conocimiento coge forma patrimonial y especializada creciente y progresiva pero bajo un régimen estricto de incomunicación, secreto.

Estos trazos que estamos describiendo son los típicos ya diez mil años después del artesano gremial de las sociedades medievales europeas. El régimen de secreto y la estructura genealógica del gremio eran las condiciones de la supervivencia, la aplicación de un régimen de propiedad privada, aunque fuera comunal, al respecto del conocimiento. En este contexto hay que fijarse en que la especialización profesional perpetúa en las sociedades vecinales en las aldeas y en las ciudades la estructura genealógica de los clanes tribales de cazadores recolectores. Las primeras ciudades apenas, Atenas, Roma, mantienen en su estructura interna, su carácter vertebrado se lo dan las tribus, las *gens*, los sujetos genealógicos que tienen el poder y lo detentan estructurando las sociedades. La sociedad vecinal antigua no anula ni suspende a los sujetos genealógicos de naturaleza tribal, si quieren una referencia literaria, recuerden las dificultades para establecer una justicia civil en los desmanes entre capuletos y montescos, o entre los Medici y los Pazzi.

Las estructuras genealógicas tribales se perpetúan mucho más todavía en las sociedades aristocráticas de todas las épocas hasta la Revolución francesa. Son aristocráticas las sociedades en las que hay oficios –que no tienen carácter artesanal porque no incluyen los trabajos manuales– que se heredan prefigurando el destino de los sujetos a partir de su ascendencia o linaje, y que les van a posicionar en el ejercicio de las formas sociales del poder. En este contexto ha tenido lugar un acontecimiento singular en la historia de las religiones que es la aparición de una religión que, a diferencia de todos los dioses antiguos, no es el dios de una tribu, ni de una tribu de tribus, ni de una nación ni de una ciudad, como sí los Yahvé, es el Dios de vuestros padres, el Dios de Abraham, Isaac, Jacob, el de las doce tribus.

El Dios de los cristianos es un Dios que no adscribe ni restringe su buena nueva y su noticia a ningún linaje humano más allá que al linaje de Adán. No sabemos, no somos conscientes de hasta qué punto esa ampliación de una religión al conjunto del linaje humano terminó por perfilar una idea, que por extraño que nos parezca, no está tan presente en las tradiciones ni siquiera filosóficas: la idea de especie humana según un criterio de unidad. Unidad que no termina de esclarecerse, de tener su último episodio de autoesclarecimiento, hasta que la Escuela de Salamanca dice que aquellos sujetos que hay al otro lado del Atlántico tienen alma porque tienen cuerpo de hombre y palabra.

Esta religión precisamente por su universalidad no se deposita sobre un sujeto genealógico, sino que precisamente se convierte en una religión de almas y no de naciones, sujetos y no de linajes, de humanos y no de naciones. El interlocutor principal de Dios en esa religión es el sujeto individual en el seno de una comunidad, y la condición de sujeto individual se universaliza con una extensión y con una inclusión de todos los individuos que no encontramos en el mundo antiguo. No lo encontramos en Aristóteles, en las creencias atenienses, ni en las persas, a nadie se le había ocurrido que la condición individual no tuviera que ver con la individuación biográfica de un sujeto que cuando merecía de verdad una atención de carácter individual era por la gloria de una vida memorable. Ese es el impulso para lograr una gloria imperecedera que lleva a Aquiles a abandonar el gineceo: no poder ser confundido, no caer en el olvido, tener un nombre que los humanos recuerden, o sea, comparecer cumplidamente como sujeto individual. Esa condición individual es concedida como estatus de origen a todos los miembros del linaje humano precisamente por la universalidad del creacionismo cristiano que convierte a cada ser humano en relativo a un acto creador y redentor de Dios.

Entonces esa religión se encuentra en la tesitura de que tiene que dar visibilidad a ese sujeto en un orden social que tiene en su conjunto y está estructurado por sujetos genealógicos, los sujetos genealógicos nobiliarios, artesanos. Una sociedad en la que los sujetos nacen y viven en este mundo con un destino prefijado del que no se quejan porque significa *tener padre,* tener una función social, poderse ganar la vida. La pobreza de las pobrezas es no tener padre, ser hijo de una madre cuyos hijos no tienen un padre reconocible. Esa es la miseria sobre las miserias. El tener un padre significa tener un rol, una posición, tener un patrimonio cognitivo como la herrería, o cognitivo patrimonial como la guerra, y en ese contexto todos los sujetos están prefigurados en su destino social por su antecedencia genealógica. Y en ese contexto hay que hacer visible al sujeto de la interlocución divina, a aquel que va a comparecer a título propio ante el juicio según la doctrina del juicio particular y universal que va perfilándose progresivamente en el contexto de las sociedades cristianas.

No lo hacen por lo que voy a explicar, lo hacen por amor a Dios según ellos confiesan, pero aquellos que quieren convertir su vida en estrictamente religiosa y testimonial de la condición cristiana, y lo hacen abrazando la perfección de los consejos evangélicos, que son castidad, pobreza y obediencia, sin darse cuenta, sin saberlo –pero nosotros sí lo sabemos hoy– habían cercenado el vínculo que les integraba y les confundía en los sujetos genealógicos que se generan sexualmente en los linajes familiares, patrimonialmente, en los linajes cognitivos o patrimoniales, y civil y políticamente en los linajes nacionales. Y entonces la autodeterminación sin precedente genealógico alguno que lo justifique, de esos sujetos, los hace comparecer socialmente como individuos, o sea, como religiosos, porque una cosa y la otra son lo mismo.

Hace visible en este mundo al sujeto de la salvación, al sujeto que mereció la muerte de Cristo, al que junto con los méritos de Cristo puede ganar para sí, no sin Él sino por Él, la salvación. También la puede ganar para otros, pero no sin los otros, porque nadie se salva a pesar de uno mismo. Es la biografía lo que se hace objeto de juicio, así que en la puerta no nos preguntarán quién pecó tú o tus padres, ya lo saben, pecaron nuestros padres, Adán y Eva, pero nosotros hemos sido repuestos. Ese sujeto individual es el que comparece socialmente y ese sujeto no tiene hijos y ejerce el oficio de naturaleza modélica y ejemplar, el que recaba toda la admiración. Mantiene la memoria de la redención sobre la tierra, él mismo es monumento memorial, martirial, testimonial y que se convierte a sí mismo en un tullido secular –sexual, patrimonial, civil–, autoexcluyéndose del mundo que es la red de las relaciones sexuales, propietarias y civiles que desencadenan las estructuras y las tendencias pasionales del placer, la riqueza, y el poder.

Y entonces este sujeto que ejerce la condición de religioso hace visible al interlocutor divino, que gana para sí, mientras que los demás *no pueden* según la eclesiología medieval, gana para sí y para otros la salvación. Este sujeto no tiene hijos, sabe todo y lo más importante que hay que saber, de dónde venimos, a dónde vamos, es el *tullido* que guarda la memoria de la comunidad, siendo la comunidad el linaje de Adán, refundado y restaurado por Cristo. Él guarda la memoria, es el memorial y, sin embargo, no tiene hijos, así que tiene que enseñar su oficio a los que no son sus hijos por la sola razón de la autodeterminación libre de que quieren aprender y de que tienen la idoneidad capaz para hacerlo. Esta es la *arqueología de la universidad* como institución, porque estos señores son los que fundan la universidad.

3. Arqueología social de la libertad

Como he señalado ya, la universidad es la institución en la que la historia social del saber y la historia social de la libertad estaban entretejidas. La autodestinación de naturaleza individual se ejerce, no con el sentido de la autonomía moderna e ilustrada, sino por un impulso interior suscitado desde fuera que muy pronto vamos a llamar vocación. Son los que *profesan* la perfección de los consejos evangélicos, los que profesan la religión, los que fundan la institución en la que los que hemos venido a ocupar su lugar nos llamamos *profesores*.

Nos llamamos profesores por los que profesaban, y nuestros alumnos serán profesionales porque pertenecen al linaje de los hombres libres, de los que comparecen ante los demás a título propio, es decir, de creatura divina, no de hijo de un linaje de hombre surgido del sexo, de la propiedad o de la ciudadanía. Ahora sabemos que esos sujetos que profesaban religión eran unos *tullidos*, no hacían nada para producir bienes materiales, no lo hacían los monjes en las abadías monásticas, y no lo hacen las órdenes mendicantes en los contextos urbanos, viven de la mendicidad que no es más que la suscitación del propio sustento a partir del reconocimiento ajeno, de la valía de una forma de vida.

Eso somos, unos tullidos, unos sujetos que no hacen nada útil, pero que los demás reconocen como una forma de vida que merece un sustento. Somos mendicantes, nuestro sueldo no es un sueldo, es la forma con la que una institución hace

viable una forma de vida que tiene por estimable. Las matrículas que pagan los estudiantes no son el precio de lo que hacemos, lo que hacemos no tiene precio, y lo hacemos gratis,
como lo hacían los mendicantes. Lo que hacían eran las obras
de misericordia, *gratis et amore, gratis et caritas*, y los demás le
daban el sustento que necesitaban para poder llevar una vida
así. Nuestros estudiantes pagan para que otros puedan llevar
una vida de estudio de la que ellos mismos se benefician.

Mi gerente no paga mi nómina. Mi gerente administra las
donaciones libres de unos sujetos que quieren hacer viable una
institución donde hay otros que viven de un modo que les parece estimable. Ya sé que no lo hacen así en el orden subjetivo
de las intenciones pero ese es el orden objetivo de la institución que permite entender qué es una universidad, y por tanto,
una institución a la que la condición de empresa le sobreviene
extrínsecamente, circunstancialmente y que no puede propo-
nerse como estructura esencial de la misma. Aunque sea en el
momento presente de los Estados capitalistas imprescindible,
pero tan imprescindible como insuficiente por sí misma para
entender qué es una universidad, y más todavía, por sí sola,
distorsionante y malogrante de la institución.

La institución universitaria es la institución de la gratuidad
libérrima en la adquisición y en la comunicación del saber. Y
por eso mismo los gerentes tienen al respecto de la naturaleza
de la institución una posición extrínseca: la universidad la hacen los profesores, y porque hay profesores acuden los estudiantes. Cuando los gerentes hacen estudios de mercado y de-
ciden poner en marcha una universidad porque hay demanda,
creen, por eso mismo, que la universidad surge de los estudiantes, pero esa es una visión accidental (y superficial).

La universidad surge siempre del saber poseído por los que
lo pueden comunicar y enseñar. Lo entienden aquellos que han

profesado en su vida el deseo de saber y el de comunicarlo como una forma de vida íntegra, asumiendo su condición de tullidos civiles, y ganando para sí el reconocimiento ajeno de quien quiere suministrar su sustento. No forma parte de la esencia de la universidad generar su propio sustento en las transacciones de un mercado como el contemporáneo. Esa es una forma sobrevenida, hoy inevitable y, por tanto, que requiere de una dimensión nueva, la dimensión gerencial que no se puede convertir en el punto de vista estructurante de la institución.

Así que el lugar donde unos hombres enseñan su oficio –los oficios sagrados– a los que no son sus hijos es el germen de la universidad. Obviamente de la mendicidad se puede vivir en la ciudad, las abadías monásticas tienen que generar otra forma de sustento, que es asumiendo la condición de señorío feudal. Para asumir la condición de señorío feudal paradójica e involuntariamente se confunden con los linajes patrimoniales, aristocráticos. Los monjes debían vivir la pobreza en términos personales y comunitarios, pero la institución misma que hacía posible su forma de vida era un señorío aristocrático. Esa fractura que se produce en torno al año mil, muy crítica y muy crónica, la expresa con muy mal humor, pero muy bien, Umberto Eco, en su novela *El nombre de la rosa*, donde unos cistercienses discuten con unos franciscanos con motivo de la venida de unos legados papales, si la Iglesia puede tener patrimonio o no. Los mendicantes en las ciudades pueden vivir de la mendicidad, que no es más que el reconocimiento comunitario de una forma de vida que merece su persistencia.

Eso empieza con aquellos que predican el Evangelio con y mediante las obras de misericordia, curando al enfermo, enseñando al que no sabe, y por tanto, dando lugar a instituciones de gratuidad originaria y fundacional donde lo que se hace es enseñar y curar: universidades y hospitales. Por eso mismo en esas instituciones hay, prácticamente desde el principio, desde que dejan de ser escuelas catedralicias, saberes civiles que van a constituir las primeras profesiones civiles, al respecto de las cuáles alguien podría haber dicho tener vocación, porque esos oficios civiles cogen la estructura biográfico libre de las profesiones, no de los oficios gremiales, que surgen en virtud de la pertenencia a un linaje, sino de aquellos que surgen de la autodeterminación, del impulso interior que hace que un sujeto se dé un nombre nuevo a sí mismo y cancele sus relaciones genealógicas, integrándose en una comunidad.

Esto es muy importante porque si es como les he dicho, entonces están ustedes en condiciones de decirle a Max Weber que se equivocó, que las nociones de vocación profesional estaban germinalmente presentes en las universidades medievales y en la incorporación de oficios civiles, al respecto de los cuáles sujetos que ya no eran religiosos ejercían el mismo tiempo de estructura biográfica y de libertad que ejercían los que habían elegido la religión.

Y entonces en la profesión de la vida religiosa el fenómeno inaugural y fundacional de la libertad civil, de la autodestinación de los sujetos en las sociedades europeas, pero manteniendo una división: los oficios artesanales se enseñan por experiencia, y en la universidad están los oficios que se aprenden como formas de saber, mediante ciencia. Sin la fundación de las universidades es imposible el tejido de sujetos libres que pueda dirigirse a un magistrado y preguntarse porqué el magistrado es el hijo del barón de Fournier y no el hijo del herrero que tan brillantemente cursó Leyes en Bolonia. Y empieza a interrogar acerca de la legitimidad de la antecedencia genealógica como autorización social para el ejercicio de un oficio; para que el hijo de alguien que destacó en Lepanto siga teniendo el mismo señorío sobre las mismas servidumbres trescientos años después.

Ese es el caso, por ejemplo, del conde del Valle de San Juan que es el señorío en Calasparra (Murcia, de donde procedo), y que surge en Lepanto instituido por Felipe II. Trescientos años después, en 1880, allí seguía el conde del Valle de san Juan ejerciendo los mismos señoríos, sin que nadie cuestionara su legitimidad, porque la estructura del mundo genealógico del mismo modo que preguntaba quién pecó, también sanciona que lo que un padre hizo se mantiene como mérito perfecto en sus hijos, como autorización social. Pero cuando viene la universidad y la capacitación para el ejercicio de un oficio es de naturaleza biográfica y cognitiva en virtud de una autodeterminación, esas sociedades empiezan a cuestionar la legitimidad genealógica. Sin esa crisis no es comprensible la Revolución francesa, o sea, la desautorización de los sujetos genealógicos para el ejercicio de los poderes y las potestades.

Eso ha tenido antecedentes, para que los sitúe, Shakespeare escribe *Romeo y Julieta* y lo publica en 1597. La Iglesia define formalmente que el consentimiento paterno no es necesario para la validez del vínculo matrimonial en el Concilio de Trento (1545-1563), median treinta años, Shakespeare no está hablando de una cosa que no conoció en su momento. En todas las regiones donde la influencia germánica de robusta estructura tribal tiene predominio, en todas las regiones europeas, la práctica habitual es que no se da por válido el matrimonio si no hay consentimiento paterno. La teología de fondo que en las regiones latinas y en otras muchas regiones también de la Cristiandad, había ido aquilatando el matrimonio como un acto de naturaleza individual en la teología sacramental del matrimonio y la comparecencia de los contrayentes como ministros y, por tanto, como sujetos *religiosos* a los efectos del sacramento que oficiaban, el matrimonio, de la misma índole que los que profesaban la religión como forma de vida, y, por tanto, *religiosos* ellos mismos. Y, por tanto, desvinculados, un hombre "abandonará a su padre y a su madre y se unirá a su mujer" (Gn 2, 24).

Si el matrimonio que es el acto genealógico por excelencia, el acto tribal por excelencia, el de la alianza tribal, es ejercido por un sujeto, la emergencia de un sujeto individual en la institución del matrimonio, consuma y acompaña la comparecencia del sujeto individual en los oficios que tiene un episodio crítico en el seno mismo de los gremios, cuando unos sujetos se reivindican como autores individuales de su obra, en contra de la autoría genealógica y comunitaria de los gremios y se llaman a sí mismos artistas. Y empiezan a firmar sus obras, y empiezan a hacerlo porque sus obras son religiosas –dan gloria a Dios, dan el ornamento de la liturgia, dan el soporte de la liturgia–, y como sus autores se hacen el sujeto que comparece ahí. Entonces empieza a posarse sobre la acción creativa humana la idea de inspiración, que muy pronto comienzan a compartir los hombres de letras que han traducido los textos griegos a partir de los originales y que creen que son capaces de un estilo comparable al de los clásicos, al de los autores.

Y aparece un episodio nuevo que es el *traductor*, que es el humanista, aquel que reivindica que en su obra hay la expresión de una subjetividad de naturaleza individual. Esto que he dicho son términos románticos pero que están prefigurados en la condición de autor con la que estos escritores disputan con los impresores porque les cambian cosas, como había sido costumbre entre copistas, porque la autoría del texto también era general, salvo en los textos que tenían autor, que eran inspirados. La intocabilidad del texto se refleja en la historia de la propiedad intelectual en Europa es la historia de los textos civiles, de los textos de autor civil y, sin embargo, inspirado, y consiguientemente intocable, inmodificable.

En la universidad el saber se organiza a partir del *lector*, leer era dominar la tecnología punta de la época, y era bastante más difícil de lo que nosotros creemos, no solo por la alfabetización, sino porque no se utilizaban signos de puntuación, ni separación entre los párrafos y es imposible –hagan ustedes la prueba– leer sin comprensión lectora. Es como intentar adivinar un perfil que está confundido con otros miles de perfiles. Leer era comprender, por eso el lector es el primer estadio, el primer grado del conocimiento. Todavía hoy en las universidades anglosajonas se conserva como el *Lecturer*, el sujeto que sabe leer idiomas que otros no saben.

El siguiente grado es el *copista*, leer es difícil y copiar es imposible sin leer. Si ustedes copian un texto que no pueden leer van a cometer errores. Solo se puede copiar con eficiencia lo que se puede leer, el que copia comprende, el que retiene comprende. El descrédito de la memoria como una memoria meramente retentiva es abusiva de la memoria. La memoria no es tan tonta. La memoria tiene apetito por sí de entender. La memoria de hecho es el aporte de aquello que se puede comprender. La comprensión inteligente deriva de la capacidad del recuerdo de la memoria. Y la universidad es la institución de la memoria comprensiva, la especialización de la memoria comprensiva.

El tercer grado, precisamente por esto, era el *compilador*, el que no solo era capaz de leer y retener y multiplicar sino que era capaz de seleccionar y ordenar. Los mejores textos sobre el amor son estos, los mejores textos sobre la providencia son estos. Ese sujeto es un producto sofisticadísimo. Y si, además de compilar, sabe comentar, sabe justificar, entonces ese sujeto es la cima del saber medieval. Santo Tomás se tenía a sí mismo por un comentarista. Es verdad que toda esa institucionalización de la memoria presta muy poca atención a la originalidad creativa.

La idea de originalidad creativa se suscita fuera de la universidad. Santo Tomás, autor de una filosofía estrictamente original, se cree a sí mismo un comentador e Aristóteles. La idea de *autoría* original es extrauniversitaria y en polémica con la universidad porque son aquellos autores que se reivindican capaces de un estilo equiparable al de los clásicos, y que reivindican una originalidad creativa. Esa originalidad creativa se incorpora a la universidad, pero se incorpora no sin producir alteraciones y asimilándose a la memoria. Y entonces se da la primera fusión entre la institución de la memoria comprensiva que guarda el pasado y que abre el futuro. Ya se había dado porque los saberes sagrados eran esos, los que guardaban la memoria de la buena noticia, y, por tanto, la esperanza en la salvación. Pero ahora se traspone a los saberes civiles, y entonces la universidad se convierte también en lugar de la creatividad y empiezan a aparecer profesores que no son tan competentes como memoriales pero lo compensan con una competencia creativa.

Pero lo típico de la universidad es la no disociación de esos dos momentos. Y entonces nos encontramos con que el Renacimiento suma al mapa de la estructura del conocimiento medieval dos nuevas modalidades. Ya no está solo el lector, copista, compilador, y el comentador, está también el *traductor* y el *autor*. Hemos de finalizar este punto para abordar las tres transformaciones modernas de la universidad.

4. Transformaciones modernas que afectan a la universidad

Cuando se produce la expropiación de la Iglesia consiguiente a la Revolución francesa, y el Estado francés tiene que asumir la red institucional de titularidad y de origen eclesiástico, aparecen unos ministerios nuevos que no habían existido hasta entonces. Educación y sanidad. Los menesteres –Ministerios– que existían en los Reinos eran Justicia, Hacienda, la Guerra, pero no Sanidad y Educación o Asuntos sociales. No existe la asunción por el Estado de la Sanidad y la Educación sino es mediante la expropiación revolucionaria del Estado moderno naciente después de la Revolución francesa. Por eso, por ejemplo, en Estados Unidos no existe una educación o sanidad pública tal y como nosotros la concebimos, pues el estado no pudo heredar ni asumir la red educativa, hospitalaria y asistencial de la Iglesia.

Al asumirla el Estado, entonces el Estado, en concreto Napoleón, muta a la institución universitaria, convirtiéndola en la institución docente que capacita para el ejercicio de los oficios que necesita la función pública y la producción social de bienestar. Ahí empieza la empleabilidad como objetivo universitario tan germinalmente como en el tullido había empezado el catedrático. Esa mutación es la que da forma a nuestras universidades, y desde entonces nuestras universidades también son eso. El problema es que sean solo eso, porque si son solo eso, entonces la empleabilidad es nuestro horizonte, que lo es, pero el fundamental. Y nos convertimos en el departamento que provee de los agentes que necesita el sistema productivo y nuestra naturaleza no es más que instrumental. Así que solo cultivaremos el conocimiento útil y olvidaremos todo lo que no sea productivo.

Y si la empleabilidad es nuestro horizonte, entonces hemos de escuchar a los empleadores, y nuestros empleadores dicen que nuestros alumnos salen de la universidad sin saber lo que necesitan. Sí, ciertamente, porque se han dedicado a saber lo que les han enseñado unos estudiosos, no unos sujetos que les enseñan a hacer las cosas haciéndolas delante de ellos y con ellos, como pasa en el gremio. Y entonces, la empleabilidad, la versión napoleónica implica una gran gremialización de la universidad, que es condición de su subsistencia contemporánea, pero que es al mismo tiempo un principio que si se unilateraliza malogra en el olvido y en la confusión a la institución universitaria.

Y entonces nuestros planes de estudio y nuestros profesores, empiezan a gestarse no en el estudio sino en la experiencia, y empezamos a tener profesionales en ejercicio, que imparten mejor las materias que hay en nuestros planes de estudio que los profesores estudiosos. Y empezamos a entender por qué, porque hay que atender a la empleabilidad. Entiéndase que no pretendo que no haya que hacerlo, al revés, hay que hacerlo, forma parte de la universidad contemporánea. Lo que no puede ser es que la forma de la universidad contemporánea implique el olvido y la confusión de lo genuino de nuestra institución, y que es la institucionalización de una dimensión esencial del ser del hombre: la gratuidad excesiva y libérrima del cuidado sin interés, del saber sin utilidad, de la belleza sin 'productividad'.

Nuestros profesores asociados, los profesionales que tan enriquecedoramente aportan su experiencia, a veces docta, forman parte de la universidad, pero no la definen. De hecho, son prescindibles al respecto de la institución, no en su forma histórico actual, pero de suyo lo son. En la universidad nada está reducido a su función: ni las personas, ni los saberes, ni la comunidad, ni su arquitectura que con frecuencia se hace monumental o valiosa *per se*. Su esencia es la e*x abundantia natura* de lo humano.

La universidad surgió para los *oficios* que se suscitaban como *profesiones*, no como oficios, y la diferencia entre una profesión y un oficio, es que una requiere del saber como elemento constitutivo y de sostenimiento, mientras que el oficio se aprende por experiencia, haciendo cosas. Nuestras universidades se llenan de talleres, de prácticas, de oficios que tienen poca ciencia que aprender y mucha práctica que incorporar. Y está bien, es la forma con la que nos podemos ganar el sustento de la institución en el seno del mercado capitalista, con una oferta que atiende a la demanda. Pero una cosa es la forma de su actual viabilidad, y otra que nos creamos que eso es la universidad.

Y todavía hay otra mutación, que es la que produce el surgimiento de las ciencias modernas y el modelo Humboldt. ¿Qué es un profesor universitario según mi propuesta? Un profesor universitario es una institución de la memoria, es un estudioso, y por tanto, lo que es exigible a un profesor universitario es que sepa todo lo que sabemos al respecto de aquello que enseña. Todo lo demás son imposiciones sobrevenidas, atendibles, requeridas por la institución universitaria, pero de naturaleza secundaria desde el punto de vista de una arqueología de lo esencial.

Y entonces, con la incorporación de las ciencias, de los nuevos saberes, que no se suscitan por estudio, sino por experimentación, aparece la idea de investigación que hoy se aplica a todos los profesores de la universidad, indiscriminada, torpe y neciamente. Porque como explica con todo acierto, Thomas S. Kuhn en *La estructura de las revoluciones científicas*, hay que tener por ciencia moderna aquella que ha abandonado como soporte y como fruto el libro y ha asumido como soporte y como fruto el artículo. Pero eso malogra todas las ciencias humanas, reducidas a la condición de artículos, y reducidas las biografías intelectuales a una miríada de estudios particulares sobre asuntos particulares, discutidos con actualidad entre colegas, y que hace que nuestros profesores universitarios lleven hoy un uniforme de camuflaje, mimetizados en tanto que autores, que no lo son. Ya apenas hay biografías intelectuales en la universidad, porque los profesores se han dedicado a tener curriculum, que no es lo mismo, es decir, porque se han cercenado a sí mismos al respecto de la obra que les cualifica, que es, no escribir libros, sino al menos leer, copiar, compilar y comentar, con eficiencia, con solvencia.

En este contexto, y ya tengo que acabar, hay una tercera transformación moderna, en la que no me voy a detener, que es la mercantilización, la conversión de la universidad en una institución que tiene que generar su propio sustento, o justificar su sustento mediante la producción de aporte innovativo al sistema productivo. Y para eso se exige investigación. La naturaleza común que funde en una vecindad interior al profesor con sus alumnos es que ambos lo son por la misma razón, por estudiar. Ese es el ayuntamiento del que hablaba Alfonso X el Sabio, el ayuntamiento interior por estudiar que los reúne en un lugar.

Y eso es lo que hay que pedir a los profesores de universidad. Lo que hagan, además de eso, tiene que ser sometido a escrutinio. Si producen patentes hay que ver si ese sigue siendo un profesor de universidad. Si produce transferencia del conocimiento, hay que ver si ese sigue siendo un profesor de universidad. No solo es bueno, es recomendable que existan, es la forma contemporánea de la viabilidad y la justificación social de la universidad, pero por sí solos no son universitarios, y lo que ellos hacen lo pueden y deben hacer los centros de investigación en los que no hay ni profesores ni estudiantes.

5. Balance final

Hay otra dimensión universitaria a la que no le hemos podido dedicar la atención necesaria, y es que la universidad es la institución en la que la superioridad de la autoridad sobre el poder se hace efectiva. El ilustre, el venerable, el que tiene autoridad, es el profesor al respecto de la materia que conoce, no quienes administran la institución. Si los profesores desde hace ochocientos años solo nos dejamos gobernar por profesores, no es por gremialismo, es porque sabemos que el profesor, pongamos el vicerrector de ordenación académica, que es de química orgánica, precisamente por ser profesor, es completamente consciente de que no tiene nada que decirnos a los profesores de filosofía al respecto de cómo dar las clases. Porque al respecto de cómo dar las clases de filosofía, lo mejor y casi lo principal que se puede hacer es saber mucha filosofía.

Convertir los órganos de gobierno en órganos de iniciativas transversales sobre las mejoras metodológicas docentes, es invertir la jerarquía del saber en la institución, constituida precisamente para preservarla. Quien tiene autoridad es el que sabe, la autoridad es el saber socialmente reconocido, según don Álvaro D'Ors y sus discípulos. El poder es la capacidad de aplicar premios y castigos. El rector tiene autoridad porque se la damos los demás, pero lo que tiene es poder, quien se dedica al saber y a su comunicación tiene autoridad, *magisterium*, ahí está la universidad resumida y completa, como la Iglesia en las iglesias particulares. En cambio, lo de la gestión y el gobierno es *ministerium*, la misión de lo pequeño.

Es en el profesor –en su comunidad– donde reside de verdad la sustancia de la universidad, ahí está lo más y lo mayor de la universidad. En quienes la administran y la gobiernan está lo menos. En los profesores está el *magisterium*, en los administradores y gobernantes está el *ministerium,* los que se dedican a lo que es menester para que aquellos tengan el bien que es constitutivo y originariamente fundacional de la universidad: la generación de tiempo libre. Nada más lejano que la mentalidad de un gerente a este respecto, y nada más incapaz de comprender lo que es la universidad.

La universidad es la institución donde una comunidad de sujetos capaces y con inclinación preferente al estudio tienen tiempo libre disponible para estudiar y comunicar entre ellos y con sus estudiantes lo que saben. Como no tienen el patrimonio suficiente, es el auxilio de todos el que genera la posibilidad de una forma de vida así, íntegramente entregada al conocimiento y su comunicación.

El profesor universitario transmite su saber de forma libérrima y gratuita, aunque el gerente le ponga precio a la 'donación', y aunque lo pague un sujeto creyendo que paga una matrícula, cuando en el fondo está haciendo una donación libérrima para sostener una institución donde se puede llevar una forma de vida de estudio porque genera el tiempo libre (y la despreocupación) para poder hacerlo.

La burocratización de la universidad, la transferencia de las labores administrativas mediante la digitalización, son la muerte de la institución. Las iniciativas transversales de los equipos de gobierno según las cuales los profesores, además de estudiar su materia y comunicarla a sus alumnos y sus colegas, tienen que hacer más papeles, al punto de que los profesores universitarios, muchos, para estudiar y escribir, tienen que guardarse las vacaciones, eso es la crisis de una institución que ha perdido la conciencia de sí.

Y que se ha ofuscado en la confusión de un gobierno gerencial. La mentalidad gerencial que lo reduce todo a negocio y que da por supuesto que todo es una empresa, es una de las formas de barbarie que la universidad tiene que superar en nuestros días. Todo no es una empresa, aunque precise el rendimiento económico que garantice su viabilidad. Una familia no es una empresa, aunque necesite gestionar sus ahorros, gastos e inversiones; y una universidad tampoco es una empresa. Es tan imprescindible hoy día el punto de vista gerencial como insuficiente.

Tal vez el único asunto práctico que podrían sacar de esta conferencia es que, si las universidades tuvieran cierta idea de su subsistencia, establecerían en común un posgrado en gerencia universitaria, o sea, para sujetos que han de saber cómo hacer viables a nuestras universidades, en los términos económicos que nuestras sociedades nos lo requieren, pero sin hacer violencia a su naturaleza. Y su naturaleza es que hay que generar tiempo libre.

La institución desburocratizada por excelencia debería ser la universidad porque la burocracia es la pérdida de tiempo a la que obliga la desconfianza gerencial o de las burocracias estatales. No hay universidad sin el régimen de confianza que permite estar compuesta por personas que hacen *profesión* del saber y de la ciencia, de su estudio y comunicación.

CAPÍTULO 2. UNA MIRADA A LA UNIVERSIDAD ACTUAL

PABLO PÉREZ LÓPEZ
Catedrático de Historia Contemporánea
Director científico Instituto Cultura y Sociedad
Universidad de Navarra

SUMARIO

PREGUNTARSE SOBRE LA UNIVERSIDAD en nuestro tiempo es tanto como hacerlo por sus estudiantes y sus profesores, que eso es la universidad desde que comenzó. Así la definió en las *Siete Partidas* Alfonso X el Sabio en el siglo XIII: «ayuntamiento de maestros y escolares». Es el encuentro entre quienes quieren saber más y los que hace mucho tiempo que decidieron dedicar su vida justamente a eso, a saber, o, como se dice con todavía más fuerza, al saber. De ahí deriva una consecuencia obvia e inmediata: la universidad es tanto mejor cuanto lo son sus estudiantes y sus profesores, y cambia con los cambios que ellos experimentan. Todo lo demás es circunstancial y hasta prescindible. Cuanto mejor preparados estén, es decir, cuanto más saber acumulen y disposición para aprender muestren unos y otros, tanto mejor será la universidad.

1. Años de crecimiento y algo más

En los últimos años las universidades han experimentado una expansión demográfica notable, consecuencia del éxito del modelo de enseñanza que representan y de la posibilidad de acceso a la enseñanza superior de grupos de personas a las que antes estaba vetada: en primer lugar las mujeres, incorporadas masivamente después de la Segunda Guerra Mundial, y con ellas grupos sociales sin casi distinción de origen, que pueden, si demuestran nivel e interés suficiente, acudir a sus aulas gracias a sistemas de financiación pública o privada que abaratan las matrículas o facilitan las becas necesarias para sufragar los gastos.

En España, especialmente a partir de finales de los años setenta, esa expansión, que en otros países europeos databa de casi diez años antes, fue acompañada de una mejora de la financiación y de los medios materiales disponibles para el ejercicio de su actividad. También se profesionalizó de un modo nuevo la gestión de la vida universitaria y se expandió el cuerpo del personal de administración y servicios que trabaja en apoyo de la actividad docente e investigadora. Recuerdo bien cómo vi producirse ese cambio en mi *alma mater*, la Universidad de Valladolid, en los primeros años ochenta, durante el rectorado de Fernando Tejerina, catedrático de Termodinámica que había ejercido antes su labor docente en Cataluña y traía de allí ese afán por mejorar la organización y modernizar la institución.

El proceso fue general y acelerado. El resultado, como apunta Felipe Fernández-Armesto, paradójico: «He aquí una de las grandes paradojas de nuestros tiempos. Las universidades del mundo están experimentando una edad de oro, con más fondos, más clientela, más peso económico y más influencia social que nunca. Y jamás han sido –con unas pocas excepciones honradas– tan inútiles, tan corruptas ni tan irrelevantes para las necesidades urgentes y fundamentales de las sociedades que las nutren y las pagan»[1].

El juicio de este catedrático de Historia británico, hoy en Estados Unidos, puede parecer duro, pero pienso que es muy acertado. El modelo universitario importado de Norteamérica, especialmente después de la Segunda Guerra Mundial, ha conocido un éxito impresionante, pero ha conducido también a un tipo de universidad empresarial que ha traicionado la naturaleza del trabajo universitario y en buena medida lo ha corrompido. Semejante desfiguración corre el riesgo de terminar por arruinar la universidad en su esencia.

Los testimonios no escasean. Nuccio Ordine, un reputado estudioso de la Literatura, premio Princesa de Asturias de las Letras, declaraba en mayo de 2023, un mes antes de su muerte: «La escuela y la universidad están hechas hoy para crear consumidores pasivos. Tenemos que rebelarnos»[2]. En esa misma entrevista entraba en algunos detalles: «Hoy, la escuela y la universidad piden a los profesores que sean burócratas y que participen en una sucesión de reuniones inútiles y que escriban

---

[1] F. FERNÁNDEZ-ARMESTO, «Universidad, corrupción y desprestigio». *El Mundo*, 7/5/2019.
[2] L. ALEMANY, entrevista a Nuccio Ordine en *El Mundo*, 4/5/2023.

informes para mil cosas que son tonterías. En cambio, no les exigen verdaderamente que se ocupen de los alumnos, que centren su sacrificio en preparar una lección. Claro que los profesores se dan cuenta de lo que pasa; los que tienen que entenderlo son los políticos. Tienen que ver que la dirección que hemos tomado está destruyendo el valor verdadero de la enseñanza y de la educación».

Ordine apelaba al sentido de responsabilidad de los profesores y también al de los políticos, que estimaba principales responsables de la situación. Eso es comprensible en Europa, donde la mayor parte de la enseñanza, especialmente la superior, es pública, pero el caso es que el problema es casi el mismo en Estados Unidos donde la educación superior está en manos sobre todo de universidades privadas. Eso parece indicar que el mal está más extendido de lo que podría parecer. El propio Ordine había dado algunas pistas sobre las raíces de la enfermedad en algunos escritos suyos, como su manifiesto titulado *La utilidad de lo inútil*[3]

> Privilegiar de manera exclusiva la profesionalización de los estudiantes significa perder de vista la dimensión universal de la función educativa de la enseñanza: ningún oficio puede ejercerse de manera consciente si las competencias técnicas que exige no se subordinan a una formación cultural más amplia, capaz de animar a los alumnos a cultivar su espíritu con autonomía y dar libre curso a su *curiositas*. Identificar al ser humano con su mera profesión constituye un error gravísimo: en cualquier hombre hay algo esencial que va mucho más allá del oficio que ejerce. Sin esta dimensión pedagógica, completamente ajena a toda forma de utilitarismo, sería muy difícil, ante el futuro, continuar imaginando ciudadanos responsables, capaces de abandonar los propios

---

[3] N. ORDINE, *La utilidad de lo inútil: Manifiesto. Con un ensayo de Abraham Flexner*, Barcelona Acantilado, 2013.

egoísmos para abrazar el bien común, para expresar solidaridad, para defender la tolerancia, para reivindicar la libertad, para proteger la naturaleza, para apoyar la justicia...

En definitiva, lo que está en la base de la falsificación denunciada es la simplificación que lleva a buscar en soluciones puramente técnicas un expediente salvador que, en nombre de su neutralidad, se convierte en única solución. En realidad, se trata de una trampa que despoja de sentido a la acción humana y la hace incapaz de tener otro horizonte que el beneficio material, imposible o casi de compartir, alejado de la verdadera naturaleza de las cosas. Es el triunfo de un mercado que ha convertido la universidad en una empresa, a los profesores en empleados, y a los estudiantes en clientes.

De ese planteamiento derivan otros, como la búsqueda de la calidad mediante la mejora de los *procedimientos productivos*. Subrayo las dos palabras de intento. Todo se reduce a una búsqueda de la calidad del mismo modo que se procede en la actividad industrial. Es el estilo de los estándares y los certificados de calidad. El triunfo de la tecnificación. La cuestión es detectar cómo se trabaja, encontrar los puntos débiles y corregirlos. Todo es una cuestión de *procedimiento*, de método. Todo análisis y toda mejora son cuantitativas o tienen esa base ¿Cómo mejorar las clases? Preguntemos a los alumnos, hagámosles encuestas, como a los usuarios de los servicios web de una empresa o de los cuartos de baño de los aeropuertos. Las preguntas, diseñadas por uno de esos equipos de profesores burocratizados o por consultoras contratadas para la ocasión, nos darán la respuesta. No se ha entendido, o no se quiere entender, en qué consiste dar una clase, qué es transmitir el saber, compartir el saber. Y como se ignora lo más básico y esencial, el esfuerzo se concentra en el método. Mediante esas consultas se tienen unos resultados sobre la llamada "calidad de la docencia" y se diseñan nuevos procedimientos para mejorarla. Todo será puntuado. Todo estará tasado. Con las estadísticas de los resultados, una vez todo tabulado, el sistema productivo se creerá capaz de detectar posibles mejoras y ordenar que se apliquen. Una máquina perfecta. Como es un protocolo "inteligente" aprende de sus acciones, y pronto detectará que hay que hace encuestas sobre más asuntos, sobre los grados, los posgrados, este personal y el otro, y la cantidad de textos recomendados, y las citas, y la producción académica o investigadora y, al final, encuestas sobre las encuestas. El caso es no tener otro horizonte que el mecánico cuantitativo. Semejante sistema no ve más allá.

Es inevitable preguntarse si esto no es consecuencia de la nostalgia propia del que lleva años en el sistema y ha visto ya muchas cosas. Es verdad que el saber tenía tiempo atrás un carácter aristocrático, propio de gentes especiales y separadas, que merecían ser dejadas en paz para que se pudieran dedicar a lo importante, a ese arcano vetado a otros. Eran gente sabia, como el viejo profesor de la familia retratada en *Crossing to safety, En lugar seguro*, de Wallace Stegner[4]. Esa excelente novela retrata la amistad entre dos jóvenes matrimonios en los comienzos de su carrera universitaria en los años treinta en Estados Unidos. El anciano profesor tiene derecho a que le dejen en paz, a retirarse a una cabaña limpia y apartada donde trabajar en silencio con sus libros y buscar inspiración para el siempre difícil trabajo de escribir.

Un amigo me contó que en Alemania, donde él vivía desde hacía años, todavía en los años ochenta, cuando entraba en la

---

[4] W. STEGNER, *Crossing to safety.* London, Penguin Books, 2006. *En lugar seguro.* Barcelona, libros del Asteroide, 2012.

panadería o la carnicería para hacer alguna compra, el panadero o el carnicero se dirigía a él nada más verlo como *"Herr Doktor"* y le atendía sin que debiera hacer cola. Nadie protestaba. Al contrario. Estaban de acuerdo en que no malgastara su precioso tiempo de sabio con esperas indignas de su categoría social... Otros lugares y quizá otros tiempos. La generación más joven del relato de Stegner ya no tiene tanta prestancia. El saber, en el siglo xx, pasó de aristocrático a democrático. Al facilitarse el acceso a la universidad por la mejora de los niveles de vida y bienestar, muchos más pudieron graduarse en la universidad y algunos más también doctorarse. Es algo excelente, una de las finalidades del trabajo universitario es conseguir precisamente eso. Pero el cambio tiene su lado oscuro. La democratización puede degenerar en vulgarización y por un camino especialmente insidioso: la meritocracia burocratizada. Ya no importa tanto el saber como la carrera. Lo que importa no es tanto el conocimiento como los resultados. Buenos resultados en las encuestas, índices apropiados de producción y de cita, y escalar puestos paso a paso en un camino trazado por otros con la escuadra y el cartabón de la normativa académica. El alma académica se ha acartonado, si es que sigue habiendo alma en semejantes cuerpos más inertes que vivos. No, no creo que sea solo nostalgia errada de un pasado mejor.

El fenómeno ha llegado a ser tan generalizado que se ha convertido en un problema social. William Deresiewicz lo ha descrito y denunciado en su obra *El rebaño excelente: cómo superar las carencias de la educación universitaria de élite*. El autor fue profesor de literatura inglesa en Yale hasta 2008, el año en que publicó este libro. En él describe el modo de formación en serie de los hijos de las clases instruidas americanas en las universidades de élite del país, y cómo el planteamiento genera jóvenes extraordinariamente preparados y sin alma, una suerte de rebaño del más alto nivel entrenado para superar las pruebas diseñadas para ellos por las generaciones anteriores, el omnipresente mercado y una disimulada hipocresía.

No hace falta irse tan lejos, o tan alto, para encontrar las señales de fraude. En 2023, un catedrático de Organización de Empresas de la Universidad de Granada, Daniel Arias Aranda, publicó *Querido alumno, te estamos engañando*. En el subtítulo el autor y la editorial detallaban su intención para apelar a la lectura: *Un sincero y necesario análisis del sistema educativo y de la universidad*. La tesis de la obra es sencilla: se trabaja para ofrecer a los estudiantes algo que no se les da. Se les promete una suerte de formación profesional multiusos diseñada a la medida del mercado laboral, otra vez el mercado, se renombran los títulos y se adornan de sistemas de control, se fijan competencias y habilidades que se adquirirán pase lo que pase, y al final no se enseña nada porque falta lo elemental, conocimiento, capacidad de entender.

El mismo mes que se publicaba el libro de Daniel Arias, un reportaje trataba en la prensa del asunto con una perspectiva más concreta: «Las mejores escuelas cierran la puerta a los dispositivos electrónicos porque han visto que distraen y empeoran el aprendizaje. Vuelven al libro de texto y a los apuntes a mano»[5]. Era la primera vez que la "solución" tecnológica se ponía socialmente en entredicho. Una señal de esperanza. Debo reconocer que, sin que yo sea de "los mejores profesores", hacía años que había prohibido el uso de ordenadores en el aula durante mis clases. Tenía sobrada experiencia sobre el daño que causaban. Para curarme en salud, a comienzo de curso enviaba y envío a los alumnos un artículo ya "viejo", de 2013,

---

[5] O. SANMARTÍN, "El gran fiasco de las pantallas en la educación", *El Mundo*. La Lectura, 27/10/2023.

publicado en una revista de Educación, por supuesto bien in-
dexada, en el primer cuartil y el primer decil de su área, que
documenta –con estadísticas, faltaría más– la inatención y des-
piste abrumador que introducen esos aparatos en las clases[6].
Me parece una excelente metáfora de lo que estamos tratando:
se mata con tecnología lo que puede y debe vivir sin ella.

2. El cáncer ideológico

El problema de la fe ciega en las soluciones técnicas y la eficiencia del mercado no ha viajado solo. Venía acompañado de
la herencia contracultural de los sesenta en los Estados Unidos
que provocó en Europa la revuelta de mayo del 68 y el consiguiente triunfo de sus líderes, los sesentayochistas, señores de
la vida política y cultural desde entonces[7]. Un fruto de ese liderazgo ha sido el arraigo ideológico de las llamadas teorías
críticas en los campus universitarios norteamericanos y también europeos. Los estudiantes activistas de los sesenta han
institucionalizado el activismo académico cuando han sido catedráticos, rectores, ministros o legisladores. Algunos siguen en
ello.

De su fervor inicial surgió el posmodernismo que se asentó
como un giro, el giro posmoderno, en la mirada a cualquier
disciplina, especialmente humanística o de las llamadas cien-

---

[6] F. SANA, T. WESTON, y N. J. CEPEDA, "Laptop multitasking hinders classroom
learning for both users and nearby peers", *Computers and Education,* 62
(2013), pp. 24-31.
Por cierto, un dato interesante sobre esta revista (y otras semejantes): "4.830
USD Article publishing charge for open access. List price excluding taxes.
Discount may apply."
https://www.sciencedirect.com/journal/computers-and-education [Consulta-
da el 19 de agosto de 2024].
[7] P. PÉREZ LÓPEZ, *De mayo del 68 a la cultura woke*, Madrid, Palabra, 2024.

cias sociales: desvelar la opresión era su meta. Luego emergió la teoría poscolonial que deconstruía Occidente y su obra (maldita), junto a él la teoría crítica de la raza (blanca), el feminismo y los estudios de género, los estudios de la discapacidad y la obesidad, y la emergencia de una teoría de la Justicia Social: el diseño de un mundo igualitario que lo sería por la fuerza si era necesario. Todo el que estuviera contra la imposición de la igualdad debía ser cancelado. Y ya lo creo que lo han sido. Es el wokismo o la cultura de la cancelación[8].

Uno de los historiadores más reputados de nuestro tiempo, Niall Ferguson, catedrático en Harvard e investigador senior en la Hoover Institution de Stanford, publicó en diciembre de 2023 un artículo que era una denuncia, una declaración de hartazgo y un manifiesto. Lo tituló "*The Treason of the intellectuals*", como el de Julien Benda "*La trahison des clercs*", de 1927[9]. Benda denunció entonces la perniciosa labor de muchos intelectuales europeos que con su postura favorecían lo que luego se llamarían "los fascismos", las políticas aventureras que condujeron a los totalitarismos no comunistas en el siglo XX y que empujaron al desastre de la guerra. Mussolini estaba ya en el poder, pero faltaban seis años para que Hitler lo alcanzara. No se le hizo mucho caso. Ferguson sostiene que la situación actual es análoga a la que se vivió en Europa, concretamente en Alemania, en los años veinte y treinta. Allí los intelectuales prepararon con su discurso la degradación moral que condujo al holocausto.

---

[8] H. PLUCKROSE Y J. A. LINDSAY, *Teorías cínicas: cómo el activismo académico hizo que todo girara en torno a la raza, el género y la identidad... y por qué esto nos perjudica a todos*. Madrid, Alianza Editorial, 2023.

[9] N. FERGUSON, "The Treason of the Intellectuals". *The free press for free people*, 11 de diciembre de 2023.
https://www.thefp.com/p/niall-ferguson-treason-intellectuals-third-reich [consultado el 2/2/2024].

Ahora los intelectuales de la corriente dominante sostienen una cultura woke que nos conduce a la imposición de esa forma de pensar y, con ese cierre de la razón, a un desastre de dimensiones difíciles de prever. La situación le parece tan grave a Ferguson que ha fundado con otros profesores y algunos empresarios la University of Austin (Texas), nacida con el lema *Dare to Think*, casi una traducción del *sapere aude* kantiano que fue lema de la Ilustración. Esta cancelación de la Ilustración por sus propios hijos sería el triste diagnóstico de otro profesor de una de las universidades de la Ivy League acerca de ellas mismas.

La gota que colmó el vaso de la paciencia de Ferguson llegó con motivo de los atentados de Hamas desde Gaza en octubre de 2023. La reacción en las universidades americanas fue tensa y confusa. Los defensores de la causa palestina declararon que de la violencia de Hamas solo era responsable la política de Israel y se colocaron en contra de la decisión de éste de conducir una ofensiva militar a gran escala, invadir la franja de Gaza y terminar con Hamas. Era indudable el inmenso costo en sufrimiento que generaría la medida, pero que se impugnara antes incluso de ejecutarse, demonizando toda defensa de Israel y muchas veces sin condenar la acción de Hamas, era una cuestión diferente. Las voces que denunciaban una ola de antisemitismo en los campus se multiplicaron, pero menos que las acciones de protesta pro palestinas. La situación llegó a tal punto que el Congreso organizó unas audiencias de las autoridades académicas para aclarar el asunto.

La rectora de Harvard, Claudine Gay, respondió a la pregunta sobre si las llamadas a un nuevo holocausto cabrían en lo admisible por parte de las autoridades de su universidad con una evasiva. El escándalo alcanzó proporciones nacionales e internacionales. La rectora fue presionada para que rectificara o dimitiera, lo que no hizo. Se reavivó entonces contra ella una campaña que la denunciaba por plagio y malas prácticas en la vida académica, una acusación que ya había aparecido cuando se debatía si nombrarla rectora de la institución. Esta vez la campaña ganó fuerza, acumuló evidencias y la colocó finalmente en una posición insostenible. El 1 de enero de 2024 se hicieron públicas media docena más de pruebas de sus malas prácticas en materia de publicaciones. El 2 de enero presentó su dimisión. Había sido rectora de Harvard seis meses y un día, el mandato más corto de la historia[10]. Para la historia quedaba también la triste polarización de su universidad, una de las más reputadas del mundo, y la evidencia del intenso peso de la política y lo políticamente correcto en su política de nombramientos y de comunicación. Si una universidad no era capaz de hablar, libre y sensatamente, de uno de los problemas más graves que enfrentaba su sociedad, si no era capaz de pensar el problema sino solo de canalizar gritos, y decidir a quién se debía amordazar, no hacía falta ser un maestro de la lógica para sacar conclusiones.

Pero, además, Niall Ferguson tenía desde tiempo atrás motivos personales para vivir en guardia frente a lo woke y sus cancelaciones. Su actual esposa, Ayaan Hirsi Ali, nacida en Somalia, se hizo célebre en los Países Bajos por sus campañas contra los matrimonios forzados, de menores y otras costumbres ligadas al islam fundamentalista como la mutilación genital femenina, que ella misma padeció a los cinco años. Su padre, un académico, intentó evitarle ese daño, pero le fue imposible

---

[10] Cfr. M. Deliso, "A timeline of Harvard President Claudine Gay's short, scandal-plagued tenure", *ABC News*, 3/1/2024. Disponible:
https://abcnews.go.com/US/timeline-harvard-president-claudine-gay-tenure/story?id=106052515 [consultado el 19/8/2024].

por estar encarcelado en tiempos de gobierno comunista en Somalia. La familia terminó por huir del país y ella consiguió estatuto de refugiada en Países Bajos, obtuvo la nacionalidad y fue elegida miembro del Parlamento. Sus críticas al islam terminaron por generar una tormenta en la opinión que la llevó a dejar Europa y trasladarse a los Estados Unidos.

Allí debió seguir bajo una protección especial ya que las amenazas de grupos islamistas, incluido Al Qaeda, la tenían en su diana. El episodio que más nos interesa tuvo lugar en 2014, tres años después de haber contraído matrimonio con Ferguson. Brandeis Univesity (Massachusetts) le pidió ese año que dirigiera unas palabras a los estudiantes durante la ceremonia de graduación, en la que se le conferiría un grado académico honorífico. El anuncio provocó las protestas del Council on American–Islamic Relations, y el director del departamento de Estudios Islámicos de la Universidad promovió una campaña contra ella a la que se sumaron otros colegas y estudiantes que acusaban a Hirsi Ali de islamofobia y discurso de odio. La universidad le retiró el grado honorífico y la invitación. La cancelación universitaria había irrumpido en el hogar de los Ferguson.

Las dos corrientes de presión sobre la universidad, el reduccionismo técnico económico y el reduccionismo ideológico se han convertido en una tenaza que estrangula a la institución. No es extraño. Es la consecuencia de un cambio social y político iniciado en los sesenta que se asentó en los años siguientes. Podríamos definirlo como el triunfo de la utopía tecnocapitalista. El nombre suena demasiado ideológico para mi gusto, pero no encuentro de momento uno mejor. Quizá tecnomaterialista sea más exacto, pero como eso pretendía ser también el comunismo soviético, o es el comunismo chino, me suscita también dudas. Pero mientras damos con el término, ahí tenemos la realidad: una sociedad que ha desterrado la trascendencia y se ha reducido a sí misma en un paradigma materialista, que no quiere reconocer más que las realidades constatables por un empirismo cientificista que oculta los *a priori* que lo fundamentan, y que pretende crear un mundo perfecto a base de emanar prescripciones de obligatorio cumplimiento.

3. *Born in the USA*

En su obra sobre la historia de los Estados Unidos en el siglo xx, *A New Republic*, John Lukacs afirma: *"Advertising, during the twentieth century, became a veritable institution, affecting not only the daily lives but the very imagery (and at times the vocabulary) of peoples"*[11]. Es una gran verdad que vale también para quienes vivimos en Europa y muchas otras partes del mundo: la publicidad es el gran modelador de nuestras mentes. El triunfo del mercado se realiza en muy buena medida gracias a ella, a su capacidad de decirnos qué necesitamos, por qué debemos tener un coche, qué tipo de ropa nos conviene, cómo debemos veranear, qué teléfono móvil es el ideal, cómo podemos ser más sostenibles, más rebeldes o más nosotros mismos. El estudio de Thomas Frank sobre el asunto dejó muy claro, además, cómo la publicidad se convirtió en la gran aliada de la contracultura americana, y eso vale también para Europa[12]. La publicidad nos ha vendido, ha implantado en nosotros con nuestro consentimiento, hasta el criterio sobre si debemos tener o no descendencia y cuánta. Así conforma nuestro mundo y ayuda a nutrir las gigantescas fortunas de los multimillonarios de hoy.

---

[11] J. Lukacs, *A New Republic : a history of the United States in the twentieth century*. Yale University Press, 2004, p. 315.

[12] T. Frank, *La conquista de lo cool: el negocio de la contracultura y el nacimiento del consumismo moderno*. Barcelona, Alpha Decay, 2011.

De la mano de ese triunfo llegó otra consecuencia generalizada en Estados Unidos que florece en nuestros días globalmente: «At the beginning of the Modern Age, La Rochefoucauld wrote that the world has always recognized appearances of merit rather than merit itself. During the twentieth century [...], a mutation has taken place, publicized recognitions of merit having become more important (and lucrative) than appearances of personal merit»[13]. La afirmación sirve bien para explicar la situación de los universitarios en la actualidad. No basta con preparar bien las clases para dar lo mejor a los alumnos, es necesario que los alumnos aplaudan en una encuesta y que rodeen de "*likes*" al profesor en las redes sociales, aunque sean las humildes redes sociales del prestigio interno universitario.

No basta escribir algo interesante que aporte novedades consistentes al conocimiento, es preciso que muchas citas, en revistas que reciben la glorificación de los índices de impacto, avalen la "calidad" de lo que has escrito. La publicitación del mérito, su reconocimiento por otros, se ha vuelto más importante que el mérito en sí. Y te dará dinero, aunque solo sea la migaja del sexenio de investigación o el quinquenio de docencia reconocido. Puede que incluso algo más, proyectos de investigación financiados o contratos de investigación. En fin, el acceso al paraíso del prestigio académico.

Como agudamente advierte Lukacs, la influencia de la publicidad se ha convertido en más penetrante que la tiranía de la mayoría sobre la que advirtió Tocqueville, al invadir las esferas del pensamiento individual, los gustos personales y el juicio propio[14]. No es extraño, por eso, que Fernández-Armesto pueda escribir que «El programa típico de estudios en una univer-

---

[13] J. Lukacs, *op. cit.* pp. 360-361
[14] *Id.*

sidad hoy ya no responde a los valores universales de la verdad, el humanismo y el servicio a los demás, sino a las prioridades comerciales y de consumo o a las exigencias particulares de partidarios de tal o cual moda política o tendencia social: en algunas instituciones, el fanatismo religioso o el libertarismo; en otras, el feminismo, el anticolonialismo, la política de género, el cientifismo, el laicismo y sobre todo la corrección política»[15]. Es la lamentable culminación de un proceso de venta, o de alquiler, que ha despojado de lo más valioso a la institución. Es una forma de tiranía que nos resistimos a reconocer, quizá porque viene de donde se autoproclaman líderes del mundo libre.

El caso de Fernández-Armesto es significativo. Es legítimo preguntarse de dónde sale el disgusto que le ha llevado a escribir frases tan contundentes y amargas sobre la universidad como las que hemos citado. Él, que lleva tantos años dedicado al trabajo universitario. Historiador formado en la Universidad de Oxford, Catedrático en el Queen Mary College de la Universidad de Londres, al frente luego de la cátedra Príncipe de Asturias de la Tufts University en Boston (Massachusetts) y, desde 2009, catedrático de Historia en la Universidad de Notre Dame (Indiana). Pues bien, el motivo tiene relación con algo sucedido en su propio centro de trabajo. Notre Dame es una universidad de inspiración católica. En los pasillos de uno de sus edificios, el que alberga las oficinas del rectorado, se conservan unos cuadros de finales del siglo XIX, de gran formato, que evocan el tiempo del descubrimiento de América. Fueron pintados entre 1882 y 1884 por el artista italiano Luigi Gregori como modo de reivindicar un pasado americano que contrarrestara el discurso anticatólico, por en-

---

[15] FERNÁNDEZ-ARMESTO, *op. cit.*

tonces ampliamente difundido en los EE.UU. Incluyen escenas como la llegada de los castellanos a tierra americana, la vuelta de Colón con indígenas ante los Reyes Católicos en Barcelona, Colón cargado de cadenas al final de su gobierno de La Española, y hasta su muerte en Valladolid. En síntesis, presentaban a Cristóbal Colón como un héroe americano y un católico. Pues bien, alguien, principalmente la asociación de estudiantes nativo americanos de Notre Dame, denunció los murales por improcedentes, ofensivos para los indígenas americanos y sus descendientes, manipuladores y vehículo de opresión cultural.

El rectorado, tras resistirse un tiempo, ordenó cubrirlas. Habían terminado 130 años de exposición pública. Fernández-Armesto es un historiador, es decir, mira los testimonios del pasado como fuente de conocimiento, como el elemento necesario para comprender el presente. Ver cómo se suprimen esas pinturas no podía menos que desasosegarle y producirle considerable disgusto. La finalidad de la universidad es trabajar por conocer la verdad, difundir el saber, dotar de sentido crítico a sus estudiantes al mismo tiempo que de interés y respeto por los demás, ¿dónde queda todo eso si se aplican técnicas de cancelación? ¿Puede hacerse historia si cancelamos los vestigios de otro tiempo? ¿Puede haber conocimiento si se prohíbe el pensamiento? El profesor Fernández-Armesto continúa mientras se escribe esto con su tenaz tarea de defender la libertad del acceso a las fuentes y ha conseguido que una vez al año se levanten las estructuras que ocultan esas pinturas para que puedan ser vistas por los alumnos durante una visita explicativa. Al parecer el evento tiene un éxito creciente.

Europa no es ajena a la ola woke. Natalie Einich es una socióloga francesa que tiene en su carrera un elemento que la hace especialmente interesante en este tema. Su director de tesis fue Pierre Bourdieu, sociólogo francés cuyas ideas, recibidas en Estados Unidos, fortalecieron la corriente del wokismo. Fue él quien, en los años setenta, introdujo la idea de "violencia simbólica". Según él, esta ocurre siempre que se hace creer a una persona que debe aceptar su opresión. Un concepto parecido había sido acuñado por Michel Foucault. La idea ayuda a explicar por qué el activismo woke y los académicos que lo impulsan consideran sin dudarlo un discurso desagradable como una forma de violencia. En 2023 aparecieron dos publicaciones de Einich que disentían absolutamente de estas tesis y advertían el efecto demoledor que ese militantismo político entre los universitarios:

> Falta de curiosidad intelectual y de rigor científico, radicalismo estrecho de miras, cobardía individual protegida por la manada, disfrute perverso del poder ejercido mediante la culpabilización, la amenaza o la fuerza: éstos son sólo algunos de los efectos del militantismo académico. El mundo universitario que nos diseñan los nuevos campeones del identitarismo y del comunitarismo es un mundo intelectualmente agotado, obsesionado por el 'género', la 'raza' o la sexualidad, empobrecido de toda la riqueza de nuestros recursos conceptuales; y el mundo social que intentan construir es un mundo de relaciones invisibles, habitado por la malicia, el rencor y el deseo de venganza[16].

Es evidente que por ese camino no iríamos a ningún sitio interesante. Advertencias no nos faltan. Estamos a tiempo de corregir el rumbo por más que no sea tarea fácil.

---

[16] N. HEINICH, *Ce que le militantisme fait à la recherche*. Tracts, N° 29. Paris, Gallimard, 2021. Edición electrónica. De la misma autora *Le wokisme serait-il un totalitarisme ?* Paris, Albin Michel, 2023.

4. Una tarea muy personal

Hemos advertido de los principales peligros que afrontamos hoy, pero convendría ahora detenernos a considerar qué debería ser un universitario, un buen profesor universitario. Pienso que se podrían resumir sus principales virtudes con cuatro pinceladas. En primer lugar, el buen profesor debe tener conocimientos. Dicho negativamente, es malo quien sabe poco. Esto exige estudiar, la primera tarea del universitario. No cejar nunca en el afán de saber más, de ir a las fuentes, de no parar hasta acercarse un poco más a la verdad y, en lo que nos es posible, alcanzarla. Nadie dijo que fuera tarea fácil, pero es nuestra tarea.

Segundo, el buen docente despierta interés por su materia, el malo, en cambio, es rutinario. Todos tenemos experiencia de lo que esto significa. Es más, seguramente si nos dedicamos a lo que nos dedicamos es porque alguien nos entusiasmó con esta disciplina y con esta tarea. Y si no nos dedicamos a otras es, justamente, por lo contrario.

En tercer lugar, el buen profesor debe ser capaz de juzgar correctamente y con equidad. El mediocre y el malo o no corrige o lo hacen mal. Todos tenemos experiencia de que esta no es tarea sencilla y pienso que todos nos sentimos indignos de realizarla tantas veces frente al talento de alumnos y colegas. Pero es necesaria. La inhibición en este campo es una deserción de nuestro deber. No sé si he tenido mala suerte, pero en los últimos años cada vez he percibido más desánimo y más absentismo en este campo. A veces lo he atribuido al efecto perverso de las encuestas a los estudiantes, pero en general pienso que procede de la falta de compromiso y de valentía, penosos compañeros en cualquier vida.

Por último, destacaría que el buen profesor siente y manifiesta un sincero interés por sus alumnos, mientras que su falsificación tiende a una mirada impersonal, despegada y escéptica. La tarea universitaria se realiza en la conjunción de quienes llevamos años estudiando y los que están comenzando. Pero somos colegas de nuestros alumnos. De algunos lo seremos en sentido literal, pero de todos podríamos serlo. Otra cosa es que algunos no quieran estudiar. No podemos obligarlos a hacerlo. Pero mal podremos transmitirles amor al saber si no tenemos interés por sus personas.

Visto en conjunto es fácil concluir que mi idea del buen enseñante es muy personal. Cierto. Es más, pienso que gran parte de los males que nos afectan proceden del olvido de que este trabajo exige una respuesta muy personal y que no hay forma de evitar la responsabilidad de cada uno en la tarea. El trabajo universitario consiste, siguiendo una doble definición que es clásica, en elaborar conocimiento y transmitirlo. La cuestión es que semejante tarea es inseparable de *quién* lo hace. Voy a detenerme en otra historia que puede servir para ilustrar lo que digo y las razones por las que pienso que debemos recordarlo.

Vannevar Bush (Massachussetts, 1890-1974) fue un ingeniero y gestor científico norteamericano que ha dejado profunda huella en el impulso de la investigación científica y su organización. Es conocido como "el abuelo de internet" por ser el creador en los años veinte del pasado siglo de *Integraph*, la primera máquina eléctrica lógica de la historia, precedente de la noción de hipertexto. Se formó en el Instituto Tecnológico de Massachusetts (MIT), en Harvard y en Tufts. En 1939 fue nombrado director del National Advisory Committee for Aeronautics (NACA), que más tarde se transformaría en la NASA. El organismo era consecuencia de la convicción a que habían llegado los políticos de la necesidad de invertir en ciencia para mejorar el armamento, algo que se asentó con gran fuerza en ellos tras la Primera Guerra Mundial pero que venía de antiguo. En 1941, con la guerra ya en marcha y los Estados Unidos camino de entrar en ella, fue nombrado, por el presidente Franklin D. Roosevelt director de la Office of Scientific Research and Development (OSRD), el primer organismo creado por el gobierno federal para el impulso de la investigación científica.

Ese nombramiento estaba relacionado con una importante decisión adoptada dos años antes. En agosto de 1939 Albert Einstein había redactado una carta que preparó en colaboración con otros dos científicos, Leo Szilard y Edward Teller. La misiva pedía al presidente de los Estados Unidos que pusiera en marcha la investigación para la construcción de un arma nuclear. Los tres científicos eran refugiados con relativa poca influencia. Tras indagar sobre el mejor modo de llegar al presidente, siguieron el consejo de Szilard: encomendar la tarea a un financiero amigo del presidente que tenía acceso directo a él y también ascendiente como consejero: Alexander Sachs. Éste aceptó la tarea con entusiasmo y concretó una cita con Roosevelt el 11 de octubre de 1939. Sachs leyó a su amigo el presidente, en voz alta, los párrafos más impactantes de la carta, firmada por Einstein. Comprobó desolado que no había despertado en él entusiasmo alguno. Se volvió preocupado al hotel. No conseguía dormir, salió a pasear y, sentado en el banco de un parque cercano, tuvo la idea. Regresó al hotel, se aseó y volvió a la Casa Blanca para encontrarse de nuevo con su amigo:

Sachs encontró a Roosevelt solo frente a la mesa del desayuno, sentado en su silla de ruedas. El presidente lo saludó con dos preguntas irónicas: '¿Qué brillante idea se te ha ocurrido ahora? ¿Cuánto tiempo necesitarías para explicarla?'. Sachs respondió que no le llevaría mucho tiempo, y le contó a Roosevelt brevemente la historia del joven inventor estadounidense Robert Fulton. Durante las guerras napoleónicas, Fulton ofreció a Napoleón construir una flota de barcos de vapor para ayudarle a vencer a sus enemigos acérrimos, los británicos.

El emperador francés, creyendo que Fulton decía tonterías, desechó con impaciencia la oferta del joven visionario, quien posteriormente construyó los primeros barcos de vapor del mundo. Sachs le recordó a Roosevelt el comentario del historiador británico del siglo xix, Lord Acton, quien dijo que 'Inglaterra se salvó gracias a la falta de visión de un adversario. Si Napoleón hubiera mostrado más imaginación y humildad [...] la historia del siglo xix habría seguido un rumbo muy distinto'.

Esta anécdota aleccionadora tuvo el efecto deseado. Roosevelt permaneció en silencio durante algunos minutos. Luego garabateó una nota y se la entregó a un criado, quien volvió con una botella de coñac de reserva de tiempos napoleónicos y llenó dos copas. Roosevelt alzó la suya, brindó con Sachs[17].

Se había tomado la decisión de trabajar en la creación de un arma atómica, una de las más importantes de la historia. Había surgido de la colaboración de tres eminentes físicos, un financiero de Wall Street, el presidente de los Estados Unidos y el auxilio de la cita de un historiador. Un ejemplo de uso de los trabajos universitarios. Pero no iba a ser la última colaboración, en realidad era solo el comienzo.

Bush, cabeza del OSRD, estuvo también al frente del Proyecto Manhattan, el plan para fabricar un arma nuclear, puesto en marcha antes incluso de que los EE. UU. entraran en la guerra. El éxito que alcanzó es conocido. Roosevelt estaba tan impresionado por la ayuda que la ciencia había prestado al

---

[17] D. PRESTON, *Antes de Hiroshima: de Marie Curie a la bomba atómica*. Barcelona, Tusquets, 2008, p. 167.

esfuerzo de guerra que en noviembre de 1944 formuló a Bush y al OSRD cuatro preguntas:

1. Qué puede hacerse para dar a conocer los avances científicos realizados durante la guerra.
2. En el caso particular de la guerra contra la enfermedad, qué puede hacerse para continuar el trabajo realizado en Medicina y ciencias afines.
3. Qué puede hacer el gobierno ahora y en adelante para apoyar la investigación de organismos públicos y privados.
4. Si puede ponerse en marcha un programa para descubrir y formar talentos científicos en los Estados Unidos, de forma que se mantenga el nivel alcanzado en los años de la guerra.

Los máximos responsables de la política científica norteamericana pusieron manos a la obra para contestar, pero llegaron tarde para entregar su trabajo a Roosevelt, que falleció en abril de 1945. En el mes de julio de ese mismo año, se envió el informe Bush al nuevo presidente, Harry S. Truman. Se titulaba *Science, the endless frontier*[18]. En él podía leerse este resumen de qué frutos producía promover la ciencia:

1) Más empleo en tareas menos penosas,
2) Más tiempo para el estudio y el recreo,
3) Menos enfermedades, gracias a la prevención y al avance en su cura,
4) La conservación de los recursos de la nación, y
5) Una adecuada preparación para la defensa y la conquista del liderazgo mundial.

---

[18] V. Bush, *Science, The Endless Frontier*. Wasington, OSRD, 1945. Disponible: https://www.nsf.gov/about/history/vbush1945.htm [consultado el 19 de agosto de 2024]. Cfr. también G. Pascal Zachary, *Endles Frontier. Vannevar Bush, Engineer of the American Century*. New York, The Free Press, 1997.

Es difícil encontrar alguien que no esté de acuerdo con ese paradigma, salvo quizá el último punto fuera de los Estados Unidos. Es el estándar de pensamiento tras la Segunda Guerra Mundial. En definitiva, se afirmaba que todo avance dependía de un continuo crecimiento del conocimiento científico.

Lo que más llama la atención en este interesante documento es lo que no dice. No menciona en absoluto la bomba atómica, que fue probada con éxito justamente el mismo mes de julio de 1945 y utilizada dos veces sobre ciudades japonesas a comienzos del mes de agosto. Cierto que todo ese trabajo estaba bajo un absoluto secreto, pero el presidente lo conocía y también su sucesor en cuanto accedió al cargo. El esfuerzo de la ciencia en la guerra había producido muchos avances y muchos bienes, pero, por encima de todo, había hecho posible la primera arma nuclear de destrucción masiva. Que ese punto permaneciera ciego para los redactores del informe no parece una casualidad. Es fruto de una mentalidad que mira todo nuevo logro científico técnico como un éxito, sin preguntarse por su sentido. El único sentido es su misma realización.

No hay otro criterio. Los centenares de miles de inocentes muertos como consecuencia de la creación de esas armas, la tensión internacional generada por su existencia, su insensatez… no forman parte del conocimiento científico para estos hombres. Podríamos denominar este estilo el triunfo del paradigma tecnocientífico, y es uno de los componentes destacados del pensamiento dominante en el trabajo universitario al menos desde entonces. Olvida completamente que la ciencia y la técnica siempre tienen detrás, previos a ellas, una concepción del hombre y de la vida que esencial para nuestro conocimiento. La pretendida neutralidad de los logros científicos contiene una petición de principio: quien tiene el poder puede hacer lo que quiera y decir que es bueno. No es difícil encontrar en la base del pensamiento occidental, y no digamos del cristiano, un rotundo desmentido de semejante afirmación.

Inevitablemente hay dudas en el fondo de este asunto, que afortunadamente se han hecho presentes muchas veces desde entonces, basta con mencionar la película *Oppenheimer* (Cristhopher Nolan, 2023), que obtuvo el Oscar a la mejor película de ese año. Con las inevitables simplificaciones históricas de un film, la cinta plantea la grave cuestión de fondo: ¿fue bueno hacer el esfuerzo científico y técnico que permitió fabricar esa bomba? ¿supuso un avance moral o un retroceso? Es una pregunta muy pertinente, una buena pregunta universitaria[19]. Nos conviene explicitar lo que significa esa omisión. Significa que renunciamos al sentido, al sentido moral de nuestra tarea. Si la damos por buena, hemos reducido nuestro quehacer a facilitar instrumentos a los poderosos para ejercer su dominio, hemos renunciado a la libertad en nombre de la eficiencia. Solo eso puede permitirnos no sabernos responsables de nuestros propios actos, como si fuéramos autómatas. Como se ve, no está tan lejos de lo que detectamos que ahora nos pasa. Lo que nos sucede es consecuencia de dar por buenas estas decisiones. El trabajo universitario, como cualquier trabajo humano, no es automático, es obra de seres libres y, por tanto, implica una responsabilidad. Si falta esta, falta la libertad y falta la humanidad.

La idea de que sobre esas bases se puede construir una sociedad perfecta triunfó en Estados Unidos. Hay una excelente novela de ciencia ficción de C. S. Lewis, *That Hideous Strength,*

---

[19] Este es el tema de un libro notable: R. JUNGK, *Más brillante que mil soles. Los hombres del átomo ante la historia y ante su conciencia*. Barcelona, Argos, 1959.

que retrarta este tipo de ideal[20]. Pienso que vale la pena leerla o releerla. La eficacia tecnocientífica generó un bienestar impresionante y atractivo, y un dominio del mercado y un poder militar que confirieron a Norteamérica el liderazgo mundial en el siglo xx. En los años sesenta se añadió a las metas el deber de procurar el bienestar emocional de la gente, que ya se advertía perturbado. El crecimiento del conocimiento se identificó con el aumento de la producción científica materializada en publicación de *papers*, en patentes e innovaciones sociales. El camino al paraíso tecnocientífico estaba empedrado con esa continua aportación de la universidad. En cuatro palabras: *Science, the endless frontier.*

Con todo, el punto ciego al que aludimos se puso de manifiesto en los años de la contracultura, que no acertó a dar con soluciones porque se mantuvo dentro del paradigma del triunfo materialista y de una idea individualista del hombre y su libertad. Solo añadió retórica justiciera a la utopía materialista capitalista. Se habían olvidado algunas ideas básicas de la tradición occidental sobre el bien. Por ejemplo, Montesquieu:

> Si supiera alguna cosa que me fuese útil y que resultara perjudicial para mi familia, la expulsaría de mi mente. Si conociera alguna cosa útil para mi familia, pero que no lo fuese para mi patria, trataría de olvidarla. Si conociera alguna cosa útil para mi patria, pero perjudicial para Europa, o útil para Europa y dañina para el género humano, la consideraría un crimen[21].

Es decir, lo universal es necesario para entender lo particular. Está en la idea misma que dio origen a la universidad, que

---

[20] C. S. Lewis, *That Hideous Strength: A Modern Fairy-Tale for Grown-Ups.* London, HarperCollins, 2000. Traducción española: *Esa horrenda fortaleza.* Barcelona: José Janés, 1949.
[21] Montesquieu, *Pensamientos*, citado por N. Ordine, *op. cit.*

por eso se llama así, por aspirar a un conocimiento del todo. Lo advertía también Alexis de Tocqueville con otra perspectiva:

> En un gran número de hombres encontramos un afán egoísta, mercantil e industrial por los descubrimientos del espíritu, que no hay que confundir con la pasión desinteresada que prende en el corazón de unos pocos; hay un deseo de utilizar los conocimientos y hay un deseo puro de conocer[22].

No faltaban advertencias para no descarriarse. Quizá lo que nos ocurre puede explicarse con la actitud del aprendiz de brujo. Deslumbrados por el nuevo poder de dominio de la naturaleza, hemos olvidado lo elemental y nos hemos visto envueltos en el torbellino de nuestros aparentes logros. Pero en la universidad, ¿no deberíamos detenernos a pensar?

5. La idea clásica del saber

El saber produce un gozo incomparable. Todos los que nos dedicamos a la universidad lo sabemos, o deberíamos. Ahora bien, el camino para alcanzar el saber pasa irremediablemente por el estudio, una actividad que requiere calma, intensidad en la consideración, paciencia, una apertura a la rectificación permanente y una concentración lo mayor posible. Es una tarea dura. Tan dura que puede alcanzar el carácter de tortura pasadas unas horas en la tarea. Esto también es conocido. Todos tenemos compañeros que abandonaron el estudio para dedicarse a asuntos más divertidos.

En Francia, los aspirantes a ingresar en la Escuela Normal Superior, la cima del saber, se preparan a lo largo de dos cursos

---

[22] A. DE TOCQUEVILLE, *La democracia en América*, II, I, 13, p. 41.

que llaman *hypocagne* y *cagne*. Su nombre se acuñó en el siglo XIX viendo el aspecto de esos estudiantes: deformes por las muchas horas sentados dedicados al estudio parecían *cagneux*, lisiados, con las rodillas entrechocándose y los pies separados. De acuerdo, pero el estudio es la puerta del saber. No hay otra. Lo recordaba el filósofo Antonio Millán Puelles: «La *studiositas* tiene, pues, un doble frente: el saber y el trabajo de saber, porque tan natural es el deseo del primero como la aversión al segundo»[23].

Joseph Pieper hace una advertencia sobre el estudio que viene también muy al caso:

> Existe una manera de ver que pervierte el primitivo sentido de la potencia visiva e introduce el desorden en todo el hombre.
> La finalidad de ver es apercibirse de la realidad. La concupiscencia de los ojos hace que miremos, pero no precisamente para ver lo real. San Agustín dice que la gula no tiene interés en que su víctima se sacie, sino puramente que coma y guste. Esto es exactamente lo que ocurre con la 'curiosidad' y con la concupiscencia de los ojos. En su obra *Sein und Zeit* dice Heidegger: 'La preocupación de esta forma de mirar no está en aprehender la realidad y vivir en ella, sino en descubrir posibilidades de abandonarse al mundo'.
> Santo Tomás entiende la *curiositas* como una 'inquietud errante del espíritu' y la incluye en la *evagatio mentis* (disipación del ánimo), que es, según él, la primogénita de la pereza *(acedia)*[24].

Ese desorden en la mirada está en la raíz de muchos males contemporáneos: mirar para dominar, para poseer, no es el

---

[23] A. MILLÁN PUELLES, *Obras Completas*, t. III, *La formación de la personalidad humana (1963)*, Madrid, Rialp, 2013, p. 317.
[24] J. PIEPER, *Las virtudes fundamentales*. Madrid, Rialp, 2003, pp. 290-291.

camino. La verdadera vocación humana frente al mundo es una mirada contemplativa, no para sojuzgar, sino para comprender, admirar y, a partir de ahí, usar amorosamente. Como la mirada de dominio y posesión han dominado la escena, la curiosidad ha sustituido muchas veces al estudio. Eso apuntan obras de estos años que denuncian los vicios que nos alejan del estudio: *Superficiales: ¿Qué está haciendo internet con nuestras mentes?*, de Nicholas G. Carr[25]; el *best seller* de Cal Newport, *Céntrate (Deep work): las cuatro reglas para el éxito en la era de la distracción*[26]; o el inspirador *Pensativos. Los placeres ocultos de la vida intelectual*, de Zena Hitz[27]. John Lukacs apunta un interesante dato histórico sobre la causa principal de la generalización social de este fenómeno, la televisión: «The pictorialization of American imagination, at the expense of its verbal component, has been furthered immensely by television, leading to such habits of mind as inattention and passivity, the opposites of concentration and contemplation»[28]. Ese es nuestro hábitat. En ese medio debemos conseguir estudiar.

Si tuviera que elegir un sinónimo del verbo estudiar elegiría escuchar. Prestar atención a lo que suena a nuestro alrededor, especialmente a lo que dicen otros. Quizá por eso me parece tan brillante e inspiradora la afirmación de Plutarco hace más de dos mil años: «La mente no necesita ser rellenada como si fuera un recipiente; más bien, como la leña, precisa de una chispa que la encienda y le dé el impulso para buscar la verdad y amarla ardientemente»[29].

---

[25] Madrid, Taurus, 2011.
[26] Barcelona, Península, 2022.
[27] Madrid, Encuentro, 2022.
[28] Op. cit. p. 324.
[29] PLUTARCO, *El arte de escuchar. De recta ratione audiendi*, XVIII. Otra traducción dice: «Pues la mente no precisa, como un vaso, que se la llene, sino

La idea de que la sabiduría no puede trasvasarse como se trasvasa el agua de una copa vacía a otra llena, se encuentra ya en el *Banquete* de Platón (175d) puesto en boca de Sócrates: «Bien estaría eso, Agatón, si la sabiduría fuese tal que pudiese fluir del más lleno de nosotros al más vacío, cuando entramos en contacto mutuamente, como ocurre con el agua en las copas, que pasa por un hilo de lana de la llena a la vacía». Es la idea socrática de que la sabiduría tiene que suscitarse en la propia alma, gracias al estímulo del maestro, que Plutarco llama *hypékkauma*: «fuego colocado debajo». El conocimiento es siempre personal, una tarea que implica a toda la persona y requiere de su decisión, de su interés, de su apertura. Por eso tiene un carácter moral, no es automático, es completamente personal, y también relacional.

Por eso cuando hablamos de transmitir el saber no estamos refiriéndonos *solo* a añadir contenidos. Es importante tenerlo presente porque otro error frecuente es pensar que saber más equivale a acumular algo, o a ser capaz de repetir lo que otros han dicho. No obstante, es preciso señalar que necesitamos los contenidos. Son la leña que debe arder. Una mente vacía o llena de asuntos insustanciales o falsos, no lleva buen camino, no arderá, y menos en amor por la verdad.

Así pues, puede que en los primeros compases de la formación universitaria debamos insistir en la adquisición de conocimientos básicos, en hacer acúmulo de conocimientos. Pero pronto, si puede ser, al mismo tiempo, hemos de insistir en que se trata de mirar con detenimiento, de considerar, de contemplar, hasta llegar a pensar. Actualizando la sentencia de Plutar-

---

solamente, como la madera, necesita que se le aplique fuego por debajo que produzca impulso de búsqueda y ansia de verdad». Agradecemos a Manuel Pérez López su ayuda con el texto original griego, las diferentes traducciones y la referencia a Platón.

co tenemos otra que nos llega de finales del siglo xix y de un maestro de historiadores: "Jacob Burckhardt les había dicho a sus alumnos que la historia carecía de método. Les dijo esta frase en italiano: *Bisogna saper leggere*, 'Tenéis que saber leer', que es tan cierta hoy, en nuestra era de las imágenes, como entonces. O quizá incluso más".[30]

Si no fuera porque podría resultar un resumen demasiado escueto, la sentencia de Burckhardt bastaría para resumir el contenido de estas páginas sobre la universidad. Esa es nuestra tarea: escuchar con detenimiento, leer, leer el mundo, comprender el mensaje que el Creador puso en él, y traducirlo, en lo posible, al lenguaje de los hombres de nuestro tiempo. Y por eso es tan importante para nosotros el acto literal de leer textos de nuestros colegas, tanto de los que nos han precedido como de los contemporáneos. En ese acto de lectura –literal o figurado– pueden saltar chispas, encontrarse puntos de ignición, arranques de asombro, preguntas, o inquietudes que despiertan o hacen crecer el deseo de saber, de entender, y llevan a descubrir nuevos mundos o a ver los conocidos de forma nueva.

La superficialidad en la lectura es un ejemplo acabado, y sofisticado, de *curiositas*. Cuando se practica, solo se ve la superficie de los textos y el trabajo se reduce entonces a la elaboración de resúmenes más o menos acertados, a la mera repetición, a la copia de contenidos o, alguna vez, incluso de ideas. En definitiva, cabe una lectura sin comprensión que incluye de ordinario la introducción de nuevos errores con la garantía de no corregir los heredados ni aportar acierto alguno. Una ayuda inapreciable para esta lectura superficial es la ideología, que permite dar apariencia de discurso inteligente a la verborrea

---

[30] J. Lukacs, *El futuro de la Historia*, Madrid, Turner, 2011, p. 19.

imitativa. El lenguaje políticamente correcto es un instrumento de anulación intelectual que trabaja en el sentido de la lectura superficial: garantiza el éxito lejos de todo contenido y de una seria comprensión, disfraza de lucha por la justicia la vaciedad intelectual, y puede conducir a la cumbre de las calificaciones o de los puestos académicos. De ahí lo extendido de su práctica, pero no deja de ser una penosa falsificación de limitado recorrido.

Hay otra forma de lectura peligrosa, más inteligente que la superficial que acabamos de mencionar. Es la lectura que podríamos llamar extensiva y de cita culta. Es la responsable de que haya universitarios de los que cabría decir que han "leído demasiado". Esto puede parecer un sinsentido: acercarse al pensamiento ajeno nunca está de más, siempre enriquece. De acuerdo, pero no elimina el peligro de leer sin obtener otro beneficio que ser capaz de repetir lo escrito o dicho por los demás, o de citarlo con asombrosa erudición, sin alumbrar nada nuevo. Ya sé que la originalidad en el pensamiento es difícil y que no pocas veces está fuera de nuestro alcance.

Pero cuando se lee un texto que se limita a yuxtaponer, incluso oportunamente, citas ajenas, sin comentario alguno ni declaración de cómo se entienden esas aportaciones, sin indicar al menos cierta visión crítica y alguna conclusión propia del autor del nuevo texto, no puede evitarse la impresión de estar ante un intento de imparcialidad que equivale en realidad a huir del debate intelectual y a deslizarse por la pendiente del aburrimiento. Pero la erudición florida ha tenido siempre su público, y demuestra una extensión de conocimientos que puede ser la fachada de una excelente construcción, pero también la máscara de un vacío sin que sea fácil distinguirlas en una primera aproximación.

Demos un paso más, o quizá más bien un salto de grandes dimensiones. Estudiamos para saber, pero ¿qué es saber? ¿qué es el conocimiento? ¿Es adquirir una "visión objetiva de la realidad", o "una visión lo más objetiva posible de la realidad"? Aunque cabría decir mucho al respecto, seré directo: no pienso que lo sea. Este es otro de nuestros peligros actuales y un problema epistemológico no pequeño: la idea de que el conocimiento es tanto mejor cuanto más objetivo. «Pero ¿no es la objetividad un ideal? Pues no: porque el propósito del conocimiento humano –y diríamos que de la propia vida humana– no es la exactitud, ni tampoco la certeza. Es la comprensión»[31].

La idea que traigo a colación, desarrollada por John Lukacs en varios de sus libros sobre teoría de la historia, es que el conocimiento no es objetivo, ni subjetivo, que es lo mismo con perspectiva opuesta, sino personal. Dicho de otra forma, los hombres no podemos conocer objetivamente porque no somos máquinas, no existe el conocimiento humano objetivo. Nuestro conocimiento es personal y participante. Cuando conocemos nos cambiamos y cambiamos a los demás y al mundo.

Esto no significa que el conocimiento sea confuso, como tiende a sugerirnos el prejuicio objetivista que se ha sembrado en nuestras mentes, al contrario, la pretensión objetivista sí que entraña una gran confusión, lleva a confundir el conocimiento con lo real, que no son exactamente lo mismo, y a suplantar al final la realidad por un conocimiento que la definiría mejor que ella misma. Ese conocimiento objetivo y "súper real" nos daría la medida de todas las cosas. Pero no hay tal, cada ser humano conoce personalmente al establecer relaciones con la realidad.

---

[31] J. LUKACS, Últimas voluntades. Memorias de un historiador, Madrid, Turner, 2013, p. 13.

Y esas relaciones son hasta cierto punto únicas: los demás establecen otras, diferentes, pero no contradictorias con las de los demás. Además de ser único, el ser humano no existe en soledad, participa de, y es participado por, los demás seres. El conocimiento es justamente una relación de participación con ellos. La mentalidad individualista a ultranza, unida a la pretensión objetivista, han dado lugar a una búsqueda de un conocimiento de entraña mecánica que con toda su apariencia de validez universal solo sirve para encerrarnos en ese paradigma reduccionista: nos quedaríamos en la exactitud o la certeza, pero no es ese nuestro interés cuando queremos saber, queremos comprender, que es mucho más. Es este un asunto que merecería muchas páginas, pero no es este el lugar para dedicárselas.

Muy relacionado con la convicción del pretendido automatismo del conocimiento, contra el que acabo de protestar, está la idea de que podemos y debemos trabajar en la construcción de un sistema ideal de transmisión del conocimiento. De alguna manera se piensa que cabe una educación perfecta, la universidad ideal. De ahí proceden muchas instrucciones sobre procedimientos, realización de estadísticas, tabulación de resultados, fijación de protocolos, para llegar a la "excelencia" o a un lugar similar designado siempre con vocablos grandilocuentes.

Pues también aquí debo decir que me parece que esto no es posible. Por una razón importante y de peso: las personas solo podemos admitir como verdadero aquello que queremos admitir como tal. Tenemos la extraña y fascinante capacidad de defender como racional una cosa y su contraria sin que nada nos pueda forzar a cambiar. Todos hemos tenido en la adolescencia la experiencia de que podíamos negar el mundo exterior y atribuirlo todo a nuestro mundo interior. Dicho de otra forma, las personas no tenemos ideas, sino que primordialmente las elegimos. El conocimiento es fruto siempre de una decisión que, si es verdaderamente humana, es libre. Hombres y mujeres no pueden aprender obligados. Siempre pueden negar lo que otro les diga o lo que la realidad les muestra a través de los sentidos. De ahí que sea más propio decir que elegimos ideas y no que las tenemos.

El actual menosprecio de las humanidades y exaltación de las ciencias experimentales está construido sobre una falsificación que sostiene que el conocimiento de las segundas es objetivo y científico, justamente porque sus conclusiones no habrían sido elegidas, sino que vendrían impuestas por la evidencia empírica. No hay tal. Las ciencias experimentales han tomado también decisiones sobre la forma del experimento y la realización de la medida que implican una elección, un modelo, suele decirse. Su pretensión de objetividad es quimérica, y la idea de que ese sea el único conocimiento válido es una falacia reduccionista.

De lo anterior se deriva un importante corolario que a veces se olvida. O más bien, digámoslo sin ambages, hay un interés creciente por hacerlo olvidar por razones de marketing: toda educación es un riesgo, compartido por quienes participan en ella. No se puede garantizar que salga bien, por buenas calificaciones que se obtengan o por alto que se esté en los rankings de las instituciones universitarias. No hay un método seguro para formar sabios, ni una universidad perfecta, que garantice una buena educación, un buen *resultado* (eso no quiere decir que haya algunas tan malas que *casi* garanticen un mal resultado). Y no lo hay por todo lo que hemos dicho hasta ahora de la educación universitaria: porque el saber no es trasvasable, porque el estudio es una tarea siempre ardua, porque comprender *sucede*, no se puede provocar directa y necesaria-

mente, porque el hombre es libre para todo, también para conocer, y porque no hacemos nada solos, sino en relación con
nosotros mismos, con el resto de la realidad, con las demás
personas y con Dios.

La educación es, por todo eso, un proceso no lineal e impre-
decible. Influyen en ella tantos factores, que no se pueden tener garantías que no sean personales, y las personas no se caracterizan por ofrecer ese tipo de seguridad. Desde luego, no
afirmaré que por eso vale cualquier cosa para educar, todo lo
contrario. Saber lo que no vale es un punto de partida necesario del que hemos tratado casi en cada línea de este ensayo.
Pero es un saber negativo y sus conclusiones deben ser siempre modestas, flexibles y provisionales, como es todo lo que
conocemos y todo lo que hacemos los hombres, referido a
nosotros y nuestros semejantes.

La búsqueda de seguridad es otro de los paradigmas hoy
dominantes. La seguridad en la transmisión del saber vendría
garantizada por la medición objetiva de las garantías formativas
de los establecimientos universitarios que, en definitiva, esta-
rían en función de la capacidad de inversión de recursos en
ellos. A mejores profesores con mejor organización y mejores
métodos, mejores alumnos, hasta garantizar el resultado finalmente perfecto, o casi, para los que tengan suficientes recursos.

En parte es así: las mejores universidades son también las
más ricas. Pero hacer creer que eso garantiza una formación
excelente no parece creíble. Siempre habrá malos alumnos en
esas buenas universidades, y también algunos malos profesores. Y habrá todavía más buenos alumnos y buenos profesores
en universidades con menos medios, que trabajarán de forma
tanto más excelente cuanto lo hacen más contracorriente. La
tabulación de los métodos no garantizará nunca los resultados
como si una universidad fuera una cadena de montaje.

6. Desafíos del presente

Los universitarios leemos cada vez menos libros, es un hecho, aunque no sabemos cómo va a influir. Los nuevos modos de acceso a los textos, la imposición del sistema de *papers* como modo de difusión de los resultados de investigación y la facilidad de acceso a contenidos gráficos y audiovisuales contribuyen al mismo tiempo a esa tendencia. La lectura sosegada y continuada de un pensamiento estructurado en torno a un tema monográfico parece estar en retroceso.

Algunos consideran este hecho una más de las señales del fin de una era, la Moderna, que nació entre otras cosas de la mano de la imprenta, de la expansión europea, de la emergencia de las burguesías urbanas y de la ciencia como la hemos entendido en occidente desde hace 500 años. Puede que sea así, pero eso no nos dice mucho sobre lo que puede venir a continuación. El peligro que esto tiene es que va asociado a una disminución de la atención. De ahí que parezca buena idea fomentar la lectura reposada y honda y la capacidad de decir algo a partir de ella. Eso siempre ha formado parte del quehacer universitario.

Otro mal en buena medida asociado a este fenómeno es el aumento de la burocratización: la realización de tareas de corte administrativo u organizativo, y la de dar cuenta de las tareas realizadas, avanza de tal forma que amenaza con no dejar sitio al trabajo libre de la vida intelectual. Esto lo entienden mejor los profesores, pero también los estudiantes. El reclamo casi permanente de trabajos, la urgencia en la producción (se la llama sospechosamente así), la inflación de programaciones, la insistencia en el método más que en los contenidos, las evaluaciones y autoevaluaciones frecuentes cuando no permanentes ¿nos va a llevar a ser mejores profesores o estudiantes universitarios?

¿vamos a saber más? ¿transmitiremos mejor el saber? Tengo serias dudas sobre si hemos alcanzado la moderación debida en este asunto. Mi impresión más bien es que la deriva cuantitativa responde a la dificultad de enjuiciar acertadamente la tarea del profesor universitario. En realidad, es lógico que sea así.

Por definición, un profesor universitario consolidado es alguien que ha alcanzado las fronteras del saber en su campo, al menos en algunas partes de su área de estudio, y se aventura en lo desconocido de vez en cuando para tratar de ampliar los conocimientos. Después de hacerlo vuelve, lo presenta a sus colegas y discute con ellos la validez de sus resultados. También forma a futuros colegas más jóvenes que se están iniciando en ese saber, para que alcancen donde él ha llegado y vayan más lejos todavía. Así pues ¿quién puede garantizar que ese profesor sabe suficiente y que sabe enseñar? Solo sus pares, sus colegas, y –en menor medida– sus alumnos. Pero sus pares son, necesariamente, pocos, y tienen intereses que no se refieren solo al saber, eso los hace potencialmente parciales y muy dependientes de su parecer personal.

Si ese pequeño grupo se corrompe o deteriora, si se deja llevar por los celos o la envidia más que por el amor a la verdad y el afán de prestar un servicio a otros, inevitablemente se corromperá y deteriorará la disciplina que cultivan, nadie podrá salvarla de la traición de quienes deberían cultivarla. La reacción cuantitativa pretende que se sustituya el juicio de otros colegas por el recuento de juicios de colegas formulados en la publicación artículos y en menor medida de libros. En teoría puede funcionar. En la práctica el sistema de publicaciones con revisión por pares tiene los mismos defectos que cualquier juicio entre colegas, con el añadido del sesgo de la publicación y los intereses económicos de las editoriales, que no dejan de crecer. No existe solución fácil a este desafío, ni tampoco una solución automática. Repitámoslo, el saber humano es libre. Y fruto de la libertad es también nuestro saber sobre los sabios o quienes pretenden serlo.

Otro desafío tiene que ver con una moda cultural. Vivimos un tiempo de lucha por la igualdad y la justicia, pero con frecuencia no por la verdad. Esto es en parte producto de la convicción arraigada en algunos de que la verdad no puede alcanzarse. Vamos a dejarlo ahí de momento, y a citar el resumen de Lukacs sobre este problema:

> El objetivo de la ley tiene muy poco que ver (a veces, nada) con la verdad: su objetivo es hacer justicia o, mejor dicho, proteger contra la injusticia. Y la justicia pertenece a un orden menor que la verdad (y la mentira está por debajo de la injusticia. Todas las parábolas de Jesucristo enseñaban a buscar la verdad, no la justicia). El acto de administrar justicia, aunque sea con la mejor intención de corregir la injusticia, puede tener que pasar por alto e incluso hacer caso omiso de la verdad durante el proceso judicial. Las personas viven y pueden vivir con la injusticia, pero yerran cuando deciden vivir en la mentira. No es necesario seguir argumentando esto, excepto para que nos demos cuenta de que las diferencias entre la propagación de la justicia y la prevalencia de la mentira son muy extensas hoy, al final de la llamada Era Moderna. Los gobiernos de muchos estados y todo tipo de instituciones legales afirman dedicarse a reducir las injusticias: de la esclavitud, la explotación de diversos tipos o la discriminación racial y sexual, etc. Sin embargo, no muchos son conscientes de que la búsqueda indiscriminada de justicia puede llevarnos a extremos poco cuerdos; de hecho, puede arrasar gran parte del mundo. (Considérense algunas de las técnicas atroces utilizadas en las guerras recientes; o el carácter puritano y tan estadounidense del capitán Ahab de *Moby Dick y su triste destino)*[32].

---

[32] J. LUKACS, *El futuro...*, pp. 136-137.

Si se admite lo que apunta el historiador norteamericano eso lleva a preguntarse si nuestro empeño por hacer triunfar la igualdad y la justicia no se está haciendo a costa de la verdad. Es el gran problema que plantea el movimiento woke. La imposición del lenguaje políticamente correcto y de las medidas antidiscriminación parecen dejar claro que así es en no pocos casos, y eso afecta al núcleo de la tarea universitaria.

Otra cuestión relativa a la verdad y la vida universitaria tiene más años de recorrido pero no menos importancia. Me refiero a la hipocresía, al hábito de guardar las apariencias y a la falta de autenticidad. Ya en el siglo xix John Henry Newman se refería a ella cuando hablaba de que la universidad, la buena universidad, más que ayudar a acumular conocimientos debía conseguir formar caballeros de mente abierta, capaces de mirar el mundo, preguntarse por sus problemas, y buscar en sus cabezas, con su trabajo intelectual y en colaboración con sus iguales, mejores soluciones para superarlos.

Era la finalidad de la "educación liberal" que él defendía. Un peligro en esa universidad liberal era que los que la vivían aprendieran a simular ese señorío, ese empeño y esa búsqueda desinteresada de soluciones mientras buscaban su cómodo interés por mantenerse arriba y llevar una vida cómoda. Y podían hacerlo sin problema, porque el saber no garantiza la calidad moral: «El saber es una cosa, y la virtud es otra. El buen sentido no es la conciencia, los buenos modos no son la humildad, ni la amplitud y acierto de las ideas equivalen a la fe. La filosofía [entiéndase, el conocimiento], por ilustrada y profunda que sea, no proporciona dominio sobre las pasiones, ni motivos influyentes, ni principios vivificadores»[33].

---

[33] J. H. NEWMAN, *Discursos sobre el fin y la naturaleza de la educación universitaria*. Pamplona, Eunsa, 1996, p. 140.

El crecimiento del conocimiento, o de la ciencia como gusta decir ahora, no es garantía de solución de nuestros problemas morales como a veces se pretende. Y cuando se quiere forzar que lo sea, se camina hacia la incentivación de la hipocresía, el peor de los vicios. Algunas de las historias que hemos relatado ilustran bien este hecho.

Un tercer desafío tiene un carácter más existencial y puede parecer alejado de las necesidades universitarias, de los requisitos para hacer de verdad universidad. Desde luego, resultará escandaloso para los fanáticos de la medida puramente cuantitativa y las soluciones impersonales. Comencé a pensar en él hace años, cuando oí a un colega relatar una anécdota que tenía por protagonista a un catedrático algo excéntrico, como tienen o tenían fama de ser todos los de la categoría. Ese ya viejo profesor afirmaba que para hacer la universidad era imprescindible la amistad. Pensé inicialmente que se trataba de una consideración tan bienintencionada como poco realista, una especie de moralina decorativa sin mucho sentido.

Al fin y al cabo, la amistad también es conveniente para los que trabajan como camioneros, reponedores de supermercados o en la milicia. Además, todos los que trabajamos en una universidad hemos sido testigos de numerosos enfrentamientos, de celotipias, de divisiones que surcan departamentos y facultades, que enfrentan escuelas enteras, que a veces bloquean la más elemental capacidad de escuchar lo que dice otro. Hemos visto, desgraciadamente, cómo los intereses personales se disfrazaban de interés por el conocimiento y cómo mientras se reivindicaba la justicia se cometían injusticias innombrables, muchas veces con guante blanco, pero no con menos crueldad ¿cómo no dar la razón a Newman y distinguir cuidadosamente el saber y la virtud? De modo que, inicialmente, me incliné por no dar la razón al dicho del viejo colega.

Sin embargo, andando el tiempo comencé a ver el problema desde otro ángulo. La necesidad de discutir las propias conclusiones con otros académicos y de buscar su parecer para corregir los propios errores es una evidencia fundamental, para todo universitario, pero quizá especialmente para los que nos dedicamos a las Humanidades: es nuestra «experimentación», ahí ponemos a prueba los resultados. Sin ella, no hay mejora posible y afianzamiento de las conclusiones. Pero no es posible comparecer ante los demás con ánimo abierto si uno no confía en ellos. Si lo que se tiene delante son adversarios o ánimos hostiles, más vale esconder los posibles errores. Si los detectaran los emplearían para hacernos daño, no para ayudarnos a superarlos. Cabría extraer de ahí un beneficio, pero por vía tan dolorosa que difícilmente la andaremos. Incluso la indiferencia es mal clima para compartir nada ¿qué cabe esperar de una fría y distante consideración? No gran cosa, a decir verdad.

Para que alguien aporte algo serio a nuestro trabajo hace falta un cierto afecto, cierta amistad. Es lo que dejan ver esas páginas de agradecimientos que abren algunos libros, especialmente en el ámbito anglosajón. Pero es, sobre todo, la experiencia de todos nosotros: si hemos llegado a crecer en conocimiento y a hacer algo de provecho en la universidad es porque hemos tenido amigos que nos han atendido, nos han escuchado, nos han corregido y nos han sostenido en los momentos de exaltación y, sobre todo, de dificultad. Podemos aprender de todos, pero aprendemos, sobre todo, de los verdaderos amigos. El clima de la amistad favorece el crecimiento del conocimiento y permite un intercambio de ideas que de otra forma es muy difícil, si no imposible.

Así pues, doy la razón al excéntrico y, para mí, anónimo colega: la amistad es un medio que facilita que crezca el saber y, si falta, lo dificulta. Es una extraña e interesante realidad que dice mucho de qué es el saber, qué la amistad y qué los seres humanos. Uno de los factores que me ayudó a entenderlo así es un sucedido que se cuenta de una mujer albanesa (macedonia del norte, diríamos hoy) de gran profundidad de espíritu, Agnes Gonxha Bojaxhiu, más conocida como la Madre Teresa de Calcuta, Premio Nobel de la Paz, canonizada por la Iglesia católica en 2016. En 1979, un grupo de profesores norteamericanos le pidió:

–Por favor, díganos algo que pueda ayudarnos en nuestra vida.
La Madre se limitó a contestar:
–Sonrían. Lo digo completamente en serio.[34]

No me parece un consejo menor. Es un requisito básico para hacer posible que crezca el clima de amistad que tanto necesitamos y un reconocimiento de la dignidad de las personas con que convivimos. Es un recurso que parece barato y que, sin embargo, en los países más ricos resulta, desgraciadamente, cada vez más escaso.

7. Conclusión

Volvamos al punto de partida, a las reflexiones de Felipe Fernández-Armesto. Se cerraban así:

Nuestra utilidad pública no consiste en formar profesionales ni hombres de negocios: eso lo podrían lograr los mismos negocios y profesiones a menos coste y con más eficacia; ni en autorizar los tabúes de moda ni los *shibboleths* de un momento determinado: eso lo harán las redes, internet y la prensa amarilla; ni en estar dispuestos al servicio de los estados ni las potencias de este mun-

---

[34] J. EUGUI, *Mil anécdotas de virtudes*. Madrid, Rialp, 2004, p. 20.

do: ellos tienen fuerzas armadas, medios de comunicación y recursos propagandísticos ampliamente suficientes para imponer su voluntad.

Todo lo contrario: nuestra obligación académica es contestar las normas vigentes, crear una élite dotada de un sentido crítico, una inteligencia razonada, una cortesía perfecta, una apertura intelectual inagotable, una simpatía humana sin límites, una dedicación entrañable al bien del mundo y un compromiso incansable con la verdad[35].

Suscribo su juicio palabra por palabra. Ser universitario es saber estudiar, hacer las preguntas pertinentes a fuentes lo más directas posibles para crecer en saber. Podemos hacerlo bien o hacerlo mal. Está en nuestra mano. Tenemos la suerte de que nunca estaremos aislados en la tarea, una tarea que consiste, sobre todo, en saber leer, en hacerlo de tal forma que salte alguna chispa que encienda nuestra mente en el amor por la verdad. Si lo hacemos con ánimo amigable, tenazmente, rectificando siempre que sea preciso, podremos contribuir a la continuidad y a la mejora de nuestra centenaria institución, la universidad.

8. Bibliografía

ALEMANY, L., entrevista a Nuccio Ordine en *El Mundo*, 4/5/2023.
BUSH, V., *Science, The Endless Frontier*. Wasington, OSRD, 1945. Disponible: https://www.nsf.gov/about/history/vbush1945.htm [consultado el 19 de agosto de 2024]
DELISO, M., "A timeline of Harvard President Claudine Gay's short, scandal-plagued tenure", *ABC News*, 3/1/2024. Disponible ht-

[35] *Op. cit.*

tps://abcnews.go.com/US/timeline-harvard-president-claudi-ne-gay-tenure/story?id=106052515 [consultado el 19/8/2024].

EUGUI, J., *Mil anécdotas de virtudes*. Madrid, Rialp, 2004.

FERGUSON, N., "The Treason of the Intellectuals". *The free press for free people,* 11 de diciembre de 2023.
https://www.thefp.com/p/niall-ferguson-treason-intellec-tuals-third-reich [consultado el 2/2/2024].

FERNÁNDEZ-ARMESTO, F., «Universidad, corrupción y desprestigio». *El Mundo,* 7/5/2019.

HEINICH, N., *Ce que le militantisme fait à la recherche*. Tracts, Nº 29. Paris, Gallimard, 2021. Edición electrónica.

— *Le wokisme serait-il un totalitarisme ?* Paris, Albin Michel, 2023.

FRANK,T., *La conquista de lo cool: el negocio de la contracultura y el nacimiento del consumismo moderno*. Barcelona, Alpha Decay, 2011.

JUNGK,R., *Más brillante que mil soles. Los hombres del átomo ante la historia y ante su conciencia*. Barcelona, Argos, 1959.

LEWIS, C.S., *That Hideous Strength : A Modern Fairy-Tale for Grown-Ups*. London, HarperCollins, 2000. Traducción española: *Esa horrenda fortaleza*. Barcelona: José Janés, 1949.

LUKACS, J., *A New Republic: a history of the United States in the twentieth century*. Yale University Press, 2004.

— *El futuro de la Historia*, Madrid, Turner, 2011.

— Últimas voluntades. Memorias de un historiador, Madrid, Turner, 2013.

MILLÁN PUELLES, A., *Obras Completas*, t. III, *La formación de la personalidad humana (1963),* Madrid, Rialp, 2013.

MONTESQUIEU, B. DE, *Pensées; Le spicilège*. Paris: Robert Laffont, 1991.

NEWMAN, J. H., *Discursos sobre el fin y la naturaleza de la educación universitaria*. Pamplona, Eunsa, 1996.

Ordine, N., *La utilidad de lo inútil: Manifiesto. Con un ensayo de Abraham Flexner*. Barcelona Acantilado, 2013.

Pascal Zachary, G., *Endles Frontier. Vannevar Bush, Engineer of the American Century*. New York, The Free Press, 1997.

Pérez López, P., *De mayo del 68 a la cultura woke*. Madrid, Palabra, 2024.

Pieper, J., *Las virtudes fundamentales*. Madrid, Rialp, 2003.

Platón, *El Banquete*. México, Grupo Editorial Éxodo, 2020.

Pluckrose, H., y J. A. Lindsay, *Teorías cínicas: cómo el activismo académico hizo que todo girara en torno a la raza, el género y la identidad... y por qué esto nos perjudica a todos*. Madrid, Alianza Editorial, 2023.

Plutarco, *Obras morales y de Costumbres*. Madrid, Gredos, 1989.

Preston, D., *Antes de Hiroshima: de Marie Curie a la bomba atómica*. Barcelona, Tusquets, 2008, p. 167.

Sana, F., T. Weston, y N. J. Cepeda, "Laptop multitasking hinders classroom learning for both users and nearby peers", *Computers and Education,* 62 (2013), pp. 24-31.

Sanmartín, O., "El gran fiasco de las pantallas en la educación", *El Mundo. La Lectura*, 27/10/2023.

Stegner, W., *Crossing to safety*. London, Penguin Books, 2006.

— *En lugar seguro*. Barcelona, libros del Asteroide, 2012.

Tocqueville, A. de, *La democracia en América*. Madrid, Akal, 2007.

CAPÍTULO 3. DE LA NECESIDAD DE RECUPERAR LA VERDADERA FORMACIÓN UNIVERSITARIA

Juan Manuel Blanch Nougués
Catedrático de Derecho Romano
Universidad CEU San Pablo, Madrid

Sumario

1. Introducción. 2. La Universidad como síntesis de saberes. 3. La tradición en crisis. 4. El valor de la teología y la cuestión de la verdad. 5. La Universidad y la empresa. 6. La internacionalización. 7. Los profesores, en el centro de la Universidad. 8. El sentido de la comunidad universitaria. 9. Las nuevas tecnologías. 10. Nuevos modelos educativos. 11. Conclusiones.

1. Introducción[1]

Vivimos tiempos de profunda desorientación en el ámbito educativo, y más concretamente en el universitario. Ya en otra oca-

---

[1] Sean mis primeras palabras de agradecimiento a la *Fundación Universitaria Española* por su generosa invitación a pronunciar una ponencia en su magnífica sede. Especialmente quisiera agradecer a la profesora Teresa Cid su amable disposición y ayuda en la organización del acto y su cuidada presentación.

sión[2] me hacía eco de la llamada *muerte de la Universidad*, vaticinada como un *adiós*[3] (Llovet), o de la situación de *asedio* en que se la ve situada[4]. Creo, sin embargo, que, ante este inquietante panorama, no debemos ceder a un sentimiento de pesimismo paralizante, que puede fácilmente embargarnos, y procurar afirmar nuestro espíritu con otro, en su lugar, de realismo prudente que lleve a provocar en nosotros y a nuestro alrededor una adecuada reacción, a la altura de lo que se espera de los universitarios. Sería ingenuo albergar la pretensión de cambiar el mundo, pero no lo es el intento permanente de entender la realidad y obrar en consecuencia procurando modificar las cosas a nuestro alrededor. La cuestión es hacia qué dirección debemos encaminarnos a partir de ahora y cuáles van a ser nuestros pertrechos en esta andadura nueva.

El contenido de la presente contribución responde fundamentalmente a lo que expuse en la sede de la *Fundación Universitaria Española*, pero meses después tuve el honor de organizar en mi Universidad un diálogo abierto con Javier Prades, rector de la Universidad Eclesiástica de Madrid, con el que conversé en público siguiendo un orden de temas en el que previamente nos pusimos de acuerdo. Tan solo dio tiempo a tratar públicamente algunos de ellos, y por eso me he decidido a completarlos con otros que sí tuve ocasión de desarrollar en mi ponencia en la *Fundación Universitaria Española*. Un escueto

---

[2] BLANCH NOUGUÉS, Juan M., *La Universidad actual (pública y privada): examen crítico tras veinte años de la reforma de Bolonia*, Dykinson, Madrid, 2020, pp. 43-59.
[3] LLOVET, J., *Adiós a la Universidad. El eclipse de las Humanidades*, Galaxia Gutenberg. Círculo de Lectores, Barcelona, 2011.
[4] AA. Vv., *La Universidad Cercada. Testimonios de un Naufragio*. Delgado-Gal, Álvaro; Hernández, Jesús; Pericay, Xavier ed. Anagrama. Colección Argumentos, Barcelona, 2013.

resumen de ese debate se publicó en *El Debate*[5] y de él quisiera hacerme eco aquí oportunamente.

Deseo proceder de un mundo sintético, y al mismo tiempo dialéctico, identificando qué cuestiones educativas acerca de la Universidad nos preocupan como universitarios, especialmente en el seno de universidades católicas, y ensayando respuestas a modo de reflexión en torno a ellas. En el texto a continuación se distinguen unas de otras.

Me atrevo a sugerir las claves especificadas en el sumario para un debate en torno a la formación universitaria, no solo de estudiantes, sino también de profesores, en el marco de una reflexión más profunda acerca del sentido de la Universidad hoy en día y de la posición que, a mi juicio, deben adoptar las universidades católicas.

2. La Universidad como síntesis de saberes

La Universidad, máxime las universidades católicas, debe seguir buscando como finalidad primordial de su tarea la síntesis de saberes como respuesta al enfoque utilitarista que pretende reducir su actividad a la investigación en las diferentes especialidades que ofrece, sin conexión entre ellas y sin pretensión de ofrecer una respuesta última y coherente que tenga que ver con la condición del ser humano y su trascendencia. ¿Podrá sostenerse en este siglo XXI la búsqueda de un saber que no sea la mera suma de la actividad científica de las diversas disciplinas universitarias?

---

[5] BLANCH NOUGUÉS, Juan M., "Pensar una Universidad para el siglo XXI, un diálogo con Javier Prades", 2023. Fecha de consulta en:
https://www.eldebate.com/cultura/20230902/pensar-universidad-siglo-xxi-dialogo-javier-prades_136939.html

Urge asimismo salir al paso del denominado «cientificismo», otra herencia de esas universidades, que enturbia, con el pretexto del indudable éxito obtenido en el campo de las ciencias experimentales, el recto trabajo de estudio conducente al descubrimiento de verdades ignoradas en el campo de la teología, de las humanidades, de las ciencias sociales y del derecho. Solo un diálogo constructivo entre quienes cultivan unos y otros saberes podría ayudar, además de a un entendimiento mutuo, a dar un impulso decisivo a la investigación en el ámbito de estas últimas. Es preciso humanizar la investigación y hacerla accesible a todos los que integramos como docentes la comunidad universitaria.

A esta cuestión, en ese reciente debate en mi Universidad que tuve con Javier Prades y que publica *El Debate* él me respondió lo siguiente:

> Hoy parece imposible una relación entre las distintas disciplinas no solo por el incremento de datos disponibles sino porque ya no habría (ni puede haber) una forma de usar la razón en condiciones de conocer las dimensiones últimas de la realidad y preguntarse por el fundamento de todo saber. MacIntyre vincula este resultado de fragmentación del saber con «la profunda pérdida de una «concepción del mundo» que pueda justificarse racionalmente.

En efecto, el ser humano tiende a buscar una idea global del saber sobre sí mismo y sobre la realidad que va más allá de cualquiera de las adquisiciones y descubrimientos en algún sector del ser o del actuar humano, por muy valiosos que sean. A partir de esa «concepción» global la comunicación entre distintos saberes es posible. Está sucediendo ahora. El lenguaje convencional para este hecho en el mundo de la academia es el de la interdisciplinariedad. Cada método racional puede explicar algún aspecto de lo real, y debe tener en cuenta los demás métodos, para salvaguardarlos todos. El papa Francisco en la constitución *Veritatis Gaudium* ha propuesto la transdisciplinariedad, para ampliar el horizonte con la sabiduría que deriva de la revelación de Dios».

Mi respuesta: de hecho, me sugiere la imagen de una de las acepciones, algo olvidada, del término «Universidad» (*Universitas*, es decir, como conjunto de ciencias reunido en una unidad), usual en Italia (*Università degli Studi*). Hace años un grupo de profesores de varias Universidades, bajo de la dirección de Gabriel Richi y del cardenal Angelo Scola[6], probamos una sorprendente experiencia de diálogo interdisciplinar entre diferentes ramas del saber (teología, filosofía, derecho, economía...) en torno a temas concretos (el valor de la persona, por ejemplo) en el incomparable marco que ofrecía el *Studium Marcianum* en Venecia. Iniciativas como aquella deberían repetirse más a menudo para obligarnos a todos a salir del campo estricto de nuestra disciplina e intentar componer junto con especialistas de otros ámbitos aspectos fundamentales de la realidad.

El riesgo de no procurar ese enfoque olístico es evidente: no hay reconocimiento fidedigno de lo que acontece exteriormente[7]. Además, el aislamiento intelectual fomenta la extralimita-

---

[6] Scola, A., *Una nueva laicidad: temas para una sociedad plural*, Encuentro, Madrid, 2007. Este fue el libro que leímos en su versión original, entonces la única existente, todos los profesores participantes de esa interesante experiencia auspiciada por el cardenal, entonces Patriarca de Venecia.

[7] Es célebre la denuncia de Ortega y Gasset de los *bárbaros especializados* (V. en una versión libre en internet: primera edición de 1930).» Editado por Indicaciones y notas de Raúl Palma. 2001. http://www.esi2.us.es/~fabio/mision.pdf). Sin embargo, como bien apunta Prades, Ortega peca también del prejuicio de no saber apreciar a la teología, pues la deja a un lado cuando enuncia las disciplinas que componen su proyecto universitario de saber.

ción doctrinal de quienes gozan de gran autoridad y predicamento en su parcela de saber (muy a menudo científicos famosos) al responder a cuestiones que les exceden; por ejemplo, a propósito de la existencia de Dios. Si no son capaces de demostrar fehacientemente la inexistencia de Dios, deberían, siguiendo el sabio consejo de Wittgenstein, guardar silencio para no incurrir en una grosera falacia de autoridad.

3. La tradición en crisis

Conexa con la primera cuestión está la del controvertido papel de la tradición, término este manido y atacado desde aquellas posiciones ideológicas que aspiran a su definitivo olvido aduciendo su supuesta inutilidad y por su pretendido entorpecimiento del avance científico y social de la Humanidad. A esto se ha unido más recientemente el de la llamada «cultura de la cancelación» que está literalmente amordazando a los profesores universitarios, y no solo universitarios. La Universidad, que ha sido siempre un foro de diálogo y de discusión respetuosa acerca de cualquier tema, se está convirtiendo en un lugar peligroso en el que exponer ideas. El modelo de las tan elogiadas universidades angloamericanas y del Reino Unido, es decir, de lengua inglesa, no nos parece ejemplar.

Mi respuesta: «Nuestra herencia no viene precedida de ningún testamento». Este estremecedor aserto de R. Char, traído a colación por Arendt[8], primero, y, más recientemente, por Borghesi[9], compendian esa actitud de rechazo hacia la tradición. Jurídicamente

---

[8] ARENDT, H. *Entre el pasado y el futuro. Ocho ejercicios sobre la reflexión política*. Traducido por Traducción de Ana Poljak. Ediciones Península, Barcelona,1996, p. 11.

[9] BORGHESI, M., *El sujeto ausente. Educación y escuela entre el nihilismo y la memoria*, Ediciones Encuentro, Madrid, 2005, p. 23.

hablando, el testamento es el acto por el que se «atestigua» la voluntad del testador y se dispone conforma a ella para después de su muerte. Es el testador el que, a través de sus instrucciones, guía el acontecer futuro de las relaciones jurídicas en relación con su patrimonio. Si no hay testamento, los bienes del causante quedarán a disposición de lo que otro decida (el legislador).

¿La Humanidad carece de bagaje con el que afrontar el viaje del futuro? La historia deja de ser entendida como «maestra de vida» (según la popular expresión ciceroniana) –como denuncia Borghesi–, especialmente la historia de relatos, y se reduce a cifras de cálculos económicos y a estadísticas que olvidan el sujeto que actúa. No hay protagonistas en el quehacer de la historia de los pueblos.

Este diagnóstico de las corrientes filosóficas modernas no parece acertado, sin embargo. Ni la historia se reduce a un conjunto de datos macro-estadísticos sin acontecimientos y sin nombres, ni la tradición es un término vacío que expresa algo inaprensible. Casi se diría que una y otra son prácticamente lo único de que disponemos para poder avanzar en el presente y en el futuro con pasos relativamente seguros. De otro modo, es de prever que no podremos más que aventurarnos a emprender un camino a la deriva y sin rumbo, que es precisamente lo que esta sucediendo.

4. El valor de la teología y la cuestión de la verdad

La búsqueda de la verdad exige no excluir ninguna disciplina. La verdad es filosófica, científica, histórica, etc., pero también teológica. ¿Qué papel cumple hoy la teología en la Universidad? ¿Qué significa la búsqueda de la verdad y cómo podemos hacerla compatible con nuestra tarea universitaria, tanto de investigación como de docencia? ¿Cómo hacer de esta pretensión universitaria que no se convierta en un mero apósito, como puede acabar siendo también el del «humanismo cristiano», y se haga realidad en nuestra vida académica y la de nuestros alumnos? ¿Hasta qué punto puede un profesor de una universidad católica defender sus ideas, es decir, no renunciar a su tarea de evangelización de nuestros estudiantes con respeto a su libertad, con la naturalidad exigida para la transmisión de aquello en que se cree?

Respuesta de Prades: La pregunta nos lleva a lo que denomino la «secularización del saber», como tendencia en las sociedades occidentales, pero de manera específica en las élites universitarias. Muchos profesores no sienten la necesidad de discutir un problema que a sus propios ojos parece superado. En la universidad española Dios no sería ya ningún problema, si atendemos al silencio de no pocos estudios al respecto. No han faltado, sin embargo, voces que advertían sobre el fenómeno de la secularización del saber universitario. Eugenio Trías denunciaba hace años el «marco asfixiante de las tradiciones universitarias académicas, en las que se mantiene el postmodernismo». Afortunadamente, hoy existen otras sensibilidades entre profesores y alumnos de la universidad española. Señalo el ejemplo de los 35 jóvenes universitarios que han publicado juntos el libro *¿Un futuro sin Cristo? Voces de una generación.*[10]

Mi respuesta: la cita de MacIntyre que hacía Prades en la cuestión primera me trae a la memoria, respecto de esta otra ahora, un interesante artículo sobre la Universidad en relación con el papel de la teología en el ámbito del saber de aquel autor[11], representada tradicionalmente como la clave de todas

[10] Se refiere a AA. VV., *¿Un futuro sin Cristo? Voces de una generación*, T. J. (coord). Marín Mena, PPC Editorial, Madrid, 2023.
[11] MACINTYRE, A., «The very idea of a University: Aristotle, Newman, and us». *British Journal of Educational Studies* (Routledge) 57, n° 4, 2009, pp. 347-362.

las demás ciencias[12], hoy arrinconada como aparentemente inútil. El histórico surgimiento de las llamadas humanidades (que tantas veces citamos en el ámbito católico) en realidad albergaba la intención de marginar a la teología[13]. Episodios universitarios como alguno tristemente vivido por el papa Benedicto XVI ponen de relieve ese declarado propósito de eliminar esta disciplina de las universidades.

Sin embargo, la realidad es más terca que nuestras opiniones. Los avances científicos apuntan cada vez más a una precisa interconexión del universo que no excluye, sino que permite hacer razonable la hipótesis de la existencia de un poder ordenador supremo, hipótesis que no puede excluirse de antemano como «acientíca» mientras no se demuestre lo contrario. En este sentido, MacIntyre realiza esta sugerente observación: «Cuanto más se investiga, más se descubre la interrelación entre las diferentes partes del Universo»[14]. Es decir, si la ciencia constata esta percepción a cada paso y cada vez con más intensidad, el universo existente podría no ser ese formidable aglomerado de materia, que se presume reunido de modo casual, al

---

[12] Como puede fácilmente reconocerse en la bóveda de la Real Biblioteca del Monasterio de San Lorenzo de El Escorial, cuyas pintura al fresco de Tibaldi y Carduccio sobre el esquema ideado probablemente por Juan de Herrera y Fray José de Sigüenza, reflejan, por su posición a un lado y a otro de la bóveda, la preeminencia de la Filosofía y de la Teología sobre las siete artes liberales (*Trivium y Quadrivium*).

[13] SAVATER, F., *El valor de educar*, Ariel, Barcelona, 199810, pp. 113 y ss. Muy interesante a este respecto y de gran espesor intelectual la obra de Dalmacio Negro: NEGRO, D. *Lo que Europa debe al Cristianismo*, Unión Editorial, Madrid, 2004. Un ensayo culto y apasionado de defensa de las humanidades en OBARRIO MORENO, J. A., *En defensa de la cultura grecolatina (Paideia versus utilitas)*, Dykinson, Madrid, 2023.

[14] MACINTYRE, A., *op. cit.*, p. 356.

azar, mediante innumerables e incesantes procesos ciegos de acción y reacción, de cohesión y rechazo que han conducido a la realidad presente (de hecho, la aparición del ser humano se reconoce como extremadamente insólita en una probabilidad escalofriantemente reducida, pero real). Llegados a este punto, vuelve a aparecer la teología como instrumento de saber que pueda arrojar luz, una teología –dice MacInyre– que no tiene por qué ser católica[15].

5. La Universidad y la empresa

Se añade una generalizada actitud mercantilista y cuantificadora de la actividad académica que está produciendo una enorme insatisfacción entre los profesores. Parece urgente una tarea de dignificación de la condición de profesor, de la recuperación de la figura del maestro y de la relación entre maestro y discípulo (en la universidad puede tanto ignorarse la relevancia de la figura del maestro como pasar a denominar «maestro» a cualquiera). Parece también necesaria una reivindicación de lo inútil, lo que aparentemente carece de un fin práctico, pero que quizás pueda revelarse a la postre como salvífico. Esto coincide con cierta sacralización del mundo profesional (supuestamente portador de la verdad extraída de la realidad práctica).

Además, la necesidad de justificar todas y cada una de las actividades llevadas a cabo por los profesores –«cultura de la calidad», que a menudo se vierte en una «cultura de la cantidad»– ha obligado a todos a una tarea de obtención de las llamadas «evidencias» (*rectius*, «pruebas») que han producido una alar-

---

[15] Sobre la verdad y el célebre diálogo de Pilato (=el mundo) y Jesucristo a propósito del origen del poder y la verdad, v. ahora HADJADJ, F.; MIDAL, F., *¿Qué es la verdad?*, Bibliotheca Homolegens, Madrid, 2020.

mante burocratización de la universidad, con el consiguiente hastío generalizado. La carrera académica, los procesos de promoción y el sueldo que se perciba, dependen por entero de esa puntual consecución de logros convenientemente justificados.

La investigación se ha vuelto utilitarista[16]. El paradigma, una vez más, nos lo ofrecen las llamadas *Research Universities*, de tanto prestigio en el ámbito académico. Si la universidad no posee proyectos de un determinado sello, puede incluso verse abocada, por efecto de la legislación universitaria, a su extinción. Pero la producción en masa de artículos o *papers*, la exhortación compulsiva a escribir a toda costa, la escasa generosidad de los maestros (o líderes intelectuales) de transmitir a sus propios ayudantes, jóvenes ilusionados por el verdadero saber, las claves de sus disciplinas, tanto desde el punto de vista metodológico como de las fuentes, produce asimismo enorme infelicidad, amargura, soledad y depresión. ¿Cómo habría que hacer accesible la investigación a todos los profesores, pero atractiva y humanizada al tiempo?

Esta es la respuesta que obtenía de Prades en el debate al que vengo refiriéndome: En el ámbito de la investigación me limito a considerar una de sus condiciones de posibilidad, que es una característica llamativa de la razón humana: su capacidad para confiar tanto en sí misma como en el otro y en las relaciones sociales. Ludwig Wittgenstein dice que sin el papel originario de la confianza no hay aprendizaje, y por tanto no habría posibilidad de ese despliegue excepcional de las ciencias y la técnica que hoy conocemos. Hace algunos años, el premio Nobel David Baltimore sostenía que «la confianza es necesaria para desarrollar investigación científica en

---

[16] Magnífico el análisis crítico de IRTI, N., *La formazione del giurista nell'Università del «saper fare»*, Editori Laterza, Roma - Bari, 2005, pp. 68-78.

un equipo».

Mi respuesta: respecto de la alarmante burocratización de la Universidad, hay campo, a mi juicio, para las nuevas tecnologías, que deben servir, entre otras cosas, a paliar este efecto pernicioso automatizando procesos o haciéndolos más sencillos para evitar que la gestión académica asfixie la genuina tarea universitaria. Pero la cuestión fundamental gira de nuevo en torno a la formación, en este caso de los profesores. Es precisa y urgente con respecto a los jóvenes (y no tan jóvenes) profesores universitarios en relación con los principios rectores de la Universidad, que, como advertía al principio, están siendo sustituidos por «sucedáneos de principios» que la están desnaturalizando y haciendo irreconocible. ¿Es la Universidad una empresa? ¿Es un centro exclusivo de investigación? ¿Es un colegio o instituto de Bachiller avanzado dedicado a la docencia de estudiantes aún inmaduros para el saber? ¿Acaso un centro de formación profesional? La doble pregunta acuciante en torno a la Universidad es: ¿qué es de verdad, si alguien lo sabe, y qué no debe ser?

De la investigación no se puede hablar sino a partir de una sólida formación en materia de metodología y fuentes de cada una de las disciplinas, sin olvidar la necesaria interconexión entre saberes al principio citada. Si no se emprende debidamente, no habrá futuro para la investigación. En efecto, sin ella no se podrá formar a futuros profesores comprometidos en la búsqueda del saber, tarea esta que no está reñida con la del éxito personal. Pero el éxito personal no acompañado de un verdadero saber lleva irremisiblemente al cinismo, al oportunismo, a la superficialidad como actitud ante la vida, y al fin a la depresión. ¡Qué malsanos chascarrillos podríamos citar ahora del mundo universitario acerca de cómo triunfar en la universidad, ya sea en la defensa de una tesis doctoral, ya en unas oposiciones de cátedra! ¡Qué daño se ha hecho a la universidad fomentando un espíritu descreído con respecto a la ciencia, endogámico, filoclientelar, si no cuasimafioso! ¡Qué daño a los jóvenes que se acercaban a la universidad pensando que en su reino moraba la verdad (o al menos se fomentaba el intento de su búsqueda), la dignidad del saber, y donde las cuatro virtudes cardinales (sabiduría, justicia, fortaleza y templanza) establecían allí su sede como en un templo divino o, simplemente, como sería más propio decir, como en la *Casa de Estudios* (*Aedes* -en plural- *Studiorum*) que ha sido siempre! Estoy convencido, no obstante, de que la batalla no está perdida. Si lo estuviera, deberíamos abandonar de inmediato esta casa porque amenaza ruina.

Para evitar esa calamidad, estimo que la formación universitaria es imprescindible. En materia de investigación, solo quien conoce el manejo fundamental de los instrumentos para la investigación en el ámbito respectivo y se aplica a ellos con diligencia y constancia podrá obtener buenos frutos. Podrán tardar más o menos tiempo, pero llegarán. Esa es la caña de pescar, y no el alimento fácil pero momentáneo, que se debe proporcionar a quienes ingresan en la universidad con ánimo de hacer carrera académica.

La labor de guía y acompañamiento de los llamados «jefes o responsables de área», que se supone que atesoran cierta experiencia académica y científica, debe ir, por tanto, más allá de la propuesta de proyectos a los miembros del área, si es que como mínimo esto se produce. La tarea universitaria, en general, debe ser expresión de la vida que debe bullir en la Universidad, signo no solo del movimiento constante que el saber debe recibir de quienes lo cultivan asiduamente para que no se estanque y se pudra (*omnibus mobilibus mobilior sapientia*), sino de la emoción compartida por un grupo humano ante la aventura del conocimiento.

¿Les parece acaso idealista, cándido, pueril, cursi o fantasioso este extremo de mi reflexión? Pues no veo otro camino que este para reunir en torno a un área del conocimiento a personas ansiosas por saber y hacer carrera universitaria y con los ideales de la ciencia intactos, impresos en su mente y en su corazón y compartidos por todos. Si en el área no hay vida universitaria de cierta altura, si ese grupo humano en torno a una disciplina carece de miras que se eleven por encima del suelo raso de la mera confección externa de un cierto currículum a través de su exitosa cuantificación en un determinado baremo, allí no aletea con vitalidad el espíritu universitario.

Y si falla en su fin esta célula universitaria, indispensable para el impulso de la investigación, mezcla de emoción vital compartida y saber, me temo que las unidades organizativas superiores (secciones, departamentos, facultades y la propia universidad con su órgano rector a la cabeza) desfallecerán a la postre, como en una caída de naipes dispuestos de pie y ordenados uno tras otro, y terminarán por desplomarse como una criatura que languidece por agotársele las fuerzas.

Como ya dije, la Universidad se decide en el cuerpo a cuerpo de las relaciones humanas y por eso creo que no se ha perdido aún la batalla por su recuperación mientras haya lucecitas encendidas en las respectivas áreas de personas con ánimo de trabajar. Es verdad que esas lucecitas se apagarán si no obtienen el suficiente apoyo económico y organizativo de las secciones superiores que, a su vez, hemos dicho que se extinguirán también sin la labor de las áreas. ¿Es una contradicción? En absoluto. Sin la ayuda y la previsión de los órganos superiores, por mucha ilusión y dedicación que las áreas, con sus líderes al frente, manifiesten y lleven a cabo, no será posible que realice la labor que desean. Lo que he querido decir es que, si en cada Facultad no hay un grupo de personas que lideren la actividad científica y creen en su entorno un espacio de confianza, basada en su autoridad y afabilidad y un clima de respeto y promoción de la ciencia y del saber auténticos, la Universidad se acabará perdiendo en un maremágnum de fines espurios.

Donde la actuación de cada día se vuelve crucial, como luego insistiré a propósito de la recuperación del sentido comunitario en la Universidad.

6. La internacionalización

La internacionalización se convierte en uno de los ineludibles referentes de toda universidad. Las universidades de lengua española tenemos una nueva misión que cumplir en el mundo. La evangelización llevada a cabo por España en buena parte del mundo actual debería colocar a nuestras universidades, junto con las universidades hermanas de los demás países de habla hispana, en una posición diferente de la de meros seguidores de consignas emanadas por las denominadas *research universities*, a menudo portadoras del mensaje de fondo de profunda secularización de la ciencia y del saber, ahora empeorada, como decíamos, por la aceptación de la *cultura de la cancelación*. Europa, por otro lado, parece seguir ese modelo para, a lo sumo, intentar emularlo.

La adopción indiscriminada de la lengua inglesa en las universidades no ayuda, sino todo lo contrario, en este ausente proceso de crítica que sume a todas nuestras instituciones académicas en una profunda crisis y complejo de inferioridad, inexplicable desde el punto de vista de la calidad investigadora y del trabajo bien hecho de muchos profesores en España y fuera de España, en Europa y en otros continentes de habla no inglesa. ¿Cómo conjugar la necesaria internacionalización de nuestras universidades con la creación de redes universitarias que no pasen de ser un mero calco imperfecto de las universidades anglófonas, sino que aspiren a enviar al mundo un mensaje diferente, más humanizado, del saber, que vaya al fondo de la educación sin dejarse engañar por la mera atención al logro de méritos formales, y que luchen por contrarrestar esa cultura laicista que está produciendo mucha angustia y desilusión en el mundo?

Mi respuesta: creo que en este punto hay que separar cuestiones. Una cosa es fomentar que las publicaciones científicas lleguen a ser conocidas por el mayor número de miembros de la comunidad científica, lo que aconseja que, aparte de ser escritos en lengua española, se traduzcan a otra u otras lenguas para permitir que sean leídos por todos los interesados en ellas, y otra renunciar a un idioma como el nuestro de semejante entidad y representación en el mundo. En cuanto a lo primero, no creo que haya dudas. Ramón y Cajal recomendaba[17], en efecto, publicar en revistas científicas de la mayor difusión y prestigio en la lengua que lo garantizase (en su caso, el alemán) para ser conocidos fuera de nuestras fronteras.

Pero, dar absoluta preferencia a una lengua diversa en el ámbito universitario, como sucede actualmente con el inglés, incluso sin ofrecer siquiera la traducción a nuestro idioma, constituye un inadmisible atentado contra nuestro patrimonio lingüístico y cultural y refleja una actitud servil, postiza y hasta ridícula, por no decir, rústica. El uso de una lengua no es ino-

---

[17] Puede leerse libremente en internet su muy enjundioso libro Reglas y consejos sobre investigación científica (archive.org). Especialmente de interés la sección titulada *Publicación del trabajo científico* (p. 148 del pdf.).

cuo. Tras los diferentes modos de expresar las cosas se ocultan maneras de pensar, forjadas en cada idioma a través de los siglos, que pueden llegar a ser radicalmente diferentes. Diversas corrientes filosóficas y políticas pugnan desde hace tiempo por apropiarse hoy de la lengua para modificar la realidad.

Así, la traducción de *gender* por *género* es un ejemplo de todo esto y sabemos qué finalidad persigue. En inglés no hay distinción de géneros gramaticales, es decir, no hay género gramatical, por lo que aquel término se ha referido directamente al sexo. Mezclar sexo con género gramatical para pasar hablar de *género* a propósito de la cuestión sexual es un intento (un escamoteo lingüístico denunciado, por cierto, por todas las Academias de la Lengua del mundo hispano) de modificar la realidad, absolutamente en boga y de impacto mundial en todos los ámbitos (político, social, jurídico, científico-académico…).

Recientemente exponía yo con relación al derecho que ni *law* es derecho, ni *contract* es contrato, ni *transaction* es transacción[18]. Si esto ocurre con términos de uso generalizado en el campo del derecho y del comercio imagínense qué sucederá con el resto. Desde el punto de vista de la comparación entre sistemas jurídicos, se es consciente en Europa de esas diferencias radicales, que pueden conducir (de nuevo mediante un instantáneo escamoteo lingüístico) a aceptar soluciones jurídicas, no ya ajenas a nuestra tradición jurídica, sino peores –esto es lo que importa– que las que ya tenemos.

Es preciso, sin embargo, que esta percepción de los juristas

---

[18] En BLANCH NOUGUÉS, Juan M. *Sermo iuris et forma mentis in tempore pestilentiae Análisis del lenguaje en tiempo de pandemia (lección inaugural del curso 2020-2021 de la Universidad CEU San Pablo)*, CEU Ediciones, Madrid, 2020, p. 6.

europeos cale en la enseñanza del derecho en las universidades y sea también tenida en cuenta por quienes desempeñan el
poder político en la Unión Europea y en todos los países en el
mundo, que son muchos, que participan de nuestro sistema
jurídico. España ha sido un muy relevante agente de la expansión mundial del derecho romano junto con su singular y auto-
rizada interpretación del derecho castellano (en especial a través de la célebre *Ley de las Siete Partidas*). En suma, la
unificación mundial del derecho no puede venir, por tanto, de
la mano de la aceptación acrítica de los términos jurídicos en
lengua inglesa por su simple parecido formal o corresponden-
cia externa con los de nuestras respectivas lenguas.

Pero centrémonos de nuevo en el utilitarismo, omnipresente
también en las universidades actuales en el mundo. No tenemos nada que objetar al prestigio de no pocas universidades de
lengua inglesa, aunque es verdad, de nuevo, que los índices de
impacto institucionales y científicos experimentan un incremento exponencial por el mero uso de esa lengua. ¡Cuántos
excelentes trabajos en español y cuántos estudiosos de prime-
rísimo nivel conocemos que habrían sido figuras de envergadu-
ra mundial si hubieran publicado en lengua inglesa! Ahí radica
buena parte de la consecución del prestigio académico de estas
instituciones y de ahí también el interés en la confección de los
famosos *rankings*.

Esa es la radical diferencia en materia científica entre la lengua inglesa y la española actualmente: que esta no es capaz
como aquella de ser leída por la comunidad científica mundial-
mente, aunque sí sectorialmente. Como nos indican los instrumentos del estilo de los repositorios institucionales de las bibliotecas de nuestras universidades o *Google Académico* o
ResearchGate, nuestros trabajos se leen, aparte de en España,
sobre todo en Estados Unidos (probablemente por personas de

habla hispana), Centroamérica y Sudamérica con notable asiduidad. Tengo la impresión, no obstante, de que la Inteligencia Artificial y su cada vez más fiable traducción a otros idiomas de nuestros trabajos puedan ayudar a hacer cambiar las cosas.

Asimismo, es grave, especialmente por parte de las universidades católicas, que no se repare en el proyecto educativo, en el tipo de investigación y en definitiva, en los fines propugnados por no pocas de estas prestigiosas universidades anglófonas. Algunas de ellas las vemos reas de la propia ideología imperante y asistimos con estupefacción a procesos de linchamientos infamantes de personas sabias que se han atrevido a dar una opinión diferente a la que se *debe dar*. Por otro lado, el tipo de investigación, sumamente especializado, basado en una cultura del éxito, del impacto, del listado de baremos, quizás no sea del todo compatible con la concepción cristiana de la vida y del mundo. A mi alrededor solo veo reverencias hacia ellas y deseos de emulación, pero poco juicio crítico.

La investigación en el ámbito universitario, tal y como la conocemos hoy, no es una creación ni inglesa, ni americana. Fue la universidad de Berlín a comienzos del siglo XIX la que dio ese espectacular giro tras un largo periodo de decadencia conducente al marasmo, y la que propugnó el fin de la investigación como inexcusable en toda institución superior de educación. Es propiamente de ella de la que surgió la fundamental idea de que ninguna universidad que se precie puede serlo sin investigación. La odiosa expresión de *universidad docente* (*teaching University*) es el sambenito en lengua inglesa que se aplica a aquellas instituciones de educación superior que no investigan.

Pero la investigación ha exigido especialización que, como decíamos antes, en su versión más exacerbada resulta nociva para la propia ciencia. El éxito innegable de las ciencias empíricas, por otro lado, las ha llevado a propugnar la creación del paradigma científico. Las humanidades, ya no hablo de la teología, o las ciencias sociales, en general, han quedado aparte con el desigual reto de rivalizar con aquellas en el logro del modelo por ellas forjado. Pero la ciencia empírica también sufre si no responde a necesidades concretas y prácticas que se le proponen.

El saber por el saber parece que dejó de tener vigencia hace tiempo, pero, a mi juicio, se trata de un error. Hoy se alzan voces reivindicando el valor de lo inútil (como la del tristemente desaparecido Nuccio Ordine). También el modelo de Newman de interconexión de saberes, citado al comienzo, debe ser objeto de reflexión por parte de todas las universidades, pero especialmente por las católicas. Por causa de la excesiva especialización, que debe conducir a la consecución de un resultado práctico, se produce al final una visión amputada de la realidad que lleva a malas interpretaciones y errores y distorsiones de bulto con fatales consecuencias prácticas.

7. Los profesores, en el centro de la Universidad

Una verdadera universidad, especialmente si es católica, debe considerar a los profesores como miembros fundamentales para el logro de sus últimos fines educativos, que a su vez deben apuntar al desarrollo integral de la persona. Debe mostrar auténtico interés por que su formación académica, tanto desde el punto de vista docente como de la investigación, sea la adecuada para su realización personal plena. Aparte de la desafección de la persona con respecto a la institución que produce la sensación de sentirse minusvalorado o instrumentalizado, la terrible impresión que provoca una vida profesional mediocre, el sentimiento de inferioridad que suscita la comparación con otros colegas de otras universidades que destacan por sus brillantes intervenciones en Congresos o por sus publicaciones de mérito, se traduce al final en un juicio crítico dirigido hacia sí misma y, en muchos casos, en una depresión y en un estado de infelicidad lamentable. Se habla mucho del cuidado de la salud mental de los alumnos, pero hasta cuándo vamos a dejar de mirar para otro lado con respecto a los profesores.

Mi respuesta: se equivocan quienes creen que en la universidad lo más importante son los alumnos. Hay que responder a esta cuestión con un *depende*. En efecto, depende de lo que estemos debatiendo. Normalmente colocamos a los estudiantes en primer lugar cuando hablamos del futuro de una nación que se cifra en relación con el nivel educativo de las sucesivas generaciones. Sin embargo, si hablamos del fenómeno educativo como tal, o si prefieren, si hablamos de la subsistencia de las universidades, de su atractivo para los jóvenes que acuden a ellas, no hay que desviar la atención hacia ellos (que por supuesto deben pasar por procesos selectivos varios), a las instalaciones, a los servicios del género que sean, a las actividades extra universitarias o a la propia eficiencia de los órganos de gestión.

Lo esencial, como ha sido siempre desde que la universidad es universidad a través de la historia, son los profesores. Es más, me atrevo a decir exponiendo la cuestión en términos de negocio empresarial, que afirmar otra cosa es *no enterarse del negocio que se tiene entre manos*. Recuerdo una conferencia en mi Universidad en el año 2003 del profesor Lobkowicz, rector entonces de la universidad Católica de Eichstätt, que hablaba de una cierta experiencia de un centro educativo en Alemania en ese sentido. Durante mucho tiempo diseñaron allí y organizaron primero el grupo humano de profesores que iban a formar parte de la plantilla del profesorado y que empezó a llevar a cabo su actividad *sin alumnos*. El proceso duró el tiempo necesario hasta que finalmente se abrió con éxito ese centro a la sociedad. No había prisa. Si se aseguraba contar con buenos profesores y si estos estaban unidos en torno a un proyecto educativo compartido, un proyecto profundo que llenara las aspiraciones educativas de profesores y estudiantes, el éxito, antes o después, terminaría llegando, como así fue.

8. El sentido de la comunidad universitaria

Es preciso, tras los estragos producidos por la reciente pandemia y por la concepción utilitarista antes apuntada, recobrar urgentemente el sentido comunitario de la Universidad y hacer frente al aislamiento cada vez más profundo y grave que los profesores perciben en su labor que les produce un daño intelectual y espiritual a veces irreparable. La universidad es, en primer lugar, comunidad de profesores que, ayudados por la muy útil comunidad del personal de administración y servicios (a quien también hay que ofrecer los oportunos medios para el cumplimiento de su tarea), pueden llevar a cabo su labor de estudio y de investigación para ampliar las fronteras del conocimiento humano, y transmitir de manera adecuada ese conocimiento, transformada en saber, de un modo vivo y profundo, a los jóvenes estudiantes universitarios. Si parece necesario, más que nunca, recuperar el sentido de la vida universitaria como vocación y como experiencia comunitaria ¿qué vías lo harían posible?

Respuesta de Prades: Hay tres defectos que empobrecen las aulas universitarias. En primer lugar, lo que podemos llamar intelectualismo, es decir, la comunicación de un saber que se lleva a cabo de modo «abstracto», separado de la vida concreta del sujeto que enseña y del sujeto que aprende, con una finalidad podríamos decir «autorreferencial» hacia el ámbito académico. El segundo es el individualismo, entendido como la defensa de lo que cada uno produce autónomamente, que se erige en barrera frente al otro y no en cauce de comunicación que deriva de la pertenencia a un sujeto comunitario. En tercer lugar, la pérdida del sentido de la vida universitaria como vocación personal. Si el sujeto se «separa» de sus conocimientos –puesto que no los asimila para su vida personal– y se «separa» individualistamente de los otros miembros de la comunidad académica –porque tampoco propone el conocimiento para la vida personal del interlocutor–, el esfuerzo de investigar y enseñar no significará la maduración de la propia vida, ya que el trabajo –fragmentado en múltiples aspectos– carece de ese punto sintético unitario que lo ponga en relación con su propia vida y la de los demás[19].

Mi respuesta: esta constituye una grave responsabilidad de todos nosotros en el momento actual. El mundo ha cambiado –se dice–, se ha vuelto más tecnológico y, gracias a eso y al temor al contacto humano y sus consecuencias, la relación de tú a tú en persona se ha vuelto menos necesaria. Si de verdad pensamos esto, debemos cuestionarlo urgentemente, porque no es verdad. El propio sentido de la universidad está en juego. En la pregunta anterior advertíamos de los daños psíquicos producidos por ese desinterés general por la situación personal de cada profesor.

De nuevo, me refiero a la universidad como a ese «negocio empresarial» al que algunos reducen hoy en día la actividad universitaria. Constituye un craso error, desde el punto de vista de la gestión de empresa, de cualquier empresa, que supone desatender este aspecto. Quienes piensan de ese modo parecen no darse cuenta de que lo que más «vende» es ese entusias-

---

[19] V. una oportuna denuncia en BREY, J. L., *Defensa de la Universidad. Entre tradición y modernidad*, Dykinson, Madrid, 2022, obra meditada y sensata.

mo, esas ganas de trabajar, esa energía que se transmite por quienes se sienten felices con lo que hacen, profesan con su vida lo que son y quieren ser (que es lo característico de los «profesores» por antonomasia).

9. Las nuevas tecnologías

La revolución tecnológica aplicada a la educación, impulsada en el periodo de la pandemia por razones de necesidad y, más recientemente, alterada en sustancia, o al menos eso parece, por la irrupción de la inteligencia artificial, está provocando profundos cambios a los que parece necesario ofrecer una respuesta urgente. La tecnología parece reñida con lo humano ¿es realmente así? ¿En qué medida puede servirnos, por ejemplo, para promover relaciones humanas en el ámbito universitario?

Respuesta de Prades: Tenemos sobre la mesa serias cuestiones éticas a propósito de la ordenación de las tecnologías digitales. Necesitamos custodiar esa característica peculiar del hombre que es su autoconciencia libre y aclarar cómo se inserta esa cualidad única en el conjunto de los factores tecnológicos, financieros, ecológicos, sanitarios, comerciales... que hemos mencionado. Para comprender ese fenómeno sorprendente que es el hombre, capaz de reflexión y de decisión libre, no nos podemos acercar solo a partir de los datos tecnocientíficos, sino que necesitamos la reflexión filosófica y teológica sobre el significado de la experiencia humana elemental, personal y social.

Mi respuesta: ha habido ya varias alusiones a este asunto a lo largo de nuestra exposición. Por un lado, decíamos que las nuevas tecnologías podrían ayudar a aliviar la tarea burocrática de los profesores. Esto es una realidad que exige, sin embargo, por parte de los profesores un cierto trato o familiaridad con ellas que no siempre se da. Es preciso un apoyo especial de esa comunidad por la que abogamos en los casos en que esto último sucede.

Es más, no hay universidad hoy que no posea su propia plataforma didáctica en la que se publica la guía docente de la asignatura, los materiales de complemento formativo para su enseñanza, se realizan incluso ejercicios y exámenes a través de ella (incluso desde casa puede hacerlos el alumno), controla la asistencia diaria a las clases e incluso en aquellos casos, como en mi universidad, donde ya no existe pizarra, la pantalla se convierte en un increíble instrumento visual para que el profesor pueda escribir sus anotaciones o esquemas ante sus alumnos durante sus clases.

Todo esto es una realidad ya. No deja de sorprenderme el hecho de que un estudiante pueda hacer un examen desde donde se encuentre con las garantías que ofrecen determinadas aplicaciones informáticas. Ya sé que algunos dirán, quizás no pocos, que con lo que yo llamo «garantías» no se puede evitar el plagio o la copia. Debo decir, no obstante, que a mí jamás me ha sucedido y aduzco el siguiente argumento: mi problema con este tipo de exámenes ha sido el inverso del que dicen. A los estudiantes les ha costado más obtener mejores calificaciones que con los anteriores exámenes en papel. Así pues, ese negocio de copia que algunos creen que se ha producido con las nuevas tecnologías, y que no dudo que haya sucedido en muchos casos, creo yo más bien que se ha dado por un incorrecto diseño de los exámenes que ha favorecido ese tradicional tipo de conductas torticeras por parte de los alumnos.

Las nuevas tecnologías pueden, aunque parezca paradójica esta afirmación, facilitar el contacto humano de una manera mucho más flexible e inmediata que las famosas tutorías en despacho. Mi experiencia en estos años, sobre todo desde la pandemia, ha sido así. No importa la hora ni el día. En cualquier momento puede preverse y hacerse efectiva una reunión virtual, pero cara a cara, en la que se pueda hablar de cualquier cosa que pueda interesar al rendimiento académico del alumno, ya sea su situación personal, ya el repaso de un ejercicio, la revisión de un examen o prueba etc. Es verdad, no obstante, que las llamadas «clases presenciales» y el contacto asiduo, de personas en carne y hueso y no de imágenes de pantalla, entre profesores y alumnos es insustituible. Gracias a ellas, precisamente, la complementaria relación virtual no se hace postiza.

Más complicado es el asunto de la inteligencia artificial. Es incluso sobrecogedor. Los cambios que está produciendo en materia de enseñanza empiezan a entreverse. Por ejemplo, no resulta fiable ya la redacción de un trabajo sobre un tema cualquiera propuesto. Ni siquiera los instrumentos tecnológicos hasta ahora existentes ideados para analizar su originalidad son ya atendibles. Esto nos debe hacer replantear el sentido de ese tipo de actividades realizadas por los estudiantes tradicionalmente a lo largo de la carrera y, sobre todo, el llamado *Trabajo fin de Grado* cuyo diseño está siendo modificado urgentemente en todas las universidades.

En el plano de la investigación, las oportunidades de búsqueda bibliográfica son inmensas, incomparables a los que te teníamos los que pertenecemos a otra generación en la que esta tarea se llevaba a cabo las bibliotecas a través de revistas especializadas y nunca era del todo segura. Bien es verdad, que desde hace décadas la consulta bibliográfica suele ser inacabable y es preciso elegir entre todos los trabajos publicados aquellos identificados como hitos de referencia por parte de los estudiosos en la materia. Como, además, muchos de los trabajos están publicados en abierto (en el marco de lo que se denomina *ciencia abierta*, tendencia educativa actual de alcance mundial) y las universidades llevan a cabo acuerdos entre sí para asegurar a los investigadores el acceso a los documentos mediante el préstamo interbibliotecario, el problema del acceso a los fondos sin llegar a estar solucionado se ha paliado notablemente.

Por otro lado, ya hablábamos del alcance que la inteligencia artificial está logrando en materia de traducción de textos a otros idiomas. Esta puede ser, según creo, la solución al problema del impacto al que aludía anteriormente.

No creo que los profesores podamos ser sustituidos por máquinas. El proceso educativo, como venimos advirtiendo, implica una relación personal de ser humano a ser humano en el que la afectividad mutua entre el profesor y alumno, expresada en términos de interés auténtico por la persona, en la equidad en la calibración de los méritos, del esfuerzo y del talento de partida, factores todos estos que deben ser ponderados con justicia y humanidad, no los veo fácilmente traducibles por una máquina. Y aunque así fuera, la pérdida de la relación humana en el proceso educativo desnaturalizaría gravemente la educación.

10. Nuevos modelos educativos

Desde el conocido popularmente como *Plan Bolonia* (1999) ha surgido la necesidad de llevar a cabo un replanteamiento del método didáctico, englobado en un modelo educativo determinado, que ha hecho irrumpir una actitud «pedagogista» en las aulas, es decir, que ha puesto de moda y ha hecho especial hincapié en la pedagogía educativa en el ámbito universitario. No hay universidad, hoy en día, que, al tiempo que hace público su ideario, sus principios y fines educativos que persigue, no presente a la vez un plan global referido de manera especial al método docente. La pedagogía aplicada a la universidad, seamos sinceros, ha despertado recelos entre los profesores universitarios. Sin embargo, el método condiciona más de lo que pensamos el resultado que perseguimos, que no es la mera información, sino el conocimiento del saber.

En materia educativa, ¿qué es lo más importante, el objeto o el método? Si el método es relevante, en la medida en que nos ayuda a conocer a nuestros alumnos y a hacerles partícipes activos de la propia tarea educativa que les concierne, ¿cómo podría concebirse un plan global que no fuera el resultado de directrices impuestas o que no acabara siendo simplemente una operación de maquillaje dirigida a atraer más alumnos, es decir, más ingresos a la universidad, pero a nada más?

Mi respuesta: tengo la sospecha, fundado en mi propia experiencia (he sido decano de una Facultad de Derecho en los tormentosos años del cambio del *Plan Bolonia*), de que aquellos que acierten en el diseño de un marco o modelo adecuado que dé satisfacción a los últimos fines propuestos por cualquier universidad y que logre aunar a profesores y alumnos en la ilusionante tarea de la educación serán quienes sobrevivan a todos los cambios y baches demográficos que se avecinan.

En junio de 2023 fui precisamente invitado a formar parte de una comisión que, a lo largo de dos meses, trabajó sobre una propuesta de modelo educativo para la Universidad. La pregunta sobre la importancia del objeto o el método me recuerda la respuesta que a ella dio el conocido premio Nobel de Medicina Alexis Carrel quien no dudó en mostrar su preferencia por este último. Creo que como mínimo estamos ante un tema, el del método, mucho más profundo de lo que algunos se imaginan, que no se reduce al de la metodología didáctica en el aula, al uso de las nuevas tecnologías para la docencia, o a la tendencia pedagógica de la innovación docente, omnipresente en el ámbito universitario[20].

En primer lugar, es erróneo plantear objetivos educativos sin saber quiénes son y cómo piensan los estudiantes, cuáles son sus inquietudes, cuáles sus facultades y cuáles sus carencias (partiendo del hecho de que no son ni más ni menos inteligentes que los de generaciones anteriores). Creo que los consabidos lamentos de profesores acerca del «bajo nivel de las nuevas generaciones» deberían dar paso a una reflexión sobre cómo lograr comunicar a nuestros alumnos un proyecto educativo que posea vida, que no les deje indiferentes, que conecte con sus preocupaciones más íntimas acerca de su presente y su futuro, que les haga vibrar ante el descubrimiento de la belleza.

Eso se observa en la propia actitud en el aula. La pasividad, el aburrimiento, la distracción se detectan de inmediato por un docente medianamente atento. Es preciso hacer partícipes y autorresponsables de su propio aprendizaje a los alumnos. Esa «vida

---

[20] Paradigmático, a mi juicio, a propósito de la educación en la escuela, Luri, G. *La escuela no es un parque de atracciones. Una defensa del conocimiento poderoso*, Ariel, Barcelona, 2020. V. también Esteban Bara, F., *Chistes de Eugenio para repensar la Universidad*, Talento Caligrama, 2021. Tuve la fortuna de que este autor asistiera a mi ponencia de la *Fundación Universitaria Española* y de que tuviera la gentileza de enviarme este sorprendente libro en el que su ingenio y sentido del humor van unidos a la profundidad de su relato. Es autor, además, de otros muchos trabajos dedicados a la Universidad.
Esta interesante obra con contribuciones que intentan también dar respuesta a no pocos de los interrogantes que hemos planteado en relación con las universidades católicas: Vv. Aa. *La universidad católica en la era de la posverdad. No solo una cuestión de contenidos*, editado por J. Martínez-Lucena y T. Pueyo-Toquero, Tirant humanidades, Valencia, 2024.

en el aula» no tiene que ver con los fuegos de artificio en los que puede llegar a convertirse la antes citada innovación docente, aunque soy un convencido de que el entusiasmo que muestre el docente por su disciplina es fundamental para hacer surgir ese fuego en el interior de estos alumnos del que hablaba Montaigne.

En efecto, la pasión por lo que uno hace es un sentimiento contagioso, pero, evidentemente, no basta con una efusión de emotividad para «enganchar» (expresión que utilizo constantemente en mis clases especialmente para los alumnos más desmotivados) a los estudiantes y lograr que comiencen a estudiar con dedicación la asignatura respectiva. Es precisa también una buena dosis de orden, de sistematicidad y claridad expositiva, de equilibrada combinación entre la exposición teórica y su aplicación para que puedan llegar a entender la finalidad de lo que están aprendiendo. Aquí es donde la imaginación creativa del docente tiene amplio campo de actuación.

No se crea tampoco que el alumno debe recibir todo perfectamente «masticado». Siempre digo que la exposición del docente debe centrarse sobre todo en lo difícil y dejar lo fácil para el estudio de un manual y de los materiales complementarios. No hay nada en materia de innovación docente que pueda compararse a un buen manual. Me refiero a que, en este tipo de obras, si están bien hechas, se refleja como ninguna otra iniciativa la preocupación del autor por describir la materia de manera precisa y clara, por ordenarla para su mejor asimilación y por ofrecer un testimonio universitario de redacción correcta al que difícilmente puede asimilarse ningún apunte estudiantil.

11. Conclusiones

El saber no es reducible a una determinada parcela aislada.

Urge poner en marcha iniciativas que intenten dar respuesta de modo global a los interrogantes de la sociedad moderna. Los profesores deben ser conscientes de esa realidad y aspirar idealmente a integrar su asignatura con otras que ayuden a explicar las bases sobre las que se asienta la suya. Es necesario que en las Facultades haya seminarios interdisciplinarios en los que este ideal se cultive.

Las facultades no son escuelas de negocios, ni centros de investigación puros, ni empresas con proyectos a corto plazo en las que solo se valora lo útil. No deja de ser valiosa, no obstante, la colaboración con la empresa o con el mundo profesional, pero sin que esto suponga una alteración de los papeles respectivos haciendo esclava a la universidad de intereses que le deben ser ajenos.

El modelo cientificista, de gran éxito, no seduce en el ámbito de las ciencias sociales y de las humanidades. Es preciso reconocer el valor de aquellas disciplinas, como la teología, que no se amoldan al paradigma científico de las ciencias experimentales, pero que contribuyen al avance del saber y de la ciencia. El respeto a la tradición cultural y de saber de Occidente no tiene que ver con un anquilosamiento de la ciencia, como a menudo se reprocha injustamente.

Es muy conveniente la internacionalización de las universidades, pero sin merma de la integridad cultural y lingüística, máxime de países como los de lengua española cuya presencia en el mundo es muy significativa.

Son interesantes las nuevas tecnologías en el ámbito universitario siempre que favorezcan, de modo complementario o instrumental, el desempeño más correcto de la docencia, la interrelación humana entre profesores y alumnos y la aligeración de la burocracia administrativa universitaria.

Es urgente, tras la pandemia vivida, la recuperación del sentido de comunidad que posee la genuina universidad. Esta es, ante todo, comunidad de profesores, pues ellos son quienes con la transmisión del saber y con su profundización a través del estudio la hacen posible. Se exhorta a las universidades a su cuidado y promoción para que el fin educativo que persiguen pueda ser cumplido efectivamente.

Hablar de metodología didáctica o de innovación docente constituye tan solo una porción del modelo educativo que toda universidad, especialmente las universidades católicas, debe clarificar como parte fundamental de su proyecto educativo. De la profundidad de su planteamiento y puesta en marcha depende la propia subsistencia de las universidades.

12. Bibliografía

AA. VV., *La Universidad Cercada. Testimonios de un Naufragio.* Delgado-Gal, Álvaro; Hernández, Jesús; Pericay, Xavier ed. Anagrama. Colección Argumentos, Barcelona, 2013.

ARENDT, H. *Entre el pasado y el futuro. Ocho ejercicios sobre la reflexión política.* Traducido por Traducción de Ana Poljak. Ediciones Península, Barcelona,1996.

BLANCH NOUGUÉS, Juan M. *Sermo iuris et forma mentis in tempore pestilentiae Análisis del lenguaje en tiempo de pandemia (lección inaugural del curso 2020-2021 de la Universidad CEU San Pablo),* CEU Ediciones, Madrid, 2020.

BLANCH NOUGUÉS, Juan M., "Pensar una Universidad para el siglo XXI, un diálogo con Javier Prades", 2023. Fecha de consulta en:

BLANCH NOUGUÉS, Juan M., *La Universidad actual (pública y privada): examen crítico tras veinte años de la reforma de Bolonia,* Dykinson, Madrid, 2020, pp. 43-59.

BORGHESI, M., *El sujeto ausente. Educación y escuela entre el nihilismo y la memoria,* Ediciones Encuentro, Madrid, 2005.

BREY, J. L., *Defensa de la Universidad. Entre tradición y moder-*

nidad, Dykinson, Madrid, 2022.

ESTEBAN BARA, F., *Chistes de Eugenio para repensar la Universidad*, Talento Caligrama, 2021.

HADJADJ, F.; MIDAL, F., *¿Qué es la verdad?*, Bibliotheca Homologens, Madrid, 2020.

https://www.eldebate.com/cultura/20230902/pensar-universidad-siglo-xxi-dialogo-javier-prades_136939.html

IRTI, N., *La formazione del giurista nell'Università del «saper fare»*, Editori Laterza, Roma - Bari, 2005.

LLOVET, J., *Adiós a la Universidad. El eclipse de las Humanidades*, Galaxia Gutenberg. Círculo de Lectores, Barcelona, 2011.

LURI, G. *La escuela no es un parque de atracciones. Una defensa del conocimiento poderoso*, Ariel, Barcelona, 2020.

MACINTYRE, A., «The very idea of a University: Aristotle, Newman, and us». *British Journal of Educational Studies* (Routledge) 57, nº 4, 2009, pp. 347-362.

NEGRO, D. *Lo que Europa debe al Cristianismo*, Unión Editorial, Madrid, 2004

OBARRIO MORENO, J. A., *En defensa de la cultura grecolatina (Paideia versus utilitas)*, Dykinson, Madrid, 2023.

SAVATER, F., *El valor de educar*, Ariel, Barcelona, 1998[10.]

SCOLA, A., *Una nueva laicidad: temas para una sociedad plural*, Encuentro, Madrid, 2007.

Se refiere a AA. VV., *¿Un futuro sin Cristo? Voces de una generación*, T. J. (coord). Marín Mena, PPC Editorial, Madrid, 2023.

VV. AA. *La universidad católica en la era de la posverdad. No solo una cuestión de contenidos*, editado por J. MARTÍNEZ-LUCENA y T. PUEYO-TOQUERO, Tirant humanidades, Valencia, 2024.

CAPÍTULO 4. LA FORMACIÓN DE LOS PROFESORES Y LA TAREA UNIVERSITARIA COMO SERVICIO

María Esther Gómez de Pedro
Profesora de Filosofía y
Directora Nacional de Formación e Identidad
Universidad Santo Tomás (UST) Chile

SUMARIO

1. Introducción. 2. Universidad, el fin. 3. Búsqueda de la verdad. 4. La misión del maestro según santo Tomás de Aquino. 5. Las tres condiciones del maestro. 6. Servicio y vocación. 7. Conclusión.

1. Introducción

LAS PERSONAS QUE FORMAMOS parte de la Universidad constituimos su motor, su corazón, por eso creo que se puede personalizar el mensaje que subyace a la reflexión sobre la tarea universitaria como servicio, a la labor de cada persona que forma parte de ella, y en especial, a los profesores. Su misión es nuclear, por eso su formación ha de ponerse al servicio del cumplimiento de tal tarea. Y esa es mi tesis: solo si los profesores cumplen a cabalidad la misión que se espera de ellos como maestros y como educadores, la universidad podrá cumplir con su vocación de servicio a la sociedad. Precisamente porque considero que la labor del profesor en la acción educativa con sus estudiantes es nuclear y constituye la esencia de la Universidad.

2. Universidad, el fin

Para responder a la pregunta sobre la formación de los profesores debemos antes dilucidar cuál es el fin de la Universidad al servicio del cual se pone esa formación. La Universidad nos remite a universalidad de los saberes y eso habla de una vocación al conocimiento y a su extensión, pero sin reducirlo a lo intelectual sino ampliado a la persona completa.

Todos somos protagonistas de cuidar esta vocación, pero quiero apoyarme especialmente en dos pensadores que me parecen especialmente luminosos en su manera no sólo de entender sino de vivir la universidad y la vocación del profesor. Son un alemán del siglo xx y un italiano del XIII, ambos estrechamente vinculados a la Universidad: Joseph Ratzinger y santo Tomás de Aquino. Cada uno aporta algo distinto y complementario.

Las representaciones artísticas del escolástico le muestran con una mirada reflexiva, con una luz que ilumina su doctrina y una pluma con la que escribe. Como buen dominico, para el Aquinate era crucial la contemplación para así dar a otros lo contemplado, cosa que se traduce en las clases, en la predicación, es decir, en la difusión del saber. Joseph Ratzinger fue profesor universitario durante décadas y esa vocación de profesor le animó siempre incluso hasta el último hálito de vida, viviendo su lema episcopal de cooperador de la verdad.

Pues bien, permítanme ilustrar esa mirada de la Universidad con las palabras de este eminente profesor universitario cuya vocación docente la vivió también como Papa. En dos de sus múltiples discursos a la Universidad, comparte un vivo recuerdo de su experiencia de tal universalidad. Sobre la de Ratisbona, donde ejerció la docencia sus primeros años, como nobel doctor en Teología, comenta:

Me hace pensar en aquellos años en los que, tras un hermoso período en el Instituto Superior de Freising, inicié mi actividad como profesor en la universidad de Bonn. Era el año 1959, cuando la antigua universidad tenía todavía profesores ordinarios. No había auxiliares ni dactilógrafos para las cátedras, pero se daba en cambio un contacto muy directo con los alumnos y, sobre todo, entre los profesores. Nos reuníamos antes y después de las clases en las salas de profesores. Los contactos con los historiadores, los filósofos, los filólogos y naturalmente también entre las dos facultades teológicas eran muy estrechos. Una vez cada semestre había un *dies academicus*, en el que los profesores de todas las facultades se presentaban ante los estudiantes de la universidad, haciendo posible así una experiencia de *Universitas*; es decir, la experiencia de que, no obstante todas las especializaciones que a veces nos impiden comunicarnos entre nosotros, formamos un todo y trabajamos en el todo de la única razón con sus diferentes dimensiones, colaborando así también en la común responsabilidad respecto al recto uso de la razón: era algo que se experimentaba vivamente. Además, la universidad se sentía orgullosa de sus dos facultades teológicas. Estaba claro que también ellas, interrogándose sobre la racionabilidad de la fe, realizan un trabajo que forma parte necesariamente del conjunto de la *Universitas scientia-*

rum, aunque no todos podían compartir la fe, a cuya correlación con la razón común se dedican los teólogos[1].

Esta experiencia de Ratzinger narrada en primera persona resalta, en primer lugar, la vivencia de comunidad que, sobre todo en días específicos, vitaliza la búsqueda conjunta de la verdad. Y, en segundo, remite a una razón que la busca desde las distintas disciplinas, que se ponen de acuerdo y se complementan en esa búsqueda. No quiero dejar de pasar por alto esta dimensión más cristiana de la concepción de la verdad, que asume la existencia de distintos accesos a la misma pero que debieran ser compatibles, si es que son correctos. Y cuando no lo son, hay que profundizar para detectar si el problema procede de la metodología, de los fundamentos de partida o de la invasión de ámbitos de estudio.

En el inmejorable escenario del encuentro sostenido en El Escorial con jóvenes profesores reunidos con motivo de la Jornada Mundial de la Juventud de Madrid, el año 2011, presentó la vocación universitaria a la universalidad desde lo que vivió en Bonn:

Al estar entre vosotros, me vienen a la mente mis primeros pasos como profesor en la Universidad de Bonn. Cuando todavía se apreciaban las heridas de la guerra y eran muchas las carencias materiales, todo lo suplía la ilusión por una actividad apasionante, el trato con colegas de las diversas disciplinas y el deseo de responder a las inquietudes últimas y fundamentales de los alumnos. Esta "universitas" que entonces viví, de profesores y estudiantes

---

[1] Discurso del 12 de septiembre de 2006, Universidad de Ratisbona, Viaje a Alemania. Disponible:
https://www.vatican.va/content/benedict-xvi/es/speeches/2006/september/documents/hf_ben-xvi_spe_20060912_university-regensburg.html [consultado 2 de noviembre de 2024].

que buscan juntos la verdad en todos los saberes, o como diría Alfonso X el Sabio, ese "ayuntamiento de maestros y escolares con voluntad y entendimiento de aprender los saberes" (*Siete Partidas*, partida II, tít. XXXI), clarifica el sentido y hasta la definición de la Universidad[2].

La última parte remite también a una experiencia de *universitas* donde profesores y alumnos se unen en esa búsqueda en conjunto que, a pesar de las circunstancias –recordemos la precariedad de la Alemania de la posguerra, donde faltaban de todo–, se realiza con una profunda ilusión. Este entusiasmo nunca debiéramos perderlo, a pesar de todo, porque la búsqueda de la verdad es una aventura apasionante. La urgencia de promover la unidad del saber la pone de manifiesto al afirmar:

> La universidad, por su parte, jamás debe perder de vista su vocación particular a ser una "*universitas*", en la que las diversas disciplinas, cada una a su modo, se vean como parte de un *unum* más grande. ¡Cuán urgente es la necesidad de redescubrir la unidad del saber y oponerse a la tendencia a la fragmentación y a la falta de comunicabilidad que se da con demasiada frecuencia en nuestros centros educativos! El esfuerzo por reconciliar el impulso a la especialización con la necesidad de preservar la unidad del saber puede estimular el crecimiento de [su país][3].

---

[2] Discurso en Encuentro con jóvenes profesores universitarios, El Escorial, 19 agosto, 2011. Disponible:
https://www.vatican.va/content/benedict-xvi/es/speeches/2011/august/documents/hf_ben-xvi_spe_20110819_docenti-el-escorial.html [consultado 2 febrero de 2024]

[3] Discurso del papa BENEDICTO XVI a los participantes en el encuentro europeo de profesores universitarios, 23 junio 2007. Disponible:
https://www.vatican.va/content/benedict-xvi/es/speeches/2007/june/documents/hf_ben-xvi_spe_20070623_european-univ.html [consultado 2 de noviembre de 2024].

3. Búsqueda de la verdad

Avancemos un paso más para atender a lo que hace posible la promoción de la unidad del saber en la Universidad y que es su fundamento: la posibilidad de conocer la verdad. Justamente, ante la desconfianza provocada por el relativismo y el escepticismo, reducida en muchos casos a la constatación empírica, es necesario recordar que es su búsqueda lo que dio lugar al origen de la Universidad.

Esta confianza en la capacidad humana de buscar la verdad, de encontrar la verdad y de vivir según la verdad llevó a la fundación de las grandes universidades europeas. Ciertamente, hoy debemos reafirmar esto para dar al mundo intelectual la valentía necesaria para el desarrollo de un futuro de auténtico bienestar, un futuro verdaderamente digno del hombre[4].

Estas palabras brotan de la confianza en el conocimiento de la verdad. Aunque es cierto que estamos viviendo una crisis de verdad, de la metafísica desconfiando de poder conocerla, y que el mismo Ratzinger reconocía que los abusos en nombre de la verdad han provocado mucha de esa desconfianza y desgana, a pesar de todo, no podemos dejar de entendernos como personas hechas para conocer y conocer la esencia de la realidad, es decir, la verdad. No podemos renunciar a algo constitutivo como personas.

¿Y qué es la verdad? Conocemos la definición clásica de "adecuación del entendimiento y de la realidad"[5], o ese cono-

---

[4] Discurso de BENEDICTO XVI, Salón Vladislav del Castillo de Praga, 27 de septiembre de 2009, República Checa. Disponible:
https://www.vatican.va/content/benedict-xvi/es/speeches/2009/september/documents/hf_ben-xvi_spe_20090927_mondo-accademico.html [consultado 2 de noviembre de 2024].

[5] TOMÁS DE AQUINO, *Suma Teológica*, Ia, q. 16, a. 1. Disponible:
https://hjg.com.ar/sumat/a/c16.html [consultado 29 noviembre 2024].

cimiento que responde a la realidad que es, por tanto, el criterio de verdad. Ratzinger, consciente de este bagaje cultural crítico de desconfianza y escepticismo, promueve la confianza en la capacidad de buscar, encontrar y vivirla la verdad. Justamente ese es el origen de la universidad, y hoy debemos reafirmarlo para dar al mundo intelectual la valentía necesaria para el desarrollo de un futuro verdaderamente digno del hombre y acorde a la realidad. Es un desafío.

Apuntalar este punto es crucial: la razón de ser de la Universidad y su fin es la búsqueda conjunta de la verdad y por eso habrá de ser también el criterio de su servicio. Su vocación de servicio a la sociedad debe vivirlo, entonces, desde la verdad a la que aporta cada disciplina y ámbito del saber. Una característica de esta búsqueda de la verdad en comunidad es que no solo perfecciona la inteligencia, sino que ha de poder aplicarse a la vida completa de individuos y sociedades. Y dado que la verdad, por su propia naturaleza, y en tanto que es el bien de la inteligencia y su actividad, ha de ser comunicada y aplicada a la vida cotidiana, tal exigencia es el fundamento de su vocación de servicio como foco del saber promoviendo la reflexión a modo de una conciencia para toda la sociedad.

Podemos preguntarnos cómo dialoga esto con lo que hoy en día dice buena parte de la literatura[6] de que la universidad

---

[6] Algunos cambios sociales a los que debe apuntar la Formación Docente: «En el ámbito de la Educación Superior estos cambios se distinguen principalmente vinculados a tres procesos: a) de masificación de los sistemas de educación superior, que conllevan el acceso de "nuevos estudiantes" o "estudiantes no tradicionales"; b) de creciente internacionalización de la formación, que implica aumento permanente de la movilidad en el ámbito universitario e introducción de nuevas tecnologías de la información y la comunicación (TIC); y c) de progresiva incorporación de la perspectiva del aprendizaje a lo largo de la vida, como enfoque regulador de la acción educativa» Formato Documento Electrónico (ISO): MONTES, Diana Amber y SUAREZ, Cecilia Inés. *La*

tiene que formar en competencias, y que apoyan las políticas
públicas. Competencias son ese conjunto de habilidades inte-
grales que demanda la sociedad o el mercado para desempe-
ñarse adecuadamente y contribuir al bien común, aparte de
contribuir al perfeccionamiento personal de quien realiza tal
profesión. Esa formación debe ser para toda la vida, con especial hincapié en las competencias de empleabilidad y en la
capacidad de responder al mundo cambiante actual. «Las instituciones educativas son corresponsables de asegurar que el
equipo de profesores cuente con las competencias necesarias
para ejercer una docencia de calidad»[7], que supere esa com-

---

*formación docente universitaria: claves formativas de universidades españo-
la*s. *REDIE* [online]. 2016, vol.18, n.3 [citado 2024-02-04], pp.51-64. Disponible:
http://www.scielo.org.mx/scielo.php?script=sci_arttext&pid=S1607-
40412016000300004&lng=es&nrm=iso
También, entre múltiples publicaciones sobre las teorías de formación vigentes en el siglo XXI, Díaz-Barriga, F. (2009). TIC y competencias docentes del
siglo XXI. En R. Carneiro, J. Toscano, T. Díaz Fouz (coords.), *Los desafíos de las
TIC para el cambio educativo. Metas educativas 2021* (pp. 139-154). España:
OEI.
http://www.oei.es/metas2021/LASTIC2.pdf [consultado 3 de febrero de 2024].
[7] Claudia Celis Toussaint, "Propuesta de formación docente para profesores
universitarios", en *Revista Latinoamericana de Estudios Educativos* (México),
vol. LI, núm. 1, pp. 255-282, 2021, Universidad Iberoamericana, Ciudad de
México, Introducción, https://www.redalyc.org/journal/270/27064402006/
html/
«Las instituciones educativas juegan un rol fundamental en la formación de
personas conscientes de las dificultades y demandas de la sociedad actual,
envueltas en circunstancias cada vez más volátiles e inciertas. Por otra parte,
vivimos en un contexto en el que la información se genera a velocidad exponencial y el conocimiento se vuelve rápidamente obsoleto, y en el que las
noticias falsas se confunden fácilmente con las pocas certezas que quedan a
la mano. Las redes sociales y los medios de comunicación se tornan en armas
de dos filos y requieren de los usuarios y consumidores de información una
visión crítica y una capacidad selectiva". "En un mundo donde el conocimien-

prensión anticuada de la educación como transmisión de conocimientos teóricos sin incidir en la vida y experiencia del educando.

En efecto, vivimos en un mundo líquido en el que cada vez
juegan un rol más importante las comunicaciones, así como la
Inteligencia artificial y la internacionalización. Sirva como ejemplo recordar que en los años de pandemia muchos nos hemos
"paseado" virtualmente por otros países. Y esto nos hace ver
cómo la universidad tiene que formar también para lo cambiante, aunque sin renunciar a desafíos siempre presentes,
como el ético. Entonces parece legítima esa inquietud de la literatura actual de que tenemos que formar –a los docentes para
que ellos, a su vez, formen a los futuros profesionales– en
competencias, pero siempre que se subordine o se ponga al
servicio del fin primario de la universidad.

En efecto, si formamos o ayudamos en esa búsqueda de la
verdad, indirectamente estamos capacitando para la empleabilidad y para promover la humanidad en, por ejemplo, el uso
racional de las tecnologías sabiendo adaptarse a las cambiantes
condiciones de la sociedad. Esto implica saber ordenar y, aunque haya que cumplir ciertos requisitos para la acreditación, lo
hacemos como un medio que ha de ponerse al servicio del fin,
que es lo realmente importante.

Esto supone que ese servicio al que está llamada la Universidad es esperable y exigible por parte de la sociedad, que recibe a quienes pasan por sus aulas y sus procesos formativos.
Podemos decir, por ello, que la Universidad debe contribuir a

---

to evoluciona rápidamente y se generan cambios constantes en los estilos de
vida y los lugares de trabajo, es necesario que las personas desarrollen habilidades para el aprendizaje a lo largo de su vida y no sólo para encontrar un
lugar en el mercado laboral» [consultado 3 de febrero de 2024].

formar personas con competencias, es decir capacidades que las hagan competentes para contribuir a la sociedad, viendo en tal formación un medio para el fin más perfecto que es el conocimiento y la vivencia de la verdad conocida y, consecuentemente, vivida.

4. La misión del maestro según santo Tomás de Aquino

Para ello ayudará recordar lo esencial de la labor del maestro. El concepto de maestro me parece más profundo que el de docente dado que el maestro educa. A la luz de esta reflexión podremos juzgar la importancia de la formación del profesor.

Voy a apelar ahora a la experiencia que tenemos, unos más directamente que otros, del impacto en nuestra vida de profesores que hayamos tenido. Para ello voy a colgarme de la sabiduría de un gran maestro que fue profesor universitario en un momento crucial: el de la consolidación de la Universidad en Europa, que fue santo Tomás de Aquino.

Vive en los años en que las universidades en Europa se están consolidando y a ello aportó. Él fue profesor universitario en la cátedra de extranjeros, como dominico, en la Universidad de París durante varios años, y después de forma itinerante en Italia, Inglaterra y otros lugares. Se había formado en Alemania, con San Alberto Magno, su maestro, con quien redescubre la filosofía de Aristóteles para ponerla al servicio de una comprensión más profunda de la verdad cristiana. Tiene claro que los medios que utilicemos en la educación tienen que ponerse al servicio del fin más perfecto que, a la manera aristotélica, es conocer la verdad. En clave cristiana, el fin último de la vida es conocer y amar a Dios, la verdad suprema, porque siendo la razón, conjugada con la voluntad, la capacidad más perfecta que tenemos los seres humanos, lo que más nos perfecciona es conocer y amar la verdad.

Pues bien, sabemos de su ingente obra y de su gran interés por conocer a Dios y su creación, precisamente por ser inteligible y racional. Se plantea si alguien puede enseñar a otros precisamente al indagar sobre la creación. En la primera parte de la *Suma Teológica,* al reflexionar sobre el gobierno del mundo se lo pregunta porque, para él, colaborar con Dios en el gobierno del mundo implica lo que todo buen jefe realiza con sus colaboradores: compartir el fin de la misión común, crear un vínculo y comunión de ideales, para después entregar la autonomía suficiente a esa persona en cuya capacidad se confía. Implica delegar y confiar en el otro y sus capacidades. El gran maestro, que es Dios, estaría delegando en nosotros, como maestros en minúsculas, para llevar a cabo la grandiosa tarea de perfeccionar el mundo y acercarlo a su finalidad propia, que sabemos redunda en su felicidad. Por eso, desde esta perspectiva, la enseñanza es una manera privilegiada de gobernar y de contribuir a la obra de Dios en el mundo. A continuación, cito e iré comentando el texto de Tomás de Aquino, en la cuestión 117.

El que enseña causa ciencia en el que aprende haciéndole pasar de la potencia al acto, como se dice en VIII *Physic.* Para demostrarlo, hay que tener presente que, de los efectos procedentes de un principio exterior, unos provienen exclusivamente de un principio exterior. Ejemplo: La forma de la casa se origina en la materia sólo por el arte. Otros, proceden a veces de un principio exterior y a veces de un principio interior. Ejemplo: La salud es causada en el enfermo unas veces por un principio externo, la medicina, y otras por un principio interno, como cuando alguno sana por virtud de la naturaleza. En esta segunda clase de efectos hay que tener presente [dos cosas].

Veamos qué se entiende por causar ciencia. Para Tomás de Aquino la ciencia es el conocimiento de los principios de la realidad con la que la explicamos. El profesor tiene que haber conocido esos principios –domina la materia– y enseña haciendo pasar al que aprende de la potencia al acto. La potencia es aquello que está llamado a desplegarse y necesita ser activado para perfeccionarse. Uno puede ser un maravilloso jinete de caballo en potencia, porque tiene las capacidades para ello, pero si no se ejercita, nunca actualizará tal potencia. O yo puedo ser una lectora maravillosa en potencia, pero solo cuando leo actualizo mi potencia. La ciencia, que tenemos en potencia, hay que pasarla al acto.

Pone ejemplos de la manera de actuar de dos causas: lo que pasa en una construcción y lo que pasa en el ejercicio de la medicina. En la primera hay una materia totalmente pasiva que es ordenada por quien ha pensado inteligentemente la casa y dispone todo para construirla. Es el arquitecto que construye la casa quien ordena los materiales según la idea que tiene de la casa. Es un ejemplo de cómo actúa la causalidad externa.

Pero en la salud no pasa esto: el médico tiene que actuar conociendo la forma en que el cuerpo humano sano actúa y desde fuera hacer que el cuerpo responda. Cuando yo estoy enferma de algo y voy al médico lo que el médico hace no es matar la enfermedad, sino que fortalece mi cuerpo para éste responda. Desde fuera ayuda a que yo internamente active lo que tengo en potencia. A eso se refiere con las dos causas: una totalmente externa que actúa sobre algo pasivo y lo transforma y otra interna que hace pasar de la potencia al acto. Esta segunda clase es la que se aplica a la educación o enseñanza.

Hay que tener presente dos cosas: *Primero,* que el arte imita a la naturaleza en sus operaciones, porque, así como la naturaleza sana al enfermo alterando, digiriendo, y echando lo que causa la enfermedad, así también el arte.

Segundo, hay que atender al hecho de que el principio externo, el arte, no obra como agente principal, sino como subsidiario, ya que el agente principal es el principio interno, reforzándole y suministrándole los instrumentos y auxilios que ha de utilizar en la producción del efecto. Ejemplo: El médico refuerza la naturaleza y le proporciona alimentos y medicinas de los cuales podrá usar para el fin que persigue.

El médico trata de hacer desde fuera lo que el organismo debiera haber hecho desde dentro en condiciones normales. Tal es el funcionamiento del medicamento: imitar lo que el cuerpo debiera hacer solo, poner al paciente en condiciones de recuperar la salud por sí mismo y si no, paliar el dolor –con oxígeno y antibióticos, p. ej.–. De hecho, a veces nos curamos solos, sin necesidad de médico, y otras veces, por el contrario, no nos curamos, por mucho que haga la medicina. Porque la causa real de la salud es el propio organismo, mientras que la medicina es subsidiaria. En la educación pasa algo parecido: no se puede meter conocimiento en la cabeza de nadie, sino causar que se cause en sí mismo.

Ahora bien, el hombre adquiere la ciencia a veces por un principio interno, como es el caso de quien investiga por sí mismo; y, a veces, por un principio externo, como es el caso del que es enseñado. Pues a cada hombre le va anejo un principio de ciencia, la luz del entendimiento agente, por el que, ya desde el comienzo y por naturaleza, se conocen ciertos principios universales comunes a todas las ciencias. Cuando uno aplica estos principios universales a casos particulares cuyo recuerdo o experiencia le suministran los sentidos, por investigación propia adquiere la ciencia de cosas que ignoraba, pasando de lo conocido a lo desconocido.

A veces uno adquiere conocimiento solo: avanza a partir de cosas que ya sabía a otras que desconocía. De hecho, solemos actuar así: a partir de lo que se nos plantea, identificamos lo que conocemos y nos movemos hacia lo novedoso, con lo que aumenta el conocimiento.

Como personas, nuestra capacidad intelectual nos hace posible conocer todo. De hecho, hay ciertas cosas que ya conocemos, pero de forma incompleta. Y cuando uno aplica esos principios universales a casos particulares cuyo recuerdo o experiencia le suministran los sentidos, por investigación propia uno adquiere la ciencia de cosas que ignoraba, pasando de lo conocido a lo desconocido. Eso sucede cuando hemos estudiado algo y de repente vemos un signo de otra cosa que nos hace recordar lo que ya sabíamos. Así, ese signo externo nos hace recordar lo que sabíamos o profundizar más en lo que previamente sabíamos. Por eso el profesor tiene que servirse de signos externos para explicar a partir de ahí y llevar a conocer más o a profundizar.

> De ahí que también todo el que enseña procura conducir al que aprende de las cosas que éste ya conoce al conocimiento de las que ignora, siguiendo aquello que se dice en *I Poster*: Toda enseñanza, dada o adquirida, procede de algún conocimiento previo.

No somos una tabula rasa, y así, cuando aprendemos, necesitamos un punto de partida. Por eso es crucial que el profesor lo identifique bien, y a ello se orientan el diagnóstico inicial, para saber de dónde estamos partiendo. Sólo si se logra conectar con lo que la otra persona sabe, aunque sea de una forma incipiente, se le podrá ayudar a que siga creciendo en ese conocimiento. Esto hoy en día se llama aprendizaje significativo, aunque, como vemos, ya lo dijo Aristóteles varios siglos a.C. y

santo Tomás en el siglo XIII. Un ejemplo de activación de conocimientos previos: cuando damos clase a un grupo de extranjeros que llegan a otro país, lo primero que hay que asentar es
el idioma pues no podrán aprender nada si no entienden lo
que se les dice. Entonces aquí el punto de partida es el conocimiento del idioma, y sólo después y a partir de él, se les
puede enseñar más cosas. Pero si falta un punto en común
desde el que partir, no podrán aprender nada. Así pasa con los
estudiantes: para saber qué puedo enseñarles, hay que identificar qué ir despertando en ellos con el fin de llevarlos al aprendizaje que buscamos.

> El maestro puede contribuir de dos maneras al conocimiento del
> discípulo. La primera, suministrándole algunos medios o ayudas
> de los cuales pueda usar su entendimiento para adquirir la ciencia,
> tales como ciertas proposiciones menos universales, que el discí-
> pulo puede fácilmente juzgar mediante sus previos conocimien-
> tos, o dándole ejemplos palpables, o cosas semejantes, o cosas
> opuestas a partir de las que el entendimiento del que aprende es
> llevado (como llevado de la mano) al conocimiento de algo des-
> conocido.

Poner ejemplos es muy importante porque conecta con la
realidad y permite entender la explicación de la teoría abstrac-
ta, y abren la puerta al conocimiento de la ciencia, que es el
conocimiento de principios. Por eso a veces hay que explicar
lento, adaptarse al ritmo del aprendizaje, saber qué cosas no se
entienden para explicarlas y poner ejemplos.

> La segunda, fortaleciendo el entendimiento del que aprende, …
> en cuanto que se hace ver al discípulo la conexión de los princi-
> pios con las conclusiones, en el caso de que no tenga suficiente
> poder comparativo para deducir por sí mismo tales conclusiones

de tales principios. Se dice en *I Poster*: La demostración es un silogismo que causa ciencia. De este modo, aquel que enseña por demostración hace que el oyente adquiera ciencia.

Esto es lo que pasa cuando nos explican algo que nos parece evidente, pero a lo que no podíamos llegar solos porque los pasos intermedios no nos eran evidentes, y no podíamos ver la conexión lógica entre esas cosas por faltarnos quizás ciertos conocimientos. Entonces se fortalece el entendimiento completando los pasos lógicos, ayudando a adquirir el hábito de entender desde uno mismo tan bien como para enseñárselo a otro.

Lo primero es identificar el punto de partida, los conocimientos previos, y lo segundo fortalecer estos conocimientos previos con ejemplos y con la adquisición del hábito del razonamiento, para ir poco a poco desde lo conocido a lo que antes no conocía. Eso que se produce en la inteligencia del que aprende es una iluminación interior de la verdad. Es una especie de intuición o capación interior de una verdad, como puede ser el teorema de Pitágoras o el principio de la causa efecto, por ejemplo. Por lo tanto, la labor del profesor no es que el estudiante repita lo que dice, sino que capte la verdad de algo que antes no conocía, la haga suya y sea capaz de hacer un juicio reflexivo al respecto, discernir y tomar una postura racional -tanto si lo ve como verdadero como si reconoce que no lo logra ver, o no está de acuerdo. Por eso es tan importante identificar los conocimientos previos.

En otro lugar repite esta idea: "quien enseña empieza a enseñar del mismo modo en que descubre quien empieza a descubrir" (*Suma Contra Gentiles*, II, 75).

Con todo esto vemos que la tarea del profesor–maestro se realiza al estilo del arte, que imita la naturaleza. Uno puede saber de dos maneras: por sí mismo y con la ayuda de otro que, a través de sus palabras, ejemplos y orientaciones, le permite descubrir por sí mismo lo que el maestro ha considerado en su interior. Esto exige una grandísima actividad interior y una gran confianza en la capacidad de búsqueda de la verdad de quien tenemos delante.

5. Las tres condiciones del maestro

El maestro, como dijimos, conecta más profundamente con la educación, que es mucho más que transmitir algo o que solo ayudar a que la otra persona aprenda algo, sino que es tomar la persona entera de manera integral y ayudarla a que se despliegue en su completitud. Por eso hablamos de la educación integral. Pues bien, llegar a cumplir la vocación del maestro exige tres cosas:

Primero: preparación del docente, suponer su experticia y su conocimiento de la ciencia. Ha de poseer algo que conoce como ciencia, en lo que se actualiza constantemente y quiere no solo transmitirlo sino despertarlo en el interior hasta que se genere ese *verbum veritatis,* esa palabra de verdad que le da un nombre a la realidad según el concepto conocido. No es un mero transmitir ni un aprender de memoria, sino que es iluminar en el interior, dar a luz en el interior la verdad de la realidad que se nos ayuda a descubrir. No construimos la verdad, sino que la descubrimos, aunque sí hay que ingeniárselas para ayudar en ese camino de descubrimiento, y eso sí es creativo y constructivo.

Segundo, además de tener la ciencia en su interior, el maestro debe saber con quién interactúa, con quién se establece esa comunicación de la ciencia, para ayudarle a transitar de lo que conoce a lo que no conoce. Saber poner los medios adecuados para el fin. Es lo que Benedicto XVI conoce como la *paideia* de la verdad:

Ya desde la época de Platón, la instrucción no consiste en una mera acumulación de conocimientos o habilidades, sino en una *paideia*, una formación humana en las riquezas de una tradición intelectual orientada a una vida virtuosa. Si es verdad que las grandes universidades, que en la Edad Media nacían en toda Europa, tendían con confianza al ideal de la síntesis de todo saber, siempre estaban al servicio de una auténtica *humanitas*, o sea, de una perfección del individuo dentro de la unidad de una sociedad bien ordenada. Lo mismo sucede hoy: los jóvenes, cuando se despierta en ellos la comprensión de la plenitud y unidad de la verdad, experimentan el placer de descubrir que la cuestión sobre lo que pueden conocer les abre el horizonte de la gran aventura de cómo deben ser y qué deben hacer[8].

Esto implica una conexión real, conocer el punto de partida del alumno para identificar la manera de llevarle, intelectual y afectivamente, a descubrir la verdad de la ciencia. Este desde dónde son: los conocimientos previos del estudiante, su actitud o situación afectiva -cosa muy importante porque le abren o le cierran al proceso que el maestro quiere invitarle a recorrer-; también incluyen los hábitos personales que, o le disponen o le indisponen. Es decir, conocer a aquel con quien interactúa, a qué se dedica. Sabemos que buena parte del contexto en el que viven hoy los estudiantes es el de una comunicación fluida una sociedad líquida caracterizada por:

– la inmediatez
– superficialidad

---

[8] Discurso de Benedicto XVI, 27 de septiembre de 2009, República Checa. *Ibid.*

- dispersión, multi task
- impresionabilidad
- soledad digital y personal
- vulnerabilidad

Ciertamente, en el mundo de los jóvenes de hoy[9] juegan un papel importantísimo los medios tecnológicos, las redes sociales. Es muy importante conocerlos para ponerlos al servicio de la educación, no para quedarnos en ellos. Un ejemplo son los vídeos del Tik tok. El que nuestros jóvenes los estén revisando constantemente y que sean ese tipo de audiciones los que le llamen atención, no implica que el profesor deba hacerse experto en Tik tok para llamar la atención de los estudiantes, sino que invita a los estudiantes a dar un salto más allá del Tik Tok para llegar a un saber superior, al fundamento de la comunicación. No hay que adecuar la ciencia al mundo líquido, sino sólo la didáctica. Tomarles como son y como llegan, para ayudarles a que sean capaces de leer un libro o seguir un discurso,

¿Qué decir de la inteligencia artificial generativa? Creo que es bueno conocerla para ponerla al servicio del proceso educativo; como para avanzar en ese descubrir la verdad de las cosas, entregando a la vez criterios para su uso racional. Porque la Inteligencia artificial no es inteligente. Es una aplicación de ciertos conocimientos programados que aporta soluciones más rápidas y apenas sin errores pero que no puede discernir ni reflexionar. El logro de la educación es que el estudiante logre juzgar por sí mismo acerca de la verdad de lo que entiende, para lo cual debe entender. Pues bien, en esa toma de postura racional de aceptación o rechazo, ya hay una búsqueda de la verdad y un ejercicio de lo propiamente humano. Aunque no

---

[9] Al respecto es muy interesante la descripción del mundo de los jóvenes que expone el papa Francisco en su exhortación postsinodal *Christus vivit*.

siempre se poseen las condiciones necesarias para conocer la evidencia total de la verdad de lo entendido, se puede avanzar; por eso hablamos de procesos en el conocimiento, de avance de la ciencia -incluso en la dimensión moral podría haber un progreso moral en la humanidad. Pero nada de lo anterior implica renunciar a la verdad.

Habría una TERCERA exigencia para poder hablar de una auténtica educación: me refiero a lo que hoy en día se denomina currículum oculto; dicho con otras palabras, aunque el maestro no tenga esa intención, su comportamiento implica un cierto modelaje. Educan más las acciones que las palabras, y en la dimensión moral personal se educa más por contagio, a través de ejemplos, que por la comprensión intelectual. No es más ético el que sabe mucha filosofía moral sino el que vive las virtudes morales y las contagia.

Al respecto decía Pablo VI en la *Evangelii nuntiandi* n. 41: «El hombre de hoy cree más a los testigos que a los maestros, y si cree a los maestros es porque son testigos». Y de nuevo, citamos a santo Tomás, quien, en su *Comentario a la Ética* de Aristóteles, dice: «En las acciones y pasiones humanas se cree menos a las palabras que a las obras… Luego cuando las palabras de uno no concuerdan con las acciones que aparecen sensiblemente en él, tales palabras son despreciadas y, por ende, se destruye la verdad que por ellas sede dice»[10].

Todo lo anterior indica que el verdadero protagonista de la educación es el educando al que se le pide una actividad intensa y profunda, no siempre exterior pero sí interior. Por eso es importante no confundir los medios con el fin, no llenar el espacio educativo de actividades interactivas si distraen de la ac-

---

[10] TOMÁS DE AQUINO, *Comentario a la Ética a Nicómaco*, X, 1. Eunsa, Navarra, 2010, pp. 546-547.

tividad interior que implica la toma de posturas y posiciones a partir de lo que se va conociendo. La educación es realmente un arte, pues exige el conocimiento de los principios de la ciencia que se quiere transmitir, pero además exige una puesta en práctica adaptada a la situación de cada estudiante, que es una persona distinta y tanto con realidades, criterios de aprendizaje e intereses distintos.

Solamente se le enseña a quien ya tiene los elementos para haber concluido por sí mismo aquello que se le enseña. Enseñar no consiste en pasar información sino en ayudar a que interiormente vincule cosas que ya sabía, según el modo en que las sabía, y que concluya algo que antes no sabía a partir de los elementos básicos que había formado en su interior.

Hay un hay un texto muy esclarecedor de san Agustín en que pone de manifiesto la centralidad del aprendizaje.

> ¿Acaso pretenden los maestros que se conozcan y retengan sus pensamientos y no las materias que piensan enseñar cuando hablan? Porque ¿quién hay tan neciamente curioso que envíe a su hijo a la escuela para que aprenda lo que piensa el maestro, una vez que los maestros han explicado las disciplinas que profesan enseñar, las leyes de la virtud y de la sabiduría? Entonces los discípulos juzgan en sí mismos si han dicho cosas verdaderas, examinando según sus fuerzas aquella verdad interior; entonces es cuando aprenden y cuando han reconocido interiormente la verdad de la lección[11].

Entonces, el protagonista requiere una causa externa que provoque lo que aún no puede realizar por sus propios me-

---

[11] SAN AGUSTÍN DE HIPONA, *Del Maestro*, 14, n. 45, Traducción: Manuel Martínez, OSA (versión electrónica). Disponible: https://www.augustinus.it/spagnolo/maestro/index2.htm [consultado 23 de noviembre de 2024].

dios. De ahí que el profesor sea imprescindible en el acto educativo, y que la relación entre maestro y educando llegue a ser de discipulado. Dada su importancia, cabe preguntarse si se dan las condiciones para generarse tal relación.

Esto lleva a la pregunta sobre la carga docente: primero, si está ordenada de tal manera que posibilite esta relación; y, en segundo lugar, pone de relieve en qué debe formarse el profesor para que realmente promueva en su protagonista el proceso que provoque descubrir y asumir la verdad intelectual. Existen diversos niveles o ámbitos que hay que cuidar para hacer posible tal relación.

1. Ámbito institucional, donde se toman decisiones. Este es el ámbito estratégico de las autoridades: que deben ordenar la estructura de la vida universitaria para que se dé lo esencial: el conocimiento de la verdad. Esto implica saber ordenar y priorizar ciertas actividades sobre otras, poner los medios al servicio del fin. Ha de dejarse al profesor, o a quien tiene ese contacto con el estudiante, la posibilidad de generar espacios para la pregunta por el sentido de la vida, sea de la disciplina que sea[12]. Y aquí entra la relación entre fe y razón como ámbito privilegiado de búsqueda de la verdad integral. Implica también tomar posturas ante ciertos temas en la sociedad, de política o de bioética, por ejemplo, que a veces distraen del verdadero fin.

Por eso nos hace bien recordar con el papa Benedicto que esta tarea nunca la vamos a cumplir de forma perfecta y siempre habremos de estar orientándonos y reorientándonos:

---

[12] Eso implica un equilibrio, no fácil de conseguir, entre la burocracia y la carga administrativa con el tiempo a la docencia y a la relación con los estudiantes. La estructura debe velar por ello.

Esta pregunta exige un esfuerzo permanente y nunca se plantea ni se resuelve de manera definitiva. En este punto, pues, tampoco yo puedo dar propiamente una respuesta. Sólo puedo hacer una invitación a mantenerse en camino con esta pregunta, en camino con los grandes que a lo largo de toda la historia han luchado y buscado, con sus respuestas y con su inquietud por la verdad, que remite continuamente más allá de cualquier respuesta particular[13].

2. También le toca a la Facultad o al núcleo docente hacer lo mismo, a su nivel. Esto implica asumir que los métodos son distintos en función de la ciencia y del objeto de estudio de cada ciencia; así como la importancia de generar espacios interdisciplinares, dado que la verdad es algo universal a la que confluyen las distintas miradas científicas. También esta conversación entre las distintas miradas ha de ser propiciada en la institución para promover una razón ampliada, como la entendía el papa Benedicto:

La intención no es retroceder o hacer una crítica negativa, sino ampliar nuestro concepto de razón y de su uso. Porque, a la vez que nos alegramos por las nuevas posibilidades abiertas a la humanidad, vemos también los peligros que surgen de estas posibilidades y debemos preguntarnos cómo podemos evitarlos. Sólo lo lograremos si la razón y la fe se reencuentran de un modo nuevo, si superamos la limitación que la razón se impone a sí misma de reducirse a lo que se puede verificar con la experimentación, y le volvemos a abrir sus horizontes en toda su amplitud[14].

---

[13] Discurso preparado para la Universidad de la Sapienza, Roma. Disponible: https://www.vatican.va/content/benedict-xvi/es/speeches/2008/january/documents/hf_ben-xvi_spe_20080117_la-sapienza.html [consultado 23 de noviembre de 2024].

[14] BENEDICTO XVI, Discurso en la Universidad de Ratisbona, Alemania, septiembre 2006, *ibid*.

El conocimiento no puede limitarse nunca al ámbito puramente intelectual; también incluye una renovada habilidad para ver las cosas sin prejuicios e ideas preconcebidas, y para poder "asombrarnos" también nosotros ante la realidad, cuya verdad puede descubrirse uniendo comprensión y amor. Sólo el Dios que tiene un rostro humano, revelado en Jesucristo, puede impedirnos limitar la realidad en el mismo momento en que exige niveles de comprensión siempre nuevos y más complejos[15].

3. Por su parte, cada maestro, cada docente tiene que asumir su protagonismo y estar bien formado. Como diría Newman: «Dios me ha creado para una misión concreta, me ha confiado una tarea que no ha encomendado a otro»[16]. Suponiendo que posee entusiasmo y amor a su vocación docente y al estudiante, sin la cual es imposible establecer una relación fructífera entre discípulo y maestro con vistas a la verdad, ha de propiciar los siguientes ámbitos de formación del maestro-docente:

– Disciplinar que le capacite en la ciencia que ha de enseñar y a la vez le abra la dimensión de Universidad para generar un diálogo interdisciplinar.

– Pedagógica en metodologías que faciliten o que se pongan al servicio del aprendizaje y/o descubrimiento de la verdad. Este ámbito siempre ha de subordinarse al fin más profundo de la educación, porque no es un fin en sí mismo. Aquí aplica lo anteriormente dicho sobre las metodologías activo –participativas y el uso de tecnologías o IA.

---

[15] Discurso de BENEDICTO XVI a los participantes en el encuentro europeo de profesores universitarios, 23 junio 2007, *Ibid.*

[16] J. HENRY NEWMAN, *Meditaciones sobre la doctrina cristiana*, citado en discurso de Benedicto XVI en saludo en Londres, 18 septiembre 2010. Disponible: https://www.vatican.va/content/benedict-xvi/es/speeches/2010/september/documents/hf_ben-xvi_spe_20100918_st-peter-residence.html [consultado 23 noviembre 2024].

– En la identidad institucional, para responder al ámbito y a la comunidad en la que está inserto y contribuir a su misión y visión. Lo ideal en este ámbito es vivir una convicción profunda en comunión de ideales con la Universidad. En el caso de una Universidad Católica o de inspiración católica parte de este ámbito es la fe, el diálogo de la fe con la cultura y la evangelización.

– Para generar ambientes propicios a cuestionarse el verdadero sentido de la vida, con independencia de la asignatura que se imparta. A ello ayuda la formación humanista, no solo por el saber en sí mismo sino porque humaniza y nos hace más sensibles al ser humano con quien interactuamos, además de la formación en lógica, para pensar ordenadamente, sin incorrecciones lógicas en el propio razonamiento y para contribuir al pensamiento crítico correctamente entendido –que consiste en tener las herramientas intelectuales para discriminar lo verdadero de lo falso y lo bueno de lo malo.

– Estos ámbitos de formación quizás podrían ampliarse más, por ejemplo, a algunas especializaciones en competencias actuales como lo que referimos anteriormente de la inteligencia artificial o las tecnologías de la comunicación, que debe promover la institución y, por parte del profesor, con su libre acogida y propuestas.

– La mejor manera de formarse es, sobre todo, con el intercambio con otros académicos y profesores que transmiten su ciencia, sus aplicaciones pedagógicas, su convicción, su entusiasmo, sus rutas formativas exitosas o fracasos, sus experiencias, incluso su vida de fe. Hablar de comunidad de profesores y suscitarlas es una de las mejores instancias formadoras que las autoridades deben promover.

Todo lo anterior exige, por parte del maestro:

– Sano realismo, que implica conocerse a sí mismo y los propios límites para pedir la ayuda necesaria y para no exponerse a situaciones para las que no se está preparado: realismo para no deprimirse ante los fracasos aparentes que se sufran en la sala de clase. Pues cada uno vive sus procesos y tiene distinta personalidad.

– Entusiasmo, que es amor a la vocación docente y al estudiante.

– Estar atento a los signos de los tiempos: no solo a los cambios en la sociedad y en el mundo sino también a los intereses de los jóvenes.

– Disposición al sacrificio, que puede plasmarse tanto en la exigencia hacia uno mismo como hacia los estudiantes, siendo ésta racional, progresivo, prudente y flexible.

Es también dejarse ayudar no sólo por la estructura universitaria, las autoridades, los expertos, los que tienen más experiencia, sino también por Dios, el maestro por excelencia. También aquí hay que practicar la razón ampliada, que permite un diálogo de fe y razón, acogiendo las verdades de fe como un verdadero conocimiento, y también la oración por los estudiantes presentándoselos al Maestro por excelencia.

Un ejemplo evangélico de singular belleza y delicadeza de cómo ha de ser la relación entre maestro y discípulo es el diálogo entre Jesús y la mujer samaritana en el brocal del pozo en Sicar (Juan 4).

6. Servicio y vocación

La formación del docente se pone al servicio del logro de la vocación de servicio de toda Universidad. Hablar de servicio es hablar de diaconía y en la Universidad esto es hablar de diaconía de la verdad. Es decir, la Universidad sirve a la sociedad si y solo si está asentada en su búsqueda de la verdad. Sólo después puede entregar sus reflexiones, su ser conciencia a la sociedad; pero si no lo hace desde la verdad estaría contraviniendo su propia identidad.

Pero servir no es lo mismo que servirse de. Servir a la sociedad o servir a las personas que forman parte de la sociedad nos dignifica, nos humaniza y hasta nos eleva sobre nuestra humanidad, mientras que lo segundo nos degrada, aunque aparentemente genere brillo, oropel, traducido un éxito mundano pero que no deja de ser una gloria vana que pasa con el tiempo hasta desvanecerse. Solo lo bueno, por ser verdadero, no pasa. También el papa Benedicto XVI habla de esta vocación de servicio:

> En Europa, como en todas partes, la sociedad necesita con urgencia el servicio a la sabiduría que la comunidad universitaria proporciona. Este servicio se extiende también a los aspectos prácticos de orientar la investigación y la actividad a la promoción de la dignidad humana y a la ardua tarea de construir la civilización del amor. Los profesores universitarios, en particular, están llamados a encarnar la virtud de la caridad intelectual, redescubriendo su vocación primordial a formar a las generaciones futuras, no sólo con la enseñanza, sino también con el testimonio profético de su vida[17].

La validación del servicio procede de su responsabilidad frente a la verdad, que marca su actividad y de la que brota su verdadera autonomía:

> La libertad que está en la base del ejercicio de la razón –tanto en una universidad como en la Iglesia– tiene un objetivo preciso: se

---

[17] Discurso de BENEDICTO XVI a los participantes en el encuentro europeo de profesores universitarios, 23 junio 2007, *Ibid*.

dirige a la búsqueda de la verdad, y como tal expresa una dimensión propia del cristianismo, que de hecho llevó al nacimiento de la universidad. La autonomía propia de una universidad, más aún, de cualquier institución educativa, encuentra significado en la capacidad de ser responsable frente a la verdad. A pesar de ello, esa autonomía puede resultar vana de distintas maneras. La gran tradición formativa, abierta a lo trascendente, que está en el origen de las universidades en toda Europa, quedó sistemáticamente trastornada, aquí en esta tierra y en otros lugares, por la ideología reductiva del materialismo, por la represión de la religión y por la opresión del espíritu humano[18].

¿Qué decir de las exigencias de acreditación? Sabemos que están basadas en criterios de productividad científica y de indicadores cuantitativos de vida estudiantil y académica. Pueden ayudar en tanto que ponen de manifiesto algo propio de la Universidad, pero no son su verdadero fin y por eso hay que saber ordenarlos adecuadamente, sin sustituirlo por lo propio que es nutrir el alma, como dice Tomás de Aquino al referirse a la educación.

Entonces, según lo visto hasta ahora, podemos responder si tienen espacio los siguientes ámbitos en la formación docente:

– En el uso de la inteligencia artificial o en el metaverso. Siempre que se ponga al servicio de la unidad del saber, y no potencia su fragmentación[19].

---

[18] Discurso de BENEDICTO XVI al mundo académico, República Checa, 27 septiembre 2009, *ibid*.

[19] «Es preciso retomar la idea de una formación integral, basada en la unidad del conocimiento enraizado en la verdad. Eso sirve para contrarrestar la tendencia, tan evidente en la sociedad contemporánea, hacia la fragmentación del saber. Con el crecimiento masivo de la información y de la tecnología surge la tentación de separar la razón de la búsqueda de la verdad. Sin embargo, la razón, una vez separada de la orientación humana fundamental

– Para el trato justo y no discriminatorio para la justicia social. Esto es una consecuencia del encuentro con la verdad y la conversión que conlleva.

– En la equidad de género que busca iguales oportunidades entre hombre y mujer. Sí, pero desde la verdad del ser humano, y sin idolatrarlo.

– Habilidades de investigación y de publicación: para redactar y publicar papers o artículos en revistas indexadas, no por el afán de publicar sino de contribuir a la expansión de la ciencia y de la verdad[20].

– Para el *flourishing* o florecimiento (desarrollo) personal: por supuesto, sobre todo después de mirar a los ojos al otro para detectar la mejor manera de ayudarle descubriendo su grandeza y de ayudándole a descubrirla.

– Para la empleabilidad, sin problema, pero entendida como consecuencia de todo lo anterior: ordenando y reorientando todas las tareas universitarias.

– Para la espiritualidad. ¿O es algo exclusivo de la vida privada? Si asumimos que la espiritualidad es la capacidad de

---

hacia la verdad, comienza a perder su dirección. Acaba por secarse, bajo la apariencia de modestia, cuando se contenta con lo meramente parcial o provisional, o bajo la apariencia de certeza, cuando impone la rendición ante las demandas de quienes de manera indiscriminada dan igual valor prácticamente a todo. El relativismo que deriva de ello genera un camuflaje, detrás del cual pueden ocultarse nuevas amenazas a la autonomía de las instituciones académicas». *Idem.*

[20] «¿no es verdad que con frecuencia hoy en el mundo el ejercicio de la razón y la investigación académica se ven obligados –de manera sutil y a veces no tan sutil– a ceder a las presiones de grupos de intereses ideológicos o al señuelo de objetivos utilitaristas a corto plazo o sólo pragmáticos? ¿Qué sucedería si nuestra cultura se tuviera que construir a sí misma sólo sobre temas de moda, con escasa referencia a una auténtica tradición intelectual histórica o sobre convicciones promovidas haciendo mucho ruido y que cuentan con una fuerte financiación?» *Idem.*

trascenderse a sí mismo hacia una realidad distinta de sí mismo, que, al sacarnos del propio egocentrismo, permite darnos al otro del cual recibimos algo a cambio, entonces trascender siempre implica un crecimiento personal.

Hay distintos ámbitos de trascendencia: puedo trascender en la ciencia a través del conocimiento, con el apoyo de una comunidad científica; en el mundo, relacionándome con la sociedad y la realidad en las relaciones humanas y en la comunidad humana; pero especialmente en la dimensión religiosa, que en la Universidad puede promoverse también a través de un saber o ciencia que abre puertas, invita a superar prejuicios y, cuando sea el caso, evangeliza directamente.

– En ciertas dimensiones o relaciones humanas, o virtudes, incluso si no puedo medir las evidencias de su aplicación, ¿aplica esto? Respondemos a esto con un sí rotundo. No todo lo que existe se puede medir aquí y ahora. La educación para la libertad, por ejemplo, es un proyecto a largo plazo del que rara vez se ven los resultados inmediatos, pero de crucial importancia en el proceso formativo. Educar para la libertad es educar para el compromiso, para vincularse con el otro y no para el capricho. Sin embargo, también es bueno aprovechar lo que sí se puede medir para ponerlo al servicio de lo intangible, que es más fundamental y toca la pregunta por el sentido de la vida. Por ejemplo, cuando hablamos de indicadores de progresión, de la titulación oportuna, o de la evaluación docente, siempre eso nos debiera remitir a realidades personales y a oportunidades educativas.

7. Conclusión

Como reflexión final, ya en este punto, quisiera cerrar citando nuevamente a Benedicto XVI, que trazó uno de los grandes desafíos del profesor y, como consecuencia, se convierte en una exigencia de su propia formación: formar para la libertad. En su famoso Mensaje a la diócesis de Roma del año 2008, propone para la educación:

> encontrar el equilibrio adecuado entre libertad y disciplina. Sin reglas de comportamiento y de vida, aplicadas día a día también en las cosas pequeñas, no se forma el carácter y no se prepara para afrontar las pruebas que no faltarán en el futuro. Pero la relación educativa es ante todo encuentro de dos libertades, y la educación bien lograda es una formación para el uso correcto de la libertad. A medida que el niño crece, se convierte en adolescente y después en joven; por tanto, debemos aceptar el riesgo de la libertad, estando siempre atentos a ayudarle a corregir ideas y decisiones equivocadas. En cambio, lo que nunca debemos hacer es secundarlo en sus errores, fingir que no los vemos o, peor aún, que los compartimos como si fueran las nuevas fronteras del progreso humano[21].

Así pues, la educación no puede prescindir del prestigio, que hace creíble el ejercicio de la autoridad. Es fruto de experiencia y competencia, pero se adquiere, sobre todo, con la coherencia de la propia vida y con la implicación personal, expresión del amor verdadero. Por consiguiente, el educador es un testigo de la verdad y del bien; ciertamente, también él es frágil y puede tener fallos, pero siempre tratará de ponerse de nuevo en sintonía con su misión.

---

[21] Mensaje de Benedicto XVI a la diócesis de Roma sobre la tarea urgente de la educación, *enero 2008,* Disponible:
https://www.vatican.va/content/benedict-xvi/es/letters/2008/documents/hf_ben-xvi_let_20080121_educazione.html [consultado 23 noviembre 2024].

CAPÍTULO 5.
TECNOLOGÍA, DESEO Y AUTOPERCEPCIÓN DEL HOMBRE COMO RETO UNIVERSITARIO

RAQUEL VERA
Profesora de Filosofía
Universidad Francisco de Vitoria, Madrid

SUMARIO

1. Introducción. 2. Universidad: fines, épocas y autopercepción del hombre. 3. El universitario, su deseo, y el empleo de la tecnología en el aula. 4. Sostenibilidad de una universidad tecnocrática. 5. Conclusión. 6. Bibliografía. Bibliografía.

1. Introducción

LA PREGUNTA POR EL LUGAR de la tecnología digital en la universidad parece, por un lado, haber dejado de ser pertinente, pues nos encontramos inmersos en ella en el día a día. La idea de progreso de la modernidad aplicada a la Inteligencia Artificial

Generativa aumenta la percepción de la irreversibilidad del proceso. Por otro lado, los estudios relativos a las consecuencias del abuso de tecnología digital en el aula y fuera de ella alertan desde hace años sobre su pertinencia[1]. El sueño, las relaciones interpersonales, la capacidad de concentración del ser humano se ven mermadas por un uso extralimitado de estos medios[2].

El alumno universitario actual ha accedido a conocer la realidad por mediación de estos dispositivos no exclusivamente, pero sí masivamente. Ya en 2014 se ubicaba la edad media de uso habitual de los móviles de sus padres en los 2-3 años en España. De modo que, aunque elimináramos las TIC dentro del

---

[1] Suecia paralizó en 2023 el plan de digitalización de los centros escolares los dispositivos electrónicos de las aulas (A. Dillon, "¿Apagón digital en la escuela? Suecia frena la inversión en pantallas y vuelve a los libros", 6 de junio, *Infobae*, https://www.infobae.com/educacion/2023/06/06/apagon-digital-en-la-escuela-suecia-frena-la-inversion-en-pantallas-y-vuelve-a-los-libros/ [consultado 12 de julio de 2024]); Francia prohibió hace años el uso de móviles en el colegio, también en los recreos, y achaca a cualquier tipo de pantalla digital la disminución de la concentración en el alumnado hasta los 15 años ("Francia prohíbe el uso de móviles en los colegios... hasta en el recreo", 13 de diciembre de 2017, *El mundo*, https://www.elmundo.es/tecnologia/2017/12/13/5a316e33e2704e257b8b45d3.html [consultado 12 de julio de 2024]).
La Asociación Española de Pediatría emitió un comunicado el 22 de noviembre de 2023 reclamando una acción colectiva en torno al uso de las pantallas por parte de progenitores, centros escolares, instituciones de menores, empresas tecnológicas y sociedad en general. https://www.aeped.es/sites/default/files/comunicado_salud_digital_aep.pdf [consultado 12 de julio de 2024]).
[2] Cf. T. Fuchs, y L. Wössmann, „Computers and Student Learning: Bivariate and Multivariate Evidence on the Availability and Use of Computers at Home and at School", *Ifo Working Paper*, 8, (2005) pp. 1-28. Otros estudios que demuestran lo pernicioso de su uso prolongado en el tiempo, como los recogidos por Oestreicher (2013); Twenge, Joiner, et. al. (2018); Umejima (2021); Kang (2023).

aula, seguiríamos teniendo alumnos que parten de los déficits asociados a una mediación digital continuada. La falta de concentración podría lastrar el seguimiento de una clase magistral sin diapositivas; el uso de la inteligencia artificial supone un reto adicional a esta falta de concentración (resumen, proporcionan un mapa conceptual a partir de un texto, y arrojan ejemplos prácticos con un solo clic). En definitiva, ni puedes concentrarte igual, ni tienes por qué hacerlo hasta que llegas al examen final.

2. Universidad: fines, épocas y autopercepción del hombre

Las universidades tienen entre sus fines principales preparar para la profesión al alumnado, y estas profesiones también cuentan con estos medios. Ahora bien ¿es este fin el único que ha de perseguir la universidad? Histórica y etimológicamente la universidad buscaba el conocimiento de la realidad última del ser en primera instancia, y especializaba a sus alumnos en un segundo momento. De manera que lo concreto se escudriñaba a la luz de lo general, apuntaba así en primer lugar hacia el sentido de la profesión, un sentido universal y social.

El universo se abría al universitario en la universidad. La universidad se entendía como el lugar por excelencia en el que se buscaba sistemáticamente la verdad de la realidad en su conjunto, y se situaba la especialidad en ese conjunto, para servicio del hombre y del conjunto al que pertenecía. Se vislumbraba así el futuro del universitario dentro de una belleza y un bien mayores que el del propio beneficio, utilidad o bienestar. La técnica se entendía como un medio al servicio de la verdad, el bien y la belleza, aunque la torpeza humana no alcanzase a supeditarla. En la actualidad, la percepción del hombre y de su oficio ha cambiado sustancialmente. Con la crítica moderna y posmoderna a la metafísica, y con el desarrollo de técnica; se ha llegado a convertir esta, en la práctica, en un fin al que hay que servir, más que en un medio.

El hombre se percibe como definible más desde lo que quiere hacer de sí, desde su voluntad de poder nihilista, que desde una diferencia cualitativa respecto de otros seres vivos. Y lo que quiera hacer de sí se ha visto amplificado por la tecnología y la IA aplicada en ámbitos tan potencialmente beneficiosos como la medicina. Como reza un informe del Consejo Presidencial de Bioética de EEUU en 2003 *"There is [...] no limit in principle to the desire to trascend the limits of our own nature."* [En principio no hay límite al deseo de trascender los límites de nuestra propia naturaleza][3].

Ante esta autopercepción del alumno sentado en nuestras aulas o conectado a una plataforma educativa; podemos abandonarnos en brazos de la tecnificación de la universidad convirtiéndola en una expedidora de títulos o capacitadora técnica profesional fácilmente sustituible por instituciones de educación superior no universitarias. O bien podemos seguir reivindicando el puesto del hombre en el cosmos, en términos schelerianos, mediante un uso humanizador de la tecnología también en las aulas. Si el fin de la universidad está más allá de esa capacitación técnica, habrá que analizar el punto de partida, explicitar el fin principal de la universidad en términos que soporten la crítica moderna y contemporánea a la metafísica, y reconsiderar en qué medida la tecnología y la IA pueden contribuir a alcanzar ese fin a partir del punto de partida.

---

[3] The President's Council on Bioethics, *Beyond Therapy: Biotechnology and the pursuit of happiness.* A Report of the President's Council on Bioethics, Washington 2003, p. 148,
https://biotech.law.lsu.edu/research/pbc/reports/beyondtherapy/beyond_therapy_final_report_pcbe.pdf

3. El universitario, su deseo, y el empleo de la tecnología en el aula

La importancia del humanismo y la reivindicación de la totalidad del ser en el ámbito cultural, social y universitario han dejado de ser evidentes a la luz de la crítica metafísica y los avances tecnológicos; lo que prima en todos esos ámbitos es el deseo. Si bien la realización de nuestros deseos ha de tener en cuenta los deseos de los demás; el derecho se reformula en términos de deseos. El hombre es relevante en términos de deseos.

Nuestros alumnos están situados en este marco interpretativo. Pero ¿todos los deseos tienen la misma relevancia? Hay un deseo humano que proporciona el foco de proyección del resto de deseos y es el de que todo lo que pensamos que es o será relevante nos vaya bien[4]. Es desde este deseo de bien desde el que se puede dirigir al alumno hacia la *universitas*: desde la pregunta por el bien incluida en el deseo de la condición humana. En este deseo se puede encontrar así el *télos* griego asignado a la inteligencia, el conocimiento, la verdad de ese bien, como universal y particular.

Saber a qué atenernos para alcanzar la realización de nuestro deseo se nos presenta como un bien. Aunque maltratemos esa realidad para alcanzar nuestro bien, deseamos conocerla. Redu-

---

[4] J. Splett interpreta este deseo en forma de promesa en sus diferentes escritos y ponencias sobre temas relacionados como la muerte o la libertad. Cf. J. Splett, *Freiheits-Erfahrung. Vergegenwärtigungen christlicher Anthropo-theologie*, Knecht, Frankfurt 1986, p. 352. No podemos aquí ahondar en las relaciones existentes entre el deseo, su posibilidad de realización y el sufrimiento que angosta el primer deseo cuando se topa con dificultades para su realización, ni en las perspectivas que proponen anular este deseo para no sufrir, en lugar de dirigirlo hacia un bien más trascendente.

cir este deseo a su utilidad puede revertir en una limitación del deseo estructural y, por ende, finalmente, en una limitación de los deseos periféricos que bien puede explicar parte del aumento del índice de suicidio del que alerta la OMS como primera causa de muerte no natural entre los adolescentes europeos[5]. Sin reducir el hombre a sus deseos, la pregunta por el deseo puede constituirse en una ayuda académica para volver a dar respuesta humanizadora de las profesiones en el ámbito universitario.

Alcanzar el deseo profundo del hombre, implica cuestionarse por el bien del hombre y el desarrollo de sus dinamismos más distintivos respecto de otros seres vivos, nos conduce, por ende, al discurso sobre su dignidad, sobre la necesidad de poner orden en sus deseos, o la necesidad de integración y plenitud; abre el discurso sobre el autodominio, la autotrascendencia hacia la verdad y la autoconciencia capaz de dirigir sus deseos en lugar de dejarse arrastrar por ellos. Si este es el punto de partida del estudiante universitario -el deseo- que indica ya en sí el punto de llegada –el bien para el hombre que desea–, la tecnología puede servir como medio en la medida en que no interfiera con el desarrollo humanizador del bien que se busca; no interfiera con el desarrollo del autodominio, la autoconciencia y la autotrascendencia en términos personalistas[6].

---

[5] Cf. Geneva, "More than 1.2 million adolescents die every year, nearly all preventable", 16 de mayo de 2017, *News release*,
https://www.who.int/news/item/16-05-2017-more-than-1-2-million-adolescents-die-every-year-nearly-all-preventable [consultado el 12 de julio de 2024].

[6] Se puede encontrar una comprensión del hombre desde estas características específicas en K. Wojtyla, *Persona y acción*, B. A. C., Madrid 1982; así como en autores que basan su antropología en los conceptos que desarrolla este autor como por ejemplo J. M. Burgos, *Antropología: una guía para la existencia*, Madrid 20176 o J. Seifert, "To be a person – to be free", *Freedom in Contemporary Culture* de Catholic University of Lublin, 1, (1998) pp. 145-

El centro unificador o desunificador del universitario de nuestros días está en el ámbito de los deseos, pero desde este se puede trascender hacia su fin propio, el bien del hombre en términos generales y concretos. Despertar estos deseos y mostrar sus posibilidades de dirección en el aula supone tiempo de encuentro para interpelar a la afectividad, la voluntad, y la inteligencia del alumno. El uso humanizador de las tecnologías en el aula se explica desde esta capacitación para despertar, mostrar las posibilidades de dirección de estos deseos y motivar a su dirección efectiva. Su uso ha de ser revisable, crítico y limitado en función de si contribuye o no a esta capacitación. Revisable, crítico y limitado si se quiere recuperar la relación formativa integral entre profesor y estudiante, aquella que interpela a la totalidad de la persona, sus dinamismos y preguntas más trascendentes y, al mismo tiempo, inmanentes a su deseo pero no por ello explícitas.

Para ello hay que tener en cuenta que, aunque un encuentro *online* es mejor que ningún encuentro, no es de la misma índole que un encuentro *offline* como nos ha mostrado la experiencia del confinamiento durante la pandemia covid-19[7]. En el encuentro *offline* se me ofrece el cuerpo del otro con un compromiso espacio-temporal en el que descubro al otro de manera irrepetible, con sus emociones, su lenguaje no verbal, su ambigüedad que me abre a otra trascendencia más allá del

---

185, así como en J. Crosby, *La interioridad de la persona humana*, Encuentro, Madrid 2007.

[7] Cf. L. Martínez-Virto y V. Sánchez-Salmerón, "El impacto de la pandemia en las relaciones sociales: debilitamiento o refuerzo de las redes de apoyo y ayuda mutua", en L. Ayala, M. Laparra y G. Rodríguez (coords.), *Evolución de la cohesión social y consecuencias de la COVID-19 en España*, Fundación FOESSA, Cáritas Española Editores, Colección de Estudios 50, Madrid 2022, cap. 20, pp. 543-572.

algoritmo; su contingencia, su amor, odio, felicidad. Estas vivencias y capacidades humanas están asociadas directamente a esa búsqueda humana de sentido desde el deseo real y concreto, no virtual. Enseñar a los alumnos cómo funcionan las tecnologías sin enseñarles con esas limitaciones a humanizar su uso, es exponerles a un mundo servil en el que el hombre, su deseo, y su bien están al servicio de un bien inferior, soterrando su deseo más profundo de trascendencia.

Conlleva conducirle a un mundo controlado, perfecto algorítmicamente, no irrepetible, y, por ende, infeliz por no poder seguir aspirando a la realización del deseo estructural propio de su condición humana que implica el desarrollo particular e irrepetible de su biografía, aquella que se apropia y que, en la medida en que se la apropia reconociendo en ella la mejor versión de sí y no de un algoritmo, contribuye al crecimiento o no de su autoestima. Un deseo que, en su insaciabilidad, le impulsa a buscar respuestas más allá de su vocación concreta profesional, activando así sus dinamismos a un desarrollo más trascendente y, por ello, humanizante. Querer satisfacer el deseo insaciable del hombre con lo concreto inmanente obviando su trascendencia es abocar al hombre a la frustración del sin sentido global. Ofrecer espacios en la universidad para situar este deseo y señalar hacia su trascendencia, constituye un servicio al bien propio y social, por cuanto que, en palabras de R. Guardini, anteriores a la irrupción social masiva de las TIC, la IA y sus algoritmos: «la escuela humanista constituye la mejor 'preparación' también para el posterior trabajo matemático-científico […] porque crea una actitud libre de la servidumbre de fines que está abierta al mundo y da criterios de auténtica humanidad y de válida creatividad»[8].

---

[8] *Tres escritos sobre la universidad*, Eunsa, Barañáin 2012, p. 48.

4. Sostenibilidad de una universidad tecnocrática

Ya se ha apuntado el sentido de la universidad como lugar donde se busca sistemáticamente la verdad, la belleza y el bien. Unos estudios superiores con fines puramente tecnocráticos se desvincularían de los orígenes históricos y del sentido etimológico de la *universitas* y entrarían en el océano rojo[9] de la competitividad horizontal del mercado de los estudios superiores tecnocráticos no universitarios. Una competitividad quizás poco sostenible para un organismo –la universidad– más burocrático y, por ello, las más de las veces, menos flexible y adaptable al mercado que otras instituciones de educación superior.

Por otro lado, llevando la implantación de la tecnología a un escenario de ciencia ficción cada vez aparentemente más viable, queda la duda de la sostenibilidad de una sociedad académica puramente tecnocrática, en la que el ciudadano se convierta en un ser de segunda clase. Los profesores serían sustituidos por sus hologramas programables para dar la clase con la mejor de sus versiones, y los alumnos podrían distribuirse el tiempo como mejor les conviniese. Sin entrar a valorar la pertinencia de este modelo confinado, desde el punto de vista energético; sostener los procesos de la IAG para acercarla a la contextualización y capacidad de integración de diferentes di-

---

[9] Cf. W. C. Kim y R. A. Mauborgne, *The W. Chan Kim and Renée Mauborgne Blue Ocean Strategy Reader: The Iconic Articles by Bestselling Authors W. Chan Kim and Renée Mauborgne*, Harvard Business Review Press 2017. Si bien aquí empleamos la metáfora en un sentido relativamente distinto. El sentido de la *universitas* es el elemento diferenciador respecto del resto de enseñanzas superiores. Si bien es cierto que muchas universidades pueden pretender adjudicarse dicho elemento diferenciador y, por ende, encontrarse en un océano rojo entre ellas; o bien convenir sinergias fruto de la búsqueda común del bien, la verdad y la belleza, en lugar de en busca de la cuota de mercado.

namismos en el ser humano, no resulta tan sencillo como en el ser humano[10].

En un alegato propio del progresismo modernista, se arguye que la IA, como se nos pronosticó con Internet[11], nos ahorrará tiempo y dinero, nos permitirá dedicarnos a lo propiamente humano. Sin embargo, resulta que a mayor capacidad, la competitividad se vuelve más compleja, se requiere más formación, más técnicos o ingenieros, en suma, más gasto aunque aumente el beneficio, por lo que finalmente no parece que dediquemos más tiempo al ocio o a la familia, por ejemplo... En una curiosa huida hacia adelante, acabamos por dejar de disfrutar de nuestra humanidad y la de los otros... perdemos la oportunidad de generar tiempos de calidad humana, de hacer lo propiamente humano, de empatizar, de desarrollarnos de manera integral[12]. Quizás tengamos incluso que esperar la innovación de aquellos que han logrado preservarse de esta marea para poder ver que los asuntos académicos se pueden gestionar de otra manera sin perder la índole de la *universitas* en el mismo mercado, porque la implantación de la novedad por la novedad empieza a dejar de ser novedad.

---

[10] De hecho, programadores expertos en IA apuntan a la imposibilidad técnica de esta realidad, así como al hecho de que tal nivel de tecnocracia podría volverse contra la humanidad por error, fruto de la aleatoriedad con la que funcionan estos sistemas. Cf. M. ALFONSECA, et al., "Superintelligence Cannot be Contained: Lessons from Computability Theory", *Journal of Artificial Intelligence Research* 70 (2021), pp. 65-76.

[11] Cf. R.V., "La tecnología, nuestra mejor aliada en el ahorro", *El País*, 28 de octubre de 2020, https://elpais.com/tecnologia/2020-10-28/la-tecnologia-nuestra-mejor-aliada-en-el-ahorro.html# [consultado 12 de julio de 2024].

[12] Cf. G. GONZÁLEZ-VALERO et al., "Extent of the relationship between burnout syndrome and resilience on factors implicit to the teaching profession. A systematic review.", *Revista de Educación* de Universidad de Granada, 394, (2021), pp. 259-282.

Queda también pendiente la cuestión de la responsabilidad de la élite en la sociedad tecnocrática en extremo, ¿pertenecería a la máquina, al programador de la misma, o al propietario? Cuando ni siquiera el programador puede predecir el resultado de la introducción de su información en el sistema algorítmico de la IAG. ¿Sería legítimo seleccionar a los usuarios de una serie de servicios universitarios o a los futuros empleados según análisis y resolución de la IAG sin tener en cuenta la necesidad de ofrecer oportunidades de reinserción? El ser humano parece ofrecer, al menos todavía, un tipo de inteligencia no algorítmica que supera o suple en no pocas ocasiones a la algorítmica, que es capaz de acompañar con sentido existencial la vivencia universitaria de nuestros alumnos[13].

Quizás los errores son menores en una sociedad tecnocrática propia de la ciencia ficción, y, en principio, parece preferible tener alguna enseñanza a través de la IA que no tener ninguna, pero ¿nos enseña sólo la IA y no también el encuentro con el profesor, su compromiso espacio-temporal? ¿puede la distancia crear un vacío que mate más que la ausencia de enseñanza virtual? La IA es una buena herramienta previsora o recopiladora de información, un elemento de contraste, pero sustituir la

---

[13] Cf. N. López Moratalla, *Inteligencia artificial ¿Conciencia artificial? Una perspectiva desde las ciencias de la vida*, Digital Reasons, Madrid 2017. Quizás en esa incapacidad de autotrascendencia de la máquina radique el desplome en 2026 de la burbuja de la IAG augurado por Capital Economics, según noticias como la de M. Fox, "La burbuja bursátil impulsada por la IA se desplomará en 2026 según una firma de investigación", 9 de julio de 2024, *Business Insider*, https://www.businessinsider.es/burbuja-bursatil-impulsada-ia-desplomara-2026-firma-investigacion-1393847 [consultado el 12 de julio de 2024]. Esta indicación busca la causa en factores meramente económicos, mientras que en el artículo ya reseñado de ID., "Superintelligence Cannot be Contained: Lessons from Computability Theory" (2021), se pueden entender las limitaciones técnicas y éticas de este producto humano.

conciencia de un profesor (podría decirse también del médico, por ejemplo) por la IAG, alguien que ha lidiado con cientos de alumnos, que ha empatizado con ellos, contextualizado el mejor modo humano de hacerse entender, etc. supondría empobrecer significativamente el valor del mundo que nos rodea mientras pensemos en términos de dignidad humana.

5. Conclusión

La universidad muestra en sus orígenes unos fines no reducibles a los de una sociedad de mercado principalmente tecnocrática. La aparición de la IAG (Inteligencia Artificial Generativa) cuestiona este modelo y aumenta la percepción del ser humano en el marco de una naturaleza modificable de manera ilimitada. No obstante, el deseo estructural humano también es clave en la autopercepción del universitario actual y puede mostrar la importancia de humanizar el uso de la tecnología.

Como sucedió con la introducción de la tecnología en las aulas, habrá que implementar nuestras asignaturas con la IA, o bien ofrecer formación al respecto al margen de la mayoría de las asignaturas. Pero inundar de IA todas las asignaturas y cerebros, que no es lo mismo que usarla puntualmente en todas ellas, sería el resultado de un modelo educativo, más bien, de carácter posthumanista, donde el hombre se pone al servicio del progreso tecnológico. Mientras que poner la tecnología al servicio del ser humano como complemento del mismo, reconociendo también sus límites, obedecería a un paradigma antropológico distinto de la relación del hombre con la IA en el modelo educativo.

La Inteligencia Artificial Generativa (IAG) no se pone en acción por sí misma, y, aunque puede programarse para autodestruirse, no sufre en el proceso. No hay que subestimar su poder, pero aunque simule trascendencia, empatía y sufrimiento, no son estas capacidades y vivencias de las que emerja un valor ontológico superior al del ser humano que ama y necesita ser amado para desarrollarse adecuadamente[14]. El hombre, en su aspiración a desarrollar su libertad ligada a su enraizamiento corporal, a su principio activo de movimiento, sufre o se alegra cuando encuentra caminos de desarrollo personal apropiados.

El reclamo de su dignidad es el resorte principal para construir una sociedad desde la persona en la que las máquinas ocupen su lugar y potencien este desarrollo de manera humanizadora. Renunciar a dicho reclamo y justificación en el ámbito universitario, sería abocar su autopercepción a una acción servil respecto de la tecnología, o desbocarla en la desintegración de la acción humana que absolutiza alguna de sus posibilidades, capacidades o vivencias.

6. Bibliografía

ALFONSECA, M., CEBRIAN, M., FERNÁNDEZ A., A., COVIELLO, L., ABELIUK, A., y RAHWAN, I., "Superintelligence Cannot be Contained: Lessons from Computability Theory". *Journal of Artificial Intelligence Research* 70 (2021), pp. 65-76. Doi: 10.1613/jair.1.12202

BURGOS, J. M., *Antropología: una guía para la existencia*. Revisada y ampliada. Palabra, Madrid 2017[6].

CROSBY, J., *La interioridad de la persona humana*. Encuentro, Madrid 2007.

---

[14] Cf. A. M. MERA y S. B. FERNÁNDEZ, "Problemas en la integración sensorial en niños huérfanos, institucionalizados y adoptados: Una revisión exploratoria", *Revista Chilena de Terapia Ocupacional* de Universidad de Chile, *19*(2), (2019) pp. 95-104.

FUCHS, T. y WÖSSMANN, L., „Computers and Student Learning: Bivariate and Multivariate Evidence on the Availability and Use of Computers at Home and at School". *Ifo Working Paper*, 8, (2005) pp. 1-28.

GONZÁLEZ-VALERO, G., ZURITA-ORTEGA, F., SAN ROMAN-MATA, S., y PUERTAS MOLERO, P., "Extent of the relationship between burnout syndrome and resilience on factors implicit to the teaching profession. A systematic review". *Revista de Educación* de Universidad de Granada, 394, (2021) pp. 259-282. Doi: 10.4438/1988-592X-RE-2021-394-508

GUARDINI, R., *Tres escritos sobre la universidad*. Eunsa, Barañáin 2012.

KANG, E., "Easily accessible but easily forgettable: How ease of access to information online affects cognitive miserliness". *Journal of Experimental Psychology: Applied,* 29(3), (2023) pp. 620–630.Doi: 10.1037/xap0000412

KIM, W. C., y MAUBORGNE, R. A., *The W. Chan Kim and Renée Mauborgne Blue Ocean Strategy Reader: The Iconic Articles by Bestselling Authors W. Chan Kim and Renée Mauborgne.* Harvard Business Review Press 2017.

LÓPEZ M., N., *Inteligencia artificial ¿Conciencia artificial? Una perspectiva desde las ciencias de la vida.* Digital Reasons, Madrid 2017.

MARTÍNEZ-VIRTO, L. y SÁNCHEZ-SALMERÓN, V., "El impacto de la pandemia en las relaciones sociales: debilitamiento o refuerzo de las redes de apoyo y ayuda mutua". En: L. AYALA, M. LAPARRA y G. RODRÍGUEZ (coords.), *Evolución de la cohesión social y consecuencias de la COVID-19 en España*, Fundación FOESSA, Cáritas Española Editores, Colección de Estudios 50, Madrid 2022, cap. 20, pp. 543-572.

MERA, A. M., y FERNÁNDEZ, S. B., "Problemas en la integración sensorial en niños huérfanos, institucionalizados y adoptados: Una revisión exploratoria". *Revista Chilena de Terapia Ocupacional*, 19(2), (2019) pp. 95-104.

OESTREICHER, L., *The Pied Pipers of Autism—How TV, Video, and Toys Cause ASD*. CreateSpace Independent Publishing Platform, Scotts Valley 2013.

SEIFERT, J., "To be a person – to be free". *Freedom in Contemporary Culture* de Catholic University of Lublin, 1, (1998) pp. 145-185.

SPLETT, J., Freiheits-Erfahrung. *Vergegenwärtigungen christlicher Anthropo-theologie*. Knecht, Frankfurt 1986.

THE PRESIDENT'S COUNCIL ON BIOETHICS. *Beyond Therapy: Biotechnology and the pursuit of happiness*. A Report of the President's Council on Bioethics. Washington 2003. https://bit.ly/3xcw9hy

TWENGE, J.M., JOINER, T.E., ROGERS, M.L. y MARTIN G.N., "Increases in Depressive Symptoms, Suicide-Related Outcomes, and Suicide Rates Among U.S. Adolescents After 2010 and Links to Increased New Media Screen Time". *Clinical Psychological Science*, 6(1), (2018) pp. 3-17. Doi: 10.1177/2167702617723376

UMEJIMA, K, TAKUYA I., TAKAHIRO, Y., KUNIYOSHI, S., "Paper Notebooks vs. Mobile Devices: Brain Activation Differences During Memory Retrieval". *Frontiers in Behavioral Neuroscience*, 15(634158) Sec. Learning and Memory, (2021, marzo) pp. 1-11. Doi: 10.3389/fnbeh.2021.634158

WOJTYLA, K., *Persona y acción*. Biblioteca de Autores Cristianos, Madrid 1982.

CAPÍTULO 6. UTOPÍAS EDUCATIVAS: HACIA UNA TECNOLOGÍA DE LA HOMOGENEIDAD

Fernando Romera Galán
Decano de la Facultad de Humanidades y Educación
Universidad Católica Santa Teresa de Jesús de Ávila

1. Introducción

La utopía, como género literario, ha proporcionado no pocas y grandes obras a la historia de la literatura europea. Claro, si entendemos la utopía como una forma narrativa de carácter ficcional más que como una perspectiva ideológica susceptible de convertirse en algo más o menos cercano a la realidad. Desde la República de Platón, no hemos dejado de leer acerca de posibles estados ideales donde la perfección es tan inalcanzable que no se pueden convertir en ejemplos deseables, sino en puros artificios que muestran un camino hacia lo novedoso. La función filosófica de las utopías es, pues, la concreción de un lugar aislado, una isla, quizá, donde la separación del mundo otorga esa exclusividad de lo perfecto. Pero en un mundo como el actual no paramos de encontrarnos con novelas, películas o series de carácter distópico, ciudades deshumanizadas donde absolutamente todo queda bajo el poder de la corrupción y el desorden. Aun y con todo, no es difícil escuchar lemas como que todo es posible si se trabaja con ahínco; no hay nada que no podamos alcanzar o ponemos nuestras esperanzas en un futuro por el que estamos trabajando. Frente a la distopía a la que parece abocarnos cierta manera de pensar, la esperanza en el futuro y nuestra visión optimista de él sitúa utopía en un plano alcanzable y hasta deseable. Así, el pensamiento utópico se ha hecho hueco en el nuestro y depositamos en nuestra natural nostalgia en un tiempo que ha de ser mejor que este.

Y, al menos desde el pensamiento ilustrado, buena parte del trabajo por la consecución y la construcción de ese lugar idílico se ha puesto en manos de la educación. No existe utopía alguna en la que no participe de manera sustancial la idea de que la educación lo puede todo.

Y nada más lejos de la realidad. Lo conocemos bien los que hemos transitado por la práctica totalidad de las etapas educativas existentes. Y no lo puede todo, al menos desde las perspectivas que se nos muestran últimamente y que parecen fiar la educación a esbozos de futuro que no sabemos bien a dónde apuntan o a futuribles que parecen convertirse en dogmas cuando se plantean en las vigentes leyes. Por poner un ejemplo, la fiabilidad que se le ha dado al uso de nuevas tecnologías en educación es tal que ningún plan de estudio las desdeñaría por mucho que apreciase un desgaste en esta metodología (que se está apreciando, dígase de paso).

Nuccio Ordine lo explica con mucha claridad en su libro *Clásicos para la vida. Una pequeña biblioteca ideal*[1]. A pesar de estas juiciosas objeciones, hoy continúa prevaleciendo la idea de que las tecnologías digitales hacen de la escuela una "escuela moderna". Nadie se pregunta seriamente por la eficacia de tales instrumentos y nadie parece evaluar de un modo analítico la relación entre las ingentes inversiones realizadas y los beneficios reales obtenidos.

Parece evidente que, tras muchas de estas cuestiones, caso de las tecnologías, se hallan intereses no relacionados con los conceptos tradicionales de educación; o lo que es lo mismo: hemos ido avanzando, merced a las legislaciones europeas y nacionales hacia un concepto de educación desligado del saber y centrado en el mercado.

Desde que en 1999 se instituye un plan en la Unión Europea con el fin de facilitar que los graduados europeos pudieran adaptarse a la movilidad laboral, y que se pusiera en marcha el sistema de créditos ECTS, también se puso en marcha una suerte de comunidad de "contenidos" que tenían varios objetivos, unos más explícitos que otros. En primer lugar, se buscaba una mejora en la competitividad europea, y eso se refería tanto al mercado laboral como al sistema de investigación de cada estado y de todos en la Unión. Por supuesto, implicaba una equiparación de los sistemas educativos, facilitaba intercambios intraeuropeos como el Erasmus, y homologaba cuestiones como los años de duración de los grados, la evaluación de la carga de estudio del alumnado, las estructuras de posgrado y, en es-

---

[1] N. ORDINE, *Clásicos para la vida. Una pequeña biblioteca ideal*, Acantilado Barcelona 2017 p. 4.

pecial, adaptaba los contenidos impartidos a las demandas sociales.

La creación de los marcos de referencia que en España se desarrollaron como MECES, establecía unos resultados de aprendizaje que referían lo que un alumno debe conocer, comprender y saber hacer al finalizar cada proceso de aprendizaje y que tomaban forma como competencias, resultados finalistas que valoran la autonomía posterior adquirida; las destrezas y los conocimientos teóricos. Es decir: todo alumno que concluyera un proceso formativo tenía que verse en las mismas condiciones teóricas, procedimentales y competenciales. O lo que es lo mismo: se homologaba, en función de las necesidades mercantiles y sociales de la Unión, lo que un alumno ha de saber en Europa.

Las implicaciones lógicas de esta modificación del proceso formativo tenían que pasar, necesariamente, por una reforma metodológica que tendiese a la eliminación de las, a partir de entonces, denostadas "clases magistrales" en tanto en cuanto tampoco facilitaban los diferentes tipos de evaluación. A partir de este momento, se abría un proceso que ya circulaba en las enseñanzas medias obligatorias, fundamentalmente y que consistía en primar cualquier innovación metodológica como positiva frente a la consideración de las metodologías tradicionales como nefastas y basadas en criterios poco pedagógicos. De alguna manera, la enseñanza universitaria se "pedagogizaba", cuando el término original de pedagogía se refería etimológicamente a la educación del niño.

La primacía de las metodologías frente a los viejos contenidos conceptuales ponía el foco en el cómo, más que en el qué. El cómo garantizaba la inclusión en los ámbitos educativos de algo que, efectivamente, es fundamental: las destrezas y habilidades que todo estudiante debe desarrollar para adquirir contenidos. Sin embargo esta nueva forma de enfrentarse a lo educativo ha caído, no pocas veces, en una reductividad muy negativa que sitúa lo metodológico en el centro de la actividad docente. Los planes de estudio terminan muchas veces por quedar en un segundo plano y se facilita la entrada de nuevos contenidos de carácter social que terminan por depender de criterios espurios como necesidades sociales momentáneas (esto ocurre profusamente en la educación secundaria, pero también no pocas veces en la universitaria).

No es sólo que exista una mercantilización de la educación, es que se educa en función de circunstancias temporales. Pondremos un ejemplo: la exigencia de una necesidad social clara y demostrable para la implantación de un determinado título universitario o la creación de asignaturas o contenidos troncales o transversales en enseñanzas obligatorias según necesidades políticas o sociales de trascendencia pública.

Sin embargo, achacar a Bolonia los males y virtudes de la enseñanza universitaria sería excesivo. No es desdeñable ni negativo un proceso de homogeneización en la Universidad. En algunos casos puede ser deseable. No es de rigor que en un espacio laboral y educativo tan amplio como la Unión Europea queden descolgados alumnos por motivos de origen; o que, en el paso de uno a otro nivel de aprendizaje haya diferencias sustanciales entre alumnos como para no garantizar un mismo nivel, no ya de salida de la titulación como de acceso a ella. Si existiera o se percibiera una homogeneidad suficiente en la salida de estudios de Bachillerato o de EBAU no existirían ciertas quejas en ciertas comunidades autónomas por la facilidad o dificultad de incorporarse a ciertos grados según el lugar de proveniencia.

La cuestión no es, aunque pueda extraerse de lo que venimos comentando, si los procesos de homogeneización en educación son positivos o no. No es ese el debate. Sino si estos procesos son ciertos, posible y, en algún caso, deseables. Es más; algo que no dejan de ser sorprendentes ciertas cuestiones. La primera de ellas, cómo se compaginan tendencias tan antagónicas como las tendencias globalizadoras que se vienen dando desde fines del siglo xx con las exaltaciones culturales de carácter nacional y que han llevado a conflictos serios en nuestros días.

No podemos olvidar que la educación es parte integrante, si no fundamental, de las estructuras culturales. Si existe un Programa Bolonia es porque en algún momento se entiende necesaria una educación común europea. Al mismo tiempo, ciertas estructuras que consideran en peligro su historia cultural, tienden a incidir en la importancia de gestionar sus propias estructuras educativas. De igual manera, cuanto más consideramos homologar aprendizajes en toda Europa, más necesaria se hace la atención a las minorías, a la diversidad y a la individualidad, algo aparentemente difícil de conciliar. Y, por último, y lo que más nos interesa ahora, cómo se tiende a una atención a esa diversidad en cuanto a la atención a los alumnos, pero se diluye hasta casi desaparecer en lo que se refiere a la formación del propio profesorado. No nos referiremos tanto a la figura, también denostada, de la libertad de cátedra, que en absoluto ha desaparecido, como a las diferentes formas que está adquiriendo la exigencia al profesorado en su formación y actuación en las aulas y que impone una uniformidad en las actuaciones docentes e investigadoras.

Las necesidades de investigación y docencia implican una determinada formación y dedicación que lleva a procesos de evaluación sobradamente conocidos: acreditaciones, sexenios, evaluaciones docentes… El perfil del profesor universitario viene determinado por estos elementos de intervención. Es cierto que gracias a ellos, la igualdad de oportunidades, el despegue de la investigación y los recursos en ella empleados y la formación han mejorado sustancialmente. Y era preciso desde hacía tiempo. Pero también es cierto que, sin necesidad de que se suprima la libertad de cátedra, los márgenes de individualidad del profesorado, no sólo universitario, sino en las enseñanzas medias, cada vez se ve más impelido a fórmulas genéricas y uniformes.

Ahí se encuentran, por supuesto, las nuevas metodologías, la necesidad de empleo de Tics o las evaluaciones que rigen las nuevas maneras de enfrentarse a la docencia. Negar que los nuevos tiempos imponen nuevas formas sería un error tan grande como pretender quedar en los viejos métodos sin cambiar un ápice.

2. Un poco de historia

Tratamos de lo homogéneo cuando hablamos de aquello que es idéntico para los diversos elementos que forman un determinado grupo o conjunto. En educación esto ha sido la base desde hace unos cuantos siglos. Si pensamos en la educación tal y como la entendemos hoy, es decir, cuando la consideramos como un bien social y una intervención necesaria en la infancia y la juventud para elevarla a mejoras sociales e individuales. Es decir, tratamos de la educación desde los inicios del liberalismo burgués y del pensamiento ilustrado.

Lo que había antes habría que considerarlo con otros ojos, porque ni podemos hablar literalmente de infancia, ni podemos hablar de educación. La infancia, a efectos de educación, es una formulación ilustrada, como lo es la educación desde la perspectiva social. Por lo tanto, cuando hablamos de educación tradicional, nos hemos de referir a sistemas procedentes de la modernidad, no del antiguo régimen, como para muchos parece significar el término tradición. Lo que había detrás de toda esta novedad pedagógica ilustrada era nada menos que un igualamiento social, una fórmula novedosa de ruptura de clases y un favorecimiento de la igualdad de oportunidades.

Todo ello podría firmarse sin mayores problemas hoy en día. En cuanto a la educación superior, el siglo XVIII supone un intento de renovación idéntica. De esta manera, los intentos, muy dispares, trataban de modelar un sistema que abriese también la Universidad a todos y que modificase los métodos tradicionales de los que se culpaba, como de otras tantas cosas, a los jesuitas. Como reconoce Domínguez Lázaro, la educación universitaria sufrió de la misma manera que sufrió el resto[2]:

La postura de las Facultades ante la debatida renovación podemos clasificarla de dispar, aunque tanto la tendencia ilustrada, como la posición más reaccionaria poseían conciencia de su mala situación y pretendían una más brillante. Pero sucedía lo que suele ocurrir muchas veces, que cada uno buscaba el cambio a su manera. Además se iba generalizando la convicción de que tales centros tenían que pasar a la tutela del Gobierno, si querían recobrar su antigua gloria, y consideraban al Rey como a su único patrono.

Los problemas, pues, relacionados con el mundo educativo, no pasan por ser muy diferentes desde que se consideró en algún momento el debate sobre cómo enseñar. Recordemos que también hubo no poco acerca de la incorporación de nuevas titulaciones, ajenas a las tradicionales, sobre todo las experimentales, como la botánica, la historia natural o la astronomía, que trataban de adaptar el mundo académico a los nuevos

---

[2] M. DOMÍNGUEZ LÁZARO, "La educación durante la ilustración española", en *Norba, Revista de historia* 10, (1990) p. 176.

intereses sociales. Los reformadores buscan el cambio, no desde un proceso de "heterogeneización", sin embargo; muy al contrario, la necesidad de recuperarse del retraso académico con respecto a Europa termina por crear patrones que amenazaban con llegar a todas las universidades del país.

Cuando Olavide propone, en su plan de reforma de la Universidad de Sevilla, la nacionalización de los centros universitarios y, entre otras medidas, no permitir la entrada ni a clérigos ni a pobres. La mayor parte de los ilustrados pretendió, en mayor medida, reformas profundas. Entre ellas, la provisión del profesorado, fundamentalmente la de las cátedras, hasta el momento divididas entre las provisionales o de regencia y las cátedras a perpetuidad. Las necesidades del momento trataban de uniformar a los catedráticos de manera que sólo hubiera un único tipo para que pudiera mejorar el conocimiento científico.

Sin embargo, todo intento de reforma ilustrada chocó contra el muro en el que suele terminar todo proceso: el intento de homogeneización. Suele decirse que todos los fracasos reformistas lo fueron por la oposición radical de las fuerzas tradicionalistas que se oponían a los cambios. Pero, como es lógico, la eliminación de una de las tendencias en dichos cambios, condenaba al fracaso cualquier presupuesto. Ese fue el caso de los intentos por dejar a un lado a los Tomistas en la ecuación. Suele decirse que la falta de avance en la universidad andaluza se debió a la oposición de las fuerzas conservadoras que temían perder sus "privilegios". De la misma manera, se tiende a explicar que[3]:

Así sucedió con el ya comentado «Plan de Olavide» para arreglar la Universidad hispalense, que después de aprobado no se aplicó por la oposición que encontró en los tomistas.

---

[3] *Ibídem*, p. 178.

Otra fue la falta de uniformidad y el número elevado de centros.

Resulta interesante considerar cómo la mayor parte de los esfuerzos por reformar la Universidad (española o europea en este caso) terminan por dar siempre en el intento de estandarizar, como si la respuesta a los problemas de la educación pasara por cuestionar lo previo en base a las nuevas tendencias pedagógicas y sociales y por dar una respuesta generalista a unos problemas en tanto que se individualizan otros, como los diferentes grupos sociales o académicos que componen las necesidades educativas especiales.

No podemos olvidar que la educación actual es heredera de aquellos primeros momentos de cambio frustrado que se producen durante el siglo XVIII. Y pareciera que continúa ejercitando los mismos errores y las mismas premisas de fondo con las que se contaba entonces. Por ello, considerar que los cambios deben ejercerse desde el respeto a las diferencias en la concepción de la transmisión del saber, así como en los principios del aprendizaje, es la única manera de avanzar en las reformas, evidentemente necesarias, que plantea cualquier sociedad a lo largo de su historia. Quizá la cuestión se sitúe en la consideración que damos a aquellos primeros reformadores: Marcel Proust los tachaba de tecnócratas, frente a la idea general, también en nuestros días, de que eran filósofos. Como bien explica Vico Monteoliva (1988: 483): "además de todo ello, la Ilustración es acción política concreta, y cuando el programa político resulta irrealizable nos podemos encontrar ante una utopía". Como explica esta autora, basándose en la obra de Annette Bridgman[4]:

[4] Citamos desde su artículo: A. BRIDGMAN, (1979), «Aspects of education in eighteenth crntury utopiasu in *Studies* on *Vollatre and the Eightcenth Cenlury* (Oxford), vol. GLXVIII, pp. 569 58.

La Enseñanza es estatal y, además en las utopías europeas el saber por el saber no tiene lugar. Sí el servicio al estado, el cubrir sus necesidades con mano de obra preparada. Como dice nuestra autora cualquier cosa que no contribuya a lograr estos propósitos es quitada implacablemente del currículum. Y lo contrario: todo lo que se haga ha de ser en pro del estado y así encontramos la educación para ser un buen ciudadano (487).

Todo ello es parte de la utopía ilustrada en tanto en cuanto trata de hacer permanente el ideal propio interviniendo en las mentes de los educandos y se convierte, pues, en el pilar básico de la construcción de todo su pensamiento. La cuestión es que, aparte de algunos proyectos ilustrados concretos, como los de Olavide en Sevilla, el resto de propuestas son textos de ficción, eminentemente, como el Sinapia, una de aquellas utopías literarias[5]. Es una utopía a la española que no termina de participar del todo en las del resto de Europa, en las que se proponían medidas educativas como el control estatal de la educación, la educación paritaria de la mujer y del hombre, la absoluta movilidad social, la ortodoxia previa en la investigación humanística, los avances en tecnología, etc. Algunos de sus presupuestos, evidentemente loables, quedaban oscurecidos por las pretensiones totalizadoras de dichas utopías.

Sin embargo, la situación actual se mueve en derroteros muy similares. Una crisis intelectual comparable en sus principios a la que se produce en el siglo XVIII está detrás de muchos de nuestros problemas de hoy. Si la modernidad que arranca en el Renacimiento adquiere fórmulas liberales en el XVIII, en nuestro tiempo parece haberse evadido hasta lo que se deno-

---

[5] Entre otras, como *El Evangelio en triunfo*, de Olavide; el *Eusebio*, de Montengón; el *Viaje de un filósofo a Selenópolis, corte desconocida de los habitantes de la tierra*, (1804), etc.

minó (ya pasa por ser una idea algo caduca) posmodernidad.

Las teorías posmodernas también tienen su influencia en la educación. Lo que en el pensamiento ilustrado fue utopía se convierte en los siglos xx y xxi en lo que conocemos como deconstrucción. No seamos inocentes. Los procesos de deconstrucción han afectado, desde a la investigación en los textos literarios e incluso en su misma producción, hasta a los fogones de los restaurantes más prestigiosos del mundo. Pensar que la educación, el pilar de la construcción social y de la ingeniería del pensamiento de todos los siglos posteriores al xvii, iba a quedarse al margen sería de una inocencia rayana en lo infantil.

Pongamos un ejemplo: pedagogías novedosas consideran la educación en derechos humanos, no tanto un punto de partida como un lugar de llegada a algo que no conocemos muy bien, pero que es volátil o plástico, que muda a lo largo de los años pero que no tiene un anclaje sólido en la realidad; algo que nos recuerda, poderosamente, a las fórmulas utópicas ilustradas. La consideración de la sociedad como un sistema de estructuras rígidas que deben ser reformadas en base a metodologías invasivas, llevan a una revisión completa de todo. Para incidir en ello, para la revisión teórica y la intervención social sería preciso también modificar las estructuras educativas. La cuestión de fondo es que estamos tratando de estas nuevas utopías sobre utopías viejas. Cuando se trata de la revisión de estructuras de carácter tradicional, no se habla de fórmulas feudales, sino de la educación derivada del pensamiento del siglo xviii.

A pesar de todo ello, podemos encontrarnos con discursos en los que se pone en cuestión el "sistema tradicional" como fuente de todos los males sociales del momento. Si la tradición ilustrada generaba el necesario y justo derecho a la formación sin discriminación por razón de sexo biológico, para muchos deconstruccionistas contemporáneos, esta premisa es sólo un

"espejismo de igualdad", porque se deja de lado el debate sexo
biológico y género social o cultural, generando un nuevo debate sobre la necesidad de avanzar siempre en pro de una igualdad que siempre está situada más allá de todo derecho, una
igualdad plástica o líquida, por utilizar los términos de Bau-
mann. Para revertir, o, mejor dicho, reconvenir esta situación,
se considera una "cultura de la desigualdad" que implica una
nueva educación tendente al "empoderamiento", no tanto de
las personas como de las ideas. Fernández Enguita ya en 1996,
propugnaba una idea de escuela precisamente basada en estas
estructuras, definiendo la escuela como[6]:

Una institución multifuncional que desempeña distintos cometidos en relación al sistema social global o sus subsistemas
más relevantes. Carece de sentido explicar su existencia, sus
características o sus cambios en virtud de su sola dinámica interna o recurriendo a explicaciones causales unilaterales [...]
sus funciones más importantes se desarrollan en relación con
las esferas del Estado, la economía, el resto de la sociedad civil
y la formación de consenso social en torno al orden global.

Por resumir lo que venimos exponiendo, el pensamiento
pedagógico actual continúa marcado por las mismas señas de
identidad que da lugar a la educación moderna y contemporánea. Y que mantiene las mismas consideraciones utópicas que
dieron lugar a su inicio.

3. ¿Hacia un Sistema Educativo Vertical?

La visión funcional de la educación, la que actualmente prima
sobre cualquier otra consideración, ha desplazado toda estrate-

---

[6] M. FERNÁNDEZ ENGUITA, *La escuela a examen. Un análisis sociológico para
educadores y otras personas interesadas.* Eudema, Madrid 1996, p.27.

gia de conocimiento en aumento de la habilidad. El detrimento permanente del conocimiento tiene que ver con la manera de enfocar la importancia social de la enseñanza. La cuestión es que seguimos viendo en la educación la necesidad de ruptura de clases, de igualitarismo social y de homogeneidad social, cuestiones, a todas luces, necesarias. Pero se ha ido a un paso más allá. En la actualidad, existe una percepción de que la sociedad es fundamentalmente diversa y que hay que aplicar estructuras nuevas para dar cabida a la diversidad estructural que compone una cultura determinada. Hay quien quiere ver en ello un paso decisivo hacia la ingeniería social y hacia la definitiva invasión del Estado a los resquicios que aún quedan de individualidad.

La necesidad de una homogeneidad social es imprescindible en una sociedad democrática que persigue los ideales ilustrados y, en principio, debería basarse en una educación igualmente homogénea. Pero las cosas, hoy, no funcionan de esta manera. Porque la propia necesidad de dar respuesta a las minorías, a los desfavorecidos y a otros colectivos diferenciados implica que la vieja teoría de "enseñar todo a todos" no es válida. Esta teoría, que era ya defendida por Comenio en el siglo XVII y que no fue negada por los ilustrados, también incidía en otros principios eminentemente enciclopedistas: enseñar deleitando, la formación integral de la persona o la practicidad de la enseñanza. Enseñar todo a todos suponía que no existía fórmula alguna de escapar a un único sistema y a una única concepción de educación. Porque, aun buscando el juego en el aprendizaje, el juego es el mismo; modificando metodologías, el método era el mismo para todos. El fin básico es crear iguales, por lo que la diversidad no existiría.

Así que, si hay que centrarse en algún elemento que garantice una homogeneidad bajo una educación diferente, habrá que centrarse en el único recurso que lo facilite, que es la metodología. Nos encontramos, pues, ante la dicotomía de que hay que formar alumnos diversos para un fin homogéneo. En la formación de profesionales de la educación pasa algo parecido. Sales Ciges indica que se debe formar al futuro maestro o profesor para la pluralidad de sus alumnos[7]:

La intención formativa consiste en capacitar para tomar decisiones autónomas, actuar de manera cooperativa en los centros educativos y buscar alternativas a la diversidad de situaciones complejas que son inherentes a la práctica educativa de enseñar. Se trata de formar desde la Universidad al profesorado como profesionales que sean tolerantes, flexibles y capaces de enfrentarse a los retos de una educación pluralista desde el contexto de la escuela como institución democrática y participativa.

Así, siguiendo el hilo de cómo deben ser los alumnos de educación obligatoria, pasamos a cómo debe ser la formación de sus profesores y, como es obvio, cómo deben de estar formados los profesores universitarios, primer o último eslabón de la cadena funcional. Para que esa cadena de transmisión sea eficaz en el niño, el profesor universitario debe participar, pues, activamente en los mismos procesos que se le van a enseñar al niño, o lo que es lo mismo: ha de "pedagogizarse" la Universidad en el sentido etimológico de la palabra[8]:

Nuestra propuesta trata de romper con el concepto tradicional de formación de maestros, centrado en la transmisión académica y unidireccional de conocimientos y vinculado directamente con el estudio de contenidos que conforman las

---

[7] A. Sales Ciges, "La formación inicial del profesorado ante la diversidad", en *Revista interuniversitaria de formación del profesorado* 20 (3), (2006) p. 206.
[8] *Ídem.*

diferentes disciplinas, para dar paso a una formación en la que prime la interpretación, la comprensión y la reflexión crítica sobre esos contenidos. Para darle coherencia a la acción formativa, introducimos en el aula una metodología de carácter eminentemente práctico que desarrolla una serie de actitudes, valores y habilidades en la propia interacción del aula: la cooperación entre iguales estableciendo procesos de comunicación y diálogo para la resolución de conflictos.

La apreciación de que el método tradicional de formación es el centrado en la mera transmisión de conocimientos en forma de contenidos es un mantra que se repite frente a la insistente fórmula de éxito que supone la innovación metodológica que siempre es de carácter "eminentemente práctico". Pero lo que nos parece asombroso es que no se considere la interpretación, comprensión y reflexión crítica como "contenidos", sean procedimentales o conceptuales. Como veníamos diciendo, la metodología es la única fórmula que parece gestionar la diversidad dentro de una homogeneidad como una "cooperación entre iguales".

Parece, pues, interesante comprobar cómo se va configurando la idea de que el sistema docente, al menos en lo que se refiere a la formación del futuro profesorado de enseñanzas obligatorias tiende a una unificación de criterios, a una homologación de sus métodos y prácticas docentes de manera vertical, desde los estudios de primaria a los universitarios. y en este orden ascendente. Se ha sustituido la vieja idea de que los contenidos que habrían de impartirse en primaria y secundaria habrían de estudiarse en la Universidad para ser transmitidos después a los propios alumnos: en la actualidad son los métodos que han de usarse en esas enseñanzas los que han de ponerse en práctica en la Universidad para que sean transmitidos más tarde.

La inflación metodológica no sería de mayor interés si no fuera porque, más allá de ella existen algunas cuestiones que afectan a la propia esencia de la educación. Por ejemplo; aquellos contenidos que se transmiten, no por el propio sistema, sino por elementos que escapan al propio currículo. Un maestro es también un modelo, bien sea de conducta o de lectura o lingüístico. Un niño aprende el léxico de su maestro más allá de lo aprendido en los libros de texto. Y de igual manera, en aquellos centros donde se pretende una transmisión de ciertos valores culturales o espirituales. ¿Cómo puede un centro de confesión católica validar un espacio eminentemente metodológico si el maestro ha de ser responsable de la transmisión de una fe? Pongamos por ejemplo lo que dice la Constitución apostólica *Sapientia Christiana*[9]:

Los profesores principalmente, sobre los que recae una gran responsabilidad, en cuanto que desempeñan un peculiar ministerio de la Palabra de Dios y son maestros de la fe de sus alumnos, sean para éstos y para todos los fieles de Cristo, testigos de la verdad viva del Evangelio y modelos de fidelidad a la Iglesia.

Lo metodológico como hilván de una homogeneidad educativa promueve, bien es cierto, la posibilidad de trabajar lo individual entre lo genérico. Pero también es cierto que excluye de su ámbito de influencia una buena parte de la educación que podríamos integrar en una suerte de currículo oculto y que tiene un interés educativo de primer orden.

4. Sociología de la homogeneidad

Ya explicábamos anteriormente que el propio Comenius y los primeros esbozos de una pedagogía en el siglo XVII advertían

---

[9] Constitución Apostólica *Sapientia Christiana* del Sumo Pontífice JUAN PABLO II sobre las Universidades y Facultades Eclesiásticas. Proemio, IV.

de esa necesidad de homogeneidad[10]. Por tanto, todos los que hemos venido a este mundo, no solo como espectadores, sino también como actores, debemos ser enseñados e instruidos acerca de los fundamentos, razones y fines de las principales cosas que existen y se crean.

"Todos los que hemos venido a este mundo" suponía la universalidad de la educación, pero, además, se advertía de la necesidad de ser educados todos en un mismo sentido: fundamentos, razones y fines. La concepción de la humanidad como globalidad es un sentimiento moderno, obviamente, y que tiene su origen en las cortes modernas del Renacimiento, por más que esto no tenga una consideración teórica efectiva hasta los preludios de la Ilustración y una practicidad en el siglo xx.

Así que la propia necesidad de educación universal tiende a la creación de grupos homogéneos, tendentes a una misma solución educativa, es decir, a un mismo modelo de persona. Sin embargo, lo que aparentemente funcionaba como una solución pedagógica a los problemas sociales termina por ejercer su propio camino inverso.

En todo grupo existen criterios de homogeneización, pero también de diversificación. Cuanto más grande es un grupo, más se crean grupos internos con una coherencia y una homogeneidad propia. Por poner un ejemplo. En los esfuerzos generalizadores de la Unión Europea surgió el problema de la defensa de las unidades culturales territoriales. Frente a la idea de una Europa común también con una identidad propia (ilustrada en su principio y posmoderna hoy, dígase de paso), también se instaló en el colectivo de naciones la idea de la necesidad de defender las culturas propias, instándose a medidas correctivas que garantizasen la pervivencia de estas.

---

[10] J. A. Comenio, *Didactica magna*, Madrid, Porrúa 1997 p. 4.

Estas medidas se pueden llevar a grupos incluso más reducidos. Los propios estados-nación que conforman la Unión mantienen, a su vez, identidades menores, de carácter regional, que buscan unos principios homogéneos de mantenimiento de su cultura o temperamento propio. Es decir: toda tendencia a homogenizar conlleva también una manera destacable de diversificación a su vez integrada de identidad propia.

Si lo llevamos todo al terreno educativo, nos daremos cuenta de que, en la actualidad, los grupos minoritarios tienden a una mayor integración frente a los grupos mayores. Colectivos varios que se autoidentifican y se promueven como fórmulas independientes dentro de un grupo mayor; facciones de alumnos que mantienen una ideología común frente a lo que consideran un sistema global educativo; e incluso previos colectivos de lo que se denominaban discapacitados que formulan claves propias identitarias. Hoy en día toma cada vez más fuerza la idea de que algunos conjuntos que hasta ahora se integraban en la categoría de discapacitados no son tales. ¿Los sordos que utilizan el sistema de signos son un colectivo discapaz o una minoría lingüística? Esto implica tratamientos completamente diferentes en esos ámbitos educativos. ¿Los católicos dentro de un instituto público cómo han de ser considerados? ¿Como un colectivo con una identidad cultural definida o no consideramos la religión como configuradora de un grupo definido?

Siguiendo la definición de Hernández Sánchez y del Olmo Pintado (2004: 2), hemos de entender que la diversidad cultural se configura como un conjunto de estrategias y de comportamientos creados con el fin de que un grupo sobreviva y se perpetúe en el tiempo, así como una manera de autorrepresentación en el grupo mayor. En este sentido, podemos entender que, en las actuales circunstancias educativas en Europa y en nuestro país, al menos en enseñanzas medias, todo intento de homogeneidad es, en la práctica imposible tanto como en el trabajo en el aula como en una perspectiva de futuro, es decir, en forma de "resultados de aprendizaje".

Es obvio que todo intento homogeneizador es, de raíz, injusto. Pero también lo es un tratamiento radicalmente diversificador, en tanto en cuanto los resultados finalistas no fuesen los mismos para todo el grupo. Lo que suele ocurrir en estos casos, es que se crean dos grupos homogéneos por separado: lo que se denomina un grupo de referencia, con similares características en cuanto a edad y nivel académico, y un grupo diverso formado por alumnos que se considera que van a la zaga, inmigrantes, muchos de ellos de bajo nivel académico, alumnos de educación especial o con necesidades educativas especiales y, llegado el caso, hijos de padres itinerantes.

Llegar a contener cada uno de esos pequeños grupos es, en la práctica, casi imposible. Requeriría grupos muy pequeños, profesorado muy preparado en situaciones muy específicas y, lo que es más difícil, el currículo oficial debería de ser mucho más flexible. Nos enfrentamos, pues, a lo que Mandfred Steger denominó un proceso de McDonaldización, y que explicaba de esta manera: «en el largo plazo, la McDonalización del mundo equivale a la imposición de estándares uniformes que eclipsan la creatividad humana y deshumanizan las relaciones sociales»[11].

Y el problema de fondo es que, tanto en el mundo cultural como en el educativo no puede haber entendimiento posible entre partes o grupos si no se considera que existe una pertenencia cultural, sentimiento de apego a ese grupo. Y una de las

---

[11] M. STEGER, *Globalization: A Very Short Introduction* Oxford University Press, 2003 p. 71.

cuestiones que más influye en los conflictos educativos es haber desligado la concepción de educación de su pertenencia cultural. La educación forma parte integrante de la cultura de un determinado país o colectivo, si no es la base de la cultura misma. Si la desligamos de esa premisa, la educación se convierte en lo que se avanzaba anteriormente: «una institución multifuncional que desempeña distintos cometidos en relación al sistema social global o sus subsistemas más relevantes»[12], según apuntaba Fernández Enguita.

Privar a la educación de su situación privilegiada en la cultura supone privar a una sociedad de la institucionalización social y la pervivencia en el tiempo de su homogeneidad como grupo cultural. Y es por ello por lo que la idea tradicional de que la educación es, básicamente una transmisión diacrónica de conocimientos que una sociedad considera importantes para su supervivencia ha caído en desuso. Cuestiones importantísimas en educación que tradicionalmente tenían una altísima trascendencia hoy son cuestionables. Nos referimos a valores tan importantes como el arraigo y la sensación de pertenencia que se terminan por buscar en subgrupos operativos dentro de cada grupo mayor.

Pero algo similar es trasladable a la Universidad, máxime cuando se están proponiendo esos mismos cambios que hemos visto para las enseñanzas medias. La Universidad aún tiene la consideración de institución cultural y de transmisión de saberes. Además, es imprescindible que esos saberes se transmitan porque el mercado laboral necesita profesionales preparados en ciertas habilidades. No existe la percepción en la actualidad de que los estudios universitarios se vayan a extraer de su importancia de transmisión cultural en un engranaje so-

---

[12] Op. Cit. p. 27.

cial. Sin embargo, es de destacar cómo existen ciertos procesos que tienden a uniformar procesos puramente educativos, es decir, a que el proceso docente se centre en metodologías innovadoras.

La idea es que todo profesor debe ser, al igual que en las enseñanzas medias, innovador metodológicamente. No vamos a negar que, en muchos casos, esta necesidad es apremiante. La cuestión no es esa. El problema es que toda consideración de innovación educativa incide inmediatamente en la idea que se tiene de educación tradicional. No hay mayor pecado en educación que ser tradicional. Los alumnos de los másteres de educación, de los grados de educación usan indefectiblemente el término tradicional como algo connotado de forma muy negativa, como si todo profesor tradicional fuese un mal profesor. En esta idea entra todo aquello que conlleva la educación tradicional, díganse clases magistrales o evaluación con examen tradicional.

Toda incidencia que sitúa lo metodológico innovador en la parte más alta de lo educativo tiende necesariamente a la reducción de saberes conceptuales. Por otro lado, estas metodologías tienen un carácter eminentemente colectivo, por lo que el papel del profesor termina por ser el de un conductor o mediador, facilitador, guía, etc. Es posible que el profesorado universitario necesite integrar funciones tales. Sin embargo estas cuestiones abren un debate, por otra parte y como hemos visto ya, muy antiguo que es el de innovación / tradición, algo, a nuestro modo de ver, inútil porque se está considerando la educación tradicional, no como una idea educativa, sino como una metodología más y la educación tradicional no es una metodología. Lo contrario de la innovación no es la tradición, sino la antigüedad y a lo antiguo no se le puede poner coto, porque tan antiguo es lo medieval como lo ilustrado. Pongamos un ejemplo en el acertado trabajo de Rodríguez Cavazos, que aporta una visión también generalizada[13]:

Los contenidos de enseñanza constituyen los conocimientos y valores acumulados por la humanidad y transmitidos por el maestro como verdades absolutas desvinculadas del contexto social e histórico en el que vive el alumno. El método de enseñanza es eminentemente expositivo, la evaluación del aprendizaje es reproductiva, centrada en la calificación del resultado, la relación profesor-alumno es autoritaria, se fundamenta en la concepción del alumno como receptor de información, como objeto del conocimiento.

La Universidad mantendría aún esa formulación en gran medida porque algunas de sus propuestas son necesarias para garantizar que los profesionales que egresan de sus aulas aporten al mercado laboral unos conocimientos aprendidos. Pero hay más: eliminar el concepto de conocimiento, saber y formación es, sencillamente, imposible.

A pesar de todo ello, la tendencia apunta a que el profesor se vaya convirtiendo cada vez más, en el modelo que se viene trabajando en las enseñanzas medias. ¿Cómo se está llevando a cabo? Básicamente mediante las propuestas evaluativas.

En base a garantizar la enseñanza igualitaria para todos los alumnos (ya hemos hablado de ello más arriba) se tiende a una educación competencial, algo que pude parecer necesario. En principio, y para ello, el profesor no puede, únicamente, trabajar desde la clase magistral, debe convertirse en un profesor innovador. Sin embargo, es preciso que se mantengan ciertos principios tradicionales en la Universidad porque el profesor ha de ser, además, investigador, o lo que es lo mismo, conver-

---

[13] J. RODRÍGUEZ CAVAZOS, "Una mirada a la pedagogía tradicional y humanista", en *Presencia Universitaria*, 3 (5), (2013) p. 39.

tirse en un experto en la materia que imparte y que le permite transmitir sus saberes desde la perspectiva de autoridad en la materia. Ambas cuestiones no son antagónicas, pero no se puede prescindir de ninguna de ambas.

A pesar de ello los planes de evaluación de la práctica totalidad de programas evaluativos universitarios incluyen como mérito fundamental la innovación, lo que conlleva que todo profesor que desee una buena calificación en el programa debe convertirse en un profesor innovador. O lo que es lo mismo, se propende a la homologación de todo el profesorado, no en función de las competencias que imparte, menos aún de los saberes y contenidos, sino en su metodología activa en las aulas. Lo exponía la anterior directora de ANECA en la prensa[14]: «Es negativo que las agencias autonómicas sean las que evalúen a los profesores: no habrá homogeneidad». La cuestión es si la evaluación con criterios comunes crea profesores idénticos. Quizá no sea del todo cierto, pero también es verdad que tender a una homogeneidad en el profesorado universitario no sea lo más recomendable. Toda homogeneidad en educación universitaria debe pasar por el tratamiento igualitario al alumnado y por la igualdad de oportunidades. Pero también es cierto que toda Universidad debería tener la ocasión de elegir su propio modelo de profesorado en base a sus criterios educativos y de enseñanza. Entre otras cosas porque los modelos sociales a los que va dirigida son grupos independientes y no homogéneos en la sociedad. Y porque toda Universidad debe tender también a un modelo de alumno que sea garantizado por la sociedad.

---

[14] Puede leerse en la edición digital de *El Mundo* de 21 de febrero 2023.

5. Bibliografía

Comenio, J.A., *Didactica magna*. Porrúa, Madrid 1997.

Domínguez Lázaro, M., "La educación durante la ilustración española", en *Norba, Revista de historia* 10, (1990) pp. 173-186.

Fernández Enguita, M., *La escuela a examen. Un análisis sociológico para educadores y otras personas interesadas*. Eudema, Madrid 1996.

Hernández Sánchez, C., y del M. Olmo Pintado, (2004) "Diversidad cultural y educación. La perspectiva antropológica en el análisis del contexto escolar", en M. I. Vera Muñoz y D. Pérez i Pérez, *Formación de la ciudadanía: las tics y los nuevos problemas*, AUPDCS, Alicante, 2004 pp 1-13.

Ordine, N., *Clásicos para la vida. Una pequeña biblioteca ideal*. Barcelona, Acantilado 2017.

Rodríguez Cavazos, J., "Una mirada a la pedagogía tradicional y humanista", en *Presencia Universitaria*, 3 (5), (2013) pp. 36-45.

Sales Ciges, A., "La formación inicial del profesorado ante la diversidad", en *Revista interuniversitaria de formación del profesorado* 20 (3), (2006) pp. 201- 217

Steger, M., *Globalization: A Very Short Introduction* Oxford University Press, 2003.

Vico Monteoliva, M., "Utopía, educación e ilustración en España", en *Revista de Educación*, Número extraordinario, (1998) pp. 479-511.

CAPÍTULO 7. LA ALIANZA ENTRE FILOSOFÍA Y CINE PARA LA UNIVERSIDAD QUE NECESITAMOS

José Alfredo Peris Cancio
Profesor Titular de Filosofía del Derecho
Exrector de la Universidad Católica
de Valencia San Vicente Mártir

Sumario

1. Introducción: el sentido del presente escrito. 2. El lugar de la relación entre filosofía y cine. *2.1 Las aportaciones de algunos filósofos que han cultivado la reflexión sobre el cine. 2.2 La necesidad de diferenciar conceptualmente el cine del audiovisual desde una perspectiva histórica.* 3. La necesidad de educar la mirada. 4. La conveniencia de un cierto canon cinematográfico con una idea elevada del cine. 5.Cuando el cine se compromete con la dignidad de la persona. 6. Los directores del personalismo fílmico. 7. La alianza entre filosofía y cine en el personalismo fílmico. 8.Conclusión: el trabajo entre filosofía y cine. 9. Bibliografía.

1. Introducción: el sentido del presente escrito

Cuando nos queremos plantear el futuro de la universidad, o más precisamente de la universidad que queremos, es posible que la alusión a alianza entre filosofía y cine pueda resultar para algunos un tanto desconcertante. ¿Cómo algo tan declaradamente esforzado e intelectual como la filosofía puede buscar algo relevante en algo que es habitualmente un entretenimiento como el cine? ¿Y cómo se puede pretender que una alianza tan incierta pueda suministrar algo constructivo para la misión propia de la Universidad?

No es descabellado pensar que las contribuciones de filósofos[1] de la talla de Stanley Cavell[2], Gilles Deleuze[3], Alain

---

[1] Un panorama bastante completo de la filosofía del cine en la actualidad lo podemos encontrar en la siguiente monografía: H. MUÑOZ-FERNÁNDEZ, *Filosofía y cine. Filosofía sobre cine y cine como filosofía*, Prensas de la Universidad de Zaragoza, Zaragoza 2020.

[2] Sobre Stanley Cavell las referencias esenciales son las siguientes, sin entrar en la bibliografía secundaria: S. CAVELL, *The World Viewed. Reflections on the Ontology of Film. Enlarged edition.* Harvard University Press, Cambridge, Massachusetts / London, England 1979: [*El mundo visto. Reflexiones sobre la ontología del cine.* Universidad de Córdoba, Córdoba 2017]; *Pursuits of Happiness. The Hollywood Comedy of Remarriage.* Harvard University Press, Cambridge Massachussets 1981. [*La búsqueda de la felicidad. La comedia de enredo matrimonial en Hollywood,* Paidós-Ibérica, Barcelona 1999]; *Contesting Tears. The Hollywood Melodrama of the Unknown Woman.* The University of Chicago Press, Chicago 1996; [*Más allá de las lágrimas.* Machadolibros, Boadilla del Monte, Madrid, 2009]; *Cities of Words: Pedagogical Letters on a Register of the Moral Life.* Harvard University Press, Cambridge, Massachusetts; London, England 2004 [*Ciudades de palabras. Cartas pedagógicas sobre un registro de la vida moral,* PRE-TEXTOS, Valencia 2007]; *Philosophy the Day after Tomorrow,* The Belknap Press of Harvard University Press, Harvard MA. 2005. [*La filosofía pasado el mañana.* Ediciones Alpha Decay, Barcelona 2014].

[3] Con respecto a Gilles Deleuze, sin entrar tampoco en obras que interpretan su planteamientos cinemáticos, las referenciales esenciales son: G. DELEUZE, *La imagen-movimiento. Estudios sobre cine 1.* Paidós, Barcelona, Buenos Aires, México 1984; *La imagen-tiempo. Estudios sobre cine 2.* Paidós, Barcelona, Buenos Aires, México 1985; *Cine I. Bergson y las imágenes.* Buenos Aires: Cactus, Buenos Aires,20173 ; *Cine II. Los signos del movimiento y el tiempo.* Cactus, Buenos Aires 20182; *Cine III. Verdad y tiempo. Potencias de lo falso.*

Badiou[4], Jean Rancière[5], Robert B. Pippin[6], por señalar algunos insignes dentro del panorama internacional, o entre nosotros, Julián Marías[7] o Eugenio Trías[8], puedan suministrar

---

Cactus, Buenos Aires 2018; *Cine IV. Las imágenes del pensamiento. Automatismo, semiótica y acto de fabulación*. Cactus, Buenos Aires 2023.

[4] Igualmente en lo relativo a Alain Badiou, destacamos estas contribuciones suyas: A.BADIOU, "El cine como experimentación filosófica". En G. YOEL, *Pensar el cine 1: imagen, ética y filosofía* (págs. 23-82). Ediciones Manantial, Buenos Aires 2004; *Imágenes y palabras. Escritos sobre cine y teatro*. Ediciones Manantial, Buenos Aires 2005; *Cinema. Texts selected and introduced by Antoine de Baecque,* Polity Press, Cambridge, UK; Malden, MA, 2013.

[5] Representan de modo adecuado el pensamiento de Jacques Rancière sobre el cine, al menos las siguientes obras. J. RANCIÈRE, *La fábula cinematográfica. Reflexiones sobre la ficción en el cine*. Paidós Barcelona 2005; *Las distancias del cine*. Ellago Ediciones S.L., Pontevedra 2012; "A Child Kills Himself" en *Diagonal Thoughts. Some notes on seeing and being, sound and image, media and memory*, (2019) pp. 1-19, en https://www.diagonalthoughts. com/?p=1554; *Tiempos Modernos. Ensayos sobre temporalidad en el arte y la política*. Shangrila, Santander 2018.

[6] En una línea próxima a la pensamiento fílmico de Stanley Cavell encontramos a Robert Buford Pippin, cuyas obras mayores son la siguiente: R. B. PIPPIN, *Hollywood Westerns and America Myth. The Importance of Howard Hawks and John Ford for Political Phisolophy*. Yale University Press, New Haven, London 2010; *Fatalism in American Film Noir. Some Cinematic Philosophy*. Virginia University Press, Charlottesville; London 2012; *The Philosophical Hitchcock. Vertigo and The Anxieties of Unknowingness*. University of Chicago Press, Chicago 2017 [*Hitchcock Filósofo*. UCO Press, Córdoba 2018]; *Filmed Thought: Cinema as Reflective Form*. University of Chicago Press. Chicago 2020.

[7] J. MARÍAS. *Introducción a la filosofía*. Revista de Occidente, Madrid 1947; *La imagen de la vida humana*, Emecé Editores, Buenos Aires 1955; *La educación sentimental*. Círculo de Lectores, Madrid 1992; . "Discurso del Académico electo D. Julián Marías, leído en el acto de su recepción pública el día 16 de diciembre de 1990 en la Real Academia de Bellas Artes de San Fernando". *Scio, Revista de Filosofía, n. 13* (2017), 257-268.

[8] E. TRÍAS, *Vértigo y pasión. Un ensayo sobre la película Vértigo de Alfred Hitchcock*. Taurus, Madrid, 1988; *De cine. Aventuras y extravíos*. Galaxia Gutenberg; Madrid, 2013.

indicaciones suficientes como para poder mirar con respeto esa alianza entre filosofía y cine para afrontar el futuro de la universidad.

2. El lugar de la relación entre filosofía y cine

2.1. Aportaciones de algunos filósofos que han cultivado la reflexión sobre el cine

Vamos a dar alguna indicación de lo que cada uno de esos planteamientos supone y, sobre todo, nos han aportado a nuestra investigación. El filósofo norteamericano de origen judío Stanley Cavell (1926-2018) suministra elementos clave para entender la filosofía del cine. Reconoce en su propia biografía la importancia que ha tenido ver películas semanalmente a lo largo de su juventud y de sus años de formación. Su filosofía, en la senda de Emerson y Thoreau, y de J.L. Austin y el segundo Wittgenstein ha prestado cada vez más atención a la propia experiencia y al lenguaje ordinario. Y en ese planteamiento los filmes ocupan un lugar estratégico porque ayudan a reflexionar superando el escepticismo acerca de que podamos conocer el mundo.

No sólo eso, sino que sus análisis de películas concretas le permiten desarrollar por qué es tan importante la relacionalidad entre varón y mujer, su compromiso en libertad y en mutua educación, no como una necesidad social o económica de la mujer, sino como un encuentro de libertades.

A nuestro juicio la aportación de Cavell marca un antes y un después dentro del modo de enfocar la filosofía del cine, pues no subordina la interpretación del cine a una teoría fílmica, es decir, a una ciencia intermedia que quiera hacer de las películas una explicitación de determinados conceptos previos, provengan estos del psicoanálisis, el feminismo, la lingüística, la dialéctica materialista, la ideología de género o similares.

E igualmente, como subraya su discípulo William Rothman[9], Cavell ha favorecido que el estudioso del cine desde la filosofía no tenga que renunciar a su condición de cinéfilo, y encuentre en las películas que siempre ha amado algo más que una distracción . Para Cavell el cine parece estar hecho para la filosofía, para que esta pueda actualizar su vocación original de plantear aquellas preguntas que las personas no podemos dejar de plantearnos, aunque resulte arduo el llegar a responderlas.

Robert Buford Pippin (n. 1945) en muchos sentidos continúa la pretensión de Stanley Cavell. Si bien su interés filosófico se encuentra en mostrar la actualidad de la comprensión de la filosofía del arte en Hegel, su análisis de las películas (en un primer momento de diversos géneros clásicos de Hollywood – el western, el cine negro o el melodrama–, pero también del cine europeo –los hermanos Dardenne o Pedro Almodóvar, por ejemplo–) muestra que las película son formas de reflexivas pensamiento[10], ocupan un papel propio e ineludible para complementar la filosofía teorética.

En el ámbito europeo la aportación de Gilles Deleuze (1925-1995) ha resultado determinante a la hora de realizar una filosofía del cine. Incluso en nuestro caso hemos de reconocer que

---

[9] W. ROTHMAN, "La unión del cine y la filosofía en el pensamiento de Stanley Cavell", *Binaria: Revista de comunicación, cultura y tecnología*, pp. 60-77,(20023) [versión electrónica. Disponible:
https://abacus.universidadeuropea.com/bitstream/handle/11268/2843/rothman_espanol.pdf?sequence=1

[10] J.-A. PERIS-CANCIO, "Las películas en sí me parecen formas reflexivas de pensamiento. Entrevista a Robert B. Pippin." *Web de Investigaciones Filosóficas José Sanmartín Esplugues*, Valencia 2018.
Obtenido de https://proyectoscio.ucv.es/articulos-filosoficos/peliculas-formas-reflexivas-de-pensamiento/

la elaboración de conceptos que ayuden a reflexionar sobre el cine puede encontrarse detrás de nuestra noción de personalismo fílmico, pues es algo que hacen los directores de cine, sin que expresamente lo aludan. Porque Deleuze considera que lo propio del filósofo es la creación de conceptos, mientras que a los cineastas lo que les incumbe es la creación de imágenes. Basándose en los estudios de Henri Bergson sobre el tiempo y de Charles Sanders Peirce sobre los signos, Deleuze buscan en las películas conceptos que van a renovar el imaginario de la filosofía del siglo xx.

Podemos considerar, por tanto, que su filosofía utiliza el cine, se sirve de él, para desarrollar sus propias construcciones. Pero sería una precipitación. Los análisis de las películas que el filósofo francés realza muestran un inequívoco amor por el cine. La incorporación de conceptos que proceden de él, lejos de instrumentalizar las películas muestran la relevancia cultural que merecen.

Sin la contribución de Deleuze no se puede entender la que a su vez realizan Alain Badiou (n. 1937) o Jacques Rancière (n. 1940), si bien cada una de ellas se desarrolla desde sus propias coordenadas filosóficas. En Badiou las películas realizan un arte que arranca de materiales impuros y consigue su elevación como tal. No siempre ni en todas las películas, e incluso ni en todo su desarrollo. Pero con frecuencia son capaces de extraer el auténtico milagro de lo humano, que la cámara capta casi como una sorpresa. Como ejemplo destacado de ese logro, Badiou señala el final de la película de Rossellini, *Viaggio in Italia* (*Te querré siempre,* 1954).[11]

Por su parte, Rancière pone el acento en que esa condición del cine de arte popular, de masas o democrático, lo libera de

---

[11] A. BADIOU, "El cine como experimentación filosófica", op. cit., pp. 41-42.

ser un producto cultural que necesariamente se ponga al servicio del poder establecido. Pone su mirada en obras representativas de algunos cineastas como los franceses Jean-Marie Straub (1933 -2022) y su esposa Danièle Huillet (1936- 2006), o el portugués Pedro Costa (n. 1959), y su capacidad de recoger sin intereses sociológicos la vida de los más desfavorecidos.

De los filósofos españoles citados, la influencia mayor la hemos recibido de Julián Marías (1914-2005) por su pretensión de realizar a partir de los estudios de las películas una auténtica antropología cinematográfica que relata la vida humana. El personalismo fílmico tiene aquí sus raíces, pero le añade la pretensión de encontrar en la filmografía de algunos directores no ya una un reflejo de la vida humana, sino una deliberada propuesta de poner en la pantalla loque hay de ennoblecedor en la viuda de las personas comunes.

Eugenio Trías (1942-2013) con sus escritos sobre cine nos afianzó en el sentido de esta propuesta en la medida en que un recorrido amplio –nosotros pretendemos que sea longitudinal– por la filmografía de los autores ayuda sustancialmente a captar su sentido, la coherencia con la que son expuestos sus temas.

No son más que un elenco significativo, en modo alguno exhaustivo. Pero queremos insistir que en todos ellos se muestra que es perfectamente conjugable un rigor filosófico con el aprecio de lo que muchas películas aportan a la sensibilidad del estudioso de la filosofía.

Particularmente gratas nos han sido las premisas de Stanley Cavell y de Julián Marías que nos han permitido reconocer abiertamente que el cine que con más frecuencia nos ha invitado a la reflexión no ha venido precedido no por los ribetes de la provocación, la contraposición o la amargura. Más bien al contrario: son la amabilidad, apacibilidad y sonrisa las tiene que ver con ese cine que amamos y que nos invita a visitarlo

con agrado, como el que frecuenta a un amigo en el que confía. Se trata de "ese espíritu de la comedia" del que hablaba
Mitchell Leisen (1898-1972), y que tan insuperablemente junto
a él cultivaron los oscarizados Leo McCarey (1898-1969) y
Frank Capra (1897-1991), entre otros. Es decir, creemos que esa
forma de ver el cine que buscaba suscitar las fibras más sensibles del corazón humano[12] es que plenamente justifica que se
le pueda dar cabida al séptimo arte en los currículos complementarios de los estudiantes universitarios. Si no se incorpora,
podemos perder una oportunidad verdaderamente decisiva
para educar a las personas de los estudiantes en su integridad.

Resulta necesario justificar esta toma de postura, que a lo
mejor algunos pudieran ya asentir de manera intuitiva, pero no
lo podemos presumir de todos los lectores. La pregunta que
nos estamos planteando es si en esa universidad que necesitamos, que de una manera debe incluir cultura e investigación,
puede tener un lugar el cine.

2.2. La necesidad de diferenciar conceptualmente el cine del audiovisual desde una perspectiva histórica

Y aquí hemos de realizar una delimitación conceptual. Si por
cine entendemos de una manera amplia el audiovisual, la respuesta es obvia: sí y no puede ser de otra manera, porque está
omnipresente en nuestra cultura. Bastaría con recordar que la
conferencia que ha estado en el origen de esta contribución fue
transmitida en *streaming*, por lo que para todos los que estu-

---

[12] La afectividad tierna, a la que se refería Dietrich von Hildebrand, diferen-
ciándola de la afectividad enérgica, propia de planteamientos que la subordi-
nan al ejercicio del poder y de la voluntad, tan del gusto de los regímenes
totalitarios. Cf. D. HILDEBRAND, *The Heart. An Analysis of Human and Divine
Affectivity,* St. Augustine Press, South Bend, Indiana 2007 pp. 41-48. [*El corazón*. Palabra, Madrid 1996, pp. 91-102.]

vieron más allá de la sala en modo presencial fue un espectáculo audiovisual. Y si asistimos a lo que hoy se expone en las
aulas, la presencia de estos medios es tan extendida como re-
clamada por los estudiantes, y en muchos casos por los propios
docentes.

Es por tanto una obviedad que hoy no sólo se escribe con
palabras tecleadas en un ordenador sino con textos audiovisuales y si la conferencia sólo tratase sobre este sentido de la palabra cine se podría acabar abruptamente del siguiente modo:
"Sí, señoras y señores, no desdeñen de los medios audiovisuales en la Universidad. Fin de la conferencia, buenas tardes."

Pero no se inquieten ahora, como recomendaba que no lo
hiciesen en la conferencia: no es esta la delimitación conceptual que conllevaría una intervención tan liliputiense, por seguir ahora la imagen de Jonathan Swift, también llevada muchas veces a la pantalla. La delimitación que propongo es otra.
Y tiene que ver con precisar mejor lo que se entiende por el
segundo término del título de la conferencia, por "cine". Vamos
a dar un pequeño rodeo histórico.

Desde que se descubrió la técnica cinematográfica, es decir,
un hombre, una cámara filmando, una película de celuloide y
luego la exposición en la pantalla de los sombras de los filmado, se abrió ante los hombres de aquellos tiempos una doble
posibilidad. Sólo filmar la realidad tal cual aparecía (lo que con
el tiempo llamaríamos documentales, algo hacia los que se in-
clinaron los hermanos Lumière aunque sólo en un primer momento) o contar historias con la cámara, hacia lo que optó el
ilusionista Georges Méliès, y tras él otros directores como Alice
Guy, el propio Louis Lumière, Alfred Clark, William Kenny Dic-
kson o William Heise

Una encrucijada que fue decisiva y no sólo para lo que
pronto se designaría como séptimo arte. Por un lado, la proyec-

ción en la pantalla era un logro que superaba lo coOnseguido por artilugios como el zoopraxiscopio de Edward James Muggeridge en 1879, perfeccionado por Thomas Alba Edison posteriormente. Era lógico que un avance de este tipo se presentara como suficiente para justificar su exhibición.

Pero, por otro lado, si el cine sólo hubiese querido registrar la realidad tal y como la cuentan las imágenes, lo hubiese podido hacer, pero a precio de haber desperdiciado uno de sus poderes. Más que reproducir realidad a través de lo que se ha filmado, como si se tratara de una copia perfecta, es más exacto reconocer que siempre se narra. Es decir, que indefectiblemente se dispone y construye lo que se ha visto, puesto que la realidad que se hace presente ya no es en las imágenes como era en el momento de ser filmado. Como pasa con las fotografías. Un hecho que indudable produce nostalgia, como cuando vemos las fotos de nuestros familiares y amigos a los que amamos y que ya no están con nosotros nos genera con prontitud la melancolía de reconsiderar que antes estaban con nosotros en nuestro mundo y ahora no. Que podamos saber o esperar que gozan de una vida más plena y mejor no impide que experimentemos el desgarro de su ausencia.

Por eso fue una genialidad creciente por parte de los primeros cineastas que en lugar de exhibir como artefacto de feria las potencialidades del cine como presunto reproductor fiel de la realidad–esa deliciosa anécdota tan repetida acerca de lo espectadores corriendo despavoridos al creer que el tren en la pantalla les iba a pillar–, empezaran a contar historias que se pudieran seguir como narraciones, trasladando a la pantalla recursos del teatro o de las formas más populares del espectáculo como el vodevil.

Se abrieron entonces posibilidades desconocidas en un nuevo modo de narrar, como no se conocían en esas artes que en principio se querían trasladar a las pantallas. Pongamos un ejemplo sencillo, la presencia de animales en el teatro, el circo o el vodevil es muy limitada. A veces simulada con disfraces, otras exhibiendo números de amaestramiento. El cine permitía que perros, gatos, caballos... pudieran aparecer en la pantalla tal cual son, interactuando con los personajes humanos.

En poco años el cine consiguió una popularidad extraordinaria, lo sabemos bien, de la mano de cómicos como Chaplin, Buster Keaton, Harold Lloyd, Harry Langdon, Charley Chase, Max Davidson, Laurel y Hardy (que hasta llegaro0n a tener un remedo femenino con Marion Byron y Anita Garvin)... Especialmente Chaplin llegó a ser un fenómeno universal —su cine mudo y gestual no conocía fronteras— y lo era porque su personaje, el vagabundo que en España llamábamos Charlot, era la imagen de que frente a la soberbia de un mundo tecnológico, los pequeños siempre encontrarían su lugar si la empatía, el ponerse en lugar del otro y el actuar en consecuencia se imitaba casi de manera natural después de reírse con libertad viendo una película suya.

Lo que buscamos señalar con esta larga parábola es que el cine tal y como quiero delimitarlo no puede Identificarse estrictamente con el audiovisual, con la proyección de imágenes por medio de tecnologías cada vez más y mejor desarrolladas, sino que hemos de precisar las pretensiones estéticas que le permitieron ser un arte de masas, o, como prefiere señalar Stanley Cavell o Alain Badiou un arte democrático.

Y ahí entra la filosofía, o mejor, el lugar de la alianza entre filosofía y cine. Porque como señalan autores como Stanley Cavell o entre nosotros Julián Marías, el cine es capaz de desarrollar una filosofía o una prefilosofía, que prefería matizar Julián Marías. Pero antes de explicar esto con más cuidado señalemos su importancia. De la misma manera que todos podemos leer mecánicamente un texto filosófico, literario o poético... y no tener con él un buen encuentro – entendiendo esta expresión como no haberse hecho cargo bien de lo que se nos estaba contando– de la misma manera podemos ver algo de modo audiovisual, y no entender, no tener ese buen encuentro.

La alianza entre filosofía y cine permite, por tanto, no ceder todo el crédito al cine por lo que tiene de tecnología, y sí evaluarlo por los mensajes que ha sido capaz de transmitir.

3. La necesidad de educar la mirada

Volvamos a la imagen del buen encuentro con una película porque es necesario señalar una diferencia que se revela sustancial. Así como los textos filosóficos, literarios o poéticos nos ofrecen, por lo general, respeto, y algo de nosotros nos dice que no estamos a la altura si no los leemos con cuidado, con frecuencia no acontece esto mismo con el cine. Creemos que es señalar una experiencia muy extendida si apuntamos que como es un arte amable y que nos entretiene, con frecuencia no le prestamos suficiente atención. No esperamos que haya nada que aprender de la pantalla.

Y sin embargo muchas veces, y es una experiencia que igualmente podemos avalar con nuestro estudio[13] nos perdemos auténticos tesoros de pensamiento reflexivo si no estamos dispuestos a reconocer, por emplear la expresión de Stanley Cavell, toda la inteligencia con la que están hechas las películas. Basta con que se tenga una conversación con un director de cine para que todo aquello que puede parecer improvisado, trivial o causal se descubra como es hijo de una elaboración

---

[13] En un primer momento presentado en la Red de investigaciones filosóficas José Sanmartín Esplugues, https://proyectoscio.ucv.es/

cuidada en la que intervienen múltiples agentes... en la que, por supuesto, no dejan de integrarse aspectos no previstos. Una película es el resultado de semanas o meses de convivencia de un amplio grupo humano, liderado por un director, en el que conviven actrices, actores y toda una larga lista de personal técnico auxiliar necesario, sin olvidar la muy relevante aunque por lo general intermitente aparición de los guionistas.

Pero existe otra diferencia que hay que destacar. Así como grandes obras filosóficas, literarias, o poéticas no dependen de tener un gran número de lectores, sino uno reducido pero selecto de expertos –perdonen el ejemplo, nadie valoraría la Crítica de la Razón Pura por el número de sus lectores, sino por el número escogidos de sus buenos lectores– el cine depende de sus espectadores, prácticamente de manera cuantitativa. A más venta de entradas, mejor película.

¿Eso es bueno o es malo? Permítanme no responder todavía. Es bien sabido que en Europa ese criterio se suele considerar algo negativo, y por lo general se busca un cine que aunque sea minoritario pueda sostenerse con las ayudas estatales. Creen que con eso se preserva la pureza de su arte. Lo cual fácilmente recibe las observaciones críticas de quienes consideran que un arte así acaba indefectiblemente sirviendo al gobierno o la administración de turno. En cambio se suele atribuir a Estados Unidos que haya hecho del cine un negocio y eso se le haya quitado gran parte de su fiabilidad.

Julián Marías sostuvo siempre que la vitalidad del cine venía de que fuera sin disociarse al mismo tiempo entretenimiento, arte e industria[14]. Y no iba desencaminado. Del mismo modo

---

[14] A lo largo de las obras ya señaladas, pero de un modo sintético en el "Discurso del Académico electo D. Julián Marías, leído en el acto de su recepción pública el día 16 de diciembre de 1990 en la Real Academia de Bellas Artes de San Fernando", op. cit.

Stanley Cavell comenzó a desarrollar sus primeros ensayos en los que realizaba lecturas fílmicas con películas que no eran para nada de arte y ensayo, sino comedias que habían entusiasmado en el momento de su estreno, como las comedías de renovación matrimonial[15] o los melodramas[16] que en principio se hacían para que las mujeres "pudiesen llorar y compadecerse de sí mismas".

En Europa, críticos como André Bazin[17] esperaban del cine un momento de mayor madurez artística, en el que los directores fueran verdaderos autores, que se expresaran a través de la película con total creatividad personal. Las experiencias penetrantes del cine del neorrealismo italiano habían permitido encumbrar a Roberto Rossellini, Vittorio de Sica o Luchino Visconti, entre otros, como auténticos maestros de un nuevo arte. Las revistas de cine, como los *Cahiers de cinéma*, deberían concebirse como los aliados de este otro modo de hacer cine. La *Nouvelle Vague*, la Nueva Ola había nacido. El desarrollo de estas premisas trajo consigo que el cine recorriera el mismo camino que el arte moderno, y el buen catador de cine parecía que ya tenía que ser ante todo un especialista. Eran los años en los que proliferaron los cine clubs.

El gran teorizador de este nuevo modo de hacer el cine fue, como ya hemos anticipado, Gilles Deleuze. El cine había aprendido a pasar de jugar sólo con el movimiento a hacerlo también con el tiempo. El director comenzaba a tener conciencia de que ponía en marcha un relato que funcionaba por él mismo. Lo expresó, con unas bellas palabras recogidas por Dominique Chateau, el director de cine francés Jean-Luc Godard (1930-

---

[15] *Pursuits of Happiness. The Hollywood Comedy of Remarriage,* op. cit.
[16] *Contesting Tears. The Hollywood Melodrama of the Unknown Woman,* op. cit.
[17] A. BAZIN, *¿Qué es el cine?,* Rialp, Madrid 1966.

2022): "Es el filme el que piensa, yo no tengo que pensar. Soy testigo de este pensamiento"[18]

Hemos visto que Deleuze aspiraba a que la filosofía solo diera cuenta de los conceptos que los cineastas creaban, pero dejando bien claro a continuación que los directores de cine no necesitaban para nada la filosofía en su cometido creativo. Filosofía y cine formaban, por tanto, dos mundos paralelos. Sin embargo, ese espacio de reflexión intelectual sobre las películas que Deleuze había querido diferenciar, para muchos se tenía que cubrir, y durante esos años habían surgido diversas teorías fílmicas (sociológicas, estructuralistas, psicoanalíticas, marxistas, feministas, queer...) que explicaban las películas desde sus propios principios epistemológicos, empleando con frecuencia ese giro lingüístico tan arriesgado: "cuando usted ve está película, lo que en realidad debería ver...". Y a continuación se vertían los conceptos propios de esas teorías, fueran más o menos fieles a lo que se veía en pantalla. La postura de Deleuze, como la de Cavell, parecía estar reivindicando un espacio propio pata la alianza entre filosofía y cine.

Teniendo presentes estos breves trazos, ahora sí podemos retomar la pregunta acerca de lo que permie considerar el cine de la manera más adecuada y contestarla en términos por el momento sólo parciales. Porque para saber si es mejor que el cine sea un arte multitudinario o un arte de expertos creemos que hace falta apelar al nivel más amplio de reflexión que se espera del propiamente filosófico.

Y desde ahí filósofos como Marías o Cavell, como ya hemos señalado, invitarían a estudiar el cine no desde la perspectiva del teórico o del ideólogo que acude a la gran pantalla para

---

[18] D. CHATEAU, *Cine y Filosofía*. Colihué, Buenos Aires, 2005, p. 34. Godard lo refiere concretamente a su película *Soigne ta droite* (Cubre tu derecha. Un lugar sobre la tierra, 1987).

confirmar sus tesis, sino desde la perspectiva del cinéfilo cuya vida personal e intelectual no se entendería sin hacer alusión a una serie de películas por las que siente inclinación, y que han influido de manera cierta en su estilo de pensar. Es esa experiencia del cinéfilo, o, por expresarlo en términos más amplios, de la persona que ha tenido momentos muy buenos en la vida en torno al visionado de un film. Seguro que no pocos de los que ahora me están leyendo estas líneas guardan entre sus recuerdos felices esos días que fue con su familia al cine y vieron esa película que les gustó tanto. O esas sesiones de televisión en casa de los abuelos en los que veían una vez más el vídeo de esa película que tanto les gustaba.

La filosofía del cine de Cavell y de Marías nos invitan a educar la mirada, desde un itinerario y un camino concreto, muy diferente al de los teóricos del cine (a lo que según Noël Carroll desarrollan una Teoría T con mayúscula[19]) pues lo que pretende es ver mejor aquello que previamente nos ha gustado. Y esto supone afinar el gusto cinemático como análogamente se ajusta el gusto artístico, musical o literario. Pero de nuevo nos encontramos con un problema no muy diferente al que antes señalábamos con respecto a la consideración que puede merecer el cine como0 realidad cultural: "¿se está dispuesto a educar el gusto cinematográfico?"

4. La conveniencia de un cierto canon cinematográfico
con una idea elevada del cine

Para poder conseguir esta educación del gusto cinematográfico sería un medio razonable establecer un canon de grandes pe-

---

19 N. Carrol, "Prospects for Film Theory: A Personal Assessment". en N. Carroll, *Engaging the Movie Image*, Oxford academic, Oxford 2003: pp. 357-400.

lículas de la misma manera que, como magistralmente ha justificado el profesor José María Torralba en este mismo ciclo de conferencias, es necesario un canon de lecturas que ayuda a forjar el carácter del universitario[20]. Pero, creo poder observar, que puede suceder asimismo con una notable diferencia. Mientras el consenso sobre las obras que es necesario leer es más fuerte con respecto a las obras clásicas[21] y decae con respecto a las más recientes, en el cine nos encontramos que todo está dentro de esta categoría de lo "reciente", de apenas algo más de cien años de historia.

Y si a eso añadimos que la producción de películas en un solo país como Estados Unidos ha sido completamente inabarcable, vemos que este hecho se multiplica si abrimos el espectro de nuestro interés, no sólo al cine europeo, sino al latinoamericano, al asiático o al africano, por no pormenorizar más, y referirnos al cine árabe, chino, japonés, hindú, argentino, mexicano…

Un ejercicio de dispersión tal o bien impide hablar de un único canon, o bien invita a una decisión administrativa sobre el mismo, es decir, que lo determinen los departamentos ministeriales con competencias en cultura y cine, como paso previo para introducirlo en las aulas–con los riesgos de sesgo ideológico inherentes que tiene esta postura– o bien invita a algo distinto: a que lo estudiosos del cine explicitemos cuál es el canon que creemos que debe verse para que la experiencia del cine sea lo más completa, integral y equilibrada posible[22].

---

[20] Podemos aludir igualmente a su obra J.M. Torralba, *Una educación liberal. Elogio de los grandes libros.* Encuentro, Madrid 2022.

[21] Para una reflexión ilustrativa sobre los problemas de esta empresa, H. Bloom, *The Western Canon. The Books and School of Ages.* Harcourt Brace&co: New York, 1994.

[22] Una propuesta que hace unos años ya realizamos, cfr.: J.-A. Peris-Cancio, "¿Qué puede aportar la filosofía cinemática a la reflexión sobre el canon ci-

Y aquí no nos queda más remedio que intentar proponer a su vez ese criterio que podría seguirse por cada uno de los intentos de conformar el propio canon cinematográfico. ¿Es posible una tarea así? Consideramos que merece la pena intentarse. Y creemos que de una manera sencilla pero muy clara expresó el cineasta Robert Bresson algo que se podría incorporar como meta-Criterio o criterio básico de todos los cánones que se puedan proponer: *Llamarás buena a la película que te dé una idea elevada del cinematógrafo.*[23] Es decir, al plantearse las películas que sería recomendable desde un punto de vista formativo que otras personas pudieran contemplar, la clave está en transmitir esa idea elevada del cine (Bresson ya reservaba la palabra cinematógrafo para ese cine que buscara tener una idea elevada del arte, por lo que será una doble búsqueda de calidad).

Y ahora sí tenemos, a nuestro juicio, por fin el criterio para responder si es bueno que el cine sea un arte de multitudes, o si fuera mejor que se concibiese como un arte para intelectuales: depende de que al hacerlo se mantenga la idea elevada de ese arte. Y el siguiente paso es regresar a la idea que originalmente dio lugar a que el cine no se limitara a reflejar imágenes impactantes, a modo de ilusionismo, sino a contar historias y al hacerlo que cultivaran la dimensión de la esperanza. Y si, como acertadamente señala Gabriel Marcel (2022c)[24]la esperanza necesariamente está unida a la comunión, lo mejor sin duda será un cine que haga llegar al mayor número de personas posible un genuino mensaje de esperanza que las una en las causas que merecen la pena.

nematográfico? Aportaciones de Stanley Cavell, Robert B. Pippin y Eugenio Trías. *La Torre del Virrey, 2020/I*, (2020), pp. 19-51.

[23] R. BRESSON, *Notas sobre el cinematógrafo*, Árdora, Madrid 1997, p. 29.

[24] G. MARCEL, *Homo viator. Prolegómenos a una metafísica de la esperanza*, Sígueme, Salamanca 2022.

5. Cuando el cine se compromete con la dignidad de la persona

Permítasenos, sin duda alentados por la filosofía de lo concreto de Gabriel Marcel, que pasemos de un modo abstracto de concebir que se puede diseñar un canon cinematográfico, a un posible método de indagación filosófica que permite proponer uno, a sabiendas de que no sería sino una posibilidad más entre otras.

Cuando mi maestro y amigo, el profesor José Sanmartín –que caminó hacia la casa del Padre el 19 de Agosto de 2020–, y un servidor buscamos formular de manera análoga ese criterio para lo que estábamos proponiendo como una categoría de filosofía del cine, el personalismo fílmico, llegamos al acuerdo de expresarlo, más o menos de este modo: "cuando el cine se compromete con la dignidad de la persona humana, entretiene mejor." Y lo publicamos como entrada de la web de trasferencia scio, que ahora lleva el nombre del profesor.[25]

El que fuera eminente catedrático de filosofía de la ciencia –además de conseller de le Generalitat valenciana, rector de la VIU y Director del Centro Reina Sofía de Investigación sobre la violencia– le daba un fundamento neurocientífico al aserto. Lo situaba en nuestra disposición natural a favorecer el desarrollo de las neuronas espejo, aquellas que nos vinculan positivamente hacia los otros, y nos hace sentir mejor cuando actuamos en ayuda del prójimo. Como en los días de pronunciarse

---

[25] J. SANMARTÍN ESPLUGUES; J.-A. PERIS-CANCIO, "Cuando el cine se compromete con la dignidad de la persona, entretiene mejor. Rasgos de personalismo fílmico en las películas de los hermanos Dardenne con alguna referencia a Aki Kaurismäki", Red de Investigaciones Filosóficas José Sanmartín Esplugues, 2019, https://proyectoscio.ucv.es/filosofia-y-cine/compromete-del-cine-con-la-dignidad-de-la-persona/

la conferencia (febrero de 2024) no dejamos de admirar al conserje de los pisos dramáticamente calcinados en Valencia que se jugó la vida por ir avisando a todos los vecinos que pudo hasta que las llamas lo hicieron imposible.

Nadie con buen sentido le hubiese aplaudido que hubiese sido el primero en huir y ponerse a salvo, aunque lo hubiese podido entender. Es decir, que estamos naturalmente diseñados hacia el reconocimiento y la entrega hacia los otros, siendo el resultado de una mala educación lo que nos lleva a contrariar esta inclinación. No somos naturalmente violentos, no somos un momento dramáticamente equivocado de la evolución de la naturaleza. Si bien se reflexiona nos encontramos ante una versión actualizada de que a diferencia de lo que pensaba Lutero y popularizó Hobbes, nuestra naturaleza no está completamente corrompida por nuestros vicios y maldades, sino tan sólo, como ya señalara el Aquinate, debilitada, y que la acción de la gracia y, con frecuencia, una buena educación de las virtudes permite su restauración. Lo asombroso, señalaba el profesor Sanmartín, es que nuestras neuronas espejo no sólo se activan ante situaciones reales, sino que también lo hacen en entornos de ficción, como aquellos que propicia el cine.

Eso explica que ante una película podamos llorar conmovidos. Gloria Cava, la esposa de don José, y el propio profesor lo desarrollaron en un artículo[26] en el que pusieron su foco en la película de Leo McCarey *An Affair To Remember* (1957), segunda versión de *Love Affair (1939)*, ambas traducidas al castellano como *Tú y yo*. Cuando en la escena final el protagonista, Nickie Ferrante (Cary Grant) descubre que Terry McKay (Debo-

---

[26] G. CAVA; J. SANMARTÍN, "Neuronas Espejo: Empatía y Aprendizaje". *Web del Máster de Resolución de Conflictos en el Aula*. Obtenido de https://online.ucv.es/resolucion/neuronas-espejo/, Valencia 2013.

rah Kerr) no ha acudido a la cita porque un accidente le ha dejado sujeta a una silla de ruedas y no quiere atraerle por compasión, es difícil de no expresar una vívida emoción situándose en ese escenario de profundo reconocimiento del otro. Por cierto que no es casual que se trate de un recurso que Aki Kaurismäki haya vuelto a emplear en su magistral *Falles Leaves*, de 2023, Premio del Jurado del festival de Cannes.

Un descubrimiento que venía a coincidir con una pregunta enunciada por Stanley Cavell sobre si el cine puede hacernos mejores, planteada en una recolección en francés de alguno de sus ensayos, posteriormente traducida al castellano[27]. La respuesta positiva al interrogante del filósofo americano la enmarcaba dentro de la tradición del perfeccionismo emersoniano. El cine nos permitía examinar nuestra propia alma en las almas de los personajes y salir al encuentro de nuestra mejor versión como personas.

Sanmartín y un servidor, en un proyecto al que se ha unido el profesor Ginés Marco, y sobre el cual ya se está desarrollando cuatro tesis doctorales –una sobre el personalismo fílmico de los hermanos Dardenne, otra sobre el de John Ford, una tercera sobre la influencia de Gabriel Marcel en el personalismo fílmico y otra sobre la visión personalista de la mujer como madre en la obra de Frank Capra y de Mitchell Leisen… y hay más en perspectiva–, se han publicado más de doscientos artículos y publicado diez libros, desarrollado en su entorno cinco Congresos Internacionales, estando previsto desarrollar un sexto en el mes de noviembre próximo… propusimos que había una categoría

---

[27] S. Cavell, *Le cinéma, nous rend-il meilleurs? Textes rassembles par Élise Domenach et traduits de l'anglais par Christian Fournier et Élise Domenach.* Bayard, Paris 20102 [*El cine, ¿puede hacernos mejores?* Katz ediciones, Buenos Aires 2008.]

en la que un grupo de cineastas americanos en los años treinta y cuarenta del siglo xx habían realizado un trabajo similar al que realizaron los filósofos personalistas durante esos mismos años. Y por eso lo denominamos "personalismo fílmico".

En ambos casos se estaba preparando el terreno para que las tras los horrores acaecidos con las dos guerras mundiales, las crisis económicas intermedias, el genocidio nazi, las bombas atómicas sobre Hiroshima y Nagasaki... se promoviera una acción consensuada internacional para la defensa de la dignidad humana que en todo caso tendría que venir sustentada por las convicciones morales y por el compromiso de las personas que quisieran vivir con igual dignidad.

6. Los directores del personalismo fílmico

Al proponer el personalismo fílmico como noción, aunque no se trata de un término que ellos mismos empleen para caracterizar su cine, somos conscientes de que hacemos dar a esos autores un paso más de lo que habitualmente se espera de ellos, es decir, el paso de explicitar sus convicciones. Pero nos encontramos algunos textos de ellos que despejan cualquier duda al respecto. No es que Capra, McCarey, Ford, Leisen, Borzage, La Cava, Stevens... quisieran poner su cine al servicio de un discurso elaborado sobre la dignidad de la persona humana. Expresamente Leisen se abonaba a que el cine no era para él una ocasión de enviar mensajes, que para eso ya estaba la *Western Union*, la empresa americana de telegramas.

Pero la mejor manera de concebir sus propias películas era como expresiones del valor de las personas concretas, de su capacidad de amar y de crear vínculos de amor y familiares, de comprometerse con la comunidad, de socorrer la situación de los más vulnerables. En definitiva, un cine alineado por sus propios medios expresivos con la dignidad de las personas y la civilización del amor frente a otras posibles alternativas de concebir lo prioritario en las películas de otro modo. Aunque los hemos transcrito en multitud de publicaciones, permítasenos volver a referirnos a ellos. Entresacamos dos particularmente claros, de Frank Capra y de Leo McCarey.

Frank Capra cuenta en su autobiografía una anécdota que aunque resulte un tanto inverosímil en su literalidad concentra la explicación de su personalismo: aprovechar el cine para sembrar amor y de ese modo contrarrestar que otros agentes sociales, como Hitler y su entorno, estuvieran difundiendo odio. Y lo narra de este modo, cómo estando convaleciente, en un estado febril recibió la visita de un misterioso personaje que le interpeló profundamente.

Un hombrecillo bajo se levantó de una silla; completamente calvo, con gafas de gruesos cristales…, un hombre tan sin rostro como alguien es capaz de ver. No hubo presentaciones. Simplemente dijo:

–Por favor, siéntese, señor.
Me senté débil como un gato e igual de curioso. El hombrecillo se sentó frente a mí y dijo tranquilamente.
–Señor Capra, es usted un cobarde.
–¿Un qué?
–Un cobarde, señor. Pero lo que es infinitamente más triste…, es usted una ofensa a Dios.
¿Ha oído ese hombre de ahí dentro? –Max había conectado la radio en mi habitación. La rasposa voz de Hitler brotaba chirriante de ella–. Ese malvado está intentando desesperadamente envenenar el mundo con odio- ¿A cuántos puede hablarles? ¿A quince millones…, veinte millones? ¿Y durante cuánto tiempo…, veinte minutos? Usted, señor, usted pude hablarles a cientos de millones durante dos horas…, y en la oscuridad.

Los talentos que posee usted, señor Capra, no son suyos, no son un logro suyo. Dios le dio esos talentos; son Sus dones a usted, para que usted los use en Su beneficio. Y cuando usted no usa los dones con los que Dios lo bendijo, es usted una ofensa a Dios..., y a la humanidad. Buenos días, señor."
El hombrecillo sin rostro salió de la habitación y bajó las escaleras. En menos de treinta segundos me había abierto en canal con la verdad: había expuesto el fétido pus de mis vanidades[28].

Por supuesto que no se trata de una expresión aislada, y a lo largo de la obra de Capra va desarrollando esa convicción de distintos modos: hacer un cine que responda a la realidad de las personas concretas, de los trabajadores, de las personas sencillas, no como una masa indiferenciada, sino como un conjunto de personas individuales:

No tenía ni idea de lo que los siguientes cuarenta años iban a reportarme. Pero sabía lo que intentaría llevar a ellos: filmes sobre Norteamérica y su gente; filmes que fueran mi forma de decir: "Gracias, América". Cantaría las canciones de los trabajadores, de los individuos vulgares, de los nacidos pobres, de los afligidos. Trataría de los perdedores que encienden velas al viento y se resienten de ser empujados a causa de su raza o su origen. Por encima de todo, lucharía por sus causas en las pantallas del mundo. Oh, no como un corazón sangrante con una llamada olímpica a liberar las masas. Masas es un término que equivale a ganado... inaceptable, insultante, degradante. Cuando veo una multitud, veo un conjunto de individuos libres: cada uno de ellos una persona única; cada uno un rey o una reina; cada uno una historia que podría llenar un libro; cada uno una isla de dignidad humana[29].

---

[28] F. CAPRA, *The name above the title: an autobiography*. Da Capro Press, New York 1997, p. 176. Traducción nuestra.
[29] F. Capra, *The name above the title*, op. cit., p. 240.

Por su parte, en Leo McCarey, director de origen irlandés al que ya hemos aludido, encontramos expresiones muy significativas con relación a la pretensión personalista de su cine. En una entrevista en la revista francesa *Cahiers du Cinema*, señala los objetivos que se traza cuando dirige una película: favorecer la libertad de sentimientos, historias con contenido, y contribución a la felicidad de las personas del público, de los espectadores: «[...] me gusta que la gente ría, me gusta que llore, me gusta que la historia cuente algo, y me gusta que el público, antes de salir del cine, se sienta más feliz de lo que lo estaba antes»[30].

Otro rasgo de su personalismo, que desarrollara también Robert Bresson, es conseguir la naturalidad de los actores, o, dicho de otro modo, perseguir como un veneno la sobre actuación, el falseamiento de la condición humana: «[...] en aquella época, los actores cómicos tendían a exagerar. Con Laurel y Hardy hicimos casi lo contrario...Intentábamos dirigirlos de manera que no exteriorizaran nada, que no expresaran nada, y el público se reía porque quedaban serios cuando esperaban todo lo contrario»[31].

Un tercer aspecto es lo que el propio McCarey designó como "teoría de la inexorabilidad de los incidentes", y que busca reproducir el realismo de la vida, como si directores y guionistas no fuesen sino espectadores de la propia concatenación de los acontecimientos que se han limitado a poner en marcha: «[...] tengo una teoría [...] la llamo la inexorabilidad de los incidentes. La idea es que si pasa una cosa, siempre dará lugar a otra, como la noche sigue al día; todo lo que sucede está vin-

---

[30] S. DANEY ; J.L. NOAMES, 'Leo et les aléas', *Cahiers du cinéma*, vol. 163 (1965), p. 20

[31] P. BOGDANOVICH, *El director es la estrella, Volumen. II*, T&B ed. Madrid, ,1981, p. 19.

culado. Siempre desarrollo mis historias así, a base de una serie de incidentes que se imponen y dan lugar a otros incidentes. Yo no hago intrigas[32].

Una teoría que se hacía particularmente presente en dos de sus películas más laureadas, *Going My Way* (*Siguiendo mi camino,* 1944) y *The Bells of St. Mary's* (*Las campanas de Santa María,* 1945) Y sin embargo, en la citada entrevista en *Cahiers,* tuvo que escuchar la difícil recepción que tenían ya en la Francia de los años 60.

> –*Cahiers:* Es muy complicado, en Francia, ver de nuevo sus dos películas «religiosas»: *Going My Way (1944) y The Bells of St. Mary's (1945)...*
> –McCarey: ¡Es trágico! Son mis dos películas que han tenido más éxito y, en cierto modo, podríamos decir que constituyen en sí mismas toda mi carrera. Pero no son en realidad películas religiosas: había mucho humor en ellas. Y, de todas formas, no había nada de piadoso en ninguna de las dos. Un cardenal dijo de ellas que eran «amablemente irrespetuosas», lo que les da una idea aproximada del tono de estas películas. Me es complicado contárselas, puesto que cada pequeño incidente tenía una gran importancia. [...] Volviendo a estas dos películas, las hice verdaderamente por el único placer de hacer algo hermoso, y rodarlas me dio mucho placer. Me sorprendió que la primera hiciera tanto dinero: creía que era una película muy pequeña, y todo el mundo se sorprendió tanto como yo de este éxito.

Esta controversia con *Cahiers* permite dejar apuntado otro rasgo del personalismo fílmico, probablemente más sutil y quizá definitivo para delimitarlo. En contraposición con el cine negro, de películas sin héroes, dominio de los grises, renuncia

---

[32] *Ibid.,* p. 39.

a usar el color, faros de los coches sobre unos asfaltos casi brillantes, locales nocturnos, música de jazz, policías corruptos, mujeres fatales, alcohol y opiáceos, paisajes urbanos sin cielos ni estrellas, nocturnidad dominante... las películas personalistas se apuntan a mostrar la potencialidad trasformadora de la inocencia, la lealtad, la bondad, la capacidad de renuncia de un mismo. Y permítanme la ironía, resultan abiertamente contra el sistema y revolucionarias, porque la extensión del pesimismo lleva entre nosotros casi un siglo copando los afanes propios de una intelectualidad más mediática que rigurosa, más acomodada a lo que hay, que buscadora de su mejora y trasformación.

Discúlpenme un paralelismo un tanto simple, pero ilustrativo. El personalismo fílmico se contrapone al prestigio del cine negro, como la filosofía de la esperanza de Gabriel Marcel al existencialismo pesimista de Sartre. Soy el primero en disfrutar con los logros del cine negro, pero les confieso que cuando acabo de ver una película de ese género, me queda una no pequeña insatisfacción. En cambio, cuando vuelvo a ver por enésima vez *Qué Bello es Vivir* (*It´s a Wonderful Life,* 1946) de Frank Capra, que en gran parte de su metraje tiene mucho de cine negro, no puedo dejar de experimentar la alegría de una verdad que no engaña, la de la amistad y la entrega a los demás.

7. La alianza entre filosofía y cine en el personalismo fílmico

Llegamos así a lo que será nuestra propuesta para la Universidad que necesitamos sobre la mejor relación entre filosofía y cine. La podemos enunciar de una manera sencilla: la alianza entre filosofía y cine significa que hay un trabajo conjunto que se puede realizar entre ambas actividades humanas para su mutuo beneficio. De esto da cuenta lo que hemos presentado sobre el personalismo fílmico.

En efecto, podemos suscribir con facilidad esta expresión de Stanley Cavell que marca el trabajo conjunto entre cine y filosofía. Señalaba el profesor emérito de Harvard, que las películas

[…] trazan de manera diferente avenidas emocionales e intelectuales que la filosofía ya ha explorado, pero de las que tal vez haya tenido que regresar a veces prematuramente, en particular en las formas adquiridas después de su profesionalización, o academización, desde la época de Kant (el primer moderno en demostrar que un profesor puede introducir gran filosofía, es decir, una disciplina entre otras disciplinas universitarias). La exigencia implícita es que el cine, la última de las grandes artes, demuestra que la filosofía es a menudo la acompañante invisible de las vidas ordinarias que el cine es capaz de captar (incluso, tal vez en particular, cuando las vidas descritas son históricas o elevadas o cómicas o perseguidas u obsesivas)[33].

En la medida en que la filosofía se presenta como "acompañante invisible de las vidas ordinarias que el cine es capaz de captar" cabe un trabajo conjunto entre la lectura de textos filosóficos y la lectura de textos fílmicos. Es decir, que un texto filosófico puede ser muy bien explicitado por una película y viceversa.

Hemos de agradecer además de manera expresa la deuda intelectual contraída con la visión del personalismo integral del profesor Juan Manuel Burgos[34]. Para que el diálogo entre filosofía y cine resultara fructífero era igualmente necesario delimitar bien un esquema interpretativo del personalismo, que posibilitara un rigor comparativo entre ambas expresiones en su

---

[33] S. CAVELL, *Ciudades de palabras,* op. cit., p. 27.
[34] J. SANMARTIN; J.-A. PERIS CANCIO, "Personalismo Integral y Personalismo Fílmico, una filosofía cinemática para el análisis antropológico del cine". *Quién*(12), (2020) pp. 177-198.

vertiente antropológica. Las claves y la arquitectónica del personalismo tal y como lo concibe el profesor Burgos en la senda de Karol Wojtyla permitía un recorrido integrador con respecto a los diversos temas que aparecen en las películas de los directores personalistas y que van desde la propia visión de la persona, al amor, el matrimonio, la familia, la comunidad y el cuidado de los más vulnerables. Asimismo, la metodología de la experiencia integral ayudada decisivamente al análisis de la experiencia fílmica, proponiendo una aproximación a la misma que apelara a todas las dimensiones de la persona humana, particularmente una integración de la esfera afectiva y del corazón no desvinculada de la intelectual y de la volitiva, auto determinante.

Esta alianza entre cine y filosofía que se da en el personalismo fílmico es también un modo de trabajar. No quisiera abundar más con temas metodológicos cuando estamos a punto de terminar esta contribución. Pero la piedra miliar de nuestro análisis es verter las películas en textos filosófico-fílmicos, basados en una lectura atenta, incluso detallista de los filmes, invitando, casi con la sabiduría del antropólogo en un trabajo de campo, a que no se pierda nada de lo que vemos en la pantalla, especialmente de aquello que los personajes guiados por el director nos transmiten como personas.

Sí podemos remitir a la página web en la que nuestros trabajos se publican habitualmente en una primera versión.

https://proyectoscio.ucv.es/filosofia-y-cine/personalismo/

Allí encontrarán una revisión de la filmografía prácticamente completa de Gregory La Cava y Frank Capra, y ya muy avanzada sobre la obra de Leo McCarey. También otros escritos trasversales sobre el personalismo fílmico, que comparan a estos autores entre sí o que lo relacionan con otros momentos de la historia del cine, como el neorrealismo italiano, o el cine francés de entreguerras, o el cine actual de los hermanos Dardenne o Aki Kaurismäki.

También en una página de cine y bioética pueden encontrar aplicaciones del personalismo fílmico a las ciencias de la vida, bien a través de la obra de otro autor muy relevante del personalismo fílmico, Mitchell Leisen, o , lo que probablemente les pueda interesar más, a través del análisis de los estrenos más recientes realizados por otra investigadora del personalismo fílmico, Dª Amparo Aygües, a la que tengo el honor de dirigir su tesis sobre los hermanos Dardenne.

https://www.observatoriobioetica.org/categoria/bioetica-en-el-cine

8. Conclusión: el trabajo entre filosofía y cine

En la exposición anterior he intentado persuadir de que es posible realizar un trabajo de alianza entre filosofía y cine muy prometedor. El campo es inmenso y estoy seguro de queda mucho por descubrir. En una quinta tesis doctoral sin tratar directamente del tema del personalismo fílmico, la doctoranda está analizando el humanismo que puede estar presente en la obra de Yasujiro Ozu y de Wong-Kar wai.

Es decir, que el punto de llegada que puede ser reconocer la existencia de un personalismo fílmico completo en autores como Capra, McCarey, Ford, Leisen, La Cava, Borzage, no tiene por qué actuar de cortapisa para que se hagan otros estudios para reconocer otras expresiones del personalismo. Entre nosotros es lo que está haciendo el profesor Ginés Marco con respecto a Florian Henckel von Donnersmarck, célebre autor de *La vida de los otros*.

El propósito que unificará todas estas investigaciones es fácil de enunciar: descubrir la diversidad de expresiones del cine que son capaces de dar cuenta con formas pluralistas de la igual dignidad de las personas más allá de la diferencia cultural.

Y desde un punto de vista del alumnado sin duda el visionado de determinadas películas podrá ayudarles a educar su mirada, a mejorar su percepción de lo audiovisual. Porque el cine, tal y como nosotros lo concebimos, no tiene tanto que ver con la maquinaria y los recursos, cuanto con la calidad de la humanidad que se emite y se recibe a través de él. Comprometerse con ello, merece la pena.

9. Bibliografía

BADIOU, A. "El cine como experimentación filosófica". En G. Yoel, *Pensar el cine 1: imagen, ética y filosofía* (págs. 23-82). Ediciones Manantial, Buenos Aires 2004.

—,*Imágenes y palabras. Escritos sobre cine y teatro*. Ediciones Manantial, Buenos Aires 2005.

—,*Cinema. Texts selected and introduced by Antoine de Baecque,* Polity Press, Cambridge, UK; Malden, MA, 2013.

BAZIN, A. *¿Qué es el cine?*, Rialp, Madrid 1966.

BLOOM, H., *The Western Canon. The Books and School of Ages.* Harcourt Brace&co: New York, 1994.

BOGDANOVICH, P., *El director es la estrella, Volumen. II*, T&B ed. Madrid

BRESSON, R., *Notas sobre el cinematógrafo*, Árdora, Madrid 1997, p. 29.

Capra, F., *The name above the title: an autobiography*. Da Capro Press, New York 1997.

Carrol, N. "Prospects for Film Theory: A Personal Assessment". en N. Carroll, *Engaging the Movie Image*, Oxford academic, Oxford 2003: pp. 357-400.

CAVA G.; SANMARTÍN, J., "Neuronas Espejo: Empatía y Aprendizaje". *Web del Máster de Resolución de Conflictos en el Aula*. Obtenido de https://online.ucv.es/resolucion/neuronas-espejo/, Valencia 2013.

CAVELL, S., *The World Viewed. Reflections on the Ontology of Film. Enlarged edition*. Harvard University Press, Cambridge, Massachusetts / London, England 1979: [*El mundo visto. Reflexiones sobre la ontología del cine*. Universidad de Córdoba, Córdoba 2017].

—, *Pursuits of Happiness. The Hollywood Comedy of Remarriage*. Harvard University Press, Cambridge Massachussets 1981. [*La búsqueda de la felicidad. La comedia de enredo matrimonial en Hollywood*, Paidós-Ibérica, Barcelona 1999].

—, *Contesting Tears. The Hollywood Melodrama of the Unknown Woman*. The University of Chicago Press, Chicago 1996; [*Más allá de las lágrimas*. Machadolibros, Boadilla del Monte, Madrid, 2009].

—, *Cities of Words: Pedagogical Letters on a Register of the Moral Life*. Harvard University Press, Cambridge, Massachusetts; London, England 2004 [*Ciudades de palabras. Cartas pedagógicas sobre un registro de la vida moral*, PRE-TEXTOS, Valencia 2007].

—, *Philosophy the Day after Tomorrow*, The Belknap Press of Harvard University Press, Harvard MA. 2005. [*La filosofía pasado el mañana*. Ediciones Alpha Decay, Barcelona 2014].

—, *Le cinéma, nous rend-il meilleurs? Textes rassembles par Élise Domenach et traduits de l'anglais par Christian Fournier et Élise Domenach*. Bayard, Paris 2010² [*El cine, ¿puede hacernos mejores?* Katz ediciones, Buenos Aires 2008.]

CHATEAU, D., *Cine y Filosofía*. Colihué, Buenos Aires, 2005.

DANEY, S.; NOAMES, J.L., 'Leo et les aléas', *Cahiers du cinéma*, vol. 163 (1965).

Deleuze, G., *La imagen-movimiento. Estudios sobre cine 1.* Paidós, Barcelona, Buenos Aires, México 1984.

—,*La imagen-tiempo. Estudios sobre cine 2.* Paidós, Barcelona, Buenos Aires, México 1985.

—,*Cine I. Bergson y las imágenes.* Buenos Aires: Cactus, Buenos Aires,2017[3].

—,*Cine II. Los signos del movimiento y el tiempo.* Cactus, Buenos Aires 2018[2].

—,*Cine III. Verdad y tiempo. Potencias de lo falso.* Cactus, Buenos Aires 2018.

—,*Cine IV. Las imágenes del pensamiento. Automatismo, semiótica y acto de fabulación.* Cactus, Buenos Aires 2023.

Hildebrand, D., *The Heart. An Analysis of Human and Divine Affectivity,* St. Augustine Press, South Bend, Indiana 2007 pp. 41-48. [*El corazón.* Palabra, Madrid 1996, pp. 91-102.]

Marcel, G., *Homo viator. Prolegómenos a una metafísica de la esperanza,* Sígueme, Salamanca 2022.

Marías, J., *Introducción a la filosofía.* Revista de Occidente, Madrid 1947.

—,*La imagen de la vida humana,* Emecé Editores, Buenos Aires 1955;

—,*La educación sentimental.* Círculo de Lectores, Madrid 1992.

—,"Discurso del Académico electo D. Julián Marías, leído en el acto de su recepción pública el día 16 de diciembre de 1990 en la Real Academia de Bellas Artes de San Fernando". *Scio, Revista de Filosofía, n. 13* (2017), 257-268.

Peris-Cancio, J.-A., "Las películas en sí me parecen formas reflexivas de pensamiento. Entrevista a Robert B. Pippin." *Web de Investigaciones Filosóficas José Sanmartín Esplugues,* Valencia 2018, Obtenido de https://proyectoscio.ucv.es/articulos-filosoficos/peliculas-formas-reflexivas-de-pensamiento/

—,«¿Qué puede aportar la filosofía cinemática a la reflexión sobre el canon cinematográfico? Aportaciones de Stanley Cavell, Robert B. Pippin y Eugenio Trías. *La Torre del Virrey, 2020/I*, (2020), pp. 19-51.

PIPPIN, R.B., *Hollywood Westerns and America Myth. The Importance of Howard Hawks and John Ford for Political Phisolophy.* Yale University Press, New Haven, London 2010.

—,*Fatalism in American Film Noir. Some Cinematic Philosophy.* Virginia University Press, Charlottesville; London 2012.

—,*The Philosophical Hitchcock. Vertigo and The Anxieties of Unknowingness.* University of Chicago Press, Chicago 2017 [*Hitchcock Filósofo.* UCO Press, Córdoba 2018].

—,*Filmed Thought: Cinema as Reflective Form.* University of Chicago Press. Chicago 2020.

RANCIÈRE, J., *La fábula cinematográfica. Reflexiones sobre la ficción en el cine.* Paidós Barcelona 2005.

—,*Las distancias del cine.* Ellago Ediciones S.L., Pontevedra 2012; (15 de 07 de 2012b).

—,"A Child Kills Himself" en *Diagonal Thoughts. Some notes on seeing and being, sound and image, media and memory,* (2019) pp. 1-19, en https://www.diagonalthoughts.com/?p=1554; (2018).

—,*Tiempos Modernos. Ensayos sobre temporalidad en el arte y la política.* Shangrila, Santander 2018.

ROTHMAN W., "La unión del cine y la filosofía en el pensamiento de Stanley Cavell", *Binaria: Revista de comunicación, cultura y tecnología*, pp. 60-77,(20023) [versión electrónica] . Disponible: https://abacus.universidadeuropea.com/bitstream/handle/11268/2843/rothman_espanol.pdf?sequence=1

SANMARTÍN ESPLUGUES, J.; PERIS-CANCIO, J.-A., "Cuando el cine se compromete con la dignidad de la persona, entretiene mejor. Rasgos de personalismo fílmico en las películas de los

hermanos Dardenne con alguna referencia a Aki Kaurismäki", Red de Investigaciones Filosóficas José Sanmartín Esplugues, 2019, https://proyectoscio.ucv.es/filosofia-y-cine/com-
promete-del-cine-con-la-dignidad-de-la-persona/
—,"Personalismo Integral y Personalismo Fílmico, una filosofía
cinemática para el análisis antropológico del cine". *Quién*(12),
(2020) pp. 177-198.
TORRALBA, J.M., *Una educación liberal. Elogio de los grandes libros.* Encuentro, Madrid 2022.
TRÍAS, E., *Vértigo y pasión. Un ensayo sobre la película Vértigo de
Alfred Hitchcock.* Taurus, Madrid, 1988.
—,*De cine. Aventuras y extravíos.* Galaxia Gutenberg; Madrid,
2013.

Parte II

LA UNIVERSIDAD QUE NECESITAMOS: CULTURA E INVESTIGACIÓN

CAPÍTULO 8. AL SERVICIO DEL HOMBRE: LA MISIÓN DE LA UNIVERSIDAD SEGÚN JOHN HENRY NEWMAN

GABRIELA SCHMIDT
Profesora de Filología y Literatura Inglesa
Ludwig-Maximilians-Universität, Múnich - LMU

SUMARIO

1. Algunos retos relativos a la misión de una universidad en el contexto actual. 2. El contexto político educativo de las reflexiones de Newman sobre la naturaleza de la universidad. 3. Los conceptos básicos de la 'idea de la universidad' de Newman. 3.1. "Conocimiento universal": el conocimiento como conjunto de disciplinas. 3.2. El "cultivo del intelecto" como objetivo de la educación universitaria. 3.3. Alma mater, y no fábrica: la educación como proceso dialógico de persona a persona.

CUANDO JOHN HENRY NEWMAN pronunció una serie de conferencias sobre la misión de la universidad ante un selecto auditorio de Dublín en 1852, en vísperas de la fundación de la Universidad Católica de Irlanda, nunca habría imaginado que el libro que iba a surgir de ellas se convertiría en una de las obras más citadas sobre educación superior en el mundo anglosajón. Según Frank M. Turner, «contra todo pronóstico y experiencia, Newman estableció el marco en el que las generaciones posteriores han considerado la vida académica universitaria», aunque este marco se presenta como un poderoso «desafío a su propio tiempo y un reproche a gran parte del carácter de la universidad de finales del siglo xx»[1]. Sin embargo, la pertinencia de las reflexiones de Newman para la cultura universitaria moderna ha sido puesta en tela de juicio en repetidas ocasiones.

En un artículo publicado en 1990, el entonces rector del Worcester College de la Universidad de Oxford J.M. Roberts opina que la idea de Newman de una universidad es "intransferible". «Arraigada en una cultura particular y en unos supuestos particulares, no puede utilizarse en otro lugar»[2]. Y aunque Turner, en el ensayo antes citado, considera que merece la pena redescubrir el esfuerzo de Newman por conceptualizar la universidad como un "espacio para la libertad intelectual", también se hace eco en parte de un consenso crítico hacia el cambio de milenio en el sentido de que «la de Newman no era una voz del futuro académico»[3].

El objetivo de este trabajo es hacer frente a tales argumentos, que a menudo se basan en una interpretación que malinterpreta el significado real de las ideas básicas de Newman[4].

---

[1] F.M. Turner, "Newman's University and Ours", en Id., *The Idea of a University*. Yale UP, New Haven y London 1996, pp. 282 y 285-6. Salvo que se especifique lo contrario, todas las traducciones de fuentes no españolas son propias.

[2] J.M. Roberts, *"The Idea of a University* Revisited", en I. Ker, A.G. Hill, *Newman after a Hundred Years*, Clarendon Press, Oxford 1990, p. 200.

[3] F.M. Turner, *op. cit.*, pp. 284 y 287.

[4] Para una reivindicación moderna y matizada de la obra de Newman desde un punto de vista filosófico, véase A. MacIntyre, "The Very Idea of a Univer-

Como habrá que demonstrar, las consideraciones de Newman, aun cuando (y quizá precisamente porque) están arraigadas en un momento histórico concreto, resultan de gran actualidad, sobre todo a la vista de los retos políticos y mediáticos a los que se enfrenta hoy el panorama universitario moderno.

Para mejor aclarar esto, primero esbozaré con más detalle algunos de estos retos actuales, haciendo hincapié en los sorprendentes paralelismos con el propio contexto histórico de Newman. Partiendo de esta base, me centraré en las principales características de la visión de Newman sobre la misión de la universidad y su papel en la sociedad.

1. Algunos retos relativos a la misión de una universidad en el contexto actual

La reforma de la Ley de Educación Superior que se aprobó en la región alemana de Baviera (donde se encuentra mi propia universidad) el 21 de julio 2022 bajo el nuevo nombre de "Ley de Innovación de la Educación Superior" plantea cambios drásticos en relación con el marco financiero de las instituciones de educación superior, la organización de la enseñanza, el nombramiento de nuevos profesores y otros ámbitos importantes. El Ministerio de Ciencia y Arte presenta el objetivo de estas reformas en su página de información de la siguiente manera:

> En el futuro, las universidades deberían poder desarrollar aún mejor todo su potencial como marcapasos del progreso de la sociedad en su conjunto. La reforma les permite ampliar aún más su excelencia actual en ciencia y arte, cumplir su mandato educativo

sity: Aristotle, Newman and Us", en *British Journal of Educational Studies*, 57, (2009) pp. 347-362.

ampliado de forma contemporánea y responder aún mejor a las expectativas y necesidades del Estado y la sociedad en términos sociales, culturales, ecológicos y económicos a través de la innovación y de la transferencia de conocimiento[5].

En concreto, bajo el lema *"neue Gründerzeit"* ('una nueva época de fundadores'), se fomentará enérgicamente la creación de empresas desde las universidades; se «desencadenará el espíritu de innovación», se definirá la «transferencia de conocimientos y tecnología» como «tarea de todos los tipos de instituciones de enseñanza superior», y esta transferencia se afirmará también como «un deber oficial de todos los profesores»; además, se dará a las universidades la opción de dispensar a ciertos profesores en gran medida de la docencia, asignándoles a «una actividad predominante o exclusiva en la investigación»[6]. En cambio, la docencia debe distribuirse globalmente dentro del departamento. Por cierto, lo mismo ocurre con el presupuesto financiero, que en el futuro ya no se asignará proporcionalmente a todas las facultades, sino que se redistribuirá como un 'presupuesto global' año tras año dentro de las propias universidades según el principio de competencia.

Los críticos de la reforma ven, con razón, en esta visión orientada hacia el concepto de 'universidad empresarial' una posible amenaza para la misión central de las universidades. De nuevo, cito un documento de posición de la Conferencia Regional de Consejos de Estudiantes y la Asociación Regional de Académicos de Baviera:

---

[5] Bayerisches Staatsministerium für Wissenschaft und Kunst, *Das Bayerische Hochschulinnovationsgesetz (BayHIG)*. Disponible en:
https://www.stmwk.bayern.de/wissenschaftler/hochschulen/hochschulrechtsreform.html [consultado 16 de febrero de 2024].
[6] *Ibid.*

Mientras que el control según criterios de rendimiento puede ser una característica de la gestión universitaria eficiente, la ciencia nunca debe estar sometida exclusivamente a una lógica de utilidad, sino que siempre debe estar bajo la protección del ideal de un conocimiento por sí mismo. [...] A nuestro entender, la actividad empresarial no pertenece a las tareas centrales de las universidades, sino que les aleja de su esencia, la investigación y la docencia [...][7].

Incluso el antiguo presidente de la Universidad de Stanford, Gerhard Casper, que, ya en el año 2001 en una conferencia titulada "La idea de una universidad", presentó una visión del futuro para las universidades alemanas (por cierto bastante similar en muchos puntos a la de la reforma bávara actual), nos recuerda que las universidades no deben olvidar la verdadera tarea central, la educación personal de los estudiantes, a pesar de la creciente orientación de su investigación a criterios de utilidad:

En general, hay pocas dudas en Estados Unidos de que el método más eficaz de transferir conocimientos y tecnología desde las universidades es a través de la educación de estudiantes de primera categoría: hombres y mujeres que pueden llegar a desempeñar funciones de liderazgo en la industria, la empresa y el servicio público. Los estudiantes que reciben su formación en la investigación universitaria tienen un mayor impacto global en la economía que los inventos patentables de los científicos universitarios. La capacidad de pensar a partir de primeros principios y avanzar

---

[7] LANDES-ASTEN-KONFERENZ (LAK) BAYERN UND LANDESVERBAND WISSENSCHAFTLER IN BAYERN (LWB), *Vision einer bayerischen Hochschullandschaft 4.0*, pp. 10-12. Disponible:
https://www.bayern.landtag.de/www/ElanTextAblage_WP18/Gesetzesmaterial/0000014172/0000000023.pdf[consultado 30 de mayo de 2025].

hacia soluciones novedosas es más importante que cualquier otra cosa[8].

Aquí el escrito de Newman, a cuyo modelo Casper formuló el título de su intervención, parece resonar casi literalmente: «[E]l entrenamiento del intelecto más conveniente para el individuo mismo es el que mejor le capacita para desempeñar sus deberes hacia la sociedad. [...] Si debe asegurarse un fin práctico a los cursos universitarios, afirmo que es el formar buenos miembros de la sociedad»[9]. Según Casper pues, como según Newman, la universidad debe ocuparse en primer lugar de las personas, y sólo en segundo lugar, y como consecuencia, del beneficio práctico para la sociedad.

Otra tendencia moderna que plantea actualmente a las universidades retos completamente nuevos en un nivel global se refiere al ámbito de los medios de comunicación y la generación de conocimiento. El 30 de noviembre de 2022, la empresa informática OpenAI publicó su programa de generación de lenguaje llamado ChatGPT y, por tanto, por primera vez una herramienta de IA muy potente accesible a cualquier persona gratuitamente en Internet. Bajo demanda, el programa puede producir, en cuestión de segundos, textos de alto nivel estilístico, claramente estructurados, con precisas y (aparentemente) originales ideas sobre una asombrosa variedad de temas; también puede reflexionar críticamente y evaluar la calidad de tex-

---

[8] G. CASPER, "Die Idee einer Universität", en *Wissenschaftskolleg Jahrbuch*, (2000/2001), p. 259. Disponible: https://www.wiko-berlin.de/fileadmin/Jahrbuchberichte/2000/2000_01_Casper_Gerhard_Vortrag_Jahrbuchbericht.pdf [consultado 16 de febrero de 2024].

[9] J.H. NEWMAN, *Discursos sobre el fin y la naturaleza de la educación universitaria*, ed. J. MORALES, Eunsa, Pamplona 22011, p. 185.

tos, planear seminarios y clases, resolver problemas aritméticos, crear programas informáticos que funcionen, e incluso imitar el estilo literario de cualquier autor.

La publicación y el interés que suscitó desencadenaron una especie de carrera entre las grandes empresas informáticas para desarrollar herramientas cada vez más precisas y potentes de recuperación, tratamiento y generación automática de conocimientos. Algunos acogen esta evolución con entusiasmo como un «hito en el desarrollo de la IA», otros lo ven como una fuente de peligros para el discurso público, cuyo lenguaje, e incluso contenido, podría a la larga quedar a merced del poder de gigantes informáticos, cuanto más se imponga la aplicación de tales herramientas de pensamiento automatizado en la vida económica y social cotidiana. En cualquier caso, casi todo el mundo piensa que se trata de «un punto de inflexión en la educación»[10]. Escuelas y universidades de todo el mundo han empezado a replantearse no sólo sus formas de examen para evitar que los estudiantes presenten textos generados por ordenador como ensayos o tareas.

Más allá de eso, esta evolución nos desafía y exige replantearnos nuestros métodos de enseñanza y, más aún, nuestros objetivos educativos desde la base. ¿Cómo podemos formar en nuestras universidades a personas que sean decisivamente superiores a la inteligencia artificial automatizada de un robot? ¿Personas capaces de dominar esas tecnologías sin dejarse dominar por ellas? ¿Personas capaces de desarrollar sus propias posiciones y juicios de forma independiente, estructurada y

---

[10] D. WESSELS, "ChatGPT - ein Meilenstein der KI-Entwicklung", en *Forschung & Lehre*, 20 de diciembre de 2022. Disponible: https://www.forschung-und-lehre.de/lehre/chatgpt-ein-meilenstein-der-ki-entwicklung-5271 [consultado 16 de febrero de 2024].

metódicamente justificada, y de entablar un diálogo constructivo con las posiciones de los demás?

Como se verá, los desarrollos mediáticos y políticos sobre cuyo trasfondo Newman desarrolló sus reflexiones sobre la naturaleza y la misión de la universidad, aunque pertenecen a un contexto histórico distinto, tienen sorprendentemente más en común con los problemas actuales esbozados de lo que cabría pensar.

2. El contexto político educativo de las reflexiones de Newman sobre la naturaleza de la universidad

La fundación de la Universidad Católica de Irlanda, como cuyo primer rector Newman había sido designado en 1851 y en cuyo contexto se celebraron aquellas conferencias que formaron más tarde el núcleo de *La idea de la universidad*, tuvo lugar en deliberado contraste con otras nuevas fundaciones fuertemente promovidas por la política de la época, como la Universidad de Londres (hoy University College London, fundado en 1826) y los llamados Queen's Colleges en Irlanda (las actuales universidades de Galway, Belfast y Cork, fundados en 1845).

El objetivo que perseguía el Primer Ministro conservador británico Robert Peel al promover estas instituciones ciertamente era bienintencionado en relación con la rehabilitación social gradual de la minoría católica. Al hacerlos deliberadamente neutrales desde el punto de vista ideológico, quería romper el monopolio educativo de la Iglesia estatal anglicana y posibilitar así también el acceso de los católicos y otros grupos excluidos hasta entonces a instituciones de educación superior. Aunque este concepto de 'educación mixta' contó con la aprobación de toda una serie de laicos católicos de Irlanda, varios obispos –así como la Sede Apostólica– se mostraron muy escépticos ante las nuevas instituciones.

Una de las razones era que los representantes de las universidades laicas pronto empezaron considerarlas como una decidida alternativa, incluso competidora, a las instituciones educativas de influencia religiosa. Wilfred Ward, el autor de la primera biografía de Newman de importancia, llega a la siguiente conclusión sobre los esfuerzos de reforma asociados a los Queen's Colleges:

> El movimiento que llevó a cabo esta transformación fue en gran medida antiteológico e incluso, en algunas de sus manifestaciones, antirreligioso. Si incluía un sentido de la justicia de la igualdad de trato para todos los credos, y un sentido de la libertad necesaria para la ciencia, también incluía algo del espíritu anticristiano del liberalismo continental[11].

Como se desprende de los comentarios del propio Newman, tal movimiento estaba también, y sobre todo, fuertemente influido por el utilitarismo de finales del siglo XVIII. Como primer jefe de gobierno procedente del medio industrial, el propio Peel participaba en la creciente glorificación de las ciencias prácticas como remedio general para todos los males sociales de la época. Newman parafrasea su retórica en una carta al director en el periódico *The Times* en 1841 (publicado posteriormente, junto con otros artículos, bajo el título *The Tamworth Reading Room*) de la siguiente manera: «La educación es el cultivo del intelecto y del corazón, y el conocimiento útil es el

---

[11] W. WARD, *The Life of John Henry Cardinal Newman based on his Private Journals and Correspondence*. Vol. 1, Longmans, Green and Co., New York et al. 1912, p. 306. Sobre el trasfondo de política educativa de las conferencias de Newman vease también M. M. GARLAND, "Newman in his Own Day", en F.M. TURNER, *The Idea of a University*. Yale UP, New Haven y London 1996, pp. 265-281.

GABRIELA SCHMIDT

gran instrumento de la educación. Es la madre de la virtud, la nodriza de la religión; exalta al hombre a su más alta perfección, y es el campo suficiente de sus más fervientes esfuerzos»[12].

Aquí, la ciencia se eleva casi a la categoría de una religión sustitutiva y a menudo se entendía en oposición polémica a la religión establecida, con base eclesial, que se desestimaba como precientífica e incluso como algo opuesto a la ciencia. Además, las distintas facultades se establecieron cada vez más como disciplinas especializadas cuyos representantes competían entre sí por el prestigio social y el mayor potencial de innovación. Algunos de los eslóganes de Peel citados por Newman, como «aspiraciones de conocimiento y distinción», «premios en habilidad e inteligencia» o «el espíritu de investigación en plena navegación», plantean decididamente ecos con la retórica de los políticos universitarios modernos de Bolonia y otros lugares[13].

En el quinto de sus discursos originales de 1852, que se omitió en la versión publicada porque ya no encajaba en el plan general del libro más extenso, Newman se refiere claramente a los fundadores de la Universidad de Londres como promotores de una forma militante de secularismo, llamándolos «los patrocinadores de un divorcio entre el conocimiento religioso y secular»[14]. Como continúa observando, la exclusión de la teología del círculo de las disciplinas y la evaluación de

---

[12] J.H. Newman, *The Tamworth Reading Room*, en Id., *Discussions and Arguments on Various Subjects*, ed. J. Tolhurst, G. Tracey, Gracewing, Leominster y University of Notre Dame Press, Notre Dame 2004, p. 255.

[13] *Ibid.*, p. 257. Sobre la actualidad de las ideas de Newman con respeto a la política educativa contemporánea, véase M. Reiser, "Newmans *Idee der Universität* und der Bologna-Prozess", en *MThZ*, 61, (2010) pp. 120-132.

[14] J.H. Newman, "1852 Discourse V", en Id., *The Idea of a University*, ed. I. Ker, Clarendon Press, Oxford 1976, p. 419.

cada disciplina según su utilidad práctica (como se promovía en la revista liberal *Edinburgh Review*) conducía a una disociación de las diversas ramas del saber entre sí que convierte a la universidad en «una especie de bazar, o pantécnicon, en el que se amontonan mercancías de todo tipo para su venta en puestos independientes unos de otros»[15].

Entre los fundadores de la Universidad de Londres se encontraba, junto con Jeremy Bentham, uno de los padres del utilitarismo moderno, también el reformador social liberal Henry Brougham. Brougham, que fue uno de los cofundadores de la *Edinburgh Review*, contribuyó con un artículo en 1824 sobre el tema de "La educación científica del pueblo", que más tarde se popularizó como panfleto bajo el título *Observaciones prácticas sobre la educación del pueblo dirigidas a las clases trabajadoras y a sus patrones* (1825). En particular, sostenía que la producción de publicaciones educativas baratas sería el medio más eficaz de trabajar por una educación efectiva de las masas. A tal efecto, Brougham, en 1826, fundó la llamada 'Sociedad para la Difusión del Conocimiento Útil', cuyo objetivo era poner los descubrimientos de la ciencia moderna al alcance de una amplia masa de lectores de las clases media y trabajadora con libros científicos de divulgación baratos.

Estas publicaciones, que aparecían regularmente en series de libros de gran tirada, contribuyeron notablemente a vincular la ciencia y el paradigma del progreso en la percepción del público de la Inglaterra victoriana y reforzaron inmensamente la posición social de las ciencias empíricas.[16] Newman se refie-

---

[15] *Ibid.*, p. 421.

[16] Véase H. SMITH, *The Society for the Diffusion of Useful Knowledge, 1826-1846: A Social and Bibliographical Evaluation*. Dalhousie University Press, Halifax 1974; J.R. TOPHAM, "Publishing 'Popular Science' in Early Nineteenth-Century Britain", en A. FYFE, B. LIGHTMAN, *Science in the Marketplace: Nine-*

re a este tipo de nueva literatura de masas y a los llamados 'Institutos Mecánicos' para la educación de las clases trabajadoras asociados a ella en su discurso dirigido a las clases vespertinas de la Universidad Católica de Dublín (incluido en la segunda parte de *La idea*).

Se pregunta, con cierto escepticismo, «qué ventaja permanente obtiene el espíritu con esa lectura y esas lecciones poco sistemáticas que alienta ese movimiento literario», y llega a la conclusión: «Una persona puede asistir a mil lecciones y leerse miles de libros, y al final no haber adelantado un solo paso en cuanto a conocimiento»[17].

Newman era pues consciente no sólo de la brecha cada vez mayor entre religión y ciencia y de la creciente especialización de cada una de las ciencias, sino también de la revolución mediática de su época, tanto en su seductor atractivo como en sus posibles peligros para la cultura intelectual. «¿Qué podemos desear más para la educación intelectual de todo el hombre, y para cada hombre», escribió irónicamente en un artículo de 1854 en la *Gaceta de la Universidad Católica*, «que una promulgación tan exuberante, diversificada y persistente de todo tipo de conocimientos? ¿Por qué, os preguntaréis, tenemos que subir al saber, si el saber baja a nosotros?»[18].

Según Newman, el saber que ya no ha sido metódicamente reflexionado y sistemáticamente adquirido en una laboriosa 'ascensión', sino que sólo se consume mecánicamente en trozos

---

teenth-Century Sites and Experiences, Chicago University Press, Chicago 2007, pp. 135-168.

[17] J.H. NEWMAN, *La idea de la Universidad: II. Temas universitarios tratados en lecciones y ensayos ocasionales*, Ediciones Encuentro, Madrid 2014, pp. 259-260.

[18] ID., *The Rise and Progress of Universities and Benedictine Essays*, ed. M.K. TILLMAN, Gracewing, Leominster y University of Notre Dame Press, Notre Dame 2001, p. 7.

prefabricados y fácilmente comprensibles, no conduce a una auténtica formación del intelecto, sino a esa educación media, superficial y sabelotodo que Newman llama *"viewiness"* ('opinionitis'), y que rechaza tanto como la cerrazón especialista[19].

En este contexto, sus reflexiones sobre la misión de la universidad deben entenderse como un correctivo consciente, tanto frente a los esfuerzos de la reforma educativa de su tiempo como frente a los desarrollos en los medios de comunicación. Y podemos preguntarnos si a este respecto pueden también seguir sirviendo de correctivo válido para la cultura educativa actual y su relación con los medios de comunicación de nuestro tiempo.

3. Los conceptos básicos de la 'idea de la universidad' de Newman

Para abordar la cuestión de qué podemos aprender hoy de las reflexiones de Newman sobre la educación universitaria y sobre la cultura intelectual en un sentido más amplio, me gustaría abordar su pensamiento de forma algo más sistemática, partiendo de los tres puntos que él coloca como definición de una universidad en el Prefacio del libro que recoge sus conferencias: «La visión que se tiene de una universidad en estos Discursos es la siguiente: Que es un lugar donde se enseña el conocimiento universal. Esto implica que su objeto es, por una parte, intelectual, no moral; y, por otra, que tiende a la difusión y extensión del saber más que a su progreso»[20].

---

[19] ID., "Preface", p. 12. Newman define allí *"viewiness"*, entre otras cosas, como «brillantes opiniones generales sobre todas las cosas». Sobre el rechazo de Newman a ambas actitudes, véase también A. MESZAROS, "A Philosophical Habit of Mind: Newman and the University", en *Logos*, 24.2, (2021) pp. 43-47.
[20] J.H. NEWMAN, "Preface", p. 5.

En primer lugar, esta definición determina el concepto de saber establecido por Newman: la universidad se ocupa del "conocimiento universal", no del saber especializado. En segundo lugar, define el objetivo educativo de una universidad: se trata de la formación del intelecto, no de la enseñanza de competencias profesionales o de normas morales de comportamiento (aunque la dimensión ética del ser humano no se entiende en absoluto estrictamente separada de la intelectual, como se verá más adelante). En tercer lugar, la definición de Newman también determina el método educativo que se aplica en una universidad: se trata de la transmisión de conocimientos de persona a persona, no de la búsqueda del conocimiento científico por sí mismo[21].

3.1. "Conocimiento universal": la ciencia como conjunto de disciplinas

El concepto que Newman tiene de la *universitas* como lugar del "conocimiento universal" intenta superar en primer lugar las oposiciones polémicas que caracterizaban las discusiones sobre el conocimiento de su época: la oposición entre teología y ciencias seculares, la oposición entre humanidades y ciencias naturales, y la competencia mutua entre las ciencias especializadas. Para Newman, el conocimiento humano es todo un conjunto universal al que cada una de las ramas del saber aporta su contribución específica:

> Todo lo que existe, tal como es contemplado por la mente humana, compone un amplio sistema o una compleja totalidad, que se

---

[21] Newman asigna esto último fin a las academias, aunque la oposición entre docencia e investigación tampoco debe entenderse aquí de forma absoluta; véase I. Ker, "Newman's Idea of a University and its Relevance for the 21st Century", en *Australian eJournal of Theology*, 18.1, (2011) pp. 27-28.

resuelve en un número indefinido de hechos particulares, que, por ser partes de un todo, mantienen innumerables relaciones recíprocas de todo género. El conocimiento es la aprehensión de estos hechos, ya en sí mismos, o en sus mutuas posiciones e influjos[22].

Esto significa que las ciencias están interconectadas de muchas maneras, dialogan entre sí, corrigen y complementan sus perspectivas individuales. Por tanto, ninguna ciencia puede alcanzar por sí sola un conocimiento válido del mundo, pues «ni una ciencia, ni dos, ni toda una familia de ciencias, o la entera ciencia profana, constituyen la totalidad de la Verdad»[23]. Por otra parte, si se excluyera deliberadamente una de ellas, el lugar que ocuparía sería inevitablemente usurpado por las disciplinas vecinas, que sobrepasarían entonces el ámbito de competencia que les corresponde. Newman advierte a sus oyentes del riesgo que «una ciencia, por amplio que sea su objeto, incurrirá en notables errores, si pretende erigirse en el único exponente de todo lo que hay del cielo y de la tierra, por la sencilla razón de que se entromete en un campo que no es el suyo, y se ocupa de cuestiones para cuya solución carece de instrumentos»[24].

Para Newman, la verdadera capacidad científica exige, por tanto, humildad intelectual, ser consciente de que el propio conocimiento no puede ser nada más que fragmentario con respecto al conjunto, y por lo tanto respeto por los métodos científicos y resultados logrados por los demás. De hecho, es precisamente esta humildad intelectual la que actúa a su vez como garante de la libertad científica, porque con su ayuda se

---

[22] J.H. NEWMAN, *Discursos*, p. 76.
[23] *Ibid.*, p. 100.
[24] *Ibid.*, p. 101.

pueden soportar las tensiones y contradicciones entre las teorías, métodos y posturas individuales sin poner en duda la verdad en su conjunto.

Newman lo deja muy claro en la octava de sus conferencias
dirigidas a las diversas facultades de la Universidad Católica
que forman la segunda parte de *La idea de la universidad*. Este
discurso, titulado "Cristianismo e investigación científica" y pro-
testando, en palabras de Newman, «contra el innecesario anta-
gonismo que a veces existe entre los teólogos y los cultivadores
de las ciencias en general», ha sido caracterizado por Wilfred
Ward como «un notable ejemplo de sabia previsión» (dado que
fue pronunciado en 1855, cuatro años antes de la aparición de
El origen de las especies de Darwin); Ward lo llama «casi una
Carta Magna de la libertad que exige la ciencia laica en una
Universidad Católica»[25]. Argumentando que «es un asunto de
primordial importancia para el desarrollo de las ciencias –en las
que la verdad se puede alcanzar por el intelecto humano– que
el investigador sea libre, independiente y no se le impongan
restricciones»[26], Newman exige un nivel necesario de tolerancia siempre que una verdad a la que se llega parezca estar en
contradicción con una verdad previamente sostenida. «Lo que
invita a tener esa paciencia y esa cautela», explica,

> es la inmensidad misma del sistema de cosas [...]. Porque esa in-
> mensidad le sugiere [al estudioso] que las contradicciones y miste-
> rios con que se encuentra en las distintas ciencias pueden ser
> sencillamente la consecuencia de nuestra comprensión necesaria-

---

[25] W. WARD, *op. cit*., p. 402. Ian Ker también lo califica como *"una elocuente
defensa de la libertad de pensamiento"*; I. KER, "Editor's Introduction", en J.H.
NEWMAN, *The Idea of a University*, ed. I. KER, Clarendon Press, Oxford 1976,
p. lxxii.
[26] J.H. NEWMAN, *La idea de la Universidad II*, pp. 242-243.

mente deficiente. [...] La sabiduría más alta es la de aceptar cualquier verdad, del tipo que sea, dondequiera que se haya establecido claramente como tal, aunque luego haya problemas para hacerla compatible con otras verdades conocidas[27].

A la luz de esta realización, la tarea de la universidad como lugar de conocimiento universal es crear un espacio –no sólo virtual, habría que añadir– para la coexistencia de todas las diferentes ramas del saber, «el entero círculo»[28]. En este espacio tiene lugar un intercambio mutuo libre, respetuoso, también quizás polémico, en el que las disciplinas individuales se complementan y corrigen mutuamente en sus diferentes métodos y formas de pensar. De este modo se puede adivinar algo del gran conjunto de la verdad sobre el mundo. «Es [la universidad]», escribe Newman en uno de sus artículos en la *Gaceta Universitaria,*

el lugar al que mil escuelas contribuyen; donde el intelecto puede extenderse y especular con seguridad, seguro de encontrar su igual en alguna actividad antagonista, y su juez en el tribunal de la verdad. Es un lugar donde la investigación es impulsada hacia adelante, y los descubrimientos son verificados y perfeccionados [...] por el choque de mente con mente, y de conocimiento con conocimiento[29].

---

[27] *Ibid.*, pp. 233-234.

[28] J.H. NEWMAN, *Discursos*, p. 125.

[29] J.H. NEWMAN, *Rise and Progress of Universities*, p. 16. En el octavo discurso de la segunda parte de la *Idea* antes citado, Newman desarrolla en el mismo contexto la famosa comparación de la universidad con un 'imperio', que «configura el territorio del intelecto y asegura que los límites de cada parcela se respeten escrupulosamente, y que no haya ni invasión ni claudicación en ninguna parte. [...] No mantiene una sola y exclusiva línea de pensamiento [...]; y tampoco sacrifica ninguna. [...] Es imparcial hacia todas y promueve

Ninguna ciencia, según Newman, queda exenta de este diálogo constructivo, ni siquiera, y especialmente, la teología. Por un lado, se opone así a la excesiva timidez de algunos representantes del obispado católico de la época, que rechazaban las ciencias modernas como una amenaza para la fe y querían que la enseñanza en la nueva Universidad Católica de Irlanda estuviera fundada predominantemente en manos de clérigos. Newman sostenía que los laicos católicos bien informados no debían temer el contacto con la ciencia moderna, sino más bien tenían que familiarizarse con ella, conociendo su forma de pensar y sintetizarla armoniosamente con la vivencia de su fe.

Más aún, como observa astutamente en la conferencia titulada "Un modelo actual de incredulidad", una separación demasiado estricta entre los dominios de la religión y la ciencia, con el argumento de que la investigación científica podría hacer vacilar a los católicos en sus convicciones, incluso haría el juego a los secularistas cuyo objetivo era desterrar por completo la religión de la esfera pública y así privarla de cualquier influencia social[30]. Por lo tanto Newman, en uno de sus sermones universitarios de Dublín, insiste enérgicamente en su deseo que

> el intelecto se desenvuelva con la mayor libertad, y que la religión goce de igual libertad. [...] No me satisfará, lo que satisface a tantos, tener dos sistemas independientes, intelectual y religioso, desarrollándose a la vez uno al lado del otro, por una especie de división del trabajo, y sólo accidentalmente reunidos. [...] Quiero que el mismo techo contenga tanto la disciplina intelectual como

---

cada una en el lugar que le corresponde y en el cumplimiento de su propio objetivo». ID., *La idea de la Universidad II*, p. 231.

[30] *Ibid.*, pp. 167-178.

la moral. [...] Quiero que el laico intelectual sea religioso, y que el eclesiástico devoto sea intelectual[31].

La reflexión científica, según Newman, no sólo no es una amenaza para la fe sino todo lo contrario: «El conocimiento y la razón», mantiene, «son ministros seguros de la fe»[32].

A la inversa, Newman también subraya la racionalidad de la doctrina cristiana, especialmente la católica, frente a los representantes de la ciencia moderna que descartan la fe y la religión como especulaciones puramente subjetivas que obstaculizan la objetividad del conocimiento científico. Los contenidos de la doctrina de la fe guardan entre sí una relación sistémica igualmente compleja que los contenidos doctrinales de otras ramas de la ciencia. Para Newman, el conocimiento de la fe puede, por tanto, considerarse 'científico' con tanta razón como el conocimiento de las ciencias empíricas: «La doctrina religiosa», subraya, «es conocimiento en sentido tan pleno como lo es la teoría de Newton»[33].

Más aún, no sólo la teología se perjudicaría a sí misma si se cerrara por miedo al diálogo con la ciencia moderna; también sería igualmente fatal para la propia ciencia si se aislara por completo de las cuestiones planteadas por la teología, ya que es precisamente la teología la que señala a todo el edificio de la ciencia su fundamento más profundo y su sentido último. Al igual que Benedicto XVI casi dos siglos más tarde en su famoso discurso de Ratisbona, Newman apeló pues a los positivistas de su tiempo para que reconocieran el valor intrínseco de las formas no empíricas de conocimiento, con el fin de superar «la

---

[31] J.H. NEWMAN, *Sermons Preached on Various Occasions*, ed. J. Tolhurst, Gracewing, Leominster y University of Notre Dame Press, Notre Dame 2007, p. 13.
[32] ID., "Preface", p. 6.
[33] ID., *Discursos*, p. 73.

limitación que la razón se impone a sí misma de reducirse a lo que se puede verificar con la experimentación», y volver «a abrir su horizonte en toda su amplitud»[34].

Según Newman, la tarea de la ciencia universitaria debe ser siempre, detrás de toda investigación individual, preguntarse por el verdadero sentido de la realidad y del conocimiento científico sobre ella, intentando así a conocer su lugar en el gran conjunto de la verdad sobre el mundo y el hombre. Describe esa auténtica intelectualidad con el término "carácter filosófico" o "hábito filosófico de la mente", entendiendo por 'filosofía' no una disciplina más entre otras muchas, sino una especie de meta-ciencia («una ciencia de las ciencias») que, por así decirlo, examina desde fuera las demás ramas del saber en cuanto a su metodología y su interrelación[35].

Cien años más tarde, Romano Guardini lo formuló de manera similar en sus reflexiones sobre la responsabilidad social de la universidad, al querer asignar a toda "ciencia" una "meta-ciencia", «una conciencia filosófica que le dé su fundación última de sentido y su responsabilidad»[36]. Guardini sabía demasiado bien, cuando formuló estas reflexiones en la Alemania de los años cincuenta, adónde puede conducir la percepción del conocimiento científico como absoluto si carece de esa fundación última de sentido y responsabilidad.

---

[34] BENEDICTO XVI, *Discurso en la Universidad de Ratisbona*, 12 de septiembre de 2006. Disponible:
https://www.vatican.va/content/benedict-xvi/es/speeches/2006/september/documents/hf_ben-xvi_spe_20060912_university-regensburg.html [consultado 16 de febrero de 2024].

[35] J.H. NEWMAN, *Discursos*, pp. 81 y 145.

[36] Así dice Guardini (con referencia a Max Scheeler) en su ensayo "Die Verantwortung des Studenten für die Kultur", en R. GUARDINI, W. DIRKS y M. HORKHEIMER, *Die Verantwortung der Universität*, Werkbund-Verlag, Würzburg 1954, p. 14.

Unir las ciencias «en un círculo y un sistema» y darles «un centro y un destino, en lugar de dejarlas vagar aquí y allá en una especie de confusión desesperada» es, pues, según Newman, el objetivo esencial de cualquier universidad, y con mayor razón de una universidad 'católica' (tomada en el sentido original de la palabra).[37]

3.2. El "cultivo del intelecto" como objetivo de la educación universitaria

El objetivo educativo que espera Newman de una universidad se desprende directamente de su concepto universal del conocimiento. Consiste en formar y ampliar el intelecto humano de tal manera que llegue a ser capaz de mirar más allá de la superficie de las cosas y de los puntos de vista, desarrollando «una visión o entendimiento conectado de las cosas», y llegando así a ser capaz de la verdad en el pleno sentido de la palabra: «La verdad, del tipo que sea, es el objeto propio del intelecto. Cultivar el intelecto significa por tanto hacerlo apto para aprehender y contemplar la verdad»[38].

Este "cultivo del intelecto", que Newman considera la misión central de la universidad, es por un lado algo esencialmente distinto de la pura transmisión cuantitativa de conocimientos: «Una ciencia», advierte, «no es un mero conocimiento, es un conocimiento que ha sufrido un proceso de digestión intelectual»[39]. Por otro lado, la universidad no debe dejarse instrumentalizar por un concepto utilitarista de la educación proveniente de la Ilustración, que mide los contenidos educativos únicamente según su 'valor de mercado', es decir, según su aplicabi-

---

[37] J.H. Newman, "1852 Discourse V", p. 423.
[38] Id., "Preface", p. 11 y Id., *Discursos*, p. 165.
[39] Id., "1852 Discourse V", p. 423.

lidad concreta en la vida profesional posterior o su contribución al progreso económico-material de la sociedad en su conjunto. Newman plantea la pregunta provocadora de «cuál sea el valor real en el mercado del artículo llamado 'educación liberal', dado que esta educación no nos enseña cómo vender nuestros productos, o cómo mejorar nuestras tierras y nuestra economía, ni tampoco hace inmediatamente de este hombre un abogado, ni de los otros un ingeniero o un médico»[40]. Básicamente, Newman quiere enseñar a sus alumnos nada más y nada menos que a pensar: «Afirmo entonces que una Universidad, considerada en su idea desnuda, [...] posee este objeto y esta misión; [...] educa el intelecto para que razone bien en todos los temas»[41].

Lo que Newman quiere decir con esto lo ilustra con detalle gráfico en una comparación muy vívida de la habilidad mental que desea alcanzar en sus alumnos con la de un escolar estudioso. Mientras que el escolar se apropia pasivamente de una gran cantidad de contenidos de conocimiento de otros, que puede reproducir exactamente a demanda, pero sin relacionarlos entre sí ni examinarlos críticamente, la mente verdaderamente educada procesa activamente los contenidos de conocimiento recién adquiridos, ordenándolos, interpretándolos, tratando de comprenderlos en su sistemática, relacionándolos con conocimientos ya conocidos y apropiándoselos así en el verdadero sentido de la palabra.

---

[40] Id., *Discursos*, p. 167. Sobre las connotaciones políticas radicales del término "*usefulness*" en el contexto histórico de Newman y los orígenes de la controversia entre los defensores del conocimiento 'útil' y 'liberal' véase M.M. Garland, *op. cit.*, pp. 271-272. En el Discurso 6 de la Primera Parte de la *Idea*, Newman utiliza el término "iluminación" para su ideal educativo, identificandolo así como una Ilustración autentica (J.H. Newman, *Discursos*, pp. 145 y 153). En otro lugar del Discurso 7, cita a John Locke como autoridad de sus oponentes (cf. *ibid.*, p. 171).
[41] Id., *Discursos*, p. 144.

El primer tipo de educación (la "educación técnica") produce un ser humano que es «principalmente criatura de influencias y circunstancias exteriores»[42], un *homo faber*, dependiente de las influencias predeterminadas de la corriente principal y de la tecnología. Sólo el segundo tipo (la "educación filosófica") imparte la capacidad de desarrollar las propias posiciones de manera fundamentada, de comprender los contextos, de proceder de manera metódica y reflexiva, de juzgar con independencia de opiniones ajenas, de desarrollar la firmeza y el discernimiento; en una palabra, una auténtica intelectualidad.

A partir de este ideal, Newman traza un nítido retrato de los males del sistema universitario de su época:

> El error práctico de los últimos veinte años [...] ha consistido en [...] haber distraído y debilitado la mente con una absurda profusión de temas; [...] en haber considerado progreso, y no disipación de la mente, la familiaridad con los nombres científicos de cosas y personas, [...]. El aprender se hace así sin esfuerzo ni atención; se hace sin fundamento, ni avance, ni fin. No hay en el proceso nada de individual [...]. Lo que hace la máquina de vapor con la materia, lo hace la imprenta con la mente. Actúa mecánicamente, y la gente se mostrará pasiva, ilustrada casi inconscientemente [...][43].

Concluye el desilusionante panorama con la acertada frase: «Una Universidad es, según su denominación usual, un Alma Mater, que conoce a sus hijos uno a uno. No es un asilo, ni una casa de la moneda, ni una fábrica»[44]. La crítica explícita a la Universidad de Londres y al ideal utilitarista de la educación

---

[42] *Ibid.*, pp. 134 y 146.
[43] *Ibid.*, pp. 157-158.
[44] *Ibid.*, p. 159.

expuesto en la *Edinburgh Review* que Newman había formulado en su Quinto Discurso original (que los Discursos 6-9 susti-
tuyeron en la versión publicada) deja claro el objetivo específico de este pasaje satíricamente exagerado[45]. Pero las resonancias
con muchas normas de estudios actuales, y tal vez con la dependencia cada vez mayor de formas automatizadas de transferencia y producción de conocimientos, son también evidentes.

Para Newman, una mente culta no es un depósito de conocimientos capaz de absorber y reproducir automáticamente el
saber con sólo pulsar un botón; como tal, sería fácilmente sustituida por máquinas (como las memorias mecánicas de las
herramientas de IA). La auténtica intelectualidad es el resultado
de un proceso lento y personal de asimilación que implica un
esfuerzo activo; es «cuestión de entrenamiento», «obra de la disciplina y del hábito»[46].

Newman considera que el principal peligro de una cultura
educativa mecanicista y utilitarista no radica tanto en su inefi-
cacia como en el hecho de que deshumaniza la razón humana
al degradarla a una especie de pieza del engranaje mediante su
estrecha orientación a la utilidad y al beneficio social[47]. Como
consecuencia, la sociedad se divide cada vez más en círculos
individuales de especialistas y sus intereses particulares:

> [M]ientras [el individuo] contribuye de ese modo eficazmente a la
> acumulación de riqueza, se degrada cada vez más él mismo como

---

[45] Cf. H. NEWMAN, "1852 Discourse V", pp. 419-423.

[46] J.H. NEWMAN, *Discursos*, pp. 165-166.

[47] Como señala George Landow, otras voces en la época victoriana, como
Thomas Carlyle, también habían criticado el enfoque de la educación moderna como 'mecanicista'. Cf. G.P. LANDOW, "Newman and the Idea of an Electronic University", en F.M. TURNER, *The Idea of a University*. Yale UP, New Haven
y London 1996, pp. 353-354.

ser racional. En la medida en que su esfera de acción se contrae, disminuyen sus poderes y hábitos mentales, y acaba asemejándose a una pieza subordinada de una poderosa maquinaria, útil en su lugar, pero insignificante y sin valor fuera de él[48].

Para contrarrestar este peligro, Newman, al igual que Guardini, subraya enfáticamente que la educación, si ha de ser auténticamente humana, debe contener siempre un elemento de gratuidad. Sólo entonces, podrá también aportar una contribución verdaderamente beneficiosa a la sociedad en su conjunto, sin dejarse instrumentalizar por intereses políticos o económicos a corto plazo[49]. Newman considera que las disciplinas humanísticas son especialmente responsables de proporcionar al intelecto la libertad de desarrollo individual que denomina con el término corriente en la tradición angloamericana "educación liberal":

> Este proceso de entrenamiento, por el que el intelecto, en vez de ser asimilado o sacrificado a un determinado fin particular o accidental, a un oficio, estudio o ciencia concretos, [...] es educado en aras de sí mismo [...], se llama educación liberal [...]. [E]ducar de acuerdo con él, y hacer que todos los alumnos avancen hacia él según la propia capacidad, son los objetivos de una Universidad[50].

---

[48] J.H. NEWMAN, *Discursos*, pp. 178. Newman se refiere aquí a una controversia contemporánea entre representantes de su antiguo colegio en Oxford y la *Edinburgh Review*; véase en detalle W. CHEN, "Criticisms of the University of Oxford in the Early 19th Century and the Formation of Newman's Idea of a University: Focusing on attacks in the *Edinburgh Review*", en *Higher Education Forum*, 14, (2017), pp. 11-33.

[49] Cf. J.H. NEWMAN, *Discursos*, pp. 178-179; véase también R. GUARDINI, *op. cit.*, en particular pp. 15-22.

[50] J.H. NEWMAN, *Discursos*, p. 166.

Para Newman, una universidad sólo produce beneficios realmente duraderos para la sociedad cuando cumple su mandato educativo sin orientarse a corto plazo a beneficios concretos y materiales. Esto no significa que desprecie los beneficios prácticos de una educación universitaria para la futura vida profesional de los alumnos y el impacto concreto que una universidad debe tener en la cultura que la rodea. Pero es consciente de que este impacto debe recaer siempre, en primer lugar, en las personas. Quizá podríamos describir su principio con un término moderno como 'capital humano'. «Así creo resolver la falacia –porque no es otra cosa– con la que Locke y sus discípulos quieren desanimarnos de cultivar el intelecto, invocando la idea de que ninguna educación es útil si no nos enseña una dedicación práctica, o una actividad técnica», argumenta Newman. «Afirmo entonces que un intelecto cultivado, por ser un bien en sí mismo, [...] nos capacita para ser más útiles a un mayor número de personas [...], y esa educación liberal, si niega el lugar principal a los intereses profesionales, lo hace sólo para [...] subordinarlos a la formación del ciudadano»[51].

Contrariamente a lo que le reprochan algunos de sus críticos modernos, Newman no alegaba que las universidades se replegaran en la torre de marfil de una ciencia como un fin en sí mismo. Para él, la misión de una universidad consistía ante todo en educar personas, no funcionarios: verdaderas personalidades capaces de desempeñar sus tareas en la sociedad con competencia, responsabilidad y con vistas al bien común[52]. Así

---

[51] *Ibid.*, p. 178.
[52] Véase también el comentario que Newman hace sobre la finalidad de la propuesta Universidad Católica de Dublín: «[C]uando la Iglesia funda una Universidad, no está apreciando el talento, el genio o el conocimiento, por sí mismos, sino por el bien de sus hijos, [...] con el objeto de formarlos para que

pues, en palabras de Martha Garland, «la principal exigencia de Newman [en el clima actual] puede que no sea que los estudios liberales se impongan a los estudios útiles, sino más bien que todos los interesados se paren a pensar en lo que es verdaderamente útil en la educación»[53].

3.3. Alma mater, y no fábrica: la educación como proceso dialógico de persona a persona

Para que esto tenga éxito, Newman, en el último punto de su definición de la universidad, sugiere como elemento crucial el modo en que el conocimiento se imparte. Como más tarde insinuará en su famoso lema cardenalicio *Cor ad Cor* ('de corazón a corazón'), el centro de toda actividad educativa para Newman siempre debe estar en la relación de persona a persona. Porque incluso los esfuerzos educativos más dedicados, argumenta Newman, deben quedar sin frutos en una institución anónima de masas con «un grupo de enseñantes sin afinidades recíprocas, ni contacto anímico, o [...] un grupo de alumnos que no les conocen, y que no se conocen entre sí, en torno a un amplio número de temas diferentes y no conectados por una visión filosófica de conjunto, tres veces a la semana, o tres veces al año, o una vez en tres años, en aulas frías»[54].

A diferencia de una conferencia pública, una clase académica es, a su juicio, por su propia naturaleza, un proceso de diálogo: «En un despliegue de oratoria, todo el esfuerzo está en un lado, nada más; en una clase el esfuerzo lo comparten ambos

---

ocupen mejor sus respectivos puestos en la vida, y de hacerlos miembros más inteligentes, capaces y activos de la Sociedad» ("Preface", p. 7). Cf. también F.M. Turner, *op. cit.*, p. 301.

[53] M.M. Garland, *op. cit.*, p. 281.

[54] J.H. Newman, *Discursos*, p. 162.

lados, que cooperan en un fin común»[55]. Sólo en el diálogo mutuo y personal entre profesores y alumnos, pero también entre profesores y profesores, o alumnos y alumnos de distintos departamentos, puede lograrse la impronta personal y la adquisición gradual de una auténtica intelectualidad. Por supuesto el modelo en el que Newman está explícitamente pensando aquí es la estructura colegial y el sistema tutorial de su propia alma mater, Oxford; pero lo que dice se puede aplicar también (en mayor o menor grado) a cualquier otra institución[56].

Sólo en el espacio personal de la universidad como una comunidad humana de profesores e investigadores surge, según Newman, una cultura viva del conocimiento, «que imbuye e informa, en mayor o menor grado, y uno por uno, a todo individuo».[57] Frente a todas las ventajas de la difusión del saber a través de los medios modernos, Newman acaba por dar preferencia a este antiguo método «de comunicación actual entre el hombre y el hombre»[58].

En este sentido, precisa aún más su definición de la universidad en el artículo ya citado de la *Gaceta Universitaria Católica* titulado "¿Qué es una universidad?". La definición que da allí

---

[55] Id., *La idea de la Universidad II*, p. 263.

[56] Sobre el papel pionero del propio Newman en el establecimiento del sistema de tutorías personales en Oxford, véase I. Ker, "Newman's *Idea of a University*", p. 19. Como se ha sostenido en un reciente artículo, Newman desarrolló en Dublín una síntesis entre el sistema de Oxford y el sistema continental al asignar la formación personal de los estudiantes a los colegios individuales y el poder jurídico a la universidad. J.-A. Fernández-Castiella, M. Rumayor y J.-G. Rodríguez, "La influencia personal como principio biográfico, educativo y evangelizador en John Henry Newman", en *Teología y Vida*, 63/4 (2022), pp. 478-480.

[57] J.H. Newman, *Discursos*, p. 161.

[58] J.H. Newman, *Rise and Progress of Universities*, p. 8.

se centra resueltamente en la dimensión humana: «una universidad parece ser en su esencia, un lugar de comunicación y de circulación del pensamiento, por medio del trato personal»[59].

4. Conclusión

El propósito de este trabajo ha sido demostrar la importante resonancia que la *Idea de la Universidad* de Newman tiene con los retos a los que se enfrentan las universidades contemporáneas desde dentro de la política y los medios de comunicación. La visión que Newman tiene de la universidad como un lugar para la formación de futuros líderes responsables de la sociedad sobre la base de un concepto verdaderamente 'católico' de la educación, es más que nunca una visión para el futuro académico.

Para Newman, la universidad, si quiere cumplir de manera adecuada su misión para con la sociedad, siempre debe servir en primer lugar a las personas, y sólo en segundo lugar al progreso de la ciencia o a intereses económicos. Sólo en una universidad que se considere a sí misma como una «forma de vida»[60], como una comunidad viva de personas, puede tener lugar una formación genuina y holística del intelecto y de la personalidad, que incluya entonces también la dimensión religiosa y moral del ser humano. «Los principios generales de cualquier estudio puedes aprenderlos con los libros en casa», escribe Newman en la *Gaceta Universitaria*, «pero el detalle, el color, el tono, el aire, la vida que lo hace vivir en nosotros, debes captarlos todos de aquellos en quienes ya vive»[61].

---

[59] *Ibid.*, p. 6.

[60] H.-E. TENORTH, "Was heißt Bildung in der Universität? Oder: Transzendierung der Fachlichkeit als Aufgabe universitärer Studien", en *Die Hochschule: Journal für Wissenschaft und Bildung*, 19, (2010), p.132.

[61] J.H. NEWMAN, *Rise and Progress of Universities*, p. 9.

5. BIBLIOGRAFÍA

BAYERISCHES STAATSMINISTERIUM FÜR WISSENSCHAFT UND KUNST, *Das Bayerische Hochschulinnovationsgesetz (BayHIG)*. Disponible: https://www.stmwk.bayern.de/wissenschaftler/hochschulen/hochschulrechtsreform.html [consultado 16 de febrero de 2024].

BENEDICTO XVI, *Discurso en la Universidad de Ratisbona*, 12 de septiembre de 2006. Disponible: https://www.vatican.va/content/benedict-xvi/es/speeches/2006/september/documents/hf_ben-xvi_spe_20060912_university-regensburg.html [consultado 16 de febrero de 2024].

CASPER, G., "Die Idee einer Universität", en *Wissenschaftskolleg Jahrbuch*, (2000/2001), p. 259. Disponible: https://www.wiko-berlin.de/fileadmin/Jahrbuchberichte/2000/2000_01_Casper_Gerhard_Vortrag_Jahrbuchbericht.pdf [consultado 16 de febrero de 2024].

CHEN, W., "Criticisms of the University of Oxford in the Early 19th Century and the Formation of Newman's Idea of a University: Focusing on attacks in the *Edinburgh Review*", en *Higher Education Forum*, 14, (2017), pp. 11-33.

FERNÁNDEZ-CASTIELLA, J.-A., M. RUMAYOR y J.-G. RODRÍGUEZ, "La influencia personal como principio biográfico, educativo y evangelizador en John Henry Newman", en *Teología y Vida*, 63/4 (2022), pp. 463-492.

GARLAND, M. M., "Newman in his Own Day", en F.M. TURNER, *The Idea of a University*. Yale UP, New Haven y London 1996, pp. 265-281.

GUARDINI, R., "Die Verantwortung des Studenten für die Kultur", en R. GUARDINI, W. DIRKS y M. HORKHEIMER, *Die Verantwortung der Universität*, Werkbund-Verlag, Würzburg 1954, pp. 5-35.

KER, I., "Editor's Introduction", en J.H. NEWMAN, *The Idea of a University*, ed. I. KER, Clarendon Press, Oxford 1976, pp. xi-lxxv.

KER, I., "Newman's Idea of a University and its Relevance for the 21st Century", en *Australian eJournal of Theology*, 18.1, (2011) pp. 19-32.

LANDES-ASTEN-KONFERENZ (LAK) BAYERN UND LANDESVERBAND WISSENSCHAFTLER IN BAYERN (LWB), *Vision einer bayerischen Hochschullandschaft 4.0*, pp. 10-12. Disponible: https://www.bayern.landtag.de/www/ElanTextAblage_WP18/Gesetzesmaterial/0000014172/0000000023.pdf [consultado 30 de mayo de 2025].

LANDOW, G.P., "Newman and the Idea of an Electronic University", en F.M. TURNER, *The Idea of a University*. Yale UP, New Haven y London 1996, pp. 339-361.

MACINTYRE, A., "The Very Idea of a University: Aristotle, Newman and Us", en *British Journal of Educational Studies*, 57, (2009) pp. 347-362.

MESZAROS, A., "A Philosophical Habit of Mind: Newman and the University", en *Logos*, 24.2, (2021) pp. 42-72.

NEWMAN, J.H., "Preface", en ID., *The Idea of a University*, ed. I. KER, Clarendon Press, Oxford 1976, pp. 5-15.

NEWMAN, J.H., "1852 Discourse V", en ID., *The Idea of a University*, ed. I. KER, Clarendon Press, Oxford 1976, pp. 419-434.

NEWMAN, J.H., *The Rise and Progress of Universities and Benedictine Essays*, ed. M.K. TILLMAN, Gracewing, Leominster y University of Notre Dame Press, Notre Dame 2001.

NEWMAN, J.H., *The Tamworth Reading Room*, en ID., *Discussions and Arguments on Various Subjects*, ed. J. TOLHURST, G. TRACEY, Gracewing, Leominster y University of Notre Dame Press, Notre Dame 2004, pp. 254-305.

NEWMAN, J.H., *Sermons Preached on Various Occasions*, ed. J. Tolhurst, Gracewing, Leominster y University of Notre Dame Press, Notre Dame 2007.

NEWMAN, J.H., *Discursos sobre el fin y la naturaleza de la educación universitaria*, ed. J. MORALES, Eunsa, Pamplona ²2011.

NEWMAN, J.H., *La idea de la Universidad: II. Temas universitarios tratados en lecciones y ensayos ocasionales*, Ediciones Encuentro, Madrid 2014.

REISER, M., "Newmans *Idee der Universität* und der Bologna-Prozess", en *MThZ*, 61, (2010) pp. 120-132.

ROBERTS, J.M., "*The Idea of a University* Revisited", en I. KER, A.G. HILL, *Newman after a Hundred Years*, Clarendon Press, Oxford 1990, 193-222.

SMITH, H., *The Society for the Diffusion of Useful Knowledge, 1826-1846: A Social and Bibliographical Evaluation*. Dalhousie University Press, Halifax 1974.

TENORTH, H.-E., "Was heißt Bildung in der Universität? Oder: Transzendierung der Fachlichkeit als Aufgabe universitärer Studien", en *Die Hochschule: Journal für Wissenschaft und Bildung*, 19, (2010), p. 119-134.

TOPHAM, J.R., "Publishing 'Popular Science' in Early Nineteenth-Century Britain", en A. FYFE, B. LIGHTMAN, *Science in the Marketplace: Nineteenth-Century Sites and Experiences*, Chicago University Press, Chicago 2007, pp. 135-168.

TURNER, F.M., "Newman's University and Ours", en ID., *The Idea of a University*. Yale UP, New Haven y London 1996, pp. 282-301.

WARD, W., *The Life of John Henry Cardinal Newman based on his Private Journals and Correspondence*. Vol. 1, Longmans, Green and Co., New York et al. 1912.

WESSELS, D., "ChatGPT - ein Meilenstein der KI-Entwicklung", en *Forschung & Lehre*, 20 de diciembre de 2022. Disponible: https://www.forschung-und-lehre.de/lehre/chatgpt-ein-meilenstein-der-ki-entwicklung-5271 [consultado 16 de febrero de 2024].

CAPÍTULO 9. LA DIMENSIÓN FORMATIVA DE LA UNIVERSIDAD: HUMANISMO E INTERDISCIPLINARIEDAD

Rafael Alvira (†)[1]
Catedrático de Filosofía
Universidad de Navarra

Sumario

---

[1] Publicamos a título póstumo el texto de la última conferencia que pronunció en la Fundación Universitaria Española, Rafael Alvira, amigo y maestro inolvidable. "La dimensión formativa de la Universidad: humanismo e interdisciplinariedad", en el 37 Curso de Pedagogía para educadores: *Renovación e innovación. La identidad de la Universidad en el siglo xxi*, Fundación Universitaria Española, Madrid, 11 abril 2023. Texto redactado para la exposición oral.

1. Introducción

Durante siglos, las tres columnas de la sociedad –familia, magisterio, iglesia– tenían a su cargo la educación, es decir, la enseñanza y la formación de las personas. Sobre todo, la dimensión formativa requería un trato personal muy marcado, insustituible a través de cualquier instrumento.

Una sociedad progresivamente despersonalizada por el ideal democrático de libertad e igualdad absolutas ha intentado suplir sus carencias con el recurso a instrumentos. La religión pretendió ser sustituida por la ley y la policía; el magisterio, con el despliegue de la figura del profesor-enseñante; para la familia no se ha encontrado una posibilidad razonable.

Educar implicaba un espíritu de pobreza esencial, no de miseria. El educador, con su trabajo normalmente aseguraba su vida, pero su entrega hacía que el enriquecimiento no fuera su objetivo. Uno de los aspectos que me resaltan hoy es la presencia en el mundo presuntamente educativo de un lenguaje tan economicista como el de cualquier ámbito social. La *EdTech*[2] y sus instrumentos, se presenta como un método por medio del cual se rinden servicios con la finalidad de recaudar suculentos beneficios.

El niño o joven sin atención de padres, maestros ni sacerdotes, siempre puede aprender mucho –sobre todo, lo más importante hoy, que es adquirir "competencias"–, por medio de la *EdTech*. Pero, ¿es eso formación?

---

[2] *EdTech* (*Educational Technology*) es el acrónimo de "tecnología educativa" y se refiere al uso de la tecnología en el ámbito educativo para mejorar la enseñanza y el aprendizaje.

2. El amor al saber

Sociedad y cultura son dos caras de la misma moneda: toda sociedad que realmente lo es está impregnada por una cultura; y viceversa: una cultura realmente existente configura una sociedad. El instrumento por excelencia tanto de una como de la otra es el lenguaje, pero, eso sí, tomando en cuenta la variedad de formas que éste reviste. El fonético es central, pero hay otros: los gestos, los comportamientos, y lo que el corazón lleva, que se transmite incluso sin gestos ni palabras, por la mirada, la sonrisa y la actitud.

Nacemos con la capacidad lingüística, pero hemos de aprender, lo cual es un proceso individual, pero nada individualista. No se enseña –a pesar de que hay profesores que parecen pensar lo contrario–, ni se aprende "en general". Se trata de una actividad de la que pueden participar muchos a la vez, pero que sólo es real si cada uno de los enseñados entra en ella, y si el enseñante es capaz de tener un lenguaje que habla a cada uno, aunque "escuchen" varios al tiempo. En el aprendizaje no hay sujetos pasivo y activo, sino que todos son activos. Y, si el maestro es bueno, habitualmente al enseñar aprende más que el discípulo.

Si el agricultor conoce bien el campo, la semilla, el tiempo, es más que probable que el campo agradecido por el buen trato dé buena cosecha. Lo hace para agradecer cómo ha sido cultivado. El proceso humano es semejante: quien cultiva bien genera cultura humana, salvo una resistencia del individuo que el educador no haya sido aún capaz de vencer.

El ser humano es imitativo: desde el instante de su nacimiento está percibiendo los lenguajes que le rodean y le interpelan, y responde a ellos imitándolos a su manera. Si son buenos, variados, profundos, ricos, su aprendizaje podrá ser mejor que si le falta en mayor o menor medida todo eso.

El ser humano, de otro lado, tiene una constitución abierta a lo universal, pero no tiene la capacidad de atender a todas las dimensiones con la misma atención seria. Y este punto es clave. La persona cultivada tiene una experiencia no sólo de lo que puede saber mejor, sino de aquello que duda de tener tiempo o facilidad personal para aprenderlo bien. Y es completamente diferente saber que no sabes a no saberlo. No darse cuenta en serio de la propia ignorancia es un acto de soberbia intelectual, que se paga con la falta de crecimiento interior.

Me refiero, por tanto, a la concepción socrática del saber. Sólo quien se da cuenta de su no saber está en el primer paso para empezar a saber. Saber es *poseer*, captar, hacer propia otra realidad, y ella ofrece su interior, su secreto, su verdad, sólo a quien no quiere lograrla desde fuera, desde sus deseos y puntos de vista. Para conocer he de renunciar a imponer mis presupuestos, y dejar que la realidad me hable.

Eso, sostiene Sócrates, sólo se logra mediante el amor al saber y a la realidad misma. Sucede tanto en la ciencia como en las relaciones personales: la única forma de poseer al otro y poder decir es "mi amigo" es no instrumentalizarlo. Querer de verdad significa tener al otro como medio, y nunca como instrumento. Si el otro ser me abre su interioridad, entonces puedo captarlo porque lo conozco según es, o sea, su "forma": sólo lo formado puede ser "cogido", "captado". En ese sentido, "formarse" es, en primer lugar, aprender a descubrir la *forma* –el modo de ser, no la mera figura– de cada realidad

Eso quiere decir que lo primero que ha de hacer quien quiere saber es *reconocer* su no saber. Reconocer que no se posee es más que el mero conocer, un paso adelante: es "caer en la cuenta". El límite con el que me topo es la forma –Aristóteles afirma que la forma es límite– que me hace "caer en la cuenta", si acepto que aún no la conozco en verdad, sino que acabo de abrir la posibilidad de poseerla. Por eso, la experiencia del golpe es también la experiencia de que sólo poseo si me dejo poseer por la realidad.

Esa es la base fundamental que permite vivir el saber y que él crezca del modo adecuado. Este trato y ese crecimiento subsiguiente es el cultivo, y quien lo practica es el hombre culto. Los hombres cultos, mediante sus relaciones –pues la relación dialógica es la vida del espíritu– construyen la cultura de una sociedad. La dimensión formativa es aquella que construye la cultura.

Así pues, el fundamenta que sostiene la formación cultural es, en primer lugar, algo que no tiene que ver directamente con el estar informado de muchas cosas. Esto es necesario y útil como condición –si no tengo "material" delante no puedo aprender– pero la cultura vive gracias al amor al saber. Él tiene la característica de que –como todo amor– siempre quiere más, al ser vida en plenitud. Amar de verdad es poder decir te amo todo o infinito, que en este caso son sinónimos. Es lo incalculable extensivo (nunca llegarás al término) e intensivo (no sirve para, no está subordinado). ¿Cuánto me das? Todo lo que vaya consiguiendo; ¿con que objetivo? Ninguno más que el seguirte queriendo. El amor verdadero es la única energía que en este mundo va más allá de las relaciones de pura necesidad. De ahí que sea el núcleo de lo que llamamos espíritu, y la base sobre la que se construye toda sociedad verdaderamente humana: la confianza.

En una sociedad culta desaparece la dicotomía entre la sociedad autoritaria y la populista, hoy tan mencionada. En ella, a diferencia del autoritarismo, la fuerza empleada es –en principio y mientras no sea necesario otra cosa– el amor, que iguala –y por eso a premios y castigos se les llama, métodos indirectos de enseñanza–; de otra parte, a diferencia del populismo, cada uno reconoce la autoridad del otro, ya que –como recuerda Tomás de Aquino– siempre hay algo en lo que el otro puede ser mi maestro.

La clave, pues, tanto de la educación científica como, sobre todo, de la formación humana, está en la aplicación de ese espíritu. Todo los demás métodos y sistemas pueden ser, bien aplicados, muy interesantes y útiles como instrumentos de apoyo, pero en ningún modo están capacitados para educar ni formar si falta la base señalada. Hoy día, en medio de una cantidad grande de diseños pedagógicos y de planes de enseñanza, me parece que falta el alma. No sé si en alguna de las leyes de educación se menciona la idea de *amor al saber* tomada en serio y con las correspondientes medidas prácticas. para su puesta en práctica.

Entré con 23 años de profesor contratado en la Universidad Complutense. Eché en falta una atención mayor a todas las personas que –en diferentes niveles– trabajaban en la administración universitaria. Me parecía necesario resaltar su dignidad, que no quedaba bien reflejada con el título de "empleados", al servicio del profesorado. El problema es que ahora los profesores son los empleados. Lo primero me parecía mal, lo segundo es igual de malo, pero, además, un indicio más del final de la Universidad.

Es así, porque sin maestros la Universidad es una máquina que se mueve sobre la pura exterioridad. La culpa de la triste situación en la que nos encontramos no es sólo de la política, ni de la economía, sino también con cierta frecuencia de los propios profesores.

3. Lo universal

El ser humano es capaz de captar lo universal, lo que se muestra por lo ya dicho: se puede tener conciencia de un no-saber universal, sólo posible por esa apertura. Y comprendemos, al mismo tiempo, que no es posible hacer propia una universalidad objetiva. Por "muchas cosas" que sepamos, sabemos que nos faltan muchas más por saber.

Un socrático comprende que el saber es *vida* del espíritu, y que esa vida –a la vez que es mía–, me desborda, pues es también de la realidad amada, regalada en su esencia; además, como toda vida, crece hacia dentro y desde dentro, sin un término objetivo definitivo. Es una vida en la que no hay un "basta" objetual. Se abre universalmente en extensión y en intensidad. De ahí que el maestro en una ciencia nunca sea una persona encerrada en su particular saber científico o técnico, sino abierta a un diálogo con las personas y las cosas, que anhela. Un maestro, como un buen padre, una buena madre, o un buen sacerdote, es siempre un "loco" de lo suyo, pero con una locura muy cuerda y muy respetuosa.

Se trata de una locura en la que uno da todo y se da del todo, sin preocuparse de lo propio; vive, sin darse cuenta, en una "pobreza esencial". Es la figura del buen maestro, como el de unos buenos padres, o un buen sacerdote. Sobre esos tres pivotes se desarrolla la cultura, y si están muy débiles, la cultura es mera superficialidad y utilitarismo craso.

Y ese espíritu lo transmite en el diálogo con sus colaboradores y alumnos, casi sin proponérselo. La Universidad se convierte así en un lugar de florecimiento cultural, de desarrollo científico y de formación humana. Quien ha tenido la suerte de tener un maestro, sabe muy bien que no se limitó a entusiasmarle por la ciencia determinada que cultivaba, sino que le dejó una huella, una impronta personal. Un maestro es como un segundo padre, que educa y forma de modo fundamental.

Hay organizaciones de la enseñanza hoy día en las que parece perseguirse evitar a toda costa la figura de un maestro con verdadera autoridad. El maestro, como el padre, sirve a la persona, ayudándola con todo su saber; con los nuevos planes, el profesor sirve al alumno para ayudarle a hacer los deberes.

A partir de estas ideas, tan sencillas y de uso común, podemos comprender el sentido del Humanismo y la Interdisciplinariedad en la Universidad: uno se fija en la intensidad, la otra en la intensidad.

4. Humanismo e Interdisciplinariedad

Hay que distinguir, para empezar, los *instrumentos* para el humanismo y la interdisciplinariedad, y el *espíritu* mismo de ambos. Puedes organizar grupos interdisciplinares, y conferencias humanísticas, pero todo eso no sirve si no se logra, a través de ellos, introducir el espíritu. Hoy la interdisciplinariedad suele ser sectorial y con vistas a la utilidad parcial de "grupos de investigación"; lo humanístico no existe más que en las clases "ad hoc", que corren el peligro de ser "de relleno".

Y, de entrada, la misma fórmula, machaconamente repetida hoy en el mundo universitario, "docencia e investigación", muestra ya una mala concepción básica. Toda buena investigación implica el diálogo maestro-alumno –docencia–, y toda docencia es campo de cultivo de posibles investigaciones. Separar con cierta rigidez esos campos no es un buen camino: las clases pierden vida y profundidad, y una investigación sin diálogo –que es docencia en sentido más o menos amplio– no puede avanzar bien. Además, entre otras cosas puede generar clases de profesorado: los de "primera" investigan, y los de "segunda" dan clases.

Frente a eso, que se extiende hoy cada vez más, el sistema antiguo de "cátedras", sustituido por el de "Departamentos", o el de organización directa desde la Facultad, tenía la ventaja de que cada profesor era un colaborador del catedrático, y no un mero repetidor de clases. Se quitó, por razones "democráticas" el poder del catedrático, con el resultado final que vemos hoy. Bastaba con tomar alguna medida para moderar a quien fuera un tanto despótico. Pero ahora son todos empleados.

Algo semejante sucede con las habituales referencias a lo humanístico y lo interdisciplinar. Suenan bien, pero cargan con el peso de una cierta vaguedad, que no deja de acompañarlas. Todavía interdisciplinariedad se presenta como comprensible sin mucha dificultad, pero humanismo flota en el Olimpo intelectual.

5. Humanismo

Como es bien sabido, humanismo es un concepto polisémico. Se ha empleado para designar el saber de una etapa del mundo greco-romano, convertida en modelo general; para expresar una doctrina centrada en el hombre, y separada de toda referencia teológica o religiosa; para indicar una actitud de benevolencia y misericordia; o para designar unas disciplinas "no-científicas" en el sentido de la metodología matemático-experimental propia de la ciencia moderna.

Sobre cada una de esas variantes hay ríos de tinta, en los que se muestran matices y aspectos muy diversos relativos al tema. Propongo aquí, en lo que respecta a nuestro campo de interés, entender por Humanismo un espíritu y una actitud, nacidas de un análisis primario que cada ser humano puede realizar sin mayor dificultad. Vemos que nuestra vida se despliega en tres dimensiones fundamentales, acompañadas de una aún más básica.

Esas tres dimensiones son lo bello, lo verdadero y lo bueno: belleza, verdad y bien son los caminos por los que se mueve el espíritu. Son distintos y, a la vez, inseparables, es decir, implican una categoría más: unidad. Unidad de cada una, sin la que sería indistinguible, y unidad con las demás, pues si no hay "otro" tampoco es posible distinguir.

El humanismo puede entonces entenderse como lo que tiene que ver con esas citadas dimensiones desde un doble punto de vista. En lo objetivo, yendo a la esencia, a través de *ejemplos* seleccionados. En lo subjetivo, mediante el desarrollo de los *hábitos* correspondientes.

Desde el punto de vista objetivo, todo es humano, en la medida en que el mundo está abierto y disponible para nosotros, y podemos humanizar todo, pues nuestro espíritu es universal. Dada, sin embargo, nuestra deficiencia para captar la realidad y su detalle en su despliegue múltiple y variado, hemos de seleccionar casos especialmente significativos y reveladores: ejemplos. De ahí que, frente al menosprecio que algunos muestran por ponerlos, se deba reivindicar su carácter de arte fundamental y difícil. Tan difícil que, a veces, los ejemplos se mantenían en los libros durante siglos. Es el arte del buen maestro, el de encontrarlos o inventarlos.

Desde el punto de vista subjetivo, el maestro ha de procurar transmitir los hábitos correspondientes, lo cual es un arte nada fácil y que implica un gran amor del maestro a la sabiduría. Los hábitos se transmiten por ejemplo "osmótico", si se puede hablar así, en el diálogo y en el trato.

Al abrirnos al mundo, primero captamos su aparición, su belleza; cuando comprobamos que a veces ella es engañosa, nos abrimos al ámbito de la verdad; al aplicar después la verdad a la acción, encontramos el bien. En consecuencia, y si hemos de ir a lo esencial, nos encontramos con que el estudio del arte nos enseña a apreciar y comprender la belleza; la filosofía, nos impulsa a buscar la verdad; la ética orienta la acción en la dimensión del bien.

La literatura lleva a cabo una síntesis de belleza y bien; la poesía, una síntesis de verdad y belleza; la técnica, una síntesis de belleza, verdad y bien.

Pero un espíritu universal lo es también en relación al espacio y el tiempo. La geografía nos enseña a valorar el espacio y a orientarnos en él; la historiografía nos hace comprender el significado del pasado, con lo cual nos permite abrirnos al futuro de modo adecuado, es decir, a ser prudentes.

La enseñanza de las *lenguas* nos facilita la apertura a los *mundos culturales* –los más propios, los más cercanos y los más antiguos, que son muestras raíces y modelos– y nos hace apreciar la importancia y la trascendencia *social* de cuidar los instrumentos básicos de todo enriquecimiento y toda comunicación humanas.

Una persona que ha adquirido los *hábitos* y los *contenidos* fundamentales de esas grandes áreas está en disposición de tener una personalidad *armónica y de ser un ciudadano constructivo*[3].

Está bien adquirir competencias, pero sin arraigo en lo humanístico, nos convierten en meros robots, eso sí, de muy inferior calidad a los que se pueden hoy adquirir en el mercado. Además, sin formación en lo universal y en la profundidad, el ser humano no desarrolla el potencial de libertad que lleva dentro.

6. Interdisciplinariedad

Se suele distinguir en este campo, entre interdisciplinariedad, pluridisciplinariedad y transdisciplinariedad. Como es habitual en estos casos, hay múltiples opiniones diversas al respecto.

---

[3] R. ALVIRA, Revista *Empresa y Humanismo*, Vol. I, N° 1/99, pp.133-135.

Parece ser que hay un nivel de conexión creciente. Lo pluridisciplinar (Ryszard Wasniowski, 1971; Erich Jantsch, 1979)[4] intentaría acercar ciencias más que lo interdisciplinar (Louis Wirth, 1937)[5], que se limitaría a enfocar varias hacia un mismo "objeto material", según la terminología clásica. A su vez, lo transdisciplinar (Jean Piaget, 1970)[6], pone en relación dinámica varios saberes, pretendiendo mediante ello ayudar al desarrollo vital de la ciencia, y llenar también los "intersticios" entre unas ciencias y otras.

Lo que, en cualquier caso, se esconde tras estos estudios y ensayos es la percepción de que el saber no puede ser unilateral, sino que todo está relacionado con todo, de un modo u otro, y que esas relaciones tienen relevancia para la comprensión correcta de cada caso particular. Es el espíritu universal el que está intentando suplir su deficiencia a la hora del saber concreto objetivo de la realidad.

---

[4] De todas las clasificaciones acerca de los niveles posibles de interdisciplinariedad, quizá la más conocida y divulgada es la distinción que realiza Erich JANTSCH en el Seminario de la OCDE en 1979, entre:
– Multidisciplinariedad.
– Pluridisciplinariedad.
– Disciplinariedad cruzada.
– Interdisciplinariedad.
– Transdisciplinariedad.
Esta misma clasificación ya aparece años atrás, en 1971, propuesta por Ryszard WASNIOWSKI para explicar el trabajo del Centro de Investigación de Frutos de la Universidad Técnica de Wroclaw, Polonia (Futures Research Centre - FRC): una institución dedicada a la investigación científica y tecnológica tomando en consideración los contextos sociales y económicos.
[5] El término interdisciplinariedad lo acuña al sociólogo americano Louis WIRTH (1897 – 1952), quien lo propuso en 1937 (*Social Science Research Council*, 2016).
[6] PIAGET, J., Piaget's theory, en P. H. Mussen (Comp.), *Carmichael's manual of child psychology*. Vol 2, Wiley, Nueva York 1970.

En ese sentido, y dado que cada método tiene también su parte objetiva, no le es posible al ser humano llegar a encontrar el "método de los métodos", un super-método que nos diera la clave para el conocimiento objetivo universal. Curiosamente, el problema ya se había planteado en la Antigüedad, y, en concreto, en las páginas magistrales del Cármides platónico.

Platón se da cuenta de que no hay tal síntesis posible, sino que el saber teórico pide en sí mismo ser completado por el del bien y el mal, la ética. Eso es el fondo, pero antes queda siempre el avance que el propio sentido de la verdad y el bien me va marcando, al llevar a cabo la relación entre los saberes. Con todo, la clave la ha dado Platón: el sentido de lo interdisciplinar –ahora como palabra englobante– viene dado por el espíritu humano, y eso quiere decir que su función primaria –aunque muchos científicos no la vean– es la formativa.

7. Sobre el enlace entre humanismo e interdisciplinariedad

Desde el punto de vista del "contenido" objetual, humanismo e interdisciplinariedad, en principio, se colocan en campos diferentes. Según el enfoque del sujeto, sin embargo, se requieren mutuamente. En efecto, un espíritu universal lo ha de ser en todas las dimensiones. La dimensión intensiva, profunda, de la visión humanista, desea abrir mundos interdisciplinares, cada vez más amplios y sólidos, en el reino de los saberes científicos y técnicos.

Promover lo interdisciplinar es propio de la universalidad del espíritu. Si se hace para completar en el ámbito "horizontal" y más exterior-objetual lo que plantea el humanismo, en el ámbito "vertical" de la persona humana, entonces está en el orden de la verdad. Si se hace sólo para conseguir resultados útiles, se puede convertir en una máquina peligrosa. Hay excelentes instrumentos útiles para obrar el mal.

Un humanismo cerrado, se hace esteticista, y no cumple su finalidad de mostrar el correcto dominio del hombre sobre la Naturaleza. Una interdisciplinariedad cerrada queda –como ya señalado– en un mundo meramente utilitario, con todos los peligros que eso lleva consigo.

Humanismo e interdisciplinariedad son dos vectores inseparables, si se busca –como debe ser– la formación de la persona y el bien común. Hace falta, por tanto, que la Universidad ponga los medios para que ambos estén presentes, y cada uno con la mirada puesta en el otro.

8. Organizar la formación en la Universidad

"Calidad de la educación, calidad del profesor"[7], es el título de un escrito de mi padre, a quien rara vez dejo de citar, sobre todo al tratar de estos temas. Todos los montajes que se hagan –por muy perfectos que sean– no sirven, e incluso son contraproducentes, si los profesores no son auténticos maestros que hacen propio y viven el espíritu aquí apuntado.

La Universidad ha de ser un centro del cultivo de la ciencia. Pero, en primer lugar, y como todo lo que implica de modo muy especial el trato humano, un lugar de formación; de educación, primero, de enseñanza, después, si se quiere decir así.

Eso quiere decir, a su vez, que la formación en la Universidad ha de comenzar por la formación del profesorado, y no en primer lugar en competencias, sino en humanidad. La Universidad no va a progresar en la formación humana montando cursos y conferencias para alumnos, sino, en primer lugar, para profesores. ¿Qué vale un *core curriculum* explicado por profe-

---

[7] Tomás ALVIRA, *"Calidad de la educación, calidad del profesor"*, Dossat, Madrid 1986.

sores sin alma humanista y sin visión interdisciplinar? Es añadir más materias para el estudio, contenidos.

Cada vez más, la Universidad está gobernada por gestores –en la esfera económica, administrativa y pedagógica–. Los profesores no merecerán volver a ser algo en su propia casa, si no son capaces de ser maestros. Sólo gestores con miras amplias pueden intentar organizar en serio la formación del profesorado, pues saben que, si tiene éxito, gestores y profesores ocuparán cada uno el sitio justo que le corresponde.

La tarea de encontrar gestores y profesores dispuestos a colaborar para sacar adelante una universidad formadora es de gran dificultad, pero ante ella no vale el miedo. Los heroicos soldados de los Tercios españoles decían que el miedo quita la libertad. Y en una época tan proclive a ella, no estaría bien dejarla de lado. Hay que intentarlo.

CAPÍTULO 10. LA INTEGRACIÓN DE LOS SABERES[1]

Rafael D. García Pérez
Catedrático de Historia del Derecho
Subdirector del Instituto Core Curriculum
Universidad de Navarra

Sumario

1. Diagnóstico de la Universidad contemporánea. 2. El espíritu originario de la Universidad. 3. Propuestas para una integración de los saberes en la Universidad. *3.1. La perspectiva sapiencial. 3.2. El Core Curriculum.* 4. Conclusión. 5. Bibliografía.

El objetivo de este trabajo es intentar arrojar algunas luces sobre una realidad preocupante de la Universidad contemporánea.

---

[1] Una versión anterior de este trabajo, parcialmente coincidente, puede consultarse en "Desfragmentar la Universidad. El Core Curriculum como marco integrador de saberes", en R. Duro (ed.), *Core Curriculum. La aventura de enseñar a pensar,* Eunsa, Pamplona, 2024, pp. 52-62.

Me refiero a la creciente fragmentación de los saberes y a las dificultades, tanto en el plano de la investigación como de la docencia, de ofrecer una visión integradora, armónica, de las diferentes ciencias.

Se estructura en tres partes. En la primera expondré a grandes líneas este reto que desafía a la Universidad, en el momento presente: superar el aislamiento y la incomunicabilidad que, tanto en la teoría como más a menudo en la práctica, existe entre las diferentes disciplinas, y en ocasiones incluso en el seno de las mismas disciplinas.

En segundo lugar, realizaré una breve exposición de los orígenes de este fenómeno y su diferencia con el modo en que originariamente se concibieron los Estudios Generales o las Universidades en el momento de su fundación, es decir, a comienzos de la Baja Media.

En tercer lugar, realizaré algunas propuestas que podrían ayudarnos a superar o al menos a paliar la fragmentación del saber que caracteriza nuestras sociedades postmodernas o, quizá más propiamente, tardo-modernas[2].

El objetivo último que persigue mi trabajo es contribuir a responder a la llamada que Benedicto XVI realizó en el encuentro europeo de profesores universitarios celebrado en Roma en 2007. En aquella ocasión, Ratzinger puso de manifiesto la urgente necesidad que tiene la Universidad de "redescubrir la unidad del saber y oponerse a la tendencia a la fragmentación y a la falta de comunicabilidad que se da con demasiada frecuencia en nuestros centros educativos". Benedicto XVI recordaba de este modo a la Universidad «su vocación de ser una *universitas*, en la que las diferentes discipli-

---

[2] Vid. J. BALLESTEROS, *Postmodernidad: decadencia o resistencia*, Madrid, Tecnos, 1989.

nas, cada una a su modo, se vean como parte de un *unum más grande*»[3].

1. Diagnóstico de la Universidad contemporánea

Constituye ya un lugar común referirse a la fragmentación de los saberes como una de las señas de identidad de la Universidad en el momento presente. Disponemos de agudos análisis del desarrollo de este proceso realizados por autores de la talla de MacIntyre o Karl Jaspers[4]. Se podría afirmar que la Universidad refleja en el ámbito del conocimiento las alteraciones profundas experimentadas en la cultura y en la vida de las sociedades modernas durante el último siglo; transformaciones cuyas consecuencias todavía son difíciles de evaluar. No se trata solo de fenómenos culturales que afectan la vida exterior de las personas; influyen, además, con fuerza en la definición de identidades en muy diferentes ámbitos (político, social, religioso, artístico, etc.) y planos (social e individual).

Los análisis de la psicología social o de la sociología en general apuntan a estas mutaciones profundas[5]. En este sentido,

---

[3] BENEDICTO XVI, Discurso a los participantes en el Encuentro europeo de profesores universitarios, 23-6-2007. Disponible:
https://www.vatican.va/content/benedict-xvi/es/speeches/2007/june/documents/hf_ben-xvi_spe_20070623_european-univ.html

[4] MacIntyre ha dedicado una parte importante de su obra filosófica a este problema. Sobre la proyección del pensamiento de este autor en el ámbito de la Universidad contemporánea vid. J.M. GIMÉNEZ AMAYA y S. SÁNCHEZ-MIGALLÓN, *Diagnóstico de la Universidad en Alasdair MacIntyre*, Pamplona, Eunsa, 2011. Puede ser útil también consultar K. JASPERS, *La idea de la Universidad*, Pamplona, Eunsa, 2013, Presentación y edición de Sergio Sánchez-Migallón; traducción de Sergio Marín García.

[5] Un análisis de la literatura especializada de la década de los noventa sobre el tema en S. ROSENBERG, "Multiplicity of selves", R. D. ASHMOR, L. JUSSIM (ed.),

Robert Lifton se refiere al "Protean Self"[6], y Bauman habla de la formación de una "palimpsest identity"[7]. Siguiendo a este último autor, es ya un lugar común referirse a las sociedades contemporáneas como sociedades líquidas[8]: sociedades donde lo permanente es el cambio. Se trata de una caracterización parcial y ambivalente de la cultura contemporánea, pero que sin duda capta algunos de sus trazos más significativos.

Esta pérdida de unidad en la vida de las personas y de la sociedad se proyecta también en el ámbito universitario. Se habla así desde hace tiempo de un proceso creciente de *compartimentalización* del conocimiento, consecuencia de la pérdida de la unidad y jerarquía de los saberes. Ni la teología ni la filosofía cumplen ya esa función en la inmensa mayoría de las Universidades del mundo. En una conferencia pronunciada en 1954 decía Guardini:

> La idea de la autonomía del crear humano ha llegado a un punto en el que cada una de sus distintas formas de trabajo (ciencia, política, arte, economía, etc.) se ha desarrollado a partir de sí misma preocupándose poco de las otras. Con respecto al todo cultural, se trata de un proceso análogo a como si en un organismo los órganos particulares se desarrollaran en exceso y sin entrar en relación con los otros. Nuestra cultura se compone, en gran medida, de funciones particulares hipertrofiadas [9].

Self and Identity. Fundamental Issues, New York, Oxford University Press, 1997, pp. 23-45.

[6] R.J. Lifton, *The Protean Self: Human Resilience in an Age of Fragmentation*, New York, Basic Books, 1993, p. 1.

[7] Z. Bauman, *Postmodernity and its Discontents*, New York, New York University Press, 1997, p. 53.

[8] Z. Bauman, *Liquid modernity*, New York, Polity, 2000.

[9] R. Guardini, *Tres escritos sobre la universidad*, Pamplona, Eunsa, 2012, p. 56.

Esta fragmentación se proyecta en el diseño de los planes de estudio; en la organización institucional de las Universidades en Facultades independientes, o en departamentos y áreas de conocimiento muchas veces incomunicados. Se proyecta también en la defensa de un purismo metodológico, de un *metodologismo* ideológico que perpetúa relaciones de poder en la Universidad. Se proyecta, por último, en el pretendido rechazo a toda tradición, en su negación como horizonte de sentido. Un ejemplo claro de esto último puede verse en la llamada cultura de la cancelación, con su pretensión, entre otros extremos, de reescribir la historia para adecuarla a la sensibilidad contemporánea. Hemos visto en los últimos años derribar estatuas, exigir peticiones de perdón por acontecimientos acaecidos hace quinientos años, quitar patrocinios de Universidades, etc.

Sin embargo, la fragmentación de los saberes no constituye un fenómeno demasiado reciente. Ya en 1940, Robert Hutchins, Presidente de la Universidad de Chicago de 1929 a 1945 y Canciller de esta Universidad hasta 1951, afirmaba en un discurso pronunciado en la Universidad de Yale:

> [...] hoy en día el joven norteamericano entiende sólo accidentalmente la tradición de la cual es parte y en la cual debe vivir, porque sus fragmentos dispersos y separados se hallan esparcidos de un extremo al otro del campus universitario. Nuestros graduados universitarios tienen mucha más información y mucha menos comprensión que en la época colonial[10].

Lo que para Hutchins era una carencia grave del sistema de educación superior, para Clark Kerr, Presidente de la Universi-

---

[10] Cit. en J. Maritain, "Las normas fundamentales de la educación", en M. A. González Diestro y R. Tomás Caldera, *La formación intelectual. Antología*, Caracas, 1971, p. 88.

dad de California (1958-1967), no era más que el reflejo de una realidad que había que asumir como tal. Kerr acuñó el término "multiversity" para contrastarlo con el tradicional modelo de Universidad representado, entre otros, por Newman y Von Humboldt; un modelo que pertenecía al pasado y que resultaba inútil intentar resucitar. Kerr inicia su libro "The uses of a University" (1963) de la siguiente manera:

> La Universidad comenzó como una única comunidad -una comunidad de maestros y estudiantes. Actualmente las grandes universidades americanas son, más bien, una serie de comunidades que se mantienen unidas por tener un nombre común, un mismo órgano de gobierno y objetivos relacionados entre sí[11].

La fragmentación de la ciencia es un fenómeno unido en su desarrollo al crecimiento de las especialidades, pero no es una consecuencia necesaria de este proceso. El problema no está en las especialidades, sino en lo que Ortega denominó "la barbarie del especialismo", es decir, la que ostenta aquel que solo sabe de su especialidad e ignora todo aquello que la sobrepasa[12]; y, unido a ello, en la absolutización de visiones parciales de la realidad que obedecen a funestas ideologías. "Lo malo –advertía Víctor Frankl– no es que los especialistas se especialicen, sino que los especialistas generalicen"[13]. Es una necesidad del conocimiento humano la búsqueda de explicaciones comprehensivas de la realidad.

---

[11] Cit. en J. M. TORRALBA, "La educación liberal como misión de la Universidad. Introducción al debate bibliográfico sobre la identidad de la Universidad", en *Acta Philosophica*, 22, 2013, p. 268.

[12] Es el título del capítulo XII de su obra *La rebelión de las masas*, publicado por primera vez en Madrid en 1929, y con un prólogo para franceses y un epílogo para ingleses en 1937.

[13] V. FRANKL, *La voluntad de sentido*, Barcelona, Herder, 1991, pp. 90-91.

Tradicionalmente esta visión comprehensiva la ofrecían la teología y en el siglo xix la filosofía. Cuando estas se desecharon por ingenuas o ilusorias, aparecieron otras nuevas que ocultaban su pretensión totalizadora: el *cientifismo* positivista es una buena muestra de esta necesidad vital, como lo fue hasta no hace mucho el marxismo. En palabras de Karl Jaspers:

> El deseo originario de saber es uno, y está dirigido a la totalidad. Si bien puede realizarse siempre solo en lo particular, en el ejercicio de especialidades, éstas poseen vida espiritual solo en la medida en que forman parte de un todo. En el conjunto de las ciencias se va realizando un cosmos hasta la orientación universal del mundo y hasta la filosofía y la teología[14].

Tampoco la contribución de la Universidad a la formación profesional es la causa de su fragmentación en saberes dispersos. La Universidad ha proporcionado formación para el ejercicio profesional desde sus orígenes. El problema radica una vez más en la absolutización de una dimensión de la realidad; en este caso la dimensión profesional de la formación universitaria. La solución a nuestro problema no pasa, por tanto, por la negación de esta contribución indispensable de la Universidad a la sociedad.

Exige más bien cambiar el modo de pensar excluyente que late detrás de muchas propuestas educativas, excesivamente preocupadas por las relaciones entre Universidad y mercado. Exige superar una visión alicorta y marcadamente utilitarista de la Universidad. En este sentido, resulta natural que las Universidades se preocupen por la empleabilidad de sus graduados. El problema viene cuando parece que es lo único relevante para medir la calidad de una Universidad.

---

[14] K. Jaspers, *La idea de la Universidad*, Eunsa, op. cit., pp. 19-20.

La *desfragmentación* de la Universidad requiere pensar creativamente soluciones concretas. No basta con diagnosticar el problema. Tampoco sirve de mucho lamentarse añorando tiempos pasados, que habitualmente no fueron tan buenos como se piensa. Resulta preciso asumir la realidad tal y como se presenta, para poder ofrecer alternativas viables a la desorientación que la formación universitaria padece en el momento presente.

2. El espíritu originario de la Universidad

La Universidad como institución nació en el seno de la cristiandad medieval, como desarrollo en numerosas ocasiones de las escuelas catedralicias. Lejos de coartar el ejercicio de la razón, la fe abrió nuevos horizontes y permitió ampliar el ámbito del conocimiento y de la racionalidad humana. No es casualidad que ideas como la fraternidad universal de todos los hombres y mujeres, la dignidad sagrada de la persona humana o los derechos humanos hayan crecido en el *humus* de la tradición cristiana occidental.

Esto no supone minusvalorar las aportaciones culturales de otras tradiciones, como la china o la islámica, coincidente en algunos puntos con la cristiana, sino poner de manifiesto la contribución de la fe cristiana al ensanchamiento de la razón humana. Como ha puesto de relieve Ratzinger, el cristianismo es la religión del Logos, de la Verdad[15] y en cuanto tal se halla

---

[15] J. RATZINGER, "¿La verdad del cristianismo?", conferencia pronunciada en la Universidad de la Sorbona de París el 27 de noviembre de 1999. Se puede consultar en español en https://www.almudi.org/noticias-antiguas/3482-verdad-del-cristianismo-por-joseph-ratzinger. En el prólogo del año 2000 a su libro *Introducción al cristianismo* (Salamanca, Sígueme, 2001, p. 29), escribía el entonces cardenal: «El Dios que es Logos nos garantiza la racionalidad del mundo, la racionalidad de nuestro ser, la adecuación de la razón a Dios y la

abierta a cualquier avance de la razón en la búsqueda siempre limitada y parcial de esta verdad. Por eso, asumir la tradición cristiana de la Universidad significa asumir un reto ilusionante y al mismo tiempo inabarcable. Siempre se podrá avanzar y profundizar más en el conocimiento de la verdad en sus diferentes manifestaciones.

La fundación de la Universidad en la Edad Media fue fruto de un renacer intelectual que se dio a partir del siglo XII: al florecimiento de la cultura contribuyó el cultivo del latín y de las lenguas romances, la amplia recepción de los saberes greco-romanos, en parte a través de los árabes, la aparición de las ciudades, así como el hecho de que la vida intelectual se trasladase de las abadías y monasterios donde había pervivido en la alta Edad Media, a los núcleos urbanos. Como señala Jaques Le Goff, en su obra sobre *Los intelectuales en la Edad Media,* se difunde por toda Europa una sed de conocimientos. En palabras de Honorio de Autun (1080-1153) «El exilio del hombre es la ignorancia: su patria es la ciencia»[16].

Las artes liberales, el *trivium* y el *quadrivium,* experimentaron un notable desarrollo como fundamento de los estudios universitarios, centrados en los tres grandes saberes de la época: la teología, el derecho y la medicina. Para ellos nació el método escolástico de las *questiones disputatae* y otros géneros que permitían una aproximación racional a la realidad[17].

---

adecuación de Dios a la razón, aun cuando su razón supere infinitamente a la nuestra y a menuda nos parezca oscuridad. El mundo viene de la razón, y esta razón es persona, es amor —esto es lo que la fe bíblica dice de Dios−».

[16] J. LE GOFF, *Los intelectuales en la Edad Media,* Madrid, 1986, p. 65, cit. en J. A. OBARRIO MORENO y J. M. PIQUER MARÍ, *Repensar la Universidad. Reflexión histórica de un problema actual,* Madrid, Dykinson, 2015, p. 79.

[17] La bibliografía sobre los orígenes e historia de la Universidad es inabarcable. Vid. entre otros, W. RÜEGG, *A History of the University in Europe,* 4 vols., Cam-

La Universidad, que es el nombre genérico que recibía en aquellos tiempos cualquier corporación, se conoció inicialmente como *Studium Generale*, según señala Alfonso X en las Partidas. Aquél nació para abordar el conjunto de todas las ciencias que formaban entonces una unidad de saber cultivada por alumnos y profesores: «Estudio –dicen las 7 Partidas– es ayuntamiento de maestros et de escolares que es fecho en algun logar con voluntad et con entendimiento de aprender los saberes» (Partida II, XXXI, I). La universidad medieval logró mantener hasta la Edad Moderna un sano equilibrio entre los saberes teóricos y los saberes prácticos, pero fue la superioridad de la vida teórica, del *amor scendi* lo que mantuvo viva la Universidad medieval hasta su decadencia en la Edad Moderna[18]. A través de la argumentación, que tomaba como punto de partida los tesoros de la ciencia antigua y medieval, se aprehendía la verdad. Porque entonces se hablaba de verdad, tanto en minúscula como en mayúscula, como bien explica el Aquinate en su tratado *De veritate* (q.1, a. 4c):

> La verdad se encuentra en el entendimiento divino de manera propia y principal; en el entendimiento humano, de manera propia, pero secundaria; por último, en las cosas, de manera impropia

---

bridge UP, Cambridge, F. Rudolph, *The American College and University. A History*, A. Knof, New York, 1962, O. Pedersen, *The First Universities. Studium Generale and the Origins of University Education in Europe*, Cambridge UP, Cambridge, 1997; S. Guijarro González, *Enseñanza, saberes y Universidades en la Europa medieval*, Síntesis, Madrid, 2018; M. Bellomo (ed), *La Universidad en la época del derecho común*, Il Cigno GG, Roma, 2001. En este punto seguimos la clarificadora obra de J. A. Obarrio Moreno y J. M. Piquer Marí, *Repensar la Universidad. Reflexión histórica de un problema actual*, Madrid, Dykinson, 2015, pp. 77 y ss. De él tomamos también las citas del Aquinate.

[18] J. P. Carañana, "La teoría y la práctica en la universidad medieval", *Cuaderno del Instituto Antonio de Nebrija*, 15-2, 2012, p. 144, cit. en J. A. Obarrio Moreno y J. M. Piquer María, *Repensar a Universidad*, op. cit., p. 83.

y secundaria, pues no se da en ellas sino por relación a la verdad de entendimiento divino o del humano.

Y esta verdad no se imponía por la fuerza de la autoridad, sino por el peso de las argumentaciones, de las razones:

> Si el maestro resuelve la cuestión con simples argumentos de autoridad, entonces aquel que le escuche se sentirá seguro de que las cosas son así, pero no logrará obtener ningún conocimiento ni comprenderá el tema, sino que irá de vacío... el maestro debe lograr la inteligencia de la verdad que propone, para ello tiene que indicar los argumentos que van a la raíz de la verdad, que hagan ver por qué es verdad lo que afirma (*Quaestiones Quodlibertales* IV, a 18-3).

Ajeno tanto al fideísmo como al racionalismo modernos, Tomás de Aquino merece ser considerado –como apuntan Obarrio y Piquer– «el exponente más relevante de esta cultura universitaria medieval porque con gran maestría trató de armonizar la experiencia sensorial con la inteligencia y los requerimientos de la fe, y de hacer justicia a ambos»[19].

La Historia enseña que cuando la Universidad no ha sabido adaptar su misión a las necesidades culturales y sociales de su tiempo ha terminado por quedar arrinconada, como sucedió progresivamente a lo largo de los siglos XVII y XVIII, una vez consolidada la ruptura religiosa en toda Europa y en plena efervescencia por la revolución científica moderna. Quedaron entonces obsoletos algunos de los modelos científicos, de origen aristotélico, con los que había operado la ciencia hasta ese momento. Es más, lo que se produjo entonces fue un cambio de paradigma en la concepción misma de la racionalidad.

---

[19] J. A. OBARRIO MORENO y J. M. PIQUER MARÍ, *Repensar la Universidad, op. cit.*, pp. 111-112.

De manera progresiva, las ciencias exactas como las matemáticas, y las ciencias experimentales, con sus exigencias de
método y certeza, marcaron el criterio de racionalidad para
todos los saberes. Esta sería la base para la separación entre
Facultades de Ciencias y Facultades de Humanidades o Letras,
que se generalizará en Francia y después en Europa. A ellas se
unirán, ya en el siglo xx, las ciencias sociales siguiendo el mismo patrón *cientifista*.

Al mismo tiempo se produjo en estos siglos de transición
entre el Antiguo Régimen y el siglo xix, un cambio en el modo
de concebir a los seres humanos: comenzó a pensarse al
hombre como individuo, como pura libertad. Alejado de su
condición creatural, parecía más bien que cada uno se hacía
a sí mismo: parafraseando a Kant, podría decirse que la humanidad occidental alcanzaba por fin su mayoría de edad.
Liberada de los condicionamientos impuestos por la naturaleza, y la tradición, nacía a un nuevo mundo de posibilidades
infinitas.

En lo que a nosotros más interesa, en el siglo xix nacía la
Universidad moderna europea de manos de Napoleón. En este
caso nació con una impronta fuertemente estatalista, orientada
en gran medida a la formación de oficiales públicos. El otro
gran modelo de Universidad, fundada en 1810 en Berlín de la
mano de Humboldt, era por el contrario una Universidad que
gozaba de cierta autonomía y aparecía centrada en la investigación y en la iniciación de los estudiantes al cultivo de esta actividad científica. La universidad alemana buscaba, además, una
nueva fundamentación que posibilitara una cierta unidad de
los saberes. No la encontraría en la teología, sino en la filosofía,
básicamente en el idealismo alemán.

En un contexto muy distinto al medieval, temporalmente
posterior, la Universidad se volvió a entender entonces también

a sí misma como una convivencia de alumnos y maestros, quedando en un segundo lugar la formación profesionalizante y la especializada. Y este será el modelo de Universidad que se implante en el siglo XIX en Alemania e influya enormemente en la concepción de la institución universitaria en la mayor parte de los países europeos y en Norteamérica[20].

Esta concepción de la Universidad como una unidad orgánica de saber y no un conjunto disperso de disciplinas será defendida en los siglos XIX y XX desde puntos de vista muy variados por pensadores tan diferentes como el ya citado Humboldt, Nietzsche, Newman, o Jaspers y en nuestro país por Giner de los Ríos, Unamuno y Ortega[21]. Sin embargo, lo que muchos de estos autores ponían de manifiesto con sus escritos y proyectos era precisamente lo que la Universidad moderna no era capaz de ofrecer: una visión unitaria de los saberes. Convertida la teología, en el mejor de los casos, en una ciencia particular más, la filosofía trató de ocupar su lugar como saber unificador, al menos en la Alemania idealista del siglo XIX, pero el experimento no duró mucho tiempo. En este sentido, el período de entreguerras, ya en el siglo XX, presenciará de nuevo la crisis de la Universidad tal y como había sido pensada en el siglo XIX. A ello contribuirá el nacimiento, al margen de la Universidad, de nuevos saberes, la creciente especialización y profesionalización de los estudios europeos y el incremento significativo de jóvenes que decidían acceder a los estudios superiores.

---

[20] Vid. W. RÜEGG (ed.), *A History of the University in Europe. III. Universities in the nineteenth and early twentieth centuries (1800-1945)*, Cambridge, Cambridge University Press, 2004, pp. 44-53.

[21] Una exposición de la postura de estos y otros autores respecto de la Universidad puede verse, en J.A. OBARRIO MORENO-J.M. PIQUER MARÍ, *Repensar la Universidad*, cit., p. 164-292.

En estos años ven la luz escritos de destacados intelectuales sobre la crisis de la Universidad: en 1921 escribe Max Scheler, en 1946 Karl Jaspers[22] y en 1930 nuestro Ortega y Gasset[23]. Esta fragmentación del conocimiento no haría sino intensificarse con el impresionante desarrollo tecnológico de la segunda mitad del siglo xx y el crecimiento acelerado de la producción y diversificación científica.

Se hacían así realidad unas palabras de Romano Guardini referidas a la Universidad contemporánea, fruto en buena medida de la modernidad cultural:

Cada día –escribe Guardini– parece más natural la nueva pretensión de que las distintas esferas de la vida y de la actividad, saber, política, economía, orden social, ciencia arte, filosofía, educación, etc., han de desarrollarse lisa y llanamente a partir de sus propias leyes inmanentes[24].

La consecuencia de esta pretensión de independencia de los diferentes saberes respecto de la filosofía y, en su caso, de la teología, será su incapacidad para dialogar entre sí, su mutua incomunicabilidad. De esta manera, se construyeron muros epistemológicos difíciles de superar, que hacían inútil cualquier intento de diálogo entre ciencias diversas. La Universidad recordaba entonces a la Torre de Babel bíblica con una multiplicidad de lenguas especializas que hacían inviable el diálogo entre los académicos que trabajaban en la construcción de este impresionante monumento.

---

[22] Sobre Scheler y Jaspers, vid. *La idea de la Universidad en Alemania*, Buenos Aires, Ed. Sudamericana, 1959, pp. 341-524.
[23] Vid. una edición moderna e este clásico en: J. ORTEGA Y GASSET, *Misión de la Universidad*, Madrid, Ed. Cátedra, 2015.
[24] R. GUARDINI, *El fin de la modernidad*, PPC, Madrid, 1995, p. 123.

3. Propuestas para una integración de los saberes en la Universidad

Son diversos los caminos que pueden emprenderse para lograr una mayor integración de los saberes en la Universidad contemporánea, y el regreso a la Edad Media no es uno de ellos. El reto es recuperar ese espíritu originario de unidad del saber propio del mundo medieval para hacerlo realidad en una sociedad distinta desde casi todos los puntos de vista. Como escribía Karl Jaspers, en su *Idea de la Universidad*, «el futuro de nuestras universidades, con tal de que se les conceda una oportunidad, pasa por la renovación de su espíritu originario»[25].

He de reconocer que no tengo la fórmula para recuperar este espíritu originario, pero sí algunas ideas bastante modestas para avanzar en esa dirección. Me centraré solo en dos de ellas.

La primera es, como apunta Luis Romera, el cultivo de un pensamiento sapiencial que amplíe el campo de lo racional, en tres niveles distintos de conocimiento: el propio de las disciplinas académicas, el filosófico-antropológico y el teológico. La segunda propuesta es la creación en todas las Universidades de un *core curriculum*, es decir, de un currículo compartido entre las diferentes Facultades que aborden cuestiones antropológicas, éticas y existenciales, transversales a las diferentes ciencias o, en algunos casos, más propias del pensamiento filosófico o teológico. Veamos por separado estos dos caminos:

---

[25] K. JASPERS, *La idea de Universidad*, cit., p. 15.

3.1. La perspectiva sapiencial[26]

Puede parecer una contradicción en los términos abordar problemas sectoriales, propios de una disciplina científica, desde una perspectiva sapiencial, pero no lo es. Cultivar la sabiduría en estos ámbitos implica ir más allá de lo dado en cada ciencia particular, preguntándose, por ejemplo, por la idoneidad de los conceptos y de la metodología con la que se opera. Implica, en definitiva, revisar los paradigmas hermenéuticos desde los que se trabaja, e intentar aportar comprensiones más globales o abiertas en un ámbito concreto de conocimiento. Esta actitud implica cuestionarse los presupuestos implícitos de cada disciplina y discernir su validez ética, antropológica y sobre todo epistemológica.

Este modo de trabajar, que permite aproximaciones más profundas, implica necesariamente una ampliación de la razón que abre posibilidades a intelecciones nuevas, en diálogo en muchos casos con otras disciplinas colindantes o más fundamentales, como la filosofía o la teología. Esta actitud crítica se encuentra en la base de muchos de los grandes avances científicos realizados en los últimos siglos. En definitiva, se trata de superar la razón metódica o puramente instrumental que parte acríticamente de lo ya aceptado por todos, presentando nuevas vías de superación de la propia investigación sectorial. Este es el auténtico significado del manido imperativo de "pensar por uno mismo".

La perspectiva sapiencial en este primer nivel requiere necesariamente un horizonte superior capaz de ofrecer un panorama más amplio, donde la disciplina sectorial encuentre su lu-

---

[26] Sigo en este punto a L. ROMERA OÑATE, "La elaboración de un pensamiento sapiencial. Tres niveles" en *Existencia y búsqueda de sentido*, Pamplona, Eunsa, 2020, pp. 93-196.

gar. En este segundo plano, lo que se gana en amplitud se pierde en detalles. La filosofía hace así posible presentar panoramas más amplios que ofrecen una comprensión más profunda y extensa de las ciencias particulares. Unas y otra se requieren mutuamente, manteniendo cada una su legítima autonomía. Este planteamiento exige, como es lógico, una formación del profesor que va más allá de lo específicamente propio de su disciplina, que se enraíza en la necesidad de cultivar personalmente una «visión sapiencial del hombre que nos permita entendernos de un modo integral»[27].

El tercer nivel viene dado por la sabiduría teológica, que surge de una necesidad del nivel anterior de llegar hasta las cuestiones últimas de la realidad material y espiritual. En este nivel puede llegar a darse un diálogo fecundo entre razón y fe, dos dimensiones del conocimiento que se necesitan mutuamente. Ha sido precisamente Habermas, un pensador poco sospechoso de comulgar con planteamientos religiosos, el que ha llamado la atención sobre las limitaciones seculares para alcanzar una comprensión integral de la realidad[28]. En este ámbito nos encontramos ya en un nivel de pensamiento propiamente cristiano, que parte de la existencia de un Logos creador capaz de dotar de racionalidad a un mundo por Él creado, y que lleva por tanto su impronta racional.

Manteniéndose cada disciplina en su propio ámbito de conocimiento y sometida a las exigencias metodológicas que le son propias, al mismo tiempo estos tres niveles se requieren mutuamente diluyendo sin anular las barreras disciplinares construidas por el pensamiento moderno. Los grandes profeso-

---

[27] ÍDEM, p. 100

[28] Vid. J. RATZINGER y J. HABERMAS, *Dialéctica de la secularización. Sobre la razón y la religión*, Madrid, Ed. Encuentro, 2006, p. 40.

res son aquellos que, dominando su área específica de conocimiento académico, promueven actitudes no restrictivas de una razón que se ve así ampliada y no estrechamente restringida por unos muros epistemológicos rígidos, que encorsetan la realidad en compartimentos estancos artificialmente construidos por las tradiciones disciplinares.

3.2. *El Core Curriculum*

Parece claro que toda terapia *desfragmentadora* de la Universidad debe ir dirigida a ofrecer una formación intelectual que haga posible la integración de los conocimientos especializados en una unidad superior; es decir, una formación que por su capacidad de situarse en un determinado horizonte de sentido posibilite la adquisición por parte del estudiante de una interpretación propia de sí mismo, del mundo y de Dios o de la Trascendencia. Para ello deberá adquirir, entre otras cosas, una interpretación de la tradición histórica en la que vive, para comprender desde este horizonte histórico su propio presente. De aquí que esta síntesis de saberes, esta articulación de sentido no pueda darse de una vez para siempre. Cabe ciertamente inspirarse en las grandes interpretaciones del pasado, en el modo en que la Universidad durante los siglos medievales y modernos trató de articular las relaciones entre disciplinas, pero no para copiar soluciones del pasado, sino para afrontar los retos del presente.

En esta tarea, las asignaturas comunes a los diferentes grados de una Universidad, conocidas en el mundo norteamericano como *Core Curriculum*, están llamadas a desempeñar un papel insustituible. No pretendo afirmar que por sí mismas sean capaces de lograr la integración de saberes que caracteriza toda auténtica formación universitaria, pero sí que pueden contribuir de manera significativa en este empeño.

El concepto *Core Curriculum* surgió propiamente en Estados Unidos en los años 20 del pasado siglo con la idea de ofrecer a los estudiantes una formación amplia en las principales áreas del saber. El primer programa lo implantó Columbia (1919) y le siguió Chicago en 1931.

Desde su comienzo, el *Core Curriculum* apareció ligado a la idea de la formación humanística. Este movimiento de impulso de la educación humanística se mostró enormemente fecundo en las Universidades norteamericanas hasta los años sesenta, especialmente en Columbia, Chicago y Harvard. Entre sus principales promotores destaca la figura del ya citado Robert Hutchins, quien introduciría en Chicago el sistema de los Great Books o programa de grandes libros[29].

En 1945 la Universidad de Harvard publicó su conocido *Redbook* con el título "General Education in a Free Society", donde el término Educación General venía a sustituir al más clásico Educación Liberal. En la introducción, James B. Conant, rector de esta Universidad entre 1933 y 1953, sintetizaba en pocas líneas el reto que las instituciones educativas debían afrontar en el período inmediatamente posterior a la Segunda Guerra mundial; un reto que el paso de los años no ha hecho sino agrandar.

En palabras de Conant, el corazón del problema de la educación liberal es la continuidad de la tradición humanística. Ni la adquisición de conocimientos básicos en las ciencias físicas y biológicas, ni el desarrollo de habilidades de escritura y expresión son suficientes para preservar una civilización y cons-

---

[29] Sobre el desarrollo de las humanidades como educación liberal en Estados Unidos, vid. J.M. TORRALBA, "La idea de educación liberal. De cómo se inventaron las humanidades", en J. ARANA (ed.), *Falsos saberes. La suplantación del conocimiento en la cultura contemporánea*, Biblioteca Nueva, Madrid, 2013, pp. 61-78.

truir una nación de ciudadanos libres. A menos que en cada nivel educativo, desde el bachillerato a la Universidad, los estudiantes entren en contacto con aquellas áreas del saber en las cuales los juicios de valor son centrales, el ideal educativo se habrá quedado corto. Para Conant, resulta imprescindible que el estudiante se preocupe por las palabras "correcto" y "equivocado" tanto en su dimensión ética como matemática. De otro modo, quedará ciego para percibir aquellas ideas y aspiraciones profundas que han actuado como motor interior de la vida de tantas personas a lo largo de la historia[30].

El rector Conant acertaba al señalar el reto que la educación superior norteamericana debía enfrentar en aquellos años. Sus palabras, provenientes de una eminente figura en el ámbito de las ciencias químicas, no pretendían minusvalorar los avances científicos de su tiempo, ni restar importancia a la formación en estos estudios de tipo técnico. Subrayaban más bien la necesidad de ir más allá de este tipo de educación para alcanzar niveles de comprensión y juicio más profundos. Y en este nuevo contexto la tradición humanística representada por el *Core Curriculum* resultaba insustituible[31].

La finalidad principal del *Core Curriculum* es contribuir al desarrollo de la madurez intelectual de los estudiantes a través del estudio y la reflexión rigurosa sobre las grandes cuestiones de la existencia humana: el sentido y finalidad de la vida, el problema del mal, la libertad, el amor, Dios en sí mismo y en su relación con el hombre, la racionalidad del mundo, el conocimiento humano, la justicia, etc. Se trata de problemas que

---

[30] *General Education in a Free Society. Report of the Harvard Committee*, with an introduction by James Bryant Conant, Cambridge, Harvard University Press, 1950, pp. VIII-IX.
[31] Vid. en este sentido J. M. TORRALBA, *Una educación liberal. Elogio de los grandes libros*, Madrid, Ed. Encuentro, 2022, pp. 67-76.

trascienden las fronteras disciplinares y, al mismo tiempo, se encuentran en la base de las ciencias particulares.

Ciertamente, todas las asignaturas que se imparten en la Universidad promueven la madurez intelectual de los estudiantes de un modo u otro, o, al menos, deberían hacerlo; todas buscan desarrollar su formación intelectual. Sin embargo, en las asignaturas comunes esta finalidad está presente de una manera directa e inmediata. En este sentido se puede afirmar que forman la estructura básica del proyecto formativo que propone cada plan de estudios. A través de su estudio se pretende que los estudiantes alcancen una visión holística del mundo en el que viven. Esta perspectiva más amplia no solo les ayudará a comprender mejor las materias propias de su grado. Además, les permitirá dotarlas de sentido al ponerlas en relación con el resto de saberes y con su propia vida[32].

Su resultado más directo es el desarrollo por parte de los estudiantes de esa capacidad de juicio en la que se resume toda auténtica sabiduría. Conduce a la formación de un verdadero pensamiento crítico, en el sentido original del término, esto es, de un tipo de pensamiento que discierne, valora, criba, separando lo verdadero de lo falso, lo real de lo aparente[33]. En este sentido afirma Jaspers que «lo decisivo no es la posesión de lo aprendido, sino la capacidad de juzgar»[34].

Me van a permitir que ilustre esta idea con un ejemplo traído de mi ámbito de especialización, el derecho. Explica Gustavo Zagrebelesky, jurista italiano que fue presidente de la Corte Constitucional italiana que

---

[32] Vid. "Principios del Core Curriculum de la Universidad de Navarra", en https://www.unav.edu/web/instituto-core-curriculum/conocenos/principios-del-core-curriculum

[33] *Ídem*.

[34] K. Jaspers, *La idea de la universidad*, cit., p. 79.

Lo que es verdaderamente fundamental, por el mero hecho de serlo, nunca puede ser puesto, sino que debe ser siempre presupuesto. Por ello, los grandes problemas jurídicos jamás se hallan en las constituciones, en los códigos, en las leyes, en las decisiones de los jueces o en otras manifestaciones parecidas del "derecho positivo" con las que los juristas trabajan, ni nunca han encontrado allí su solución. Los juristas saben bien que la raíz de sus certezas y creencias comunes, como la de sus dudas y polémicas, está en otro sitio. Para aclarar lo que de verdad les une o les divide es preciso ir más al fondo o, lo que es lo mismo, buscar más arriba, en lo que no aparece expreso[35].

El constitucionalista italiano se refiere a las diferentes concepciones del derecho que laten en sus fuentes, pero puede muy bien aplicarse su afirmación a planteamientos más profundos, que tengan como referente una determinada antropología. En este sentido cabe destacar que todo ordenamiento jurídico se construye sobre una determinada visión de la persona, de su dignidad, de la libertad, de la familia, de la autoridad, del Estado, de la nación, etc.

En este sentido, en otro apartado de su famoso libro *El derecho ductil* señala Zagrebelsky que «ante todo, téngase en cuenta que la imagen que el hombre tiene de sí mismo encierra un originario y determinante valor constitucional. En efecto, cualquier gran concepción constitucional presupone una determinada "visión del hombre" (el *Menschenbild* del que habla la literatura jurídica alemana)»[36]. De ahí, –podemos añadir– la importancia de la antropología en la formación de los juristas. Y lo mismo cabría decir de otras disciplinas sociales, humanísticas e incluso científicas.

---

[35] G. ZAGREBELSKY, *El derecho dúctil. Ley, derechos, justicia*, Madrid, Trotta, 1992, p. 105.
[36] *Ídem,* p. 105

4. Conclusión

Es la apertura sincera a la verdad lo que permite distinguir la docencia universitaria del mero adoctrinamiento. Solo cuando se asume que la verdad es el criterio último de validez, la docencia puede convertirse en auténtico diálogo sin menoscabo de la autoridad del profesor. La enseñanza se convierte así en cauce de desarrollo de la libertad intelectual de los estudiantes y también del profesor. Se hace capaz de conectar con las inquietudes más profundas de los alumnos y orientar en la búsqueda de respuestas personales a las cuestiones más fundamentales de la existencia humana.

Como señala Alejandro Llano, lo relevante en la formación universitaria no es "llenarse la cabeza de datos"; lo relevante «es descubrir las claves que dan sentido a los hechos»[37]. Esta búsqueda de sentido hunde sus raíces en la sed de verdad que anida en el corazón humano. La docencia y la investigación buscan no sólo aliviar esta sed, sino también avivarla. Y para ello tratan de dotar a los estudiantes de ese gran angular capaz de aprehender la realidad en toda su grandeza y complejidad, de manera que puedan llegar a ser protagonistas de su propia vida y responsables del mundo en el que viven.

5. Bibliografía

BALLESTEROS, J., *Postmodernidad: decadencia o resistencia*, Madrid, Tecnos, 1989.

BAUMAN, Z., *Liquid modernity*, Polity, New York 2000.

---

[37] "Discurso de recepción de la medalla de oro de la Universidad de Navarra, 16 de diciembre de 2011", en *Acto Académico Homenaje al Profesor Alejandro Llano*, Pamplona, Facultad de Filosofía y Letras-Universidad de Navarra, 2012, p. 67.

BAUMAN, Z., *Postmodernity and its Discontents*, New York University Press, New York 1997.

BELLOMO, M., (ed), *La Universidad en la época del derecho común*, Il Cigno GG, Roma 2001.

BENEDICTO XVI, Discurso a los participantes en el Encuentro europeo de profesores universitarios, 23-6-2007.

FRANKL, V., *La voluntad de sentido*, Barcelona, Herder, Barcelona 1991.

General Education in a Free Society. Report of the Harvard Committee, with an introduction by James Bryant Conant, Cambridge, Harvard University Press, 1950, pp. VIII-IX.

GIMÉNEZ AMAYA, J. M., y S. SÁNCHEZ-MIGALLÓN, *Diagnóstico de la Universidad en Alasdair MacIntyre*, Eunsa, Pamplona 2011.

GOFF, J. LE, *Los intelectuales en la Edad Media*, Madrid 1986.

GONZÁLEZ DIESTRO, M. A., y R. TOMÁS CALDERA, *La formación intelectual. Antología*, Caracas 1971.

GUARDINI, R., *El fin de la modernidad*, PPC, Madrid, 1995.

GUARDINI, R., *Tres escritos sobre la universidad*, Eunsa, Pamplona 2012.

GUIJARRO GONZÁLEZ, S., *Enseñanza, saberes y Universidades en la Europa medieval*, Síntesis, Madrid 2018.

JASPERS, K., *La idea de la Universidad*, Eunsa, Pamplona 2013.

LIFTON, R. J., *The Protean Self: Human Resilience in an Age of Fragmentation*, Basic Books, New York 1993.

OBARRIO MORENO, J. A., y J. M. PIQUER MARÍ, *Repensar la Universidad. Reflexión histórica de un problema actual*, Dykinson, Madrid 2015.

ORTEGA Y GASSET, J., *Misión de la Universidad*, Madrid, Ed. Cátedra, Madrid 2015.

PEDERSEN, O., *The First Universities. Studium Generale and the Origins of University Education in Europe*, Cambridge UP, Cambridge 1997.

"Principios del Core Curriculum de la Universidad de Navarra", en https://www.unav.edu/web/instituto-core-curriculum/conocenos/principios-del-core-curriculum

RATZINGER, J., "¿La verdad del cristianismo?", conferencia pronunciada en la Universidad de la Sorbona de París el 27 de noviembre de 1999.

RATZINGER, J., y J. HABERMAS, *Dialéctica de la secularización. Sobre la razón y la religión*, Ed. Encuentro, Madrid 2006.

ROMERA OÑATE, L, "La elaboración de un pensamiento sapiencial. Tres niveles" en *Existencia y búsqueda de sentido*, Eunsa, Pamplona 2020, pp. 93-196.

ROSENBERG, S., "Multiplicity of selves", R. D. ASHMOR, L. JUSSIM (ed.), *Self and Identity. Fundamental Issues*, Oxford University Press, New York 1997, pp. 23-45.

RUDOLPH, F., *The American College and University. A History*, A. Knof, New York 1962.

RÜEGG, W., *A History of the University in Europe*, 4 vols., Cambridge UP, Cambridge.

TORRALBA, J. M., "La educación liberal como misión de la Universidad. Introducción al debate bibliográfico sobre la identidad de la Universidad", en *Acta Philosophica*, 22, 2013.

TORRALBA, J. M., "La idea de educación liberal. De cómo se inventaron las humanidades", en J. ARANA (ed.), *Falsos saberes. La suplantación del conocimiento en la cultura contemporánea*, Biblioteca Nueva, Madrid 2013, pp. 61-78.

TORRALBA, J. M., *Una educación liberal. Elogio de los grandes libros*, Ed. Encuentro, Madrid 2022.

ZAGREBELSKY, G., *El derecho dúctil. Ley, derechos, justicia*, Trotta, Madrid 1992.

WILSON-BAREAU, J. (ed.), *Edouard Manet, viaje a España*, Padilla Libros Editores & Libreros, Sevilla 1994.

CAPÍTULO 11. LA INVESTIGACIÓN EN LA UNIVERSIDAD: ¿DR. JEKYLL O MR. HYDE?

Coral Barbas
Catedrática de Química Analítica
Directora de la Escuela Internacional de Doctorado
CEU (CEINDO)[1]

Sumario

1. Introducción. 2. La importancia de un maestro. 3. El valor de la investigación en la universidad. 4. Dr. Jekyll: valores de la investigación para la universidad. 5. Mr. Hyde. 6. Conclusión.

1. Introducción

Robert Louis Stevenson escribió la novela publicada por primera vez en 1886 que se ha convertido en un clásico de la literatura

---

[1] Coordinadora de las Universidades CEU: San Pablo, Madrid; Abat Oliba, Barcelona; Cardenal Herrera, Valencia; Fernando III, Sevilla.

de su género. En ella se cuenta cómo un médico, el Dr. Jekyll, elabora y prueba en sí mismo una pócima capaz de separar las dos tendencias, una buena y otra mala, Mr. Hyde, que parecen enfrentarse en el interior del hombre.

A pesar de que me dedico a la Química Analítica y sería un escape facilón, no me voy a referir a la investigación sobre los contenidos de la pócima, sobre los que se ha especulado mucho, sino sobre la "percepción de la investigación en la universidad", sobre cuyas "bondades", tanto a nivel de profesores, como de dirección, o incluso sociedad en general existen pensamientos y sentimientos encontrados. A mí a veces me resulta sorprendente que esta disyuntiva sobre "si la investigación es buena y necesaria en la universidad o no", todavía siga siendo un tema de debate, pero debe serlo, dada la cantidad de veces que me veo confrontada con esa pregunta. Ahora mismo, ¿cuántos piensan que es una pérdida de tiempo de unos caprichosos que además son premiados con promociones y redistribuciones docentes por hacer lo que les gusta? y ¿cuántos se sienten maltratados porque para poder investigar sacan el tiempo de sus ratos libres? Y ¿cuántos consideran sinceramente que la investigación es la base del desarrollo de la sociedad?

Para entender las opiniones de alguien, cuando no se mueven en el campo de los datos absolutos, que es a lo que estoy más acostumbrada, es importante conocer su historia, así que voy a explicarles brevemente la mía.

2. La importancia de un maestro

Estudié Química en la Universidad Complutense e hice el Doctorado en Química Analítica, la ciencia de la medida en Química. No me resultó una experiencia especialmente estimulante, así que cuando me ofrecieron la oportunidad de entrar en el

CEU, en aquella época Colegio Universitario, no lo dudé. El Colegio Universitario estaba dedicado exclusivamente a la docencia de 1° a 3°, no había "investigación", los alumnos pasaban en 4° a la Universidad Complutense donde terminaban sus estudios.

En 1993, con la recién publicada ley de universidades privadas, la Universidad CEU San Pablo fue la primera universidad en abrir sus puertas. Recuerdo la entrevista con el recién nombrado Decano de la Facultad de Ciencias Experimentales y de la Salud, él me preguntó sobre mi línea de trabajo. Con orgullo, respondí que era la mejor profesora de Química del CEU, algo que creía cierto dado que a pesar de ser muy exigente tenía unas magníficas encuestas de los alumnos. Pero él, buscando otra cosa, inquirió específicamente sobre mi labor en investigación, señalando que la investigación es lo que distingue a una universidad de un colegio. Su pregunta me descolocó, ya que había dedicado los últimos 10 años exclusivamente a la enseñanza. Le admití que no realizaba investigación, a lo que respondió que entonces no le interesaba. Desesperada por adaptarme a sus expectativas, le pedí que me indicara qué quería que hiciera. En ese instante, sentí que pasaba de ser la mejor profesora del Colegio Universitario a la peor de la Universidad a sus ojos.

Pero... como no iba a permitir ser desestimada, allí empezó una larga y dura carrera que me ha llevado hasta aquí, lo digo sin falsa modestia, he llegado a tener un grupo con alrededor de 40 investigadores, reconocido internacionalmente y a estar en el 2% de investigadores más productivos y citados del mundo según el ranking de Stanford. Todo esto simultaneando con los puestos de gestión que me han correspondido. Así que para empezar el mensaje es: *Yes, we can*.

No obstante, empezar en investigación desde cero y después de 10 años de desconexión, estando en una universidad privada, era misión casi imposible. Es cierto que en ese momento también encontré a las personas que me ayudaron a retomar el camino, con una generosidad infinita, poniendo de mi parte una cantidad de trabajo ilimitada.

Y aquí hay un mensaje que a mí me gustaría destacar, la importancia de un *maestro* y la responsabilidad, no siempre asumida o ni siquiera considerada de los equipos directivos, con las trayectorias académicas de los profesores.

A mi decano le hubiera resultado muy fácil nombrarme Secretaria Académica, con muy buena reputación en la casa y muy trabajadora, y liquidar mi trayectoria académica para siempre y sin embargo me forzó a tomar un camino, para mi harto difícil, pero en el que él creía y que solo he valorado mucho después.

Así que mi aterrizaje en la investigación universitaria fue por pura necesidad de supervivencia y no por ningún objetivo romántico de hacer algún descubrimiento que permitiera curar el cáncer o salvar al mundo. De hecho, recuerdo con horror los primeros meses en el laboratorio en el que los becarios se movían como pez en el agua y yo, la profesora, estaba todo el día preguntando. Esa etapa supuso para mí una dosis de humildad sin fin.

Una noche me desperté a las 2 de la madrugada y me vino la duda de si había apagado un equipo que tenía una lámpara muy potente y al terminar se cubría con un plástico. Cogí el coche y me fui a Montepríncipe, por el camino iba oyendo las sirenas de los bomberos e imaginándome el desastre, al llegar el equipo estaba apagado y pude volver a dormir, pero entrar en el mundo de la investigación pasados los años, no era fácil. Iba a clase, muchas clases, la universidad estaba empezando y éramos pocos profesores, salía corriendo había dejado algo puesto en el laboratorio, los fines de semana trataba los datos, leía y cuando el lunes pretendía discutir con la persona con la que trabajaba, muchas veces me preguntaba "¿Y eso dónde dices que lo has leído?".

Después vino la parte de aprender a escribir artículos, a solicitar un proyecto que te deniegan con unos comentarios demoledores y vuelves a escribir pidiendo ayuda, ir a congresos donde no conoces a nadie y nadie te conoce, buscar colaboraciones en las universidades y centros públicos...., respondiendo mil veces a la pregunta ¿pero en el CEU se investiga?

Si esto se cuenta así, parece que mi carrera en investigación hubiera sido una especie de martirologio, y la verdad es que también iba unida a muchas risas en el laboratorio, muchos ratos de discusiones sobre el sentido de los datos que suponían atractivos retos intelectuales y algunos ratos de subidón cuando llegaba un éxito.

En todo este proceso juega un papel fundamental la familia. La cantidad de horas dedicadas a la investigación va en detrimento de muchas horas que no les dedicas a ellos, por eso hay que tenerlos de tu parte, hay que hacerles partícipes de tu trabajo, pero también de tus éxitos. Puedo decir que conté con el apoyo incondicional de todos. Mi padre, presidente de mi club de fans, llevaba y traía niños al colegio, mi madre maestra jubilada, repetía mil veces las tablas de multiplicar y mi marido... cualquier cosa que diga sería poco.

Dedicándote a la ciencia de la medida, tocas temas muy variados, desde la detección del fraude en los zumos de naranja a la detección de acidurias orgánicas en recién nacidos y de repente te das cuenta de que un sábado por la mañana estás midiendo una muestra de un niño al que detectar a tiempo su patología le puede salvar la vida. Y en ese momento ya tomas conciencia de que eres dueño de una carrera que no es solo una carrera de obstáculos hasta la siguiente promoción coleccionando artículos, sino que "gracias a tu investigación, eres capaz de aportar muchas cosas a la universidad y a la sociedad".

Ahora, visto en perspectiva, hay algo no totalmente cierto en lo que acabo de exponer, que no sabía en aquel momento, no era cierto que no hubiera hecho investigación. Durante los 10 años en los que me esforcé en ser la mejor profesora de química general y química analítica, buscando la forma de que mis alumnos entendieran el concepto de mol, la estructura de la Tabla Periódica o la estequiometría de las reacciones, compré decenas de libros en Londres, me fui a clase de mis colegas británicas y dediqué muchas horas a pensar cómo hacer más simples los conceptos y a buscar imágenes que los ilustraran. Posiblemente, para poder considerarlo investigación en didáctica de la química faltaba algún elemento, el trabajo sistemático, pero la investigación en didáctica de una materia seria y bien hecha también es investigación.

Volviendo a la parte de la investigación "reglada", "ahora en este contexto, habiendo vivido y conocido las dos caras de la moneda, voy a exponer mis opiniones" sobre el valor de la investigación en la universidad.

3. El valor de la investigación en la universidad

A lo largo de estos años he sabido entender que el decano tenía razón: la diferencia entre un colegio o centro de estudios y la universidad es la investigación. La diferencia entre una educación de excelencia y una enseñanza sin más es la investigación.

Cuando miro al CEMBIO, mi equipo de investigación, en él se integran en estos momentos entre 30 y 40 personas, de distintas nacionalidades (Méjico, Perú, Brasil, Colombia, Alemania,

Italia…), de distintas formaciones: Química Analítica, Orgánica, Fisico-Química, Biología, Informática, Matemáticas, Medicina, Biotecnología, entre otras. Incluye a profesores de la universidad, investigadores pre-doc, potdoc, técnicos de laboratorio, investigadores de movilidad, estudiantes de TFG, TFM, etc. ¿Dónde está el límite entre la docencia y la investigación? Para mí la tarea educativa más importante de mi carrera profesional seguramente haya sido dar vida a este grupo. En él muchos investigadores han aprendido virtudes y valores, competencias transversales, se han formado científicamente y han salido al mundo profesional. Esto es educar y esa es la tarea de la universidad.

La universidad ha sido, desde tiempos inmemoriales, el epicentro de la creación y transmisión del conocimiento. Es en sus aulas y laboratorios donde el pensamiento crítico y el método científico convergen para dar vida a nuevas ideas y soluciones. Sin embargo, "como el Dr. Jekyll y Mr. Hyde, la investigación en la universidad revela dos caras, una luminosa y otra oscura, que coexisten en una delicada danza".

Permítanme el atrevimiento de decir que, desde mi humilde conocimiento de la investigación en Humanidades y Ciencias Sociales a lo largo de muchos años de gestión de la investigación y el doctorado, sé que los profesores de estas áreas están pensando que lo que viene a continuación solo aplica a las áreas de ciencias, que es donde me muevo y dónde se han desarrollado las métricas y conceptos que pretenden aplicarse al área social, siempre de forma inadecuada. Sin embargo, he tratado de ponerme en una posición general, no sé si lo he logrado, lo dejo para el debate, y considero que esa actitud es ante todo una excusa para el inmovilismo.

Comenzaré por una definición muy simple de qué es la investigación universitaria:

- Proceso creativo y sistemático

- Se basa en el uso de métodos rigurosos y objetivos que permiten obtener resultados válidos y confiables, así como su comunicación y aplicación a diferentes contextos y problemas

- Busca ampliar el conocimiento humano sobre diversos aspectos de la realidad, ya sean científicos, sociales, culturales o tecnológicos

- En la Universidad va asociado a *hacer escuela*, ser primero discípulo y después maestro

Con respecto a la dinámica de la investigación en equipo, puede concebirse como algo que impone una dinámica distinta o divergente de la investigación individual; pero es más fructífero el modelo que las concibe o las articula como algo interconectado, que se retroalimenta o beneficia mutuamente[2].

Comentaré una anécdota que viene al caso: estando en la universidad de Manchester con investigadores de todos los ámbitos, nos organizaron una conferencia que se titulaba "Cómo obtener TU premio Nobel" y 8 premios Nobel, profesores de la universidad por aquel entonces, exponían sus opiniones al respecto. Recuerdo con nitidez a uno de ellos, que dijo: «hay que trabajar en el entorno adecuado, con los colegas adecuados, para que surjan las preguntas que te hagan reflexionar y las discusiones que te hacen tener un pensamiento crítico».

4. Dr. Jekyll: valores positivos de la investigación para la universidad

1. En primer lugar, la investigación de los profesores asegura la calidad de la enseñanza. La investigación les permite estar

---

[2] Notas fragmentarias sobre la jornada "La investigación en Humanidades: Retos de futuro" en la Biblioteca María Moliner de la Universidad de Zaragoza, 2009.

actualizados con los últimos avances en sus campos y transmitir ese conocimiento a sus estudiantes. Los profesores que son investigadores activos tienen la capacidad de ofrecer una educación más rica y actualizada, más motivadora e ilusionante, lo que beneficia directamente a los estudiantes que buscan adquirir conocimientos de vanguardia.

2. Una universidad tiene que ser capaz de otorgar el máximo grado que otorga la universidad, el doctorado, y para ello depende fundamentalmente de la capacidad investigadora de sus profesores. La investigación de los profesores promueve un entorno académico estimulante. Los estudiantes de doctorado se benefician al estar inmersos en un ambiente en el que la investigación está en constante evolución. Pueden colaborar con sus mentores en proyectos de investigación, lo que les proporciona una experiencia valiosísima y les ayuda a desarrollar sus propias habilidades investigadoras. Tienen relaciones nacionales e internacionales con investigadores destacados.

3. La investigación de los profesores es esencial para la *credibilidad de las instituciones académicas*. La reputación de una universidad suele estar ligada a la calidad de su investigación.

4. Tienen más oportunidades de participar en redes académicas y científicas, lo que les permite intercambiar experiencias, colaborar y aprender de otros colegas.

5. Tiene la capacidad de contribuir a la sociedad mediante el avance del conocimiento y los descubrimientos.

Valores positivos para los investigadores a nivel personal

1. Hacer el CV que más se valora en las promociones académicas.

2. Hacer equipo, que tiene a la vez un enorme coste personal y un gran valor. El valor de un equipo en investigación reside en la diversidad de conocimientos y habilidades que apor-

ta cada miembro, lo que permite abordar problemas complejos desde múltiples perspectivas. Un equipo eficaz combina *experiencia técnica, pensamiento crítico y creatividad*, facilitando la innovación y el avance del conocimiento. La colaboración y la comunicación son claves para la sinergia que puede acelerar los descubrimientos y mejorar los resultados de la investigación.

3. Lo que denomino el momento "subidón", cuando tienes un buen resultado, te aceptan un artículo de nivel, te conceden un proyecto. La adrenalina fluye.

4. Incalculable riqueza personal en cuanto a conocimientos, internacionalización, reconocimiento...

Comentaremos ahora sobre los aspectos más oscuros de la investigación.

5. Mr. Hyde

1. Descuido de la enseñanza: cuando los profesores están muy involucrados en la investigación, es posible que dediquen menos tiempo y atención a la enseñanza. Esto puede resultar en clases menos efectivas y menos compromiso con los estudiantes, lo que afecta negativamente la calidad de la educación.

Las instituciones deben buscar las estrategias para que haya un reparto adecuado de tiempos y tareas.

2. Separar la docencia de la investigación. Es cierto que depende de las disciplinas y niveles de enseñanza universitaria para que esta relación sea productiva, pero la investigación no asociada a la docencia al menos a nivel de doctorado tiende a ser una investigación "egoísta".

3. Competitividad desmedida y explotación del más débil. La competitividad en investigación es un fenómeno inherente, porque en general o eres el primero o no existes, pero hay dos formas de competir: como superación personal (ser mejor) o

como comparación con los demás (ser el mejor). Además, en los equipos hay que cuidar el fino equilibrio entre compartir legítimamente el trabajo de alguien porque le estás formando o usar el trabajo e ideas de esa persona.

4. No saber encajar la crítica. La humildad es una virtud contra el pecado de soberbia que requiere entrenamiento.

5. Utilizar la réplica como modelo productivo, que no aporta valor y consume muchos recursos. Esto conecta con anclarse en temas obsoletos, que permiten replicar trabajo con cierta comodidad, en vez de estar al día de las necesidades de la sociedad.

6. Publicar como obsesión, no importa el valor real de lo que se publica.

A nivel institucional

En cuanto a las instituciones la parte oscura, en mi opinión, se sitúa en considerar la *investigación como una carga* a aceptar para dar cumplimiento a los requisitos oficiales y no un fin propio. Ello deriva en falta de apoyo y recursos; énfasis en la productividad sin valorar el contenido y la calidad; incentivos mal alineados con la investigación de calidad. Estos problemas pueden socavar la calidad, la integridad y la relevancia de la investigación académica.

Sin embargo, el *Profesor sólo docente* tiene también aspectos positivos:

1. Se centran más en las necesidades, intereses y dificultades de sus estudiantes, lo que les permite adaptar su enseñanza y ofrecer una atención más personalizada.

2. Dedican más tiempo y recursos a la preparación, el desarrollo y la evaluación de sus clases, lo que les permite mejorar su práctica docente y su formación pedagógica.

3. Tienen menos presión y estrés por cumplir con las exigencias y los plazos de la investigación, lo que les permite tener un mejor equilibrio entre su vida profesional y personal.

4. Disfrutan más de su trabajo y se sienten más satisfechos con su rol docente, lo que les hace tener una mayor motivación e implicación con sus estudiantes.

5. Tienen más autonomía y libertad para diseñar sus cursos y elegir sus contenidos, métodos y actividades, sin tener que ajustarse a los requerimientos o las limitaciones de la investigación.

Algunos de los aspectos más positivos de los profesores solo docentes, encierran ya en sí mismos sombras del investigador.

La investigación en la universidad, con su dualidad intrínseca, es un reflejo de la naturaleza humana: llena de curiosidad y aspiraciones nobles, pero también susceptible a presiones y desvíos. Aun así, con una reflexión profunda y acciones concretas, es posible que el Dr. Jekyll prevalezca, asegurando que la universidad siga siendo el faro del conocimiento y la innovación en beneficio de toda la humanidad.

6. Conclusión

La pregunta que en realidad nos deberíamos hacer no es si la investigación es necesaria o no en la universidad, sino si cada uno de los que interviene en el proceso, desde la más alta dirección al investigador más novel, pone su parte para que la *investigación* que se realiza sea *relevante* en algún aspecto para la sociedad.

Me gustaría concluir esta reflexión utilizando un texto de Antonio Bolívar (universidad de Granada): un profesor universitario no es académico o erudito por las investigaciones que realiza, debe serlo también por el conjunto de funciones que desempeña. El auténtico cambio de cultura es que la enseñanza y la investigación formen parte de una misma tarea y estándares. El profesor universitario es un *scholar* tanto de la investigación como de la enseñanza.

La enseñanza se debe situar dentro del trabajo académico, al mismo nivel y metodología que la actividad investigadora. Aparte de otros factores, el auténtico cambio de cultura es que la enseñanza y la investigación formen parte de una misma tarea y estándares. Contenido y didáctica no pueden ser campos separados o aditivos. Al contrario, debe formar parte del propio trabajo en una disciplina[3].

---

[3] BOLÍVAR, A., *Investigación y docencia: de una relación problemática a una productiva*, Aula Magna 2.0., 2017 [Blog].

CAPÍTULO 12. LA UNIVERSIDAD DEL SIGLO XXI FRENTE A LOS DESAFÍOS DE LA DIGITALIZACIÓN Y LA BUROCRATIZACIÓN

Juan Arana
Catedrático de Filosofía. Universidad de Sevilla
Miembro Real Academia de Ciencias Morales y Políticas

Sumario

1. Introducción. 2. La Universidad de los maestros. 3. La Universidad de los profesores e investigadores. 4. La Universidad de los gestores y pedagogos. 5. Conclusiones. 6. Bibliografía.

1. Introducción

Creo que a la hora de anticipar la Universidad que nos aguarda (mejor dicho, que aguarda a lo que trabajan en ella, puesto que yo ya me encuentro felizmente jubilado tras medio siglo de brega), conviene desechar la idea de que va a ser afectada sustancialmente por la pandemia que recientemente padecimos.

Sería precipitado y pretencioso augurar que el virus que la ha desencadenado va a alumbrar una nueva era histórica, la "post-covidad", supuestamente sucesora de la "postmodernidad" y bla, bla, bla. Ni mucho menos. Lo cual tampoco significa que el episodio carezca de importancia.

Tiempo atrás visité repetidas veces Puerto Rico y en alguna ocasión llegué a la isla poco después del paso de un huracán. Me llamó la atención que, más que asolado, el paisaje del país parecía remozado. Me explicaron que el paso del ciclón se parece a una gigantesca poda: la vegetación vieja y podrida es arrastrada por la tempestad y los renuevos tienen vía libre para prosperar sin la competencia de lo caduco. Del mismo modo, creo que los efectos del recién pasado episodio se parecerán un poco a los de la acción de sacudir un árbol: se quebrarán las ramas secas y caerán las nueces ya maduras. Pensar otra cosa sería como pretender que lo que desencadenó la primera guerra mundial fue única y exclusivamente el atentado de Sarajevo.

La futurología es disciplina harto arriesgada, sobre todo cuando pretendemos apoyarla sobre la premonición de factores inéditos que todavía están por aparecer. Resulta mucho más fiable cuando ya están operativos los factores responsables de los cambios, aunque el alcance de su acción escape por ahora a la mayor parte del público. Con la osadía que me presta la idea de no tener que solicitar nuevos sexenios de investigación a la Aneca, sostengo que esos factores ya están aquí, vivitos y coleando. No tardaremos en ver hasta dónde llegan sus efectos. De hecho, en otros campos la aceleración de la historia es bastante notoria.

La comunidad universitaria se niega a darse por aludida, arropada como está en su secular somnolencia. O lo que es peor aún: cuando consigue detectar los signos de los tiempos, suele interpretarlos equivocadamente, y adopta una política de reformas que sólo servirá para hundirla más y más en el pozo del anacronismo, de suerte que, o rectifica con decisión sus torcidos rumbos, o correrá peligro incluso su propia supervivencia. Como es natural, esto último lo digo más para captar la atención del lector que para ponerme melodramático, porque, como diría un inglés, la situación es desesperada, pero no grave.

Por cierto que todavía no he nombrado la presunta metamorfosis que pondrá patas arriba muchas cosas y se llevará por delante otras tantas. Voy a hacerlo ahora mismo, aunque –ya lo siento– temo ser muy poco original. Es lo que se ha dado en llamar "Cuarta revolución industrial". Ya sé que suena un poco a bluf fukuyamesco, pero me he convencido de que se trata de algo muy serio y –lo que aún importa más– muy inminente. Siendo ya septuagenario entendéis que subraye lo de la inminencia, porque, francamente, cualquier cosa que ocurra de aquí a más de 10 ó 15 años no consigue interesarme. Acabo de decir que "me he convencido" de que tenemos una revolución a la vuelta de la esquina, aunque mejor debiera haber dicho que he sido convencido, concretamente por mi compañero en la Academia de Morales José Manuel González-Páramo, economista eminente que ha desempeñado entre otros puestos el de miembro del Consejo de Gobierno del Banco Central Europeo. En una de nuestras sesiones presentó la memoria: *Cuarta revolución industrial, empleo y estado de bienestar*[1]*,* que sirvió para abrirme los ojos sobre lo que se nos viene encima, incluso a los que ya hemos franqueado las puertas de la tercera edad.

---

[1] J. M. GONZÁLEZ-PÁRAMO, "Cuarta revolución industrial, empleo y estado de bienestar", en *Anales de la Real Academia de Ciencias Morales y Políticas,* 2021, pp. 89-113.

Sin embargo, antes de ahondar un poco en las consecuencias de la anunciada conmoción, haré un breve recuento de cómo ha evolucionado la Universidad en el curso de mi vida profesional. He conocido bastante de cerca una universidad pública, la de Sevilla, donde me doctoré, y otra de iniciativa social, la de Navarra, en la que me licencié. De un modo más tangencial me he beneficiado de (y colaborado con) bastantes universidades españolas, unas cuantas europeas y otras tantas americanas. ¿Qué he sacado en limpio de todo ello? Simplificando todo lo posible y apelando a la orteguiana teoría de las generaciones, diría que he conocido tres universidades: la de mis profesores, la de mis colegas y la de mis alumnos. Son conceptos que hay que entender en sentido amplio, puesto que a lo largo de cinco décadas son muchas y muy diversas las personas con las que me he sentado en las aulas, seminarios y salas de juntas.

A pesar de tanta diversidad, tiene sentido decir que he conocido tres tipos de academias, cada una de ellas con sus virtudes y sus defectos. Lo habitual es que uno se identifique con la universidad de la época en que fue estudiante y también joven profesor. No obstante, creo que ninguna de las universidades con las que he tenido algo que ver podría afrontar las condiciones que van a imperar en los tiempos venideros, de manera que, por decirlo de alguna manera, habrá que inventar otra nueva, si queremos que sobreviva algo que merezca tal nombre.

2. La Universidad de los maestros

La primera universidad que conocí quisiera denominarla la de los *maestros*. Alguien peor predispuesto propondría bautizarla mejor como la de los *mandarines,* y ciertamente entonces la figura del catedrático tenía una relevancia muy particular, por lo menos en la universidad pública. La vida académica estaba totalmente impregnada con su sello. Una buena universidad lo era cuando tenía un plantel de destacados catedráticos, capaces con su magisterio de prestigiar la institución a la que servían y de la que también se servían.

Sabido es que muchos utilizaban la cátedra como plataforma para optar a puestos de mayor relevancia social o política, lo cual, si por un lado constituía un lastre, por otro también daba notoriedad a la Universidad, puesto que todos veían en ella la matriz del liderazgo social y el semillero de las figuras más influyentes en todos los órdenes, efecto reforzado por la circunstancia de que el número tanto de estudiantes como de universidades era mucho más reducido que el que hubo después. Los catedráticos asumían una parte importante, si no sustancial, de la docencia; el resto del estamento profesoral, los ayudantes y adjuntos, estaban allí casi por amor al arte (las retribuciones eran bajísimas), o bien eran meritorios a la espera de una oportunidad, la cual normalmente tardaba mucho en llegar, si es que lo hacía. El sistema de oposiciones permitía que jóvenes de gran brillantez escalaran de un solo golpe el pináculo de la carrera docente, si además de sus valores intrínsecos tenían la habilidad o la fortuna de conseguir el padrinazgo de alguna de las figuras que dominaban el área.

Todo esto es sobradamente conocido, pero lo que me importa señalar es que, aunque hubiera en los cuadros de catedráticos una considerable proporción de medianías por decirlo con suavidad, la presencia de unos cuantos sobresalientes bastaba para que el paso por las aulas mereciera la pena. Era frecuente que los estudiantes con vocación universitaria no frecuentaran las clases que les correspondían, sino las que más les interesaban, aunque ni siquiera pertenecieran a la facultad donde estaban matriculados. Recuerdo por ejemplo haber escuchado con asiduidad no sólo a Leonardo Polo, Jesús Arellano o Antonio Millán Puelles, sino también al Marqués de Lozoya, Ismael Sánchez Bella, Álvaro d'Ors o Eugenio Coseriu, aun a costa de hurtar mi presencia en los cursos donde me aguardaban los exámenes.

Más que las lecciones que pronunciaban importaba el ejemplo vivo de universitario que encarnaban, su insobornable vocación de sabios, más allá de los convencionalismos burocráticos y las normativas legales de las instituciones que les albergaban. Algunos de ellos eran prácticamente ágrafos, otros no seguían una línea de investigación bien definida y muchos habrían fracasado lamentablemente de haber tenido que afrontar los actuales baremos de acreditación. Pero enseñaban cosas que no figuraban en los libros. La principal de ellas: cómo encontrar el camino que cada uno de nosotros tiene que seguir para dar lo mejor de sí. Todavía añadiría algo más: en aquella vieja academia la interdisciplinariedad no era como ahora una vana aspiración, sino algo que se practicaba con naturalidad. Incluso los que no residíamos en colegios mayores nos codeábamos día a día con alumnos de otras facultades. En la Universidad no sólo se estudiaba: se vivía y se convivía. No fui yo ni mucho menos el único que encontré el amor de mi vida entre aquellas paredes y, por supuesto, la compañera que encontré no era de mi licenciatura ni de mi promoción.

Sería arduo discutir si, mejor que en el caso de las ciudades perdidas de Sodoma y Gomorra, había en aquella universidad con tantas carencias un número suficiente de justos para merecer ser rescatada del olvido. Lo que acabó con ella no fue ni la desidia de los mediocres ni el elitismo de los mejores, sino –más comprensiblemente– el *baby boom,* que multiplicó de modo insospechado el número de estudiantes. También los

planes de desarrollo, gracias a los cuales aumentaron las dispo-
nibilidades para construcción de nuevos edificios y contratación de más nutridos cuerpos docentes decentemente pagados.

3. La Universidad de los profesores e investigadores

Así se inicia la segunda singladura, la mía, que fue la de los
profesores y los *investigadores*. Por su orden: primero profesores, puesto que la mayoría de nosotros ingresamos en la carrera académica recién terminada la licenciatura y nos encontramos sin comerlo ni beberlo con la responsabilidad de dar no
un trozo de asignatura, sino tres o cuatro enteritas. Se trataba
de hacerlo al tiempo que adelantábamos nuestras tesis doctorales y construíamos la nueva universidad, sin que nadie nos
diera la venia para ello.

Éramos los profesores no numerarios, los "penenes", y en
principio ni pinchábamos ni cortábamos. No obstante, nuestro
número y el hecho de que cargáramos con la mayor parte de
la docencia nos dio fuerza para luchar por el poder, lo cual,
unido a los aires de cambio político que soplaron sobre nuestro país, hizo que consiguiéramos desbancar la estructura caciquil que hasta entonces había monopolizado el gobierno de la
institución. Algo tuvo que ver con nuestra victoria que en su
miopía los viejos catedráticos no supieran reproducirse con
suficiente rapidez, lo cual les impidió incrementar el número
de plazas de numerarios para compensar la enorme proliferación de ayudantes, encargados y adjuntos.

El sistema de oposiciones se quedó muy atrás, de manera
que en la práctica lo que se hizo o se consiguió fue dar estabi-
lidad en el empleo a los interinos, que, una vez asegurado su
puesto, presionaron con denuedo hasta hacerse con el control
de departamentos y facultades. Así se acabaron las carreras

relámpago: lo obligado era calentar el asiento una vez ingresados en la escala docente –la mayor parte de las veces por designación directa dedocrática de los gerifaltes– y esperar tranquilamente la consolidación y el acceso, mediante los procedimientos que se fueron arbitrando: regularización, idoneidad, oposiciones restringidas, proliferación de aprobados sin plaza, etc. Mientras subsistió el procedimiento de las oposiciones todavía fue posible saltarse una o dos etapas de un sistema de promoción que se acabó pareciendo cada vez más al escalafón puro y duro.

En definitiva, se desactivaron los mecanismos de cooptación y se anularon en la práctica los traslados entre universidades de profesores funcionarios. Con ello se erosionó irreversiblemente la preponderancia de los catedráticos, para otorgársela a quienes consiguieron liderar las reuniones de departamento, las juntas de facultad o los claustros universitarios. La consecuencia casi inmediata fue la potenciación extrema de la endogamia y el apartamiento de los órganos de decisión tanto de los viejos mandamases como de los vocacionalmente centrados en la enseñanza y la investigación.

Esto no sacó a nuestra universidad de la mediocridad: tan solo pasamos de una mediocridad oligocrática a una mediocridad democrática, puesto que tanto el alumnado como el personal de administración y servicios también obtuvieron su parte del pastel, y en su mayoría ejercieron la cuota de poder conquistada en función de intereses particulares. Una mal concebida autonomía universitaria condujo a que en la práctica la universidad respondiera tan solo ante sí misma y mucho menos ante la sociedad que la albergaba y sostenía.

No todo fue negativo en esta etapa, ni mucho menos. Frente a la camarilla activista que monopolizó el ejercicio de la administración, el resto del profesorado y el alumnado se dividió entre una mayoría que dormitó sus estudios y ejercicio profesional de acuerdo con la ley del mínimo esfuerzo, y una minoría que, apartada de las tentaciones del poder y de las distracciones de la gestión, ejerció la recién ganada autonomía del profesor y del estudiante para emprender ilusionantes proyectos docentes y de investigación, a título particular o de grupo independiente. Los repartos de becas y fondos de investigación se hicieron al principio con criterios de arbitrariedad imprevisible o bien según el viejo hábito de "café para todos".

En muchas áreas de humanidades esto bastó para que se llevaran a cabo proyectos en muchos casos bien interesantes, aunque dispersos. Las áreas científico-experimentales sufrieron más por la falta de coherencia y continuidad en la acción de las autoridades académicas y políticas a nivel local, regional y nacional. De todo ello resultó la figura del que podríamos llamar "intelectual guerrillero", bastante característica de la idiosincrasia peninsular. Al fin y al cabo, los que dan carácter y personalidad a la Universidad en cualquiera de sus momentos y lugares son lo mejor de ella, y los mejores en la etapa que va más o menos desde comienzos de los setenta hasta finales de los noventa fueron profesores e investigadores en buena parte autodidactas que en, primer lugar, educaron a las nuevas generaciones recién salidas del subdesarrollo a costa de retrasar su propia formación.

Más tarde, una vez consolidados como funcionarios, trataron de remediar sus déficits, saliendo al extranjero con ayudas *postdoc,* y luego formaron grupos de trabajo con los colegas y estudiantes que pudieron contagiar de su entusiasmo. Torpes en su mayor parte con los idiomas, suplieron con ilusión y tesón lo que les faltaba de profesionalidad, de forma que en muchos casos lograron obtener resultados estimables. Entre ellos escaseaban los genios más que antaño, puesto que no abundaron tanto las mentes privilegiadas que se dejaron tentar en esta generación por una universidad tan cargada de inercias pequeñoburguesas.

A cambio de ello, tengo la impresión de que era más fácil encontrar durante estos años personas que se esforzaban por dar buenas clases, por publicar, aunque fuera en editoriales y revistas nacionales (cuando no locales), y por fundar revistas, colecciones, sociedades científicas e incluso entablar tímidas relaciones internacionales con el primer mundo universitario. Las ambiciones de los profesionales solventes desbordaban menos que antes los límites de los recintos universitarios y, decididos a construir allí su casa, hicieron que en el páramo de la incuria nacional surgieran numerosos rincones donde encontró asiento la calidad, o por lo menos el esfuerzo más o menos torpe e improvisado por conseguirla.

Esta universidad de los profesores-investigadores, conoció una segunda y más fugaz etapa que convendría denominar de los investigadores-profesores. A partir de finales de los ochenta se empezó a notar la bajada en la curva de la natalidad. El exponencial crecimiento de número de plazas y la creación de nuevas universidades fueron ralentizándose hasta entrar en una fase de estancamiento, cuando no de recesión. Había más becas que repartir, pero menos puestos de trabajo, de manera que las carreras académicas ya no empezaban tanto como antes con encargos de curso. Los nuevos ingresados tenían muchas más horas de estudio a su disposición y margen para realizar estancias en el extranjero, asistencias a congresos y redacción de *papers* y memorias.

El nivel de calidad de las tesis aumentó progresivamente, y también lo hizo el poliglotismo de los nuevos universitarios y su capacidad para desenvolverse en contextos variados y cambiantes. Yo recuerdo en particular el dramatismo con que se dirimieron los últimos concursos de plazas dotadas durante la época dorada de la expansión. Competían por ellas ayudantes con miles de horas de docencia a sus espaldas y becarios que apenas habían pisado los estrados de las aulas, pero que exhibían decenas de artículos científicos y montañas de certificados. Luego vino el apagón financiero y con él comenzó a gestarse una nueva época para la Universidad, la que ahora disfrutamos o padecemos.

4. La Universidad de los gestores y pedagogos

Primero fue la crisis del petróleo, luego la de las hipotecas *subprime*, más tarde la del estado de bienestar y así sucesivamente hasta la de la pandemia. En este contexto hostil los becarios de investigación empezaron a ir a la calle al término de sus estipendios y los departamentos iniciaron un proceso de envejecimiento del que recién ahora empiezan a salir, porque ya no es factible seguir amortizando las plazas que van quedando vacantes y afrontar al mismo tiempo una docencia que ya ha sido suficientemente recortada. En el departamento al que he pertenecido, mi marcha ha sido la primera que en más de quince años ha sido cubierta por un nuevo puesto de profesor, si bien después de degradar su rango tres escalas.

No han sido gratas, por tanto, las circunstancias que presidieron el tercer tipo de universidad que me ha sido dado presenciar. La de los maestros, ya lo dije, murió como consecuencia de la explosión demográfica. La de los profesores-investigadores a la que he pertenecido ha sido enterrada por la dramática crisis de la natalidad. En el año 2019 hemos ocupado el puesto número cinco del mundo por la cola, con una tasa de 1,23 nacimientos por mujer, tan solo superados a la baja por Corea del Sur (0,98), Hong Kong (1,07), Singapur

(1,14) y Ucrania (1,20). Donde no hay harina, todo es mohí-
na, y donde escasean los niños tampoco hay mucha alegría.
Este invierno demográfico está también detrás de la crisis del
estado de bienestar. Y con el fin de la holgura económica se
acabaron los lujos. Al fin y al cabo, la Universidad siempre lo
fue: lujo de una minoría privilegiada hasta más o menos 1970
y, hasta el 2000, lujo ofrecido a la juventud de una sociedad
que prosperaba. Con el nuevo milenio se acabó lo que se
daba.

Desde entonces la Universidad se ha convertido en un tipo
más de empresa, con la irracionalidad y rigidez que con frecuencia caracterizan las empresas públicas, así como con toda
la carga de oportunismo y despiadado afán de lucro que a
menudo lastran las empresas privadas. Si yo me formé en la
universidad de los maestros y luego trabajé en la de los profesores e investigadores, al final he visto cómo maestros, profesores e investigadores perdían paulatinamente peso en una
universidad de *gestores* y *pedagogos,* aunque ni siquiera son
ellos los que están teniendo la última palabra. La penúltima
corresponde más bien a los *tecnócratas de la burocracia y los
balances;* la última, a unas autoridades político-económicas
que han decidido reducir la Universidad a un tipo de escuela
profesional que no genere conflictos y rinda más beneficios
que pérdidas contables.

Con esta presentación del asunto sería de temer que me
dedicara a despotricar el resto del escrito, como cuadra a un
jubilado cascarrabias. Pero no. Como todos los de mi quinta, he
criticado lo mío las reformas llamadas "de Bolonia" y sus secue-
las. Sin duda representaron una desgracia, pero no tanto para
la Universidad en sí como para el montaje que nuestra generación había montado. Y si ha servido al menos para echarlo
abajo, no fue después de todo tan horrible. Una universidad

inamovible sería una universidad esclerotizada y conviene cambiar de vez en cuando, incluso aunque sea para peor.

Por otro lado, no creo que la hiperburocratizada e hiperformalizada academia actual sea peor ni mejor que la caciquil de mis maestros o la endogámica de mi generación profesores. Los que están ahora en la cincuentena o en la sesentena tuvieron que atravesar su correspondiente desierto. Necesitaron aprender idiomas de verdad y no de mentirijillas como nosotros; tuvieron que escribir artículos homologables a la *scholarship* anglosajona en lugar de los libros que nosotros escribimos tal como nos dictaba nuestro preclaro entendimiento. No les quedó otro remedio que aguardar largos años a que se fueran desocupando sillas y sillones que, ni llegado el retiro, estaban dispuestos a abandonar los próceres de la patria.

Por último, les ha tocado mucho más que a nosotros afrontar las exigencias de unas autoridades académicas cada vez más ordenancistas. Hace un par de años tuve que presentar en el registro de la hispalense una instancia relativa a mi pensión. La funcionaria de turno me riñó con muy malos modos por atreverme a presentarme allí sin la preceptiva cita previa, para lo cual tendría que navegar un buen rato por el demencial portal de internet de mi ex-*alma mater*. "¡Y todo para presentar un maldito papel!", meditaba para mis adentros mientras el ordenador se colgaba una y otra vez. Viendo como giraba sin parar una flechita circular mientras el aparato *rucurreaba*, recordé cómo hace 40 años para parecida diligencia a mi jefe le echaban por delante la alfombra roja. Incluso hace 20 a mí mismo no paraban de decirme "don Juan" por arriba y "don Juan" por abajo… ¡Qué importa! Seguramente –aunque no queramos confesarlo– el trámite mismo hubiera sido aún más ineficiente en tiempo de don Jesús o en los míos. Los tiempos cambian, verdad elemental que a los de mi edad nos hace pensar en Bob

Dylan. Y aquí precisamente se fragua nuestra venganza. Sería un tanto cruel apelar al epitafio que exhiben algunas tumbas de muertos escasamente resignados a su condición proclamando: «Como te ves yo me vi y como me ves te verás…».

Pero lo cierto es que la actual universidad, aunque seguramente no peor que la mía o la de mis predecesores, sin duda es tan perecedera como aquéllas. Muy posiblemente más, porque la historia da signos de acelerarse. La universidad caciquil tuvo siglo o siglo y medio de vigencia; la endogámica habrá durado sus buenas tres décadas. ¿Cuánto le quedará de vida a la actual idolatría de baremos y rankings? (Dicho sea entre paréntesis: mientras escribía este texto eché un vistazo al ranking web de universidades y no pude menos que lanzar una carcajada cuando encontré un asterisco al comienzo de la lista numerada que remitía a la siguiente nota al pie: «Menor es mejor». Habrá quien se haya enterado así que la de Harvard no es la peor de todas). Cierro el paréntesis. En estos momentos no llevamos más allá de quince años de tiranía tecnocrático-pedagógica y ya hay signos bastante evidentes de decrepitud en el sistema recién instaurado. Así que una vez más se plantea el dilema: renovarse o morir.

Entiéndaseme. No pretendo sostener que *todos* los elementos que conforman la universidad de 2021 están condenados desaparecer por obsoletos. Es evidente que el rasgo diferencial más claro entre ella y las dos universidades que la precedieron es la aplicación masiva de la digitalización en la administración, la investigación, la documentación y hasta en la docencia misma. Este proceso no va a parar, sino que se va a incrementar y generalizar. En ello consiste precisamente la cuarta revolución industrial que invoqué antes. Con ella no se alude a un futurible más o menos incierto. Estamos metidos hasta el cuello en su curso y lo único dudoso es hasta dónde y desde cuándo llegaremos a ver todas las consecuencias que va a tener.

He dicho "llegaremos" y "entraremos" como si hubiera que dar por descontado que seguiremos nosotros ahí, quiero decir los miembros de la especie *homo sapiens sapiens*. Es algo que cuestiona el transhumanismo, con acentos de parusía gozosa, en la versión que da Ray Kurzweil con la *singularidad* que sitúa a las puertas[2], o con sombras apocalípticas, como amaga Nick Bostrom en sus especulaciones acerca de la *superinteligencia*[3]. Pero yo no quiero ir por ahí. Mis pretensiones son más modestas. Simplemente me pregunto cómo serán a cinco o diez años vista las universidades que no hayan entrado en franca vía de extinción. Más todavía me gustaría atisbar cuál será el perfil de los profesores e investigadores que poblarán dichas universidades.

Hoy por hoy, lo que le hace competitivo a un profesional de la enseñanza superior es, ante todo, el multilingüismo; luego, la capacidad para adaptarse a los aparatos y aplicaciones informáticas que van surgiendo con ritmo trepidante; a continuación, la acumulación de méritos homologables por las agencias de calificación académica, la aptitud de integrarse en grupos de investigación y de gestionar becas, ayudas o proyectos. Asimismo, la habilidad para sobrevivir a la incesante burocracia que requiere la ejecución de los proyectos, la promoción académica y la impartición de la docencia. También cuentan la elección de una línea de investigación de moda y multiadaptable, la generación de artículos científicos que superen sin problemas las revisiones de las revistas bien indexadas, la disposición y facilidad para cambiar de residencia según los vaivenes de los contratos que se van consiguiendo y, por último, pero no en

---

[2] R. Kurzweil, *La singularidad está cerca. Cuando los humanos transcendamos la biología,* Lola Books, Berlin 2012.

[3] N. Bostrom, *Superinteligencia. Caminos, peligros, estrategias,* Teell Editorial, Zaragoza 2016.

último lugar, el establecimiento de una densa red de relaciones con personas que puedan mantenerle a uno informado y apoyado en los momentos decisivos.

Todo esto está, desde luego, muy bien, pero uno se pregunta en qué lugar de la lista de prioridades quedan los planes teóricos de largo aliento, las ganas de contribuir al avance del conocimiento, de comunicar a los jóvenes los conocimientos que se han ido adquiriendo, las inquietudes por la gran cultura, los valores que hacen que valga la pena vivir, etc., etc.

En definitiva, acabo acordándome de ese chiste en el que el jefe del laboratorio llama al director de la fábrica y le dice: «Ya hemos puesto el blanqueador, el triclosán, el SLS, los saborizantes, la clorhexidina, el flúor y las rayas rojas para hacer bonito. El problema es que no queda sitio para poner el dentífrico...» Más en serio, me pregunto hasta qué punto estamos exigiéndonos a nosotros mismos y a los que se inician en la carrera académica emplear nuestro tiempo y energía, así como los suyos, en labores que no son tan importantes y que –además– dentro de muy poco no servirán para nada, porque podrán ser resueltas con ventaja por algoritmos y robots. Estoy convencido de que las tesis antropológicas de la inteligencia artificial fuerte son erróneas, pero, aunque las máquinas nunca acaben de emular un ser humano cabal, nosotros sí podemos confinar nuestro esfuerzo en el terreno que les es propicio, en cuyo caso nos batirán en toda la línea si es que no lo han hecho ya. No tiene sentido pretender jugar a las damas, al ajedrez o al *go* mejor que ellas, ni ganarles en una competición de cálculo numérico o manejando un torno de precisión. Si queremos ser competitivos en el mercado de trabajo tendremos que encontrar actividades inaccesibles a la automatización, y si proyectamos adaptar nuestra universidad al mañana, habrá que diseñar una en la que profesores se distingan de los tutoriales informáticos y los estudiantes se preparen para tareas que no sean abordables por los sistemas expertos.

Hace ya unos diez años se puso en contacto conmigo quien dijo ser directora de universidades de una de nuestras autonomías y me dijo: «Mire usted. Tenemos un programa de incorporación a plazas docentes de antiguos becarios de doctorado, pero solo disponemos de 15 plazas para 50 aspirantes. Queríamos pedirle que evalúe esas solicitudes para seleccionar las mejores». Sentí un escalofrío por la responsabilidad que me ofrecía asumir. Debió darse cuenta, porque para tranquilizarme añadió: «Pero no se preocupe usted, porque hemos elaborado también un baremo muy preciso, de forma que usted sólo tendrá que aplicarlo». Como ya había tenido experiencias parecidas, le respondí: «Mire usted, considero que no tiene ningún sentido que yo haga un trabajo que cualquier administrativo puede llevar a cabo mucho mejor». Siempre se te ocurren las respuestas que quisieras haber dado cuando se ha pasado la oportunidad de hacerlo. De tener más rápida capacidad de reacción, me hubiera gustado añadir:

> Por otro lado, seguramente un ordenador corriente lo hará con mayor precisión y justicia que el más experto funcionario. Lo que me parece discutible es que una decisión tan importante se haga depender de la aplicación mecánica de un baremo. Es casi como echar los dados para decidir la suerte de las personas. Mire usted, si les pide a esos concursantes que cada uno elija las 30 mejores páginas que a su juicio han publicado hasta ahora, yo podría leerlas y estoy seguro de que no tendría ningún problema para escoger los 15 mejores, después de cotejar mis anotaciones con los *currículo*.

En cualquier caso, mi propuesta hubiera resultado inviable, porque ni ella ni los individuos implicados se fiarían de la objetividad e imparcialidad mías o de cualquier otro. Ahí es donde está el problema: hemos dejado de creer en las personas y por eso hacemos depender nuestro destino de las máquinas, que acabarán comiéndonos por los pies. Ya estamos en una situación en que, o animamos a nuestros jóvenes a que practiquen una creatividad absolutamente ácrata, o sólo aspiramos a que adquieran habilidades estereotipadas. No es ninguna broma: El robot "*Torobo-kun*", fabricado por el Instituto Nacional de Informática de Japón, realizó el examen estándar de acceso a la universidad nipona y obtuvo unos resultados que le hubieran permitido estudiar en el 70 por ciento de las facultades del país. Los investigadores revelaron que consiguió de media una calificación de nivel "A", con la que sería capaz acceder a 403 de 579 universidades, según informó el diario Yomiuri[4].

No quisiera abandonarme a la casuística, porque pronto quedaríamos desbordados por la marea de información que nos anega. Por lo tanto, iré al grano: Creo que ha sido un error histórico abandonar las facultades universitarias tradicionales: derecho, medicina, humanidades y ciencias puras. Al hacerlo hemos ido transformando nuestros centros en meras escuelas profesionales, lo cual pudo haber tenido algún sentido a mediados del siglo xx, pero de ninguna manera ya bien entrado el xxi. Hacia 1990 el norteamericano medio cambiaba de trabajo como media 11 veces a lo largo de su vida activa y tres de cualificación profesional[5].

La tendencia no ha hecho más que incrementarse desde entonces y se ha extendido a todos los países medianamente desarrollados. Sería exagerado decir que la gente hoy en día

---

[4] Fuente: http://www.abc.es/ciencia/20131212/abci-robot-examen-japon-201312120902.html
[5] R. Sennet, *La corrupción del carácter. Las consecuencias personales del trabajo en el nuevo capitalismo*, Anagrama, Barcelona 1998, p. 20.

cambia de trabajo como de camisa, pero desde luego no muchos jóvenes quieren o pueden echar raíces con facilidad. Es posible que dentro de poco la afirmación anterior ya ni siquiera sea hiperbólica. Las cosas van muy deprisa, de modo que no sólo cambian las personas, sino también lo hacen las profesiones mismas. Según señalaba un informe del *World Economic Forum,* más de un 65% de los alumnos de enseñanza primaria ejercerán con toda probabilidad profesiones que ni siquiera existen en este momento[6]. ¿Qué sentido tiene hacer planes sobre la enseñanza de lo que todavía está por definir? El máximo responsable de una universidad *on-line* me comentó mientras almorzábamos que en parte achacaba su éxito a haber quitado el poder de decisión sobre los nuevos grados y másteres a las facultades para entregárselo al departamento de *marketing.*

No voy a entrar a juzgar si esto es bueno o malo, pero cuando una titulación puede surgir de la nada o volver a ella en una reunión donde los académicos brillan por su ausencia, es indudable que estamos en un contexto bastante alejado no solo de la universidad tradicional, sino de cualquier noción reconocible de universidad. Si se quiere, será una escuela profesional de alto nivel. De hecho, están apareciendo con gran rapidez formas mixtas de trabajo y enseñanza que practican el *learning by doing.* No es ninguna novedad que las empresas den cursos de capacitación a sus nuevos empleados, y también a los antiguos para que se adapten a cambiantes condiciones y cometidos. El fenómeno está adquiriendo progresiva importancia y la pretensión de las viejas universidades de competir en ese mercado puede resultar una estrategia más que torpe, suicida.

---

[6] WEO, "The Future of Jobs: Employment, Skills and Workforce Strategies for the Fourth Industrial Revolution", *Global Challenge Insight Report,* 2016.

Si llamamos a las cosas por su nombre, el paso de la antigua universidad a la actual se debió a que con el ocaso de la sociedad del bienestar los administradores de los caudales públicos pensaron que aquella era un lujo que en los tiempos que corren no podíamos permitirnos: los jóvenes se pasaban cinco años en una especie de limbo aprendiendo cosas que luego no tenían aplicación directa a la hora de encontrar trabajo. Decidieron que bastaba con tres o a lo sumo cuatro cursos para que salieran de las aulas en condiciones de incorporarse al mercado de trabajo *plug and play,* como hacemos con los accesorios de los ordenadores. No contaban con que ahora los tiempos, más que correr, vuelan. Muy pronto ha quedado agotada esa universidad supuestamente *aggiornata,* con el riesgo inminente de quedarse fuera del mercado de la enseñanza profesional. Eventos tan puntuales como la *covid-19* resultan dolorosamente elocuentes en este sentido.

Si empezamos a transformar la enseñanza universitaria en enseñanza a distancia, las universidades convencionales tendrán que competir con universidades *on-line*, que han sido diseñadas *ad hoc* y resultan mucho más eficientes. En todo caso, puesto a matricularme en una universidad a distancia, ¿por qué no hacerlo en la de Harvard mejor que en la de Burgos o de Salamanca, dado que además en estas últimas me van a impartir la enseñanza en inglés macarrónico? Una clase en *streaming* se da casi igual de bien a 30 alumnos que a 30.000. Laurent Alexandre lo dice bien claro en su libro *La guerra de las inteligencias:* "La educación superior se llevará a cabo cada vez más a distancia, con profesores 'superestrellas' dando conferencias a millones de auditores en todo el mundo, mientras los demás profesores pierden su empleo"[7].

---

[7] L. ALEXANDRE, *La guerre des intelligences. Comment l'Intelligence Artificielle va révolutionner l'éducation,* J C Lattès, Paris 2019, p. 176.

Muy negro se divisa el panorama, a no ser que haya un golpe de timón que nos lleve, perdón: que *os* lleve por más acertados derroteros. ¿Y cuáles podrían ser estos? Se achaca a los que han efectuado las últimas reformas universitarias que hayan optado por el *pragmatismo*. No creo que eso sea un defecto en sí: lo malo es que han elegido un pragmatismo de corto plazo en vez de apostar a largo, como hubiera sido lo suyo. Por mucha crisis que se produzca en el estado de bienestar, los valores que quiso encarnar por tradición la Universidad (aunque muchas veces no lo consiguiera) constituían el único lujo del que bajo ningún concepto la sociedad podía permitirse prescindir. ¿Cuáles eran esos valores, por cierto? A mí me enseñaron que el viejo ideal consistía en reunir una libre comunidad de estudiantes y profesores sin que hubiera entre ellos barreras de edad o de rango, preocupados únicamente en la libre creación y comunicación de un saber puro, sin otra jerarquía que la que otorga la experiencia y el conocimiento.

¿Qué tiene que ver esto con una situación en la que los estudiantes se han convertido en clientes atentos a que no se les defraude el dinero que han pagado por la matrícula, salvo cuando esta ha sido prácticamente gratuita, en cuyo caso muchas veces lo que les preocupa es obtener el título con un coste de esfuerzo igualmente bajo? ¿Y qué relación guarda con un profesorado estresado por la urgencia de hacerse con *curricula* homologables y luego por las interminables parafernalias burocráticas relacionadas con la impartición de su docencia, así como con la búsqueda y luego la justificación del apoyo financiero que es menester para investigar?

La competitividad mal entendida y la obsesión por justificarse ante las haciendas públicas o los consejos de administración privados amenazan seriamente con enterrar la Universidad o lo que queda de ella. En las capitales de Sudamérica proliferan como setas sedicentes "universidades" que sólo sirven para expedir titulillos a pobre gente que los necesita para salir del paso. Lo triste del caso es que vetustas instituciones europeas, muchas de ellas con historiales que se remontan a la Edad Media, se lo ponen fácil, porque en realidad han decidido perseguir objetivos no muy diferentes. Fue un craso error integrar las llamadas "escuelas universitarias", confiriéndoles poco después la capacidad de otorgar doctorados.

Las escuelas de negocios también debieran haber sido mantenidas aparte. Al menos las escuelas técnicas superiores tuvieron el buen gusto de constituirse como universidades politécnicas, lo que hubiera podido contribuir a aclarar un poco la situación. Pero cuando no consiguieron alcanzar suficiente "masa crítica", las universidades no solo las retuvieron con avidez, sino que trataron de redefinir las facultades tradicionales a su imagen y semejanza, e inventaron nuevas facultades para enseñar las profesiones de moda. Ahora resulta que muchas de esas profesiones languidecen y están condenadas a desaparecer.

Incluso carreras de tanta raigambre como la medicina han empezado a perder futuro profesional desde que su práctica se ha protocolizado de tal manera que muchos facultativos, cuando no se limitan a rellenar rutinariamente recetas y más recetas, lo único que hacen es una especie de *triage* de alto nivel, o prescribir y valorar analíticas. Se ha llamado la atención sobre el hecho de que la mente humana sólo puede llegar a hacerlo eficientemente con unas pocas decenas de variables. Sin embargo, hoy en día ya son cientos, si no miles, las variables significativas que los nuevos dispositivos pueden determinar rutinariamente. «Los médicos van a afrontar una verdadera 'tempestad digital': muy pronto deberán interpretar miles de millones de datos cuando actualmente no gestionan más que un puñado de ellos. ¿Podrá adaptarse la profesión a una mutación tan brutal?»[8] Lo mismo cabría decir de casi todas las actividades profesionales reconocidas. Estoy convencido de que solo podrán conseguirlo si la educación superior que reciben se distancia claramente de enseñar destrezas que pueden ser practicadas con ventaja por superordenadores acoplados a sofisticados dispositivos.

¿Y qué deberían enseñar entonces las facultades que sobrevivan a –o nazcan después de– la hecatombe que se avecina? Desde luego no a ser profesionales de algo que sólo ocupará su actividad semanas o meses, sino a ser miembros de unas sociedades tan complejas como las que se avecinan, o más sencillamente, personas. Solamente entonces podrán integrarse en el hoy por hoy inconcebible mercado de trabajo de 2030 o 2040. Esa una de las pocas cosas que conviene dar por descontada: tan solo la práctica interdisciplinar y la capacidad de interacción personal son valores que con seguridad van a incrementar su importancia el día de mañana.

Como resume en su informe González-Páramo, el empleo será menos rutinario y estándar, más fraccionado, sujeto a cambios continuos, exigirá mayor capacidad para reinventarse y menor sobreespecialización[9]. Incluso en un área tan técnica y especializada como la informática, prevén los analistas que: «La inteligencia artificial va a devorar al informático. Ciertamente, va a haber una necesidad inmensa de arquitectos informáticos y científicos de datos. Pero estas profesiones sólo serán accesibles a espíritus interdisciplinares de muy alto nivel. Programador informático de baja gama será un pasaporte seguro para el paro»[10].

---

[8] L. ALEXANDRE, *La guerre des intelligences...*, p. 128.
[9] J. M. GONZÁLEZ-PÁRAMO, pp. 98-100.
[10] L. ALEXANDRE, *La guerre des intelligences...*, p. 166.

JUAN ARANA

Bien pensado, no son tan sorprendentes estos pronósticos. Si los ingleses lograron crear en el siglo XIX un imperio de magnitud mundial no fue enseñando a sus muchachos urdu, árabe, bengalí, suajili, etc., sino solamente latín y griego. Tampoco las reglas de las diversas ramas del comercio y la administración colonial en cada latitud y continente, sino las del *fair play* y el criquet.

Dije al principio de esta intervención que no iba a dar consejos. Ya veis cuán gloriosamente he incumplido mi palabra. Para hacerlo de modo aún más descarado, os expondré para terminar los que daría a un ilusionado recién graduado dispuesto a iniciar la carrera universitaria. No le disuadiría de conocer y practicar lenguas —aparte que a esas alturas seguramente ya estará en posesión de algunas—. No obstante, dominarlas es tarea inacabable que ocupa toda la vida y creo que sería una pena que para fortalecer ese frente desguarnezca otros. Me vienen a la cabeza los versos de Miguel d'Ors cuando evoca la figura de los intelectuales de moda,

> Que pululan [...]
> Por todos los repliegues de París
> Con qué capacidad tan admirable
> De no enterarse de nada en ocho idiomas[11].

Lo que francamente le desaconsejaría es que hiciera del inglés su lengua vehicular, a no ser que consiguiera hacerla tan suya como consiguió dominarla el polaco Joseph Conrad. Un colega me dijo hace poco que ya no publicaba más que en inglés, lo cual –reconocía francamente– había rebajado bastante su ambición teórica, así como la riqueza de matices y la

---

M. D'Ors, *Poesías completas,* Renacimiento, Sevilla 2019, p. 333.

profundidad de lo que conseguía escribir. Jugando los partidos en campo contrario nunca conseguiremos pasar de la segunda división. Las ciencias empíricas aún se avienen a que sus cultivadores se hayan convertido en asesinos de la lengua de Shakespeare, pero en humanidades –y sobre todo en filosofía– hacerlo es como tirar la toalla.

Además para nada, porque cada vez está más claro –perdóneseme lo irrespetuoso de la expresión– que estamos en vísperas de una especie de *pentecostés tecnológico*. Son increíbles los progresos que ha hecho el traductor de Google y los expertos auguran que dentro de muy poco esta y otras aplicaciones parecidas lo harán mejor que cualquier traductor humano profesional. No solo ocurre con los textos escritos; la traducción automática de los hablados avanza tan rápido que pronto se nos otorgará a todos un *don de lenguas* informático: con un pinganillo en la oreja entenderemos a cualquiera que se nos acerque y seremos comprendidos en directo por el más remoto de los inuit o de los hotentotes. Lo que conviene hacer es dominar de verdad los misterios y recursos de la lengua materna, sobre todo si como en nuestro caso es de ámbito suprarregional. Lo verdaderamente decisivo será llenar de contenido este recurso comunicativo, porque el saber sin lenguaje es ciego, pero la lengua sin saber está vacía. Conviene dedicar el noventa por ciento de nuestro tiempo y esfuerzo a conseguir tener algo importante y original que decir. Lo demás ya se nos dará por añadidura.

Otro tanto diría de la línea de investigación a seguir. Elegir como objetivo central de la existencia añadir un trillonésimo matiz a cierta oscura polémica desatada por el último filósofo analítico o a la interpretación de la oscurísima obra póstuma del penúltimo filósofo alemán, siempre me ha parecido un caso de masoquismo intelectual. Hasta el presente al menos rendía el rédito de encontrar un acceso más probable a las ansiadas revistas que integran la lista de *Scopus*. Pero tanto se ha abusado del expediente que ya no podemos seguir engañándonos con él.

Los objetivos de la investigación universitaria no pueden en modo alguno reducirse a penetrar en el recinto reservado de unos medios que ni siquiera leen quienes les otorgan tan alta calificación académica. Es inaceptable una situación de la que cualquier persona ajena a un determinado gremio epistemológico pueda decir con razón: «Ya veo que todo lo que ustedes hacen queda entre ustedes». El fin de la Universidad, hoy como siempre, no se resume en educar profesionales ni especialistas, sino ante todo y sobre todo buenos ciudadanos, hombres y mujeres cabales a los que nada de lo humano sea ajeno. Por consiguiente, todos los universitarios deberíamos reivindicar ese ocio esforzado que, según Aristóteles, está en el origen del saber.

Sostengo, en definitiva, una concepción de la Universidad como lujo, pero no ya lujo de una casta de privilegiados, como anteayer, ni lujo de una juventud mimada por una economía emergente, como la de ayer, ni mucho menos lujo de unos cuantos tecnopedagogos con un título de *management* de empresas, como hoy. En adelante, deberá ser el lujo de toda la sociedad, para que no esté ausente de ella el cultivo del saber puro ni la libre creación intelectual más allá de las urgencias vitales básicas. Para ello no deberá convertirse en escuela profesional, sino en escuela de ciudadanía y alta cultura. Es mucho lo que nos jugamos si renunciamos a ello.

5. Conclusiones

Lo que aquí he escrito no es un trabajo escrito académico, sino de una reflexión personal que, por un lado, hace balance de medio siglo de experiencia como profesor y, por otro, explora cuál pueda ser el futuro de la institución universitaria. Se distinguen tres etapas bien diferenciadas: hasta 1975 se dio lo que se podría llamar la *Universidad de los maestros*. Era una universidad socialmente elitista, de pequeño tamaño, centrada en el magisterio de los catedráticos. Adolecía de diversas carencias, aunque poseía un notable grado de transversalidad.

La siguiente etapa, que llega más o menos hasta el 2000 admite ser denominada *Universidad de los profesores e investigadores*. El protagonismo pasa a los profesores encargados de curso y los becarios de investigación. El rápido aumento de alumnos matriculados y de profesores contratados produce una universidad masificada y cada vez más especializada. El rasgo más característico de este periodo es la autonomía universitaria y el más negativo la endogamia.

Desde el 2000 para acá hemos pasado a una *Universidad de los gestores y pedagogos:* la crisis demográfica y la del estado de bienestar provocan la conversión de los centros universitarios en escuelas profesionales, sometidos a un proceso de creciente burocratización y digitalización. Se incrementa la reglamentación y los docentes deben consagrar una parte sustancial de su esfuerzo a tareas administrativas, captación de fondos para investigar y acumulación de méritos baremizables. Decae el fenómeno de la endogamia, pero se pierden muchos signos de identidad de la institución universitaria.

De cara al futuro, se espera que se intensifique mucho más aún el proceso de automatización (cuarta revolución industrial) y que entre en irreversible decadencia una universidad centrada en la preparación de profesionales, debido a la crisis del actual modelo de trabajo. La única alternativa viable que se divisa es una universidad que prepare a los ciudadanos para un entorno vital de cambio acelerado. Los principales valores por los que merece la pena apostar son la recuperación de la interdisciplinaridad y la educación en valores humanos.

6. Bibliografía

ALEXANDRE, L., *La guerre des intelligences. Comment l'Intelligence Artificielle va révolutionner l'éducation,* J C Lattès, Paris 2019.

BOSTROM, N., *Superinteligencia. Caminos, peligros, estrategias,* Teell Editorial, Zaragoza 2016.

D'ORS, M., *Poesías completas,* Renacimiento, Sevilla 2019.

GONZÁLEZ-PÁRAMO, J.M., "Cuarta revolución industrial, empleo y estado de bienestar", en *Anales de la Real Academia de Ciencias Morales y Políticas,* 2021, pp. 89-113.

KURZWEIL, R., *La singularidad está cerca. Cuando los humanos transcendamos la biología,* Lola Books, Berlin 2012.

SENNET, R., *La corrupción del carácter. Las consecuencias personales del trabajo en el nuevo capitalismo,* Anagrama, Barcelona 1998.

WEO, "The Future of Jobs: Employment, Skills and Workforce Strategies for the Fourth Industrial Revolution", *Global Challenge Insight Report,* 2016.

CAPÍTULO 13. DIEZ DESAFÍOS DE LA UNIVERSIDAD CON VISIÓN DE FUTURO

Rafael Rodríguez-Ponga
Profesor de Filología Hispánica
Exrector de la Universitat Abat Oliba CEU, Barcelona

Sumario

1. Objetivo y método. 2. Docencia e investigación. 3. Pública y privada. 4. Generalista y especializada. 5. Presencial y a distancia. 6. Local y universal. 7. Confesional y laica. 8. Hombres y mujeres. 9. Humanismo y empleabilidad. 10. Calidad y cantidad. 11. Jóvenes y mayores. 12. Conclusiones. 13. Bibliografía.

1. Objetivo y método

Este texto tiene su origen en la conferencia pronunciada en la sede de la Fundación Universitaria Española, en Madrid, dentro del Curso de Pedagogía para Educadores titulado «Renovación e innovación: la identidad de la universidad en el siglo XXI». Mi conferencia se titulaba «Desafíos de la Universidad y visión de futuro», que, como puede verse, era un título suficientemente abierto, que intentaba expresar la voluntad de reflexionar sobre cuestiones concretas y actuales, mirando al mismo tiempo al porvenir con esperanza. Dado el método que utilizo, este texto sale ahora con el título de «Diez desafíos de la universidad con visión de futuro».

Para poder analizar la vida universitaria actual, con el sentido amplio que propongo, me he formulado diez preguntas, a partir de las cuales quiero plantear unas dicotomías[1] o dualidades[2], que a veces parecen contradicciones. Con este método podemos ver, paso a paso, diversas cuestiones, en las que consideramos las dos caras de la moneda, e incluso la oposición existente entre las posibles opciones.

Para empezar, parto de la idea de que todo el mundo sabe qué es una universidad, de manera que supongo que todos entendemos lo mismo por "universidad". Ciertamente es 'la institución o el establecimiento académico de nivel superior, donde los profesores enseñan y los estudiantes estudian, para lograr la obtención de títulos académicos oficiales, según sus carreras, ya sean de grado o de posgrado'. Sin embargo, sé que es una definición insuficiente. Según el académico *Diccionario de la Lengua Española*, es la «Institución de enseñanza superior que comprende diversas facultades, y que confiere los grados académicos correspondientes. Según las épocas y países puede comprender colegios, institutos, departamentos, centros de investigación, escuelas profesionales, etc.»[3].

---

[1] *Dicotomía*: "1. f. División en dos partes. [...]. 4. f. *Fil.* Método de clasificación que consiste en dividir en dos un concepto sucesivamente". Disponible: https://dle.rae.es/dicotomía. [Consultado el 30 de enero de 2024].

[2] *Dualidad*: "1. f. Existencia de dos caracteres o fenómenos distintos en una misma persona o en un mismo estado de cosas". En https://dle.rae.es/dualidad. [Consultado el 30 de enero de 2024].

[3] Disponible: https://dle.rae.es/universidad. [Consultado el 8 de enero de 2024].

Esta es una definición, como vemos, que valora los aspectos organizativos. Sin embargo, podemos encontrar algunos rasgos más. Rosa Visiedo, rectora de la Universidad CEU San Pablo, subraya el aspecto humano y lo expresa con belleza: Una universidad es «una comunidad de discípulos y maestros, un espacio de convivencia entre los que quieren aprender y los que están dispuestos a enseñar, acompañando a los primeros en su camino de crecimiento y maduración»[4].

Iniciemos el análisis del mundo universitario de España, según las oposiciones o dicotomías que propongo, de manera que podamos conocer mejor el sentido de la universidad en nuestros días.

2. Docencia e investigación

Empiezo por la primera dicotomía, formulándola con una serie de preguntas. ¿Para qué sirve principalmente una universidad? ¿Para qué se ha creado la universidad? ¿Para transmitir el conocimiento o para crear conocimiento? ¿Cuál es su principal misión? ¿Transmitir o crear? O, dicho de otra manera: ¿La docencia o la investigación? La respuesta no es necesariamente sencilla, porque hay muchos tipos de docencia y también hay muchos tipos de investigación.

En realidad, la universidad está para satisfacer las dos finalidades: la docencia y la investigación. Es una realidad actual e histórica. Los profesores e investigadores, los estudiantes y sus

---

[4] R. Visiedo, *La universitat, una comunitat d'aprenentatge. Reptes de futur de les universitats CEU. La universidad, una comunidad de aprendizaje. Retos de futuro de las universidades CEU*. CEU Ediciones (Fundación Universitaria San Pablo CEU) & Universitat Abat Oliba CEU, Madrid & Barcelona 2020, p. 22.

familias, los gerentes y el personal de administración y servicios, los responsables políticos, los medios de comunicación social y la sociedad en general tienen que ser conscientes de que esta dualidad no es una contradicción, sino que docencia e investigación son dos sumandos de la misma suma, que es la propia universidad.

Actualmente nos exigen las dos actividades, desde el punto de vista legal; aunque realmente también, en cierto modo, se nos exigen ambas desde el punto de vista social. Estamos para lograr las dos funciones, porque una universidad tiene que ser creativa, además de transmisora del conocimiento. Una universidad tiene que ser tener capacidad de crear, capacidad de estudiar, de investigar, de alcanzar metas más altas, de llegar allí donde no llega el resto de la sociedad; y, de esa forma, ofrecer una formación más elevada y completa. Por eso, como ha escrito –y como le he oído decir en varias ocasiones– Javier Morillas, catedrático de Economía Aplicada y hoy magistrado del Tribunal de Cuentas, «un país llega hasta donde le llevan sus universitarios. [...] Ellos van a ser quienes marquen principalmente el nivel del capital humano disponible para el mejor desenvolvimiento económico»[5].

Los profesores e investigadores, después de haber creado, después de haber conseguido ampliar el conocimiento, después de haber investigado un determinado asunto, tienen que comunicarlo, es decir, tienen que saber transmitirlo para que llegue a los estudiantes, a la comunidad académica y a la sociedad en general. La universidad es una institución que permite llegar más allá de lo normal. Así lo hemos visto siempre. Es

---

[5] J. MORILLAS, *Los diez determinantes actuales del desarrollo económico: Naturaleza y causas de la "pobreza" de las naciones.* Fundación Humanismo y Democracia, Madrid 2017, p. 31.

necesario insistir en que una gran parte de los avances de la humanidad han salido de las universidades y se han hecho a partir de las universidades.

Además, en el momento actual, se nos exige a los profesores de universidad no solo docencia e investigación, sino también capacidad de gestión. Somos, en gran medida, los gestores de la propia docencia y los gestores de la investigación. A veces, sentimos que se nos exige que todos tengamos todas estas cualidades o capacidades al mismo tiempo. Sin embargo, la realidad es que hay quien tiene más cualidades para una función y quien las tiene para otra.

En todo caso, la docencia no implica solo que los profesores se dediquen a enseñar, sino que estén en continuo aprendizaje, búsqueda, actualización y ampliación de conocimientos. Si la función de los estudiantes es aprender, también es aprender la función de los profesores: están –estamos– en continuo aprendizaje[6]. Por eso, la investigación tiene tanta importancia en la vida universitaria.

En conclusión, una universidad, en su conjunto, y sus profesores, en concreto, deben superar la oposición docencia/investigación, de tal forma que queden integradas en su quehacer cotidiano. Por esta razón, los profesores recibimos la denominación formal de *personal docente e investigador (PDI)*. De la misma manera, todo el resto del personal de la universidad y, por supuesto, los estudiantes, deben conocer y valorar esta doble función universitaria, que es integradora y enriquecedora. En conclusión, ¿qué hace la universidad? ¿Docencia o investigación? Ambas. Sí. Y mucho más.

---

[6] Cf. E. DE DIEGO, *Enseñar para aprender, lección inaugural curso académico 2022/2023*, Universidad Complutense, Madrid 2022.

3. Públicas y privadas

En segundo lugar, en la política universitaria se plantea con cierta frecuencia una pregunta que parece simple, pero que es verdaderamente compleja: ¿La universidad debe ser pública o privada? ¿Es mejor una fórmula o la otra?

En siglos pasados, las universidades fueron creadas por la Iglesia o por la Corona. Durante mucho tiempo las universidades españolas eran públicas –del Estado– o pontificias, tanto en España como en otros territorios del ámbito hispánico. Incluso alguna universidad muestra todavía hoy el respaldo fundacional de ambas instituciones, como la Real y Pontificia Universidad de Santo Tomás de Manila, fundada en el siglo XVII.

En las últimas décadas se han creado en España algunas universidades públicas y más universidades privadas. Los últimos datos reflejan que, en 2023, según la Fundación CyD, «el sistema universitario español (SUE) cuenta con 50 universidades públicas y 41 privadas; 27 de estas últimas autorizadas desde 1997, 10 de ellas en la última década»[7].

La mayoría, con independencia de su naturaleza jurídica, forman parte de la asociación denominada CRUE Universidades Españolas, que es el nombre actual derivado de la reunión de rectores, que crearon la Conferencia de Rectores de Universidades Españolas (CRUE). Además, todas las universidades españolas son miembros del órgano colegiado oficial denominado Consejo de Universidades, en el que también participa el Ministerio responsable en materia de Universidad.

---

[7] "Universidades públicas y universidades privadas: análisis de resultados del Ranking CYD (06/09/2023)". Disponible: https://www.fundacioncyd.org/universidades-publicas-y-universidades-privadas-analisis-de-resultados-del-ranking-cyd/. [Consultado el 28 de enero de 2024].

Sobre las cuestiones jurídicas en torno a las universidades –públicas y privadas–, el jurista Fernando Lostao ha publicado recientemente un libro de gran utilidad, cuyo título ya nos señala algunas semejanzas y diferencias: *Universidades de titularidad pública y privada. Una misma misión, un mismo mercado, distintas reglas* (2022). Además de explicar la hiperregulación a la que están sometidas las universidades y quienes trabajamos en ellas, Lostao estudia con detenimiento los distintos tipos de universidades que hay en España y su régimen jurídico. Lo interesante es constatar que, en cualquier caso, todas las universidades tienen la misma misión general -docencia e investigación- y todas se dirigen a un mismo mercado de estudiantes potenciales.

En este punto, la pregunta que debemos formularnos es la siguiente: ¿qué significa universidad *pública* y qué significa universidad *privada*?

Cuando se habla de universidades *privadas*, encontramos en realidad un conjunto de entidades con distinta naturaleza y con distinto régimen normativo. Por un lado, hay universidades que son de la Iglesia Católica y que, por tanto, son institucionales, con una larga trayectoria académica de décadas o de siglos: la Universidad Pontificia de Salamanca, la Universidad Pontificia de Comillas, la Universidad de Deusto, la Universidad de Navarra. Posteriormente se han creado otras varias universidades de naturaleza eclesiástica, en varias ciudades. Suele decirse que son *privadas*, pero en realidad podríamos llamarlas universidades *institucionales*, puesto que son de la Iglesia como tal. Recordemos, por cierto, que una buena parte de las universidades del mundo han nacido a partir de la Iglesia. Más adelante, en otro apartado, veremos la cuestión de la confesionalidad o aconfesionalidad de las universidades.

En contraposición histórica a las universidades de la Iglesia, tenemos las universidades privadas *civiles*. Por su forma jurídica, hay universidades privadas que son fundaciones, mientras que hay universidades que son sociedades mercantiles, ya sean sociedad anónima o sociedad limitada. Por lo tanto, hay unas que son entidades sin ánimo de lucro (fundaciones), mientras que hay otras que sí son sociedades con ánimo de lucro (S.A. o S.L.). Es decir, unas y otras tienen distintos intereses, lo que se traduce en una serie de diferencias en la estructuración de sus órganos de gobierno, en la gestión de los recursos, en la finalidad y en la presentación ante la sociedad.

Además, en nuestro panorama universitario hay universidades que son nacionales -españolas-, mientras que hay otras que son extranjeras, bien en su propia concepción académica, bien en la propiedad. En España, en algunas comunidades autónomas, hay delegaciones de universidades extranjeras que funcionan abiertas al público, que ofrecen cursos y titulaciones y que compiten, en consecuencia, con las universidades españolas.

Como vemos, el concepto de universidad *privada* no es uniforme. Digámoslo con claridad: Hay diversos tipos de universidades privadas, aunque, por simplificar, hoy se entiende por universidad *privada* aquella que no es *pública*.

Entendemos por universidad *pública* la que es un sujeto de derecho público, tiene personalidad jurídica propia y se rige por el derecho administrativo. Las universidades públicas son parte de la Administración Pública y, de una forma u otra, dependen del Estado o de las comunidades autónomas, o lo que es lo mismo, de las administraciones públicas. Hay dos universidades del Estado: la Universidad Nacional de Educación a Distancia (UNED) y la Universidad Internacional Menéndez Pelayo (UIMP). Las demás universidades públicas están adscritas a las administraciones de las comunidades autónomas.

Una vez hechas las diferencias generales entre universidad *pública* y universidad *privada* –a pesar de sus regímenes muy distintos–, entramos en un territorio de frontera. Hay administraciones públicas que han promovido universidades de iniciativa pública, pero que han quedado constituidas con una figura jurídica privada, en concreto, como fundación. En Cataluña encontramos dos universidades con estas características: La Universitat Oberta de Catalunya (UOC) y la Universitat de Vic-Universitat Central de Catalunya (UVic). La primera fue promovida por el propio gobierno catalán, por la propia Generalidad, y está administrada por la Fundación para la Universitat Oberta de Catalunya. La otra, fue promovida por el Ayuntamiento de Vic y otras entidades, que constituyeron la Fundación Universitaria Balmes, titular de la Universitat de Vic. El alcalde de Vic es el presidente del Patronato, en el que figuran los alcaldes de otros varios municipios, así como diversos cargos públicos de la Generalidad de Cataluña.

La UOC y la Universitat de Vic tienen forma de fundación. Por eso, dentro de algunos listados figuran como universidades privadas, simplemente porque son fundaciones. Sin embargo, es importante recordar que están promovidas por administraciones públicas y que funcionan bajo sus instrucciones. Podríamos decir, como hace acertadamente Fernando Lostao, que hay universidades que tienen "fórmulas mixtas"[8].

En el caso de la Universitat Abat Oliba CEU, de la que he sido rector, observamos alguna peculiaridad. Esta universidad es una fundación que está promovida por otra fundación. Somos la Fundación Privada Universitat Abat Oliba CEU, que a su

---

[8] F. Lostao. *Universidades de titularidad pública y privada. Una misma misión, un mismo mercado, distintas reglas.* Aranzadi (Thomson Reuters), Cizur Menor (Navarra) 2022.

vez fue creada por la Fundación Universitaria San Pablo CEU, como señala con claridad la ley de reconocimiento de 2003[9].

En Cataluña, el Departamento de Investigación y Universidades utiliza, desde hace ya años, la clasificación de *UNISSAL*: *Universidad de iniciativa social sin ánimo de lucro*. Es una forma de diferenciar y de reconocer la situación jurídica concreta de la Universitat Ramon Llull (URL), la Universitat Internacional de Catalunya (UIC) y la Universitat Abat Oliba CEU (UAO). *Iniciativa social* quiere decir que son universidades promovidas por la sociedad civil, por otras fundaciones y entidades sociales; es decir, no responden a una iniciativa de las administraciones públicas, ni de ayuntamientos ni del propio Gobierno catalán. Y la expresión *sin ánimo de lucro* sirve para distinguirlas de otras universidades privadas españolas que tienen ánimo de lucro, bajo las varias formas de sociedades mercantiles. En Cataluña, las autoridades no han autorizado ninguna universidad con ánimo de lucro, frente a lo que sucede en otras comunidades autónomas.

En todo caso, sea cual sea la fórmula jurídica, quiero subrayar que toda universidad debe gozar de autonomía, reconocida legalmente, pero limitada, al mismo tiempo, en muchos aspectos. Hay que insistir siempre en el principio de la autonomía universitaria. La universidad ha de tener la autonomía necesaria para regular su propio funcionamiento y sus órganos de gobierno.

---

[9] Artículo 1 de la Ley 20/2003, de 4 de julio, de reconocimiento de la Universitat Abat Oliba CEU: "*Se reconoce la Universitat Abat Oliba CEU, de titularidad de la Fundación Universitaria San Pablo CEU, como universidad privada del sistema universitario de Cataluña. La Universitat Abat Oliba CEU, llamada Fundació Privada Universitat Abat Oliba CEU, es una fundación sometida a la legislación de la Generalidad de Cataluña y goza de personalidad jurídica propia*". Publicado en: *BOE* núm. 189, de 8 de agosto de 2003, p. 30718-30721. Disponible: https://www.boe.es/diario_boe/txt.php?id=-BOE-A-2003-15898. [Consultado el 28 de enero de 2024].

Para terminar este apartado, quiero subrayar el hecho de que en el sistema español conviven universidades de diversa naturaleza, como expresión de la pluralidad de la sociedad en que vivimos, lo que es una gran riqueza. Hablar solamente de universidades *públicas* y *privadas* es una simplificación, porque la imagen real del panorama universitario español muestra una diversidad muy interesante.

4. Generalista y especializada

Después de hablar de docencia e investigación, y de universidad pública y privada, la tercera pregunta se refiere a la concepción generalista o especializada. ¿Conviene que haya universidades especializadas en un determinado ámbito del conocimiento y de las ciencias? ¿Sería bueno que las hubiera? Por el contrario, ¿es mejor que las universidades -públicas y privadas- respondan a criterios generalistas y puedan albergar estudios de muy distinta naturaleza?

La respuesta teórica no es sencilla, pero la realidad sí lo es. En España hay universidades politécnicas, que están especializadas en las carreras de ingenierías y de arquitectura. Son la excepción. No hay más opciones de especialización. En España, según el ordenamiento jurídico actual, no puede haber universidades especializadas. No puede haber, por ejemplo, una universidad de ciencias de la salud y otra universidad que esté dedicada solamente a carreras de letras, digamos, una universidad literaria o humanística.

De las cinco grandes ramas en las que el Gobierno ha clasificado el conocimiento universitario, cada universidad ha de ofrecer titulaciones oficiales, por lo menos, en tres: «En el conjunto de esta oferta estarán representadas como mínimo tres de las cinco grandes ramas del conocimiento (Artes y Humanidades, Ciencias, Ciencias de la Salud, Ciencias Sociales y Jurídicas, e Ingeniería y Arquitectura, que a su vez agrupan los diversos ámbitos del conocimiento)»[10].

De manera que todas las universidades, sean grandes o pequeñas, tengan el origen que tengan, tienen la obligación jurídica de ofrecer títulos oficiales, grados o másteres, en al menos tres ámbitos. Por lo tanto, no puede haber universidades especializadas en una rama del conocimiento, lo que me plantea serias dudas sobre las motivaciones de la norma y, por tanto, sobre los criterios de "calidad" universitaria que utilizaron sus redactores.

La pregunta que podemos formularnos me parece necesaria: ¿Sería bueno que pudieran existir universidades especializadas? Sinceramente, creo que sí, porque servirían para profundizar en la investigación y para mejorar la docencia. Sería una opción razonable. Sin embargo, no es posible, con la única excepción de las universidades politécnicas públicas. No está previsto. Y, sin embargo, insisto, creo que podría ser para el futuro una fórmula que ayudaría más a profundizar en el conocimiento.

Por otra parte, también es verdad que la universidad más generalista tiene muchas ventajas, porque permite más intercambio, más interdisciplinariedad. También hay que tenerlo en cuenta. Permite que haya una visión más amplia, no solo en los órganos de gobierno, sino también en el profesorado, incluso también entre los estudiantes, que, así, pueden tener relaciones con personas de otros ámbitos. Pensemos que todo tiene sus ventajas. Como conclusión, constatamos que, de iure y de fac-

---

[10] Artículo 5.1. del Real Decreto 640/2021, de 27 de julio, de creación, reconocimiento y autorización de universidades y centros universitarios, y acreditación institucional de centros universitarios. BOE 28 julio 2021.

to, hoy las universidades de España tenemos que trabajar, como digo, en varios ámbitos del conocimiento.

5. Presencial y a distancia

La cuarta dualidad que planteo es si la universidad es presencial o a distancia. La respuesta es evidente, puesto que sabemos que hay universidades de un tipo y las hay de otro. Hay universidades presenciales y hay universidades a distancia.

Las universidades a distancia son bien conocidas: las ya mencionadas UNED y UOC, a las que hay que añadir, entre otras, la Universidad a Distancia de Madrid (UDIMA) y la Universidad Internacional de La Rioja (UNIR). En estos casos, los estudiantes siguen sus cursos a distancia, sin necesidad de personarse en las instalaciones del campus universitario.

Más allá de la elección entre presencial o a distancia, aparecieron las fórmulas intermedias, como son los cursos semipresenciales e híbridos. Cuando llegó la pandemia de covid de 2020, toda la enseñanza se transformó con rapidez y agilidad[11]. Llegó un punto en que toda la enseñanza, a todos los niveles, era a distancia. Todos nos convertimos en profesores y estudiantes a distancia. En el mundo laboral, el teletrabajo y las videoconferencias se generalizaron. Entonces, la oposición entre presencial y a distancia quedó superada.

La combinación de presencialidad y no presencialidad adquiere formas varias. En unos cursos, los estudiantes siguen las clases a distancia durante un tiempo, pero después tienen otro

---

[11] Vid. S. RODRÍGUEZ LÓPEZ-ROS, "La respuesta de la universidad a la situación de pandemia: el caso de la Universitat Abat Oliba CEU", en M. KAZMIERCZAK, M. T. SIGNES, C. CARREIRA ZAFRA (edits.), *Pandemia y resiliencia. Aportaciones académicas en tiempo de crisis*, pp. 313-326. EUNSA, Pamplona 2021.

tipo de clases o actividades que sí son presenciales. En otros cursos, los profesores imparten sus clases simultáneamente – con sincronía– a los estudiantes que están en el aula y -mediante cámaras y micrófonos- a otros estudiantes que están fuera. En otros casos, los profesores graban sus clases y los estudiantes pueden verlas en cualquier otro momento, según su preferencia, de forma asíncrona.

En la realidad actual, tras la pandemia de covid, se han multiplicado los cursos semipresenciales, híbridos o mixtos, con sus muchos matices. De facto, las universidades presenciales han ofrecido multitud de cursos o, al menos, asignaturas a distancia.

Por una parte, de una forma u otra, todas las universidades tienen clases presenciales. Incluso la UNED[12], que siempre ha sido universidad a distancia, tiene clases y tutorías presenciales, en su red de sedes y centros asociados. Por otra parte, en las universidades que siempre eran presenciales, cada vez tenemos más actividad a distancia, bien porque se ofrecen las dos modalidades, bien porque buscamos fórmulas combinadas, semipresenciales, con actividades en el aula y actividades desde casa, por la pantalla o el ordenador. Desde luego, la pandemia lo que ha hecho realmente es acelerar un proceso, entre otras cosas, porque existe la tecnología que ya lo permite.

La tecnología permite que todas nuestras aulas de la Universitat Abat Oliba CEU tengan pantalla, micrófono y, cámaras, de manera que se pueda transmitir y se pueda seguir la clase desde lugares muy distintos.

Por eso, podemos decir que, en cierto modo, está dualidad está superada, aunque creo que nos veremos obligados a una clarificación futura.

---

[12] Vid. F. FERNÁNDEZ DE BUJÁN, *La enseñanza universitaria a distancia. Una reflexión desde la UNED*, UNED, Madrid 2001.

6. Local y universal

La quinta dualidad que quiero plantear se refiere al alcance geográfico de la universidad: local o universal. Uno piensa que, etimológicamente, toda *universidad* debería ser *universal*, pero, a la hora de la verdad, toda universidad está localizada en algún sitio, es decir, presta unos servicios a una población local, en un determinado territorio, especialmente si estamos hablando de universidades presenciales.

Si miramos un poco nuestras universidades clásicas, vemos que fueron creadas más bien en la España interior y en ciudades que no eran tan grandes. La Universidad de Alcalá de Henares o la Universidad de Salamanca no estaban vinculadas a grandes centros comerciales o industriales. Si nos fijamos en Barcelona, nos damos cuenta de que tardó tiempo en tener universidad, entre otras cosas, porque las autoridades de Barcelona no querían universitarios: no querían profesores que fueran demasiado intelectuales, ni querían estudiantes. Por eso, la primera universidad de Cataluña se creó en Lérida[13], que era una ciudad pequeña, en el interior. Por su parte, la ciudad de Madrid no tuvo universidad hasta el siglo xix. Las universidades

---

[13] En Lérida se creó la primera universidad de Cataluña en el siglo xiv. En realidad, fue la primera universidad del vasto espacio de la Corona de Aragón, que incluía territorios que hoy están en España, Francia e Italia. El 21 de noviembre de 2019 se celebró, en la Universitat Abat Oliba CEU, un encuentro del Fórum con la Cátedra Rey Martín el Humano, Conde de Barcelona, dirigida por Rosa Mª Alabrús, catedrática de Historia, sobre las universidades históricas en los territorios de la Corona de Aragón. Los participantes examinaron los orígenes históricos de las universidades de habla catalana y su proyección a lo largo del tiempo. Sobre el Estudio General de Lleida habló Joan Josep Busqueta, profesor titular de Historia Medieval y vicerrector de Cultura y Extensión Universitaria de la Universitat de Lleida.

no tenían por qué estar necesariamente en las grandes ciudades, lo cual resultaba muy positivo.

Sabemos que la universidad contribuye en gran medida al desarrollo local y regional, sin lugar a dudas. Contribuye a fijar población y a atraer población, como observamos hoy, por ejemplo, en ciudades pequeñas como Ciudad Real o Cáceres, cuyas universidades son motores del desarrollo local y regional.

Al mismo tiempo, las universidades tienen –hoy, al igual que en el Renacimiento– un carácter universal, internacional. Se habla mucho actualmente de la necesaria internacionalización de las universidades, lo que implica tomar unas decisiones de tipo académico, organizativo y lingüístico.

¿Qué significa *internacionalizar*? Siendo el español la segunda lengua del mundo más hablada por números de hablantes como lengua materna, parece lógico que España pueda ser un centro o un foco de atracción de estudiantes de lengua española de todo el mundo; bien porque tienen el español como lengua materna, bien porque lo tienen como segunda lengua, bien porque vienen a España a aprenderlo como lengua extranjera. De la misma forma que Francia, el Reino Unido y Estados Unidos, con sus grandes universidades, son las referencias en el mundo académico francófono o anglófono, para el mundo hispanohablante tiene sentido que España sea una referencia mundial para atraer estudiantes y profesores de los cinco continentes. En consecuencia, las universidades, además de contribuir efectivamente al desarrollo local y regional, contribuyan también con la internacionalización, al desarrollo del mundo entero.

Si vienen personas de muchos países que hablan otras lenguas, también hay que tomar decisiones lingüísticas. ¿Los estudiantes extranjeros aprenden español? ¿Las universidades españolas ofrecen grados en lenguas extranjeras? Ambas opciones son posibles.

En el caso nuestro de Cataluña, evidentemente, tenemos un elemento adicional, que es la política lingüística en relación con el fortalecimiento del catalán en las universidades catalanas, que en algunos puntos nos obliga a tomar determinadas decisiones. Por un lado, la misión local de la universidad nos lleva a reforzar el servicio a la sociedad catalana, que es bilingüe, con el catalán y el castellano como lenguas de uso habitual; por otra parte, la misión universal de la universidad nos conduce a atraer estudiantes, profesores e investigadores procedentes de otros países y, por ello, a ofrecer la docencia en las lenguas internacionales.

Quiero mencionar un ejemplo de visión internacional y multilingüe, que es la Universidad Cardenal Herrera CEU de Valencia: ofrece cursos enteros en francés y en inglés -no asignaturas sueltas, sino cursos de carreras- y, por supuesto, en español, así como asignaturas de valenciano/catalán. De manera que hay algunas carreras o, al menos, algunos cursos que se pueden seguir en idiomas distintos en la misma universidad.

Creo que la visión universal da una riqueza enorme a la vida universitaria. En conclusión, podemos afirmar que efectivamente la universidad, además de favorecer el desarrollo local, también favorece la integración internacional y el desarrollo del mundo entero.

7. Confesional y laica

Hay otra cuestión también muy interesante, que es la sexta dualidad que planteo. ¿Universidad confesional o laica? En este caso, más que dualidad, con frecuencia se nos presenta como una oposición o contradicción.

En la sociedad plural en que vivimos, hay universidades que son confesionales y hay universidades que no lo son. Todas pueden convivir, porque todas atienden a la sociedad en su natural diversidad. Sin embargo, es relativamente frecuente oír preguntas o incluso afirmaciones -con intención ideológica evidente- sobre la necesidad de que la universidad sea laica.

En todo caso, es necesario detenerse a pensar qué entendemos por *confesional* o qué entendemos por *laica*. Cuando decimos universidad *confesional*, observamos que las hay de varios tipos: Las hay que son instituciones de la Iglesia Católica, a las que me he referido anteriormente. Algunas llevan el adjetivo de *católica*, como la Universidad Católica de Ávila, por ejemplo. Hay universidades que son eclesiásticas y están directamente vinculadas a los obispados, como la Universidad Eclesiástica de San Dámaso, en Madrid, y el Ateneu Universitari Sant Pacià, en Barcelona. Además, hay también otras universidades que no tienen dependencia orgánica o jerárquica ni forman parte de la estructura eclesiástica, sino que tienen una inspiración o un ideario católico. Es el caso de las universidades del CEU[14], o sea, la Universidad San Pablo CEU en Madrid, la Cardenal Herrera CEU en Valencia, la Abat Oliba CEU en Barcelona y la CEU Fernando III en Sevilla. Decimos que somos universidades *católicas* en el sentido del ideario, pero no porque seamos parte de la estructura formal u organizativa de la Iglesia, como sí son las otras universidades mencionadas[15].

---

[14] El CEU (Centro de Estudios Universitarios) fue fundado en 1933 por Ángel Herrera Oria, abogado y periodista.

[15] Vid. J. MARTÍNEZ-LUCENA, y T. PUEYO-TOQUERO (edits.). *La universidad católica en la era de la posverdad: No solo una cuestión de contenidos.* Tirant Lo Blanch, Valencia 2024.

En todo caso, estamos hablando de universidades que ofrecen su servicio a la sociedad, con todas sus capacidades y con el cumplimento de las normas estatales e internacionales. Es decir, universidades integradas en el sistema universitario español o, en otros casos, vinculadas a la Santa Sede. Como dijo Antonio Fontán en 1961, «la Universidad Católica no es algo distinto o separado de la Universidad en general»[16].

Por otra parte, hay centros universitarios en España que son confesionales y que no son católicos. En concreto, me refiero a la Facultad Internacional de Teología IBSTE, de confesión protestante, con sede en Castelldefels (Barcelona), que da clases y expide títulos oficialmente reconocidos, así como otros títulos propios. Y, en otros países, hay universidades que responden también a diferentes confesiones religiosas.

Recordemos que el origen de las universidades, en la Edad Media, es cristiano. Como ha escrito el filósofo y filólogo francés Rémi Brague, «el mismo proyecto de una universidad, es decir, el cultivo de saberes desinteresados, echa sus raíces en la cosmovisión cristiana»[17]. Durante mucho tiempo, durante siglos, gran parte de la labor universitaria estaba vinculada a la labor eclesial y de evangelización, porque el estudio tomaba como punto de partida el pensamiento y el conocimiento teológico, filosófico y filológico en relación con las Escrituras.

Si hablamos de las universidades públicas, de vez en cuando surge la polémica. ¿La universidad pública tiene que ser

---

[16] A. Fontán, *Los católicos y la Universidad*. Fundación Marqués de Guadalcanal, Madrid & Sevilla 2019, p. 15.

[17] R. Brague, y E. Gallego García. *Universidad católica: una tautología*. CEU Ediciones, Madrid 2023.

laica, en el sentido de que tiene que ser totalmente ajena al fenómeno religioso? ¿O puede o debe mantener las capillas que hay en algunas –o en muchas– universidades públicas? Creo que es otra dualidad que deberíamos superar. En una sociedad abierta, plural, democrática, creo que una universidad pública puede atender a todo el mundo. Comprendo que una facultad protestante o una universidad católica tienen su ideario tan claro y definido que se muestran públicamente con su confesionalidad definida, de manera que solo ofrecen actividades religiosas propias de su confesión. A ellas acude el que libremente haya optado por esos centros universitarios.

Por su parte, para respetar la diversidad y la libertad, en una universidad pública podría haber capillas de varias confesiones, como sucede en los aeropuertos. Uno va a un aeropuerto y ve que hay capillas católica, judía, musulmana, protestante y ortodoxa. En Madrid o en Bruselas, los aeropuertos tienen capillas de varias confesiones. Los que hemos viajado con cierta frecuencia en avión, descubrimos la diversidad religiosa que existe en los aeropuertos del mundo. Me resulta muy reconfortante descubrir estas capillas aeroportuarias, por cuanto que es un reconocimiento de la espiritualidad de las personas y un reconocimiento de la diversidad religiosa. Por tanto, creo que la respuesta debería ser la misma: tener un reconocimiento de la realidad social también en un espacio público como es una universidad pública.

Aconfesional no debería significar la eliminación de lo religioso, sino debería significar el reconocimiento de la pluralidad. De la misma forma, una universidad confesional –católica– como es la Abat Oliba CEU, recibe estudiantes que son de confesión protestante, ortodoxa, judía o musulmana, o de ninguna. Quienes optan por venir a la Universidad Abat Oliba

CEU se sienten cómodos, porque saben que es una universidad en la que se puede hablar de Dios libremente. Lo cual es muy interesante: hay personas de otras confesiones que prefieren una universidad claramente confesional católica porque encuentran en ella más libertad religiosa que alguna universidad pública.

Otra cuestión vinculada es el diálogo entre fe y razón, es decir, la constante combinación de fe y razón, en la que tanto insisten los papas desde hace mucho tiempo. Insiste la Iglesia y nosotros mismos desde nuestras universidades.

En la dualidad sobre la universidad confesional/laica siempre debe mantenerse el criterio de libertad individual, de respeto y de apertura.

8. Hombres y mujeres

Otra dualidad importante, que se plantea con frecuencia, es el tema de la presencia y participación de hombres y mujeres en la universidad. Comentemos brevemente, por tanto, la cuestión de la presencia de estudiantes en virtud de los sexos (o géneros) en la universidad.

Lo primero que hay que decir es que la universidad, como todo el sistema educativo, o, dicho de otra manera, como la sociedad en sí misma, debe garantizar la igualdad de oportunidades. Este es un principio básico de convivencia en la sociedad actual, democrática y plural.

Veamos qué pasa en la universidad en estos momentos, al contrario de lo que sucedía en otras épocas. Sabemos muy bien que, durante mucho tiempo, la universidad era solamente masculina, en España y en el resto del mundo. La universidad era de hombres.

La primera mujer que alcanzó el título universitario de doctora en España fue María Isidra de Guzmán[18], en 1785, el mismo año en que fue nombrada catedrática honoraria de Filosofía Moderna de la Universidad de Alcalá de Henares. Se la conoce como "la Doctora de Alcalá". María de Guzmán tiene una calle dedicada en la ciudad de Madrid, en el distrito de Chamberí. Como fue la primera que alcanzó tal nivel académico, aquel día, según cuentan las crónicas, hubo música, fiesta y baile en Alcalá de Henares, por la alegría que produjo a todo el mundo que una mujer obtuviera el grado de doctora. Por cierto, después fue nombrada académica de la Real Academia Española, con el rango de académica honoraria. Era la primera mujer que recibía tales reconocimientos académicos en España. Era el siglo XVIII.

Pero ¿qué pasa en el siglo XXI? Los datos nos dicen que, en las universidades españolas, se ha producido un cambio sociológico sustancial. Es decir, en la actualidad, las universidades, en general, son más femeninas que masculinas. «Entre los alumnos universitarios, las mujeres son mayoría en número de matriculaciones y en estudiantes egresados. Igualmente, en España y en los países de su entorno cercano europeo, las mujeres tienen un nivel más alto de estudios superiores que el de los hombres entre la población de 25 a 34 años»[19].

Veamos los últimos datos concretos que nos ofrece el Ministerio de Universidades[20]:

---

[18] P. RODRÍGUEZ-PONGA SALAMANCA, "María Isidra de Guzmán y de la Cerda", en Real Academia de la Historia, *Diccionario Biográfico electrónico*. Disponible: http://dbe.rah.es/ [Consultado el 28 de enero de 2024].

[19] SUBDIRECCIÓN GENERAL DE ACTIVIDAD UNIVERSITARIA INVESTIGADORA DE LA SECRETARÍA GENERAL DE UNIVERSIDADES. 2023. *Datos y cifras del Sistema Universitario Español. Publicación 2022-2023*. Secretaría General Técnica del Ministerio de Universidades, Madrid 2023, p. 14.

[20] *Ibid.*, p. 39.

	Matriculados (1) (2021-22)		Egresados (2020-21)	
	Total	% de mujeres	Total	% de mujeres
Total estudiantes	1.690.947	55,8%	354.201	59,1%
Estudiantes de Grado	1.338.304	56,3%	207.646	60,0%
Estudiantes de Máster	258.991	54,8%	135.419	58,6%
Estudiantes de Doctorado	93.652	50,3%	11.136	49,0%

Tabla 3.2.1 Número de estudiantes matriculados y egresados en el Sistema Universitario Español por sexo.

En resumen, casi el 56 por ciento del total de los estudiantes son mujeres: 55,8. Y, por tanto, el 44,2 por cierto son hombres. El 44,2 frente al 55,8. Una diferencia considerable. Esta distancia se aumenta notablemente cuando vemos los números de quienes acaban la carrera: el 60% son mujeres, lo que implica que el 40 por ciento son hombres. Es decir, las mujeres son claramente mayoría. En ese curso, se graduaron 40.000 mujeres más que hombres, en números redondos. Se ha producido una feminización de la universidad. En doctorado hay porcentajes muy equilibrados, en torno al 50 por ciento de hombres y 50 por ciento de mujeres.

Más allá de las desigualdades sociales que siguen existiendo y de las diferencias y preferencias entre hombres y mujeres a la hora de elegir carrera, los datos revelan que hay una situación novedosa en la realidad universitaria. Es más, la previsión para los próximos diez años es que habrá todavía más mujeres en la universidad. El trabajo del Grupo de Estudios Población y Sociedad, publicado por *Nueva Revista* y dirigido por el demógrafo Rafael Puyol, catedrático de la Universidad Complutense, dice que el número de mujeres será todavía mayor. Esta es su conclusión: «Es previsible que la composición por sexo de los alumnos matriculados siga siendo dominada por una mayoría de mujeres. [...] En cualquier caso, el dominio de las mujeres entre el alumnado será aplastante en la educación de grado, independientemente del contexto específico»[21]. Repito sus palabras: el dominio será aplastante.

El desequilibrio universitario se produce, en parte, porque el abandono de los estudios es mayor en hombres que en mujeres. En los grados, abandona el 24 por ciento de los hombres, frente al 18 por ciento de las mujeres. En los cursos previos, en la enseñanza secundaria, la diferencia es peor todavía. En la secundaria estamos con casi el 40 por ciento de hombres que no llegan a tener el título superior, es decir, llegan a la secundaria obligatoria (ESO), pero no tienen la secundaria superior. Un informe publicado por el Ministerio de Educación lo dice con toda claridad: «La brecha de género es desfavorable para los chicos. El porcentaje de varones sin la educación secundaria superior es del 39,36%, mientras que las mujeres tienen un mejor registro, el 28,23% [...]. La brecha de género desfavorable para los hombres es grande, con un total de 11,13 puntos porcentuales»[22].

---

[21] GRUPO DE ESTUDIOS POBLACIÓN Y SOCIEDAD (GEPS). (2020). "Universitarios en España. Estudio sociodemográfico de su demanda futura (2030-2035)". (R. Puyol, Ed.), *Nueva Revista de Política, Cultura y Arte*, p. 103-104. Disponible: https://www.unir.net/wp-content/uploads/2021/02/UNIVERSITARIOS-EN-ESPAN%CC%83A.pdf.

[22] F. MICHAVILA Y A. NAREJOS. *Algunas debilidades del sistema educativo español*. Ministerio de Educación y Formación Profesional, Madrid 2021, p. 36.

A la vista de estos datos, estoy convencido de que tenemos que hacer un análisis riguroso y sereno de la situación educativa, de las necesidades de nuestros jóvenes, de los problemas reales del momento actual, de las causas de la desigualdad entre hombres y mujeres, para poder encontrar las soluciones.

Es más, en una reunión de rectores catalanes en la que participé, la rectora de la Universidad Autónoma de Barcelona, Margarita Arboix, conocida por ser una luchadora por la igualdad y por los derechos de la mujer, dijo que estaba muy preocupada por el nuevo desequilibrio social que se estaba produciendo. Ella había luchado por la igualdad. Nos dijo que no había luchado para conseguir un nuevo desequilibrio social que perjudicara a los hombres. Estaba muy preocupada, porque todo desequilibrio, toda desigualdad, acaba produciendo males en la sociedad. Le preocupaba la baja participación de los hombres en la universidad. No se refería, evidentemente, a los de mi generación, sino a los de la generación joven. Auguró que esto producirá a la larga, dentro de unas décadas, como todo desequilibrio, tensiones sociales que no sabemos cómo acabarán.

Sin embargo, si ustedes leen ciertos documentos y manifiestos, se sigue insistiendo en que hay que fomentar las vocaciones científicas entre las niñas, porque hay pocas mujeres en algunas carreras, hay pocas mujeres arquitectas o ingenieras, y que hay que fomentar mucho más que haya mujeres en esos ámbitos. Es curioso, porque los llamamientos a equilibrar las carreras técnicas, sin embargo, no se hacen en carreras que claramente se han feminizado, como las de educación, periodismo, publicidad, psicología y sanidad en general. Desde mi punto de vista, las profesiones técnicas tienen una incidencia menor en las relaciones humanas directas. Al fin y al cabo, si un edificio está hecho por un arquitecto o por una arquitecta, no cambiará mucho el cálculo de resistencia de las vigas: lo habrán hecho igual. O si me tienen que operar de la vesícula, supongo, que ya sea un cirujano o una cirujana, me la operará igual de bien. Sin embargo, en otras cuestiones en las que lo más importante es la relación personal directa -la relación humana-, como es magisterio -los grados en educación- o psicología, este desequilibrio entre sexos merece una atención especial.

El problema, como he dicho, no está solo en la universidad, sino que es previo. Debemos estudiar el porqué del abandono, sobre todo de hombres, en la enseñanza secundaria obligatoria y en el bachillerato, es decir, el llamado "fracaso escolar". La pregunta es profunda: ¿Es un abandono o es una expulsión? ¿Abandonan porque no se sienten cómodos y no quieren estudiar o, en realidad, porque el sistema les ha apartado? Merece una atención especial la situación de la presencia de hombres y mujeres en la universidad española del siglo XXI. En todo caso, como conclusión, constatamos que la universidad actual es mayoritariamente femenina.

9. Humanismo y empleabilidad

Paso a la octava dualidad o confrontación. ¿Qué es más importante en la universidad? ¿La formación humana o la formación para el empleo?

En las universidades de hoy en día nos gusta mucho demostrar el sentido práctico de nuestros estudios, las salidas que tienen las carreras, las posibilidades de obtener un empleo, es decir, la empleabilidad. Siempre estamos intentando demostrar que un altísimo porcentaje de nuestros estudiantes obtiene empleo en poquísimo tiempo, desde que acaban su carrera. Parece que la empleabilidad es lo más importante. Inevitablemente surge una nueva pregunta: ¿qué es la *empleabilidad*? ¿Es simplemente tener cualidades para ser empleados de una gran empresa? A veces, al escuchar a algunos, da la impresión de que esto sería lo más importante.

Históricamente, las universidades nacieron para enseñar materias que parecían tener poca utilidad cotidiana, como filosofía, teología, literatura, latín y griego. En aquellos siglos, por el contrario, los saberes profesionales eran responsabilidad de los gremios o de escuelas específicas. Las universidades nacieron para estudiar por el gusto de estudiar, para investigar por el gusto de investigar, para enseñar por el gusto de enseñar; porque estudiar, investigar y enseñar son actividades positivas en sí mismas. La vida universitaria tiene sentido «para quien cree que saber es una cosa buena en sí, que adquirir saber es un afán que merece la pena, que tiene un valor en sí mismo», dice Rémi Brague[23]. He aquí el gran reto que tenemos los profesores: enseñar que el saber y el investigar son válidos en sí mismos, aunque no sepamos ver su utilidad inmediata. La enseñanza se transforma entonces en «una educación que se basa en la condición libre del ser humano», de manera que se convierte en "liberal", como señala José María Torralba, como «educación que se cultiva no como medio para alcanzar otro fin, sino como un fin en sí mismo»[24].

Quien adquiere, durante sus años universitarios, un buen conocimiento –con hábitos de estudio y capacidad de reflexión– tendrá buenas oportunidades laborales. Al salir de la universidad hay muchas opciones. Muchas. En primer lugar, hay opciones en las administraciones públicas, para ser funcio-

---

[23] R. Brague y E. Gallego García, *op. cit*, p. 39.
[24] J.M. Torralba, J. M., *Una educación liberal. Elogio de los grandes libros*. Ediciones Encuentro, Madrid 2022, p. 13.

nario o personal laboral en una administración pública, que puede ser estatal, autonómica, local, internacional. En segundo lugar, hay opciones en el sector privado con ánimo de lucro, es decir, en las empresas, ya que se puede aspirar a ser empleado de una empresa, más grande o más pequeña. En tercer lugar, consideremos el llamado "tercer sector": fundaciones y asociaciones, el sector social. Quienes trabajamos en la Universitat Abat Oliba CEU somos empleados del tercer sector, de una fundación.

Además, en cuarto lugar, se puede ser autónomo, se puede ser emprendedor, puede uno montar su propia empresa, en solitario o con otras personas, quizás con amigos y parientes. Por ejemplo, dos o tres estudiantes o graduados en Psicología pueden montar su gabinete psicológico; o bien, un par de psicólogos, con un graduado en Educación y otro en Dirección de Empresas pueden juntarse y montar su gabinete de apoyo psicopedagógico; o bien se unen unos graduados en Derecho y otros de Economía y hacen una asesoría fiscal. Hay muchas opciones. La empleabilidad tiene muchas más opciones de lo que parece.

A mis alumnos siempre les digo que una carrera no es una condena. Uno no está condenado de por vida a limitarse a aquello que ha estudiado porque lo eligió con 18 años. Una carrera es una oportunidad enorme de formación, en el sentido más amplio, y por eso creo que es mucho más importante la formación que uno puede recibir en la universidad que la idea concreta del empleo. Así lo pensé siempre.

Cuando empecé la carrera de Filología, les aseguro que no pensaba en el empleo. Cuando me decían "¿y de qué vas a vivir?" o "¿qué salidas tiene tu carrera?", consideraba que eran preguntas secundarias, superfluas. Estaba en mi periodo de formación universitaria: para aprender, para conocer, para saber, para ser mejor. Y no me ha ido mal. Tengo una única licenciatura: Filología Hispánica. Miro con la perspectiva de los años y veo que no me ha ido peor que a muchos a mi alrededor que estudiaron otras carreras que eligieron por las salidas que tenían. Yo tenía la idea de hacer una carrera en la que me sintiera a gusto y que me diera formación, con independencia de cuándo me pudiera servir esa formación. Por ejemplo, tuve, entre otras, la asignatura de catalán, que era en aquel entonces obligatoria en la Universidad Complutense, en Filología Hispánica. Hace más de 40 años. Ahora que trabajo en Barcelona, claro que me sirve. Todo sirve alguna vez en la vida. Si uno tiene la formación adecuada, acabará sirviendo en algún momento.

Los trabajos cambian. Las técnicas cambian. La formación queda, de alguna manera. Pensemos, por ejemplo, en los estudiantes de los grados en Periodismo o en Publicidad. Está muy bien que se formen en nuestras aulas audiovisuales de televisión, de radio y de fotografía, pero sabiendo que las técnicas actuales cambiarán. Será mucho más importante lo que aprendan sobre la comunicación humana, sobre el enfoque visual y sobre estética que sobre el manejo de un aparato determinado que, dentro de unos años, dejará de ser útil. Incluso los alumnos de Derecho tienen que saber que las leyes cambiarán y que lo importante es aprender una mentalidad jurídica, un razonamiento jurídico, un sentido de la justicia, porque las leyes concretas acabarán cambiando.

En las universidades del grupo CEU, en todas las carreras, tenemos unas asignaturas adicionales de Antropología, de Ética, de Doctrina Social de la Iglesia, de manera que contribuimos a que haya una formación humana más allá de la formación técnica. La universidad puede enseñar a afrontar las diversas situaciones de la vida, las dificultades cotidianas e incluso las graves dificultades que toda persona alguna vez habrá de vivir. Por ello, la universidad, en su práctica educativa, sirve para ayudar a fomentar la virtud de la fortaleza, ampliada con el planteamiento actual de resiliencia, como hacemos a través del grupo de investigación Trivium, con los profesores Marcin Kazmierczak, Maite Signes, Laura Amado y Cintia Carreira, entre otros[25].

No obstante, al mismo tiempo es cierto que en las universidades se pueden crear y enseñar contenidos muy negativos. O bien puede suceder que las enseñanzas recibidas sean utilizadas con fines perversos. También los terroristas van a las universidades. También los líderes nazis y comunistas habían ido a la universidad, eran personas educadas... y cometieron grandes crímenes. El profesor Miguel Ángel Belmonte ha denunciado que «una gran proporción de los mayores desastres que han ocurrido en las décadas recientes fueron causados por algunos de los graduados más distinguidos de las universidades más prestigiosas del mundo»[26]. Tiene razón. De las universidades también surgen ideas muy negativas sobre la vida, la persona, la sociedad y el sentido de lo que somos. El problema es que nos encontramos ante proyectos alternativos, como bien ha

---

[25] Cf. L. AMADO, *Construir la resiliència a la universitat: de la teoria a la pràctica educativa. Construir la resiliencia en la universidad: de la teoría a la práctica educativa*. CEU Ediciones, Madrid & Barcelona 2018. M. KAZMIERCZAK y M.T. SIGNES (Edits.), *Lengua, literatura y práctica educativa. Reflexiones actuales sobre la palabra en la educación*. Academia del Hispanismo, Vigo 2016. M. KAZMIERCZAK, M.T. SIGNES y C. CARREIRA ZAFRA, *Pandemia y resiliencia. Aportaciones académicas en tiempos de crisis*. EUNSA, Pamplona 2020.

[26] Texto publicado en inglés: "A large proportion of the greater disasters that have occurred in recent decades were caused by some of the most distinguished graduates from the world's most prestigious universities". M. A. BELMONTE, "MacIntyre and the Challenge of Higher Education in the 21st Century", en *Multidisciplinary Journal of School Education*, 9(18), p. 16.

señalado Paloma Durán, catedrática de la Universitat Jaume I de Castellón: «la ingeniería social y la regeneración moral de nuestra sociedad»[27]. Son dos proyectos que van direcciones contrarias.

Es interesante constatar que los problemas que vivimos desde estas orillas del Mediterráneo son semejantes a los que se viven en las costas del océano Pacífico. Por eso, nos dicen Cleary y Pérez Moreira, desde Chile: «hay que insistir que la formación integral universitaria tiene que estar de acuerdo con la finalidad principal de la universidad: la búsqueda de la verdad» (Cleary & Pérez Moreira, 2023, pág. 18).

Insisto: La universidad forma, sobre todo, personas y ciudadanos, que serán profesionales. En todo caso, en la universidad lo más importante es la formación humana para la virtud, la formación para el estudio, el conocimiento, el pensamiento, el razonamiento. Y la sindéresis.

10. Calidad y cantidad

Pasamos a otra dualidad, la novena, que tantas veces nos preocupa a quienes trabajamos en la universidad. ¿Qué prima: la calidad o la cantidad? ¿Cómo interpretamos los datos que tenemos?

En los baremos o rankings nacionales e internacionales, que nos miden y que nos ofrecen prestigio, conviene observar cuáles son los criterios de calidad y de cantidad. Por ejemplo, la Universitat Abat Oliba CEU es la universidad más pequeña de Barcelona y la más pequeña de Cataluña. En número de estudiantes, número de profesores, número de tesis doctorales, número de titulaciones, aparece la última en todos los cuadros

---

[27] P. Durán y Lalaguna, *El mundo que quisiéramos: Reflexiones desde la Universidad*. Almuzara Universidad, Córdoba 2023, p. 107.

estadísticos. ¿Esto significa que es una universidad mala? ¡No! Es una universidad pequeña. No es lo mismo cantidad y calidad. Y se confunde algunas veces. Esta universidad está sometida, exactamente igual que las demás universidades catalanas, a la Agencia de Calidad Universitaria de Cataluña, la AQU, a la misma legislación, las mismas normas, los mismos criterios de calidad, las mismas obligaciones. Y cumplimos los mismos requisitos y estándares de calidad que las demás universidades. Podemos ser más pequeños, pero no nos confundamos.

Cuando leamos baremos, no confundamos la cantidad con la calidad. Son cuestiones distintas. Esta es la dualidad, la aparente contradicción. Una universidad pequeña en cantidad puede ofrecer una calidad mejor, al menos, en algunos aspectos. En esta sociedad nuestra se confunden, con demasiada frecuencia, la cantidad y la calidad.

11. Jóvenes y mayores

Llegamos al último punto. La décima dualidad que quiero plantear se refiere a la edad de los estudiantes. ¿A quién va dirigida la universidad? ¿Cuándo hay que ir a la universidad? ¿La universidad está pensada para que vayamos solamente cuando somos jóvenes? ¿En cualquier momento de la vida? ¿Tal vez, por qué no, después de la jubilación?

He aquí otra dualidad que deberíamos considerar también que está superada, al menos parcialmente. Como ven, se puede plantear todo en términos de dicotomías y dualidades, incluso de contradicciones, pero al final llegamos a la conclusión de que, en realidad, son perfectamente superables en la mayor parte de los casos. Contestemos a la pregunta formulada: Realmente se puede ir a la universidad a cualquier edad. Se puede estudiar una carrera a cualquier edad.

He aquí una experiencia que me resulta muy cercana. Mi padre estudió Derecho cuando era joven y alcanzó el grado de doctor en Derecho. A los 65 años decidió que, a pesar de la jubilación, en realidad no se jubilaba, porque le quedaba muchísima vida por delante. A los 65 años empezó su segunda carrera, la de Psicología. A los 71 culminó la carrera como licenciado en Psicología por la Universidad Complutense. Ejerció como psicólogo más de 20 años, hasta pasados los 90 años, en gran parte colaborando con un gabinete psicológico-psiquiátrico. Ejerció como psicólogo, con mucha dedicación, enorme interés y constante vocación de servicio a las personas con problemas. Murió con 99 años y medio. Estudió dos carreras en la misma universidad, en Madrid, pero en momentos muy distintos, en edades distintas.

Otro ejemplo. En la Universitat Abat Oliba tenemos el grado en Filosofía, que se presta a una convivencia intergeneracional. En el aula conviven estudiantes de distintas edades y con formaciones previstas distintas: unos son muy jóvenes, como la mayoría de los universitarios; otros son ya maduros, tienen otra carrera previa e incluso son doctores.

Más allá de los grados oficiales, las universidades ofrecen másteres oficiales, que cursan personas de edades diferentes en función de sus necesidades académicas y profesionales. Además, en virtud de su autonomía, cada universidad puede ofrecer títulos propios, másteres de formación permanente, posgrados y cursos complementarios de diversa naturaleza y con variados formatos. En una sociedad cambiante, el proceso de actualización y de formación permanente es muy adecuado para todos, de manera que la universidad tiene que estar cada vez más preparada no solo para atender a quienes por la edad natural terminan el bachillerato y entran en la vida universitaria, sino a quienes ya son profesionales y que, por la razón que sea, hacen una segunda carrera o hacen un máster oficial, un máster de formación permanente o un título propio, que les pueda servir en su vida profesional o en su vida personal.

Hay quien quiere hacer un doctorado, a cualquier edad. Y hay quien hace un segundo doctorado y el tercero y el cuarto y el quinto, con la ilusión de tener cinco tesis doctorales en cinco carreras distintas. Hay quien lo hace: conozco quien lo ha logrado.

Hay muchas personas que, a partir de cierta edad, ya no quieren hacer un grado, ni un máster, ni un posgrado, ni un doctorado. No quieren un título, pero sí quieren una formación superior, de calidad, en la universidad. Simplemente lo que quieren es aumentar sus conocimientos y, sobre todo, disfrutar de la vida a través del conocimiento.

Por eso se han creado las llamadas universidades de mayores, universidades de la experiencia o Universitas Senioribus, que permiten que personas de 60, de 70, a lo mejor de 80 años, vayan a unas clases de temas muy variados y sigan en la vida universitaria, pero ya sin exámenes, sin necesidad de tener un título oficial.

Al mismo tiempo, las universidades también ofrecen y pueden ofrecer clases de lenguas, ya se trate de idiomas extranjeros para españoles o de lengua española para extranjeros. Nuevamente, las clases de idiomas pueden ser para personas de muy distintas edades, necesidades y formación previa.

Como ustedes saben, estudiar cuando tenemos cierta edad ayuda a mover las neuronas del cerebro y sus conexiones, activa la memoria y aviva nuestras capacidades y, por lo tanto, también ayuda a vivir mejor y a vivir más años. Además, tener buenas relaciones sociales y hablar son fuentes de salud y de esperanza de vida, como está demostrado[28]. Por lo tanto, llegamos a la conclusión de que, si bien los jóvenes forman la mayoría de los estudiantes de las universidades, estas están preparadas para acoger a estudiantes de edades avanzadas.

12. Conclusiones

Evidentemente, la primera conclusión, que venía sugerida desde el título de la conferencia, es que la universidad tiene muchos desafíos. La universidad es una institución muy compleja. La universidad como institución responde a realidades muy distintas en España y en otros países. Y, dentro de España, encontramos matices y entre cada una de las comunidades autónomas y ciudades donde estamos. Es una realidad compleja, pero al mismo tiempo muy sólida. Es importante subrayarlo. Es una realidad muy sólida en la historia y muy sólida en el presente. Es una institución que inspira confianza. Y lo sabemos: Siempre que hay cualquier tema, sabemos que tendrá mejor consideración si está avalado por un estudio universitario, por una publicación universitaria, por un catedrático o por un centro de investigación universitario. Sabemos que la universidad inspira confianza en la sociedad y esa es parte de nuestra responsabilidad.

Una vez más, pedimos respeto a la autonomía universitaria. Pedimos que cada universidad tenga la capacidad de organizarse internamente, según su conveniencia, sus preferencias y sus necesidades. Por cierto, el principio de autonomía universitaria no es válido solamente para las universidades privadas. También las universidades públicas tienen su ámbito, por supuesto,

---

[28] L. Rojas Marcos, *Somos lo que hablamos. El poder terapéutico de hablar y hablarnos.* Grijalbo Penguin Random House, Barcelona 2019.

de autonomía universitaria. La autonomía universitaria va vinculada a algo muchísimo más importante en una sociedad como la nuestra, que es la libertad en su sentido más amplio, las libertades individuales[29]: no solo la libertad de cátedra, que ya es importante, sino también la libertad de creación, la libertad de educación, la libertad de elección de centro educativo en cualquier nivel del sistema educativo, la libertad de expresión, la libertad religiosa, la libertad de información. Hay muchas libertades en juego, cuando hablamos de la universidad. Tenemos que valorarlo. En esta sociedad nuestra, costó mucho tiempo y mucho esfuerzo poder tener todas estas libertades: queremos mantenerlas y queremos consolidarlas y transmitirlas a las generaciones venideras.

Por lo tanto, la universidad tiene muchas dimensiones. La conclusión principal es que las dualidades que he planteado son, en realidad, las dos caras de la misma moneda: la universidad, en su conjunto, es una síntesis de las oposiciones analizadas. Las dualidades e incluso las contradicciones acaban sumándose en el sistema universitario español, que ofrece una alta calidad, una considerable diversidad y un gran atractivo para estudiantes y profesores de todo el mundo.

La universidad es una agrupación de personas de muchas edades, con una dimensión de servicio. De servicio a las personas concretas y de servicio a la sociedad en general. Dado que, además, muchas de esas personas no son del territorio local donde está la universidad, sino que pueden ser de cual-

---

[29] Cf. V.L. NAVARRO DE LUJÁN, V. L. (2019), *Derecho a la educación y libertad de enseñanza. Texto y contexto.* CEU Ediciones & Universitat Abat Oliba CEU, Madrid & Barcelona 2019. P. NUEVO LÓPEZ, "Educación y orden constitucional", en J. Castellà Andreu (Ed.), *La protección del orden constitucional en Europa* (págs. 271-287). [Madrid & Bruselas]: Grupo del Partido Popular Europeo, 2021.

quier parte del mundo, o bien porque han venido o bien porque están siguiendo las clases a través de las cámaras, la difusión del servicio prestado a través de las universidades puede tener una repercusión mucho mayor. De ahí nuestra creciente responsabilidad.

Solo puedo terminar, además de reiterando mi agradecimiento a la Fundación Universitaria Española por la invitación y a todos ustedes por su atención, con el llamamiento a buscar siempre la verdad. Esta es la misión de la universidad y de todos los estudios: buscar la verdad. Estudiante o estudioso, estudiante o profesor o investigador: la finalidad de todos es estudiar la verdad y difundirla.

13. Bibliografía

Alcón Soler, E., Gómez Villamandos, J. C., & Durán y Lalaguna, P., *La Universidad y la Igualdad de Género,* Tirant Humanidades, Valencia 2022.

Amado, L., *Construir la resiliència a la universitat: de la teoria a la pràctica educativa. Construir la resiliencia en la universidad: de la teoría a la práctica educativa,* CEU Ediciones & Universitat Abat Oliba CEU, Madrid & Barcelona 2018.

Arasa, D., *Dios no pide el currículum. Testimonios y reflexiones espirituales de un periodista,* Ideas y Libros Ediciones, Madrid 2021.

Barraycoa, J., *Sobre el poder.* Homo Legens, Madrid 2019.

Belmonte, M. Á., *MacIntyre and the Challenge of Higher Education in the 21st Century. Multidisciplinary Journal of School Education,* 9 (18), pp. 13-33, 2020.

Brague, R., & Gallego García, E., *Universidad católica: una tautología,* CEU Ediciones, Madrid 2023.

Cabrales, A., & Sanz, I., *Economía de la educación,* Fundación Ramón Areces, Madrid 2024.

Carreira Zafra, C., *Literatura y mímesis: fundamentos para una educación del carácte*r, Octaedro, Barcelona 2020.

Cleary, J., & Pérez Moreira, V. (Edits.), *Formación integral universitaria: Una respuesta a los desafíos de hoy*, Ediciones Universidad Finis Terrae, Providencia-Chile 2023.

Diego, E. d., *Enseñar para aprender*, Universidad Complutense de Madrid, 2022.

Durán y Lalaguna, P., *El mundo que quisiéramos: Reflexiones desde la Universdad*, Almuzara Universidad, Córdoba 2023.

Fernández de Buján, F., *La enseñanza universitaria a distancia. Una reflexión desde la UNED,* UNED, Madrid 2001.

Fernández de Buján, F., & García Garrido, M. J., *Fundamentos clásicos de la Democracia y la Administración*, Editorial Universitas, Madrid 2019.

Fontán, A., *Los católicos y la Universidad*, Fundación Marqués de Guadalcanal, Madrid & Sevilla 2019.

Grupo de Estudios Población y Sociedad (GEPS), *Universitarios en España. Estudio sociodemográfico de su demanda futura (2030-2035). (R. Puyol, Ed.),Nueva Revista de Política, Cultura y Arte,* Madrid 2020. Disponible: https://www.unir.net/wp-content/uploads/2021/02/UNIVERSITARIOS-EN-ESPAN%CC%83A.pdf

Juan Pablo II, Constitución Apostólica *Ex Corde Ecclesiae del Sumo Pontífice Juan Pablo II sobre las universidades católicas,* Dicastero per la Comunicazione - Libreria Editrice Vaticana, Vaticano 1990.

Kazmierczak, M., & Signes, M. T. (Edits.), *Lengua, literatura y práctica educativa. Reflexiones actuales sobre la palabra en la educación*, Academia del Hispanismo, Vigo 2016.

KAZMIERCZAK, M., SIGNES, M. T., & CARREIRA ZAFRA, C., *Pandemia y resiliencia. Aportaciones académicas en tiempos de crisis,* EUNSA, Pamplona 2020.

LOSTAO CRESPO, F., *Universidades de titularidad pública y privada. Una misma misión, un mismo mercado, distintas reglas.* Aranzadi (Thomson Reuters), Cizur Menor (Navarra) 2022.

MARÍN, H., *L'origen de la civilització. El origen de la civilización.* Universitat Abat Oliba CEU & CEU Ediciones, Barcelona & Madrid 2024.

MARTÍNEZ-LUCENA, D., & PUEYO-TOQUERO, T. (Edits.), *La universidad católica en la era de la posverdad: No solo una cuestión de contenidos,* Tirant Humanidades, Valencia 2024.

MICHAVILA, F., & NAREJOS, A., *Algunas debilidades del sistema educativo español,* Ministerio de Educación y Formación Profesional, Madrid 2021.

MORILLAS, J., *Los diez determinantes actuales del desarrollo económico: Naturaleza y causas de la "pobreza" de las naciones.* (R. Rodríguez-Ponga –prólogo–, Ed.), Fundación Humanismo y Democracia, Madrid 2017.

NAVARRO DE LUJÁN, V. L., *Derecho a la educación y libertad de enseñanza. Texto y contexto,* CEU Ediciones & Universitat Abat Oliba CEU, Madrid & Barcelona 2019.

NUEVO LÓPEZ, P., *Educación y orden constitucional. En J. Castellà Andreu (Ed.), La protección del orden constitucional en Europa (págs. 271-287).* Grupo del Partido Popular Europeo, [Madrid & Bruselas] 2021.

PÉREZ GARCÍA, F., ALDÁS MANZANO, J., & PEIRÓ SILLA, J. M., *Universidades líderes en el mundo. El posicionamiento de España,* Fundación BBVA, Bilbao 2021.

PUYOL, R., *Crecimiento e internacionalización del alumnado. Nueva Revista (176),* 2021. Disponible: https://www.nuevarevista.net/crecimiento-e-internacionalizacion-del-alumnado

RODRÍGUEZ LÓPEZ-ROS, S., *La respuesta de la universidad a la situación de pandemia: el caso de la Universitat Abat Oliba CEU. En M. Kazmierczak, M. T. Signes, & C. Carreira Zafra (Edits.), Pandemia y resiliencia. Aportaciones académicas en tiempo de crisis (*pp. 313-326), EUNSA, Pamplona 2020.

RODRÍGUEZ-PONGA, R., *Reflexión sobre el impacto de las palabras. En C. Carreira, M. Kazmierczack, & M. Signes (Edits.), Inteligencia y tecnología. Retos y propuestas educativas (págs. 83-91),* EUNSA, Pamplona 2019.

ROJAS MARCOS, L., *Somos lo que hablamos. El poder terapéutico de hablar y hablarnos,* Grijalbo Penguin Random House, Barcelona 2019.

SUBDIRECCIÓN GENERAL DE ACTIVIDAD UNIVERSITARIA INVESTIGADORA DE LA SECRETARÍA GENERAL DE UNIVERSIDADES, *Datos y cifras del Sistema Universitario Español. Publicación 2022-2023,* Secretaría General Técnica del Ministerio de Universidades, Madrid 2023.

TORRALBA, J. M., *Una educación liberal. Elogio de los grandes libros.* Madrid: Encuentro, Madrid 2022.

VISIEDO CLAVEROL, R., *La universitat, una comunitat d'aprenentatge. Reptes de futur de les universitats CEU. La universidad, una comunidad de aprendizaje. Retos de futuro de las universidades CEU.* Universitat Abat Oliba CEU & CEU Ediciones (Fundación Universitaria San Pablo CEU), Barcelona & Madrid 2020.

CAPÍTULO 14. REPENSAR LA UNIVERSIDAD: TRADICIÓN Y PERSPECTIVAS DE FUTURO

José Manuel Pagán[1]
*Rector de la Universidad Católica
de Valencia San Vicente Mártir*

Sumario

1. La Universidad y su misión. *a) formación de personas. b) Forja de virtudes. c) Formación intelectual. d) La Universidad como lugar donde avizorar lo inédito.* 2. La misión de la Universidad contemporánea. 3. La cultura actual y los jóvenes. *a) Libertad y desorientación. b) Relativismo y emotivismo. c) Fragilidad y sobreprotección. d) Superficialidad y condición digital. e) Desconexión consigo mismo y con el mundo exterior.* 4. Profesores: maestros y testigos. 5. Bibliografía.

---

[1] Este texto tiene como base la transcripción de la conferencia "Repensar la universidad: tradición y perspectivas de futuro", impartida en el 37 Curso de pedagogía para educadores: *Renovación e innovación: la identidad de la universidad en el siglo xxi*, Fundación Universitaria Española, Madrid, 18 abril 2023.

1. La Universidad y su misión

QUÉ ES LA UNIVERSIDAD y cuál es su misión centra esta primera parte. A continuación, trataremos sobre el momento histórico que nos toca vivir, con una mención expresa a la realidad que viven los jóvenes y que, necesariamente, afecta a nuestra tarea universitaria. Finalmente, trataremos sobre los profesores, pieza clave, piedra angular de todo proyecto universitario, donde está en juego el futuro de la universidad.

Si hay una cuestión sobre la que tenemos certeza es que la universidad no es algo material, no es un conjunto de edificios, no es un catálogo, ni un registro de títulos. La universidad es una institución que tiene un proyecto, un propósito comparti-do de profesores y estudiantes, donde lo fundamental es la formación de personas, la forja de virtudes y la formación inte-lectual. En definitiva, la universidad como un lugar donde flo-recer.

a) Formación de personas

Educar es ayudar al alumno a florecer en las distintas etapas de su vida. El alumno es protagonista en ese florecimiento, es él y sus condiciones peculiares las que deben guiarnos en el arte de educar. No se puede educar a quien no puede o no quiere aprender; pero siendo esto así, es necesario que conozcamos bien a los estudiantes que tenemos en el aula, teniendo siem-pre presente que sus limitaciones no deben impedirnos perci-bir el *más*, lo que todavía no existe. Los profesores estamos llamados a ser magnánimos cuando pensamos en nuestros es-tudiantes.

El profesor Ken Bain en su célebre libro *Lo que hacen los mejores profesores universitarios* escribe que los mejores profe-sores «son aquellos que sí pueden conseguir peras de lo que otros consideran que son olmos, personas que ayudan constantemente a sus estudiantes a llegar más lejos de lo que los demás esperan».

Precisamente, sobre dicho libro, Juan Escámez Sánchez, profesor de la Universidad Católica de Valencia, escribió un artículo[2] muy recomendable. El profesor Escámez se plantea y cumple un triple propósito en su artículo: analizar en qué consiste la excelencia en el profesor universitario; vislumbrar respuestas a algunas cuestiones prácticas y polémicas, tales como ¿el profesor universitario tiene que dedicarse más a la investigación o a la docencia?, ¿se puede ser un buen profesor a la vez que llevar una actividad investigadora intensa?, ¿el ejercicio profesional de calidad tiene que circunscribirse a los alumnos con grandes capacidades o a todos los alumnos?, ¿la función del profesor universitario consiste en capacitar a sus alumnos en conocimientos y prácticas para la futura profesión o consiste en algo más?

En este sentido, el profesor Escámez asegura: «Los mejores profesores confían en la capacidad de sus estudiantes para alcanzar la verdad, para distinguir grados en ella, para no confundir las evidencias que pueden fundar una opinión con las que pueden originar una certeza»[3].

Florecer significa alcanzar una vida grande. Una grandeza que supone ir más allá de la utilidad, del mercado laboral o de los propios deseos del joven. Este es un riesgo con el que convivimos en la universidad contemporánea, que no es otro que una visión utilitarista de la universidad, donde concurre una obsesión por la empleabilidad de nuestros alumnos que, cier-

---

[2] J. Escámez, *La excelencia en el profesor universitario*, Revista española de pedagogía, nº 254, enero-abril 2013
[3] *Ibídem.*

tamente, es un fin, pero no es el fin último ni el fin principal de la universidad. Tampoco lo es satisfacer los deseos de los estudiantes, de los jóvenes, sino más bien de lo que se trata es de transformar esos deseos, de enriquecerlos, e incluso, en ocasiones, de frustrarlos. Es importante que nuestros jóvenes experimenten y se entrenen en la frustración, de igual forma que tienen que aprender a diferenciar entre deseo y necesidad. Hoy se viven los deseos como necesidades que hay que atender y satisfacer en todo momento, en toda circunstancia.

Una amenaza que experimenta hoy la universidad tiene su origen en la afirmación de que la universidad no puede ser una torre de marfil separada del mundo, sino que debe dar respuesta a las necesidades de la sociedad y esto, que aparentemente uno podría compartir, esconde un riesgo mortal para la institución universitaria. Muchas veces se confunde sociedad con mercado, de tal forma que es el mercado el que identifica unas necesidades que se traducen en mano de obra cualificada. Parece que se quiera convertir a la universidad en proveedora de mano de obra cualificada al mercado. La universidad es mucho más que eso y, lo más importante, los estudiantes son mucho más que mano de obra, por cualificada que sea. No dejemos que la educación universitaria se instrumentalice, huyamos de una educación utilitarista y apostemos por una educación liberal como la entendía y la vivía John Henry Newman.

El acto educativo debe buscar la excelencia que le es propia, no el provecho futuro de un cambiante mundo laboral. Cuando hablo de excelencia no me refiero a ser mejor que otros, sino a ser mejor que uno mismo, a alcanzar la cuota de grandeza a mí destinada.

Es hora de que la universidad vuelva a la torre de marfil. Llevamos demasiado tiempo con el verbo equivocado, la universidad no debe adaptarse a la sociedad, la universidad debe transformar la sociedad. Esta misión exige, aunque pueda parecer paradójico, que la universidad se aleje, se proteja de los principios que rigen en la sociedad actual, para poder ofrecer a ésta el servicio que merece. En definitiva, la universidad está llamada a vivir en el mundo sin someterse a los principios del mundo.

No hace falta insistir en la necesidad de que la universidad y los que forman parte de ella, principalmente sus profesores, tengan clara su misión de servicio a la sociedad, a la que debe conocer y amar, para poder luego transformar; misión que es incompatible con cualquier actitud de aislamiento o indiferencia ante la realidad y los retos del momento. Al contrario, quienes quieran ser operadores activos de la transformación deben conocer la sociedad en la que viven con profundidad, conscientes de que ese conocimiento debe ser empático, esto es, debe conducir al amor, y debe ser sapiencial, esto es, debe llevar a las raíces de la realidad.

La catedrática emérita de Ética y Filosofía Política de la Universidad de Valencia, Adela Cortina, advierte en un artículo publicado en el diario El País «una universidad sin alma, sin un compromiso transformador de la sociedad, no puede ser excelente por muchos artículos que sus miembros consigan publicar en los primeros cuartiles de las revistas de impacto. Eso es estrategia burocrática, no excelencia; es medir la calidad por una cantidad muy discutible. Cuando lo cierto es que educar en la excelencia, que se consigue compitiendo consigo mismo en cooperación con otros, es lo que constituye la misión de la universidad. El alma de cualquier actividad es el motor por el que se pone en marcha y el motor de la universidad es formar personas excelentes»[4].

---

[4] A. CORTINA, *Universidad, al margen de la ley*, El País, 7 abril 2023.

b) *Forja de virtudes*

En segundo lugar, la universidad debe ser un espacio para la forja de virtudes, que es mucho más que la *educación en valores* de la que ahora se habla. Es necesario que nuestros jóvenes pasen de los valores, entendidos como un conjunto genérico y abstracto de ideales, a las virtudes, entendidas como un conjunto muy concreto de disposiciones o hábitos operativos buenos. Hábitos operativos en cuanto que lo importante no es estar de acuerdo con ellos sino realizarlos, integrarlos en la vida de uno. Y porque son hábitos buenos no demandan solo una adhesión intelectual desde la razón sino también una inclinación del afecto. Las virtudes se tienen que vivir. Nuestras universidades tienen que ser un espacio donde se desarrollen virtudes.

El profesor Rémi Brague advierte del peligro que ha supuesto renunciar a hablar de virtudes y mandamientos en favor de los valores. Escribe el profesor Rémi Brague, «el contenido de virtud y mandamiento es el mismo. Se podría volver a escribir el Decálogo como una lista de virtudes. *No matarás* se convertiría así en la virtud de la justicia. No cometerás adulterio sería la virtud de la templanza»[5]. Y viceversa, se podría también volver a escribir la Ética a Nicómaco de Aristóteles según un contexto judío o cristiano. Cuando se habla de valor –advierte el profesor Brague– se supone que ha habido de antemano una valoración. Y ahí está el peligro. El concepto de valor supone que la realidad en sí misma no vale nada, y que somos nosotros los que le atribuimos un valor, pero lo cierto es que no somos nosotros los que hacemos que algo sea bueno. De ahí la necesidad de retornar a la virtud para salir del relativismo cultural en el que nos encontramos.

---

[5] R. BRAGUE, *Manicomio de verdades. Remedios medievales para la era moderna*, Encuentro, Madrid 2021.

La educación de los jóvenes debe mirar ante todo a la generación, al cultivo de virtudes intelectuales y éticas o morales. Virtudes intelectuales que respondan a una pregunta teórica: ¿qué me es bueno y necesario saber? Y virtudes éticas o morales que respondan a una pregunta práctica: ¿qué me es oportuno y adecuado hacer?

c) Formación intelectual

En tercer lugar, quiero poner en valor la formación intelectual, que junto a la formación de personas y a la forja de virtudes, de las que hemos hablado, dan respuesta a la misión de la universidad como lugar donde el estudiante pueda florecer. Es fundamental transmitir a los jóvenes los hábitos y pasiones de la reflexión tranquila, conscientes de que la actividad intelectual nutre una vida interior.

La profesora del St. John's College, Zena Hitz, en su libro *Pensativos. Los placeres ocultos de la vida intelectual*, señala: «el mundo del que inicialmente buscamos escapar no está en el exterior, sino dentro de nosotros mismos y es parte de nuestras motivaciones intrínsecas. Ejercer el amor por aprender es huir de lo peor nosotros, intentar ir más allá de aquello que nunca nos basta»[6].

La atracción de lo superficial y de lo egoístamente útil se enraíza con la propia fragilidad humana. No vemos la vida intelectual como algo atractivo, no la vemos con claridad porque sentimos devoción por estilos de vida ricos en comodidad material y superioridad social. Hoy los criterios imperantes son los de utilidad, comodidad, riqueza, y estatus. Estos son los modelos que las diferentes plataformas digitales, a modo de fuente,

---

[6] Z. Hitz, *Pensativos. Los placeres ocultos de la vida intelectual,* Encuentro, Madrid 2022.

416   JOSÉ MANUEL PAGÁN

suministran a los jóvenes; fuentes cuya agua no sacian su sed más profunda. Estos son los valores que les presentan. Y es aquí donde la universidad debe aceptar el reto de ser un espacio donde descubrir el poder transformador de la vida intelectual, un lugar donde dar cumplimiento al famoso «Conócete a ti mismo» del templo de Delfos. Es importante que seamos conscientes de que somos un ser humano limitado y que carecemos de poderes divinos.

Las generaciones actuales, nuestros jóvenes, no saben acceder al yo. No es fácil acceder al yo en la realidad digital, principalmente desde que en 2007 se popularizaron el iPhone y las redes sociales. En este momento, el acceso al yo se desarrolla a través de dispositivos digitales controlados por plataformas, y quien tiene acceso al yo, al yo de una población mundial global, como ocurre con el actual fenómeno de la digitalización, tiene la capacidad de crear una realidad. El profesor Juan Luis Suárez, catedrático de Humanidades Digitales en la Western University (Canadá) profundiza sobre este tema en su libro *La condición digital*[7].

La universidad debe invitar a los jóvenes a ponerse en marcha, como hizo Abraham[8], a salir de su tierra, de su parentela, de su comodidad. ¡Qué importante es que los jóvenes sientan esta llamada y descubran su misión! Que alguien los despierte de su letargo, como esa arpa que no puede sonar porque está dormida, como en el poema de Bécquer[9]:

> Del salón en el ángulo oscuro
> de su dueña tal vez olvidada,

---

[7] J. L. Suárez, *La condición digital,* Trotta, Madrid 2023.

[8] Gn, 12.

[9] G. A. Bécquer, *Rimas* (Rima VII).

silenciosa y cubierta de polvo
veíase el arpa.
¡Cuánta nota dormía en sus cuerdas,
como el pájaro duerme en las ramas,
esperando la mano de nieve que sabe
arrancarlas!
¡Ay! –pensé– ¡Cuántas veces el genio
así duerme en el fondo del alma,
y una voz, como Lázaro, espera
que le diga: "Levántate y anda".

En las *Confesiones* san Agustín describe su condición inicial de esclavo del sexo, del honor, del ascender en la escala social, y luego narra cómo se libera a través de la lectura y el estudio filosófico y su posterior conversión al cristianismo. La disciplina filosófica le ha preparado para la gracia que le libera de los engaños y compulsiones de una vida orientada hacia la riqueza, la comodidad y el *status*. Han pasado más de mil seiscientos años, pero las debilidades y amenazas que nos rondan son muy parecidas a las de san Agustín en su época.

La universidad ha de ser un espacio donde descubrir y desarrollar el amor por aprender, que nada tiene que ver con la *curiositas*, entendida como ese amor desordenado por el conocimiento, por el aprendizaje degenerado de la *concupiscencia de los ojos*. San Agustín hablaba de los amantes del espectáculo, deseosos de saber por el placer de experimentar y conocer. El amor por el espectáculo busca la mera experiencia, no va más allá, no conduce a más preguntas o realidades, se queda satisfecho con la experiencia misma de la búsqueda de emociones vacías.

En el amor por el espectáculo es interminable y repetida la secuencia de emociones que cada vez aporta menos alegría, que genera una sensación de vacío; precisamente, esa falta de satisfacción que uno experimenta con la *curiositas* es signo de que anhelamos alcanzar bienes reales, anhelamos establecer vínculos con los demás en la verdad, en las profundidades, y no quedarnos en la superficie de las cosas. Hoy, también en la universidad, vivimos una crisis que nos lleva desde la *studiositas*, el amor por el aprendizaje, a la curiositas, que amenaza a profesores y estudiantes y que se traduce en una suerte de hastío, que bien podemos definir como acedia, que lleva a quien lo sufre a apartarse del bien, que se percibe ahora como mal, y que sume a la persona en la tristeza, de la que se pretende salir a través de una insana e insaciable curiosidad, huyendo de su propio ser, hundiéndose en las posibilidades que el mundo le sugiere.

En el origen de esta crisis encontramos la acedia que santo Tomás identifica como tristeza del espíritu, y que surge de la concentración en uno mismo como centro del mundo, de la negligencia ante la propia misión, de la renuncia al esfuerzo, de la falta de perseverancia. El profesor Higinio Marín advierte, con la audacia y la agudeza que solo él posee, del peligro que tiene el tránsito desde el libro al artículo como texto científico y recuerda la lucidez del profesor Thomas S. Kuhn cuando señalaba en su obra, *La estructura de las revoluciones científicas,* que en los saberes normalizados los resultados de la investigación, y cito literalmente: «aparecerán normalmente en forma de artículos breves dirigidos exclusivamente a los colegas profesionales que resultan ser los únicos capaces de entenderlos, en cambio, si se trata de un libro, lo más probable es que el científico que lo escriba encuentre que su reputación profesional disminuye en lugar de aumentar». Es curiosa esta apuesta que hace la universidad actual por el *paper* en detrimento del tratado o del libro.

En relación a la acedia, el profesor Josef Pieper, en su libro *Las virtudes fundamentales*[10], nos habla de la acedia como una amenaza para la *studiositas* plena. La acedia se opone a la grandeza del ánimo con la que el hombre debería lanzarse a la consecución de su bien más preciado, que por su influjo termina viéndose como un mal. Y eso es algo que acecha tanto a los jóvenes como a los profesores, produce una suerte de hastío que lleva a apartarse del bien, que ahora es percibido como un mal acarreando la consecuente tristeza. La respuesta a esto, en lugar de ser un sano ocio, que lo volvería a su auténtico ser, muchas veces se responde con una insana curiosidad, con una búsqueda obsesiva de huir de su propio ser hundiéndose en las posibilidades que el mundo le sugiere. «Esa inquietud del ánimo –dice Pieper–, se manifiesta luego en el torrente de palabrería, en el descontrol y en las ganas de escapar del recinto amurallado del espíritu para derramarse en la pluralidad, en el desasosiego interior, en la inestabilidad, en la imposibilidad de asentarse en un lugar y decidirse por algo, exactamente en eso que se llama curiosidad insaciable».

Frente a esto nos habla de la *studiositas,* en la que «el hombre se opone con todas las fuerzas de su instinto de conservación a la fatal tentación de dilapidarse que cierra a cal y canto el santuario de su vida interior a las vanidades atosigantes de la vista y del oído para volver a una ascética y conservar o restaurar al menos aquello que constituye la verdadera vida del hombre: percibir otra vez a Dios y a su creación». Y esto es importante, la vida intelectual no puede estar desconectada de la vida espiritual.

---

[10] J. Pieper, *Las virtudes fundamentales*, Rialp, Madrid 2017.

d) La Universidad como lugar donde avizorar lo inédito

Además de referirnos a la universidad como el sitio donde florecer, junto a esto, y siguiendo al profesor Alejandro Llano, la universidad debe ser el lugar donde pensar y buscar el conocimiento nuevo. La universidad recibe una llamada inequívoca e irrenunciable a la investigación. Necesitamos una educación tendente a avizorar lo inédito, sin embargo, nos encontramos con un peligro, la visión cada vez más extendida de que la *Research University*, la universidad enfocada a la investigación, es la forma propia de la universidad contemporánea. Esta cuestión la trata el profesor José María Torralba en su libro *Una educación liberal. El elogio de los grandes libros*[11] cuando cita a Clark Kerr, defensor de un modelo de universidad que bautiza como *multiversidad* y a la que según él estamos abocados, toda vez que la investigación especializada, la formación de profesionales cualificados y la educación general de los jóvenes estudiantes son proyectos con fines, métodos e intereses distintos, si no opuestos. Por tanto, para este autor, no cabe otra opción que la *multiversidad*, donde la división de facultades y departamentos por áreas de conocimiento dificulta la interdisciplinariedad, la integración.

Llegados a este punto nos podemos hacer la pregunta si tenemos que elegir entre docencia e investigación en la universidad, o si una universidad liberal siguiendo al cardenal Newman, tendría que dedicarse solo a la docencia, y la respuesta es *no*, rotundamente *no*. El propio Newman fue un excelente investigador, y en la universidad que fundó en Dublín procuró que se hiciera investigación desde el principio.

---

[11] J. M. TORRALBA, *Una educación liberal. El elogio de los grandes libros*, Encuentro, Madrid 2022.

Para Newman el centro de la vida universitaria se encuentra en la docencia, pero la investigación debe ser una necesidad del profesor y es una inequívoca e irrenunciable llamada para la universidad. La universidad debe ser el lugar donde pensar y buscar el conocimiento nuevo, el lugar donde aprender a descubrirlo.

2. La misión de la Universidad contemporánea

Me gustaría a continuación hacer una breve revisión de dónde y en qué momento tenemos que desarrollar nuestro ser y misión como universidad, o dicho de otra manera, en qué cultura, en qué sociedad, nos ha tocado vivir y desarrollar nuestra misión universitaria. Es de todos conocido que la cultura contemporánea es ambigua y hace convivir ilustración y romanticismo, dos movimientos antitéticos entre sí pero que, sin embargo, en nuestra sociedad conviven permanentemente.

Somos hijos de estas realidades, cuántas veces oímos loas del tipo "con la tecnología podemos resolver todos los problemas de la humanidad" o "la ciencia lleva a la salvación", afirmaciones que nos muestran como hijos del iluminismo. Asimismo, cuando buscamos experiencias fuertes, cuando queremos experimentarlo todo, cuando nos dejamos llevar por los sentimientos del corazón sin la guía de la razón, somos hijos de cierto romanticismo.

Cuáles son las enfermedades del mundo actual, si lo podemos denominar así, o cuáles son los principales desafíos que nos encontramos como universidad. En último término, la universidad está llamada a transformar la sociedad, y no simplemente a adecuarnos -como dice el preámbulo de la LOSU, Ley Orgánica 2/2023, de 22 de marzo, del Sistema Universitario-, que habla de que la universidad tendrá que adaptarse o adecuarse a la sociedad[12]. En cambio, entendemos que la universidad está llamada a algo mucho más ambicioso, a transformar esa sociedad, y para transformar algo previamente tenemos que conocer esa realidad.

En la exhortación apostólica *Evangelii gaudium,* el papa Francisco, en el número 2, dice: «el gran riesgo del mundo actual con su múltiple y abrumadora oferta de consumo es una tristeza individualista que brota del corazón cómodo y avaro; de la búsqueda enfermiza de placeres superficiales, de la conciencia aislada, cuando la vida interior se clausura en los propios intereses ya no hay espacio para los demás. Ya no entran los pobres, ya no se escucha la voz de Dios, ya no se goza la dulce alegría de su amor, ya no palpita el entusiasmo por hacer el bien». A lo largo de toda la exhortación apostólica el papa, y de manera sintética en este número 2 habla de tres actitudes vitales que constituyen para todos un desafío, quizá de una manera especial, para los que desde la universidad trabajamos con jóvenes, pero también para la sociedad en general: individualismo, hedonismo y relativismo. Un individualismo que se traduce, en una sociedad en la que prima el propio interés, en egoísmo. Frente a este individualismo el papa san Juan Pablo II hablaba del personalismo, esa actitud existencial basada en que la persona humana se realiza en el don sincero de sí, como enseña la *Gaudium et spes*, n. 24.

Es un individualismo que usa la libertad para que el sujeto pueda hacer lo que quiera, estableciendo él mismo la verdad de lo que le gusta o le resulta útil, una libertad que no admite

---

[12] "La ley cumple los principios de eficacia y proporcionalidad puesto que aborda tales retos a través de innovaciones normativas idóneas y necesarias para llevar a cabo las transformaciones que requiere el sistema universitario para adecuarse a lo que se le demanda en el siglo xxi", LOSU, Ley Orgánica 2/2023, de 22 de marzo, del Sistema Universitario, Preámbulo IV.

que otro quiera o exija algo de él. Individualismo que es en esencia egocéntrico. Frente a esto la alternativa que ya nos ofrecía el papa san Juan Pablo II cuando hablaba del personalismo, cuyo *ethos* es solidario, mueve a la persona a entregarse a los demás y a encontrar alegría en ello. Mientras que el don sincero de sí produce alegría, la persona que solo se mira a sí misma cae en la tristeza. La segunda realidad a la que nos referíamos es el hedonismo, *hedoné* en griego es placer, hedonista es el que absolutiza los placeres. Una actitud muy ligada al individualismo, una búsqueda exclusiva del placer siempre entraña egoísmo.

Vivimos en una sociedad en la que se proclama a los cuatro vientos la libertad pero que en realidad está sumida en la esclavitud propia de las dependencias. Se comienza por sentir un vacío existencial que se procura llenar con algún placer inmediato o con sensaciones fuertes, que terminan por esclavizar. Y, por último, una tercera enfermedad cultural es el relativismo, muy ligada al individualismo y al hedonismo. El cardenal Ratzinger, que solía referirse a la dictadura del relativismo, ya en la misa *Pro eligendo* Pontífice -18 de abril del año 2005-, el papa hablaba de esta postura intelectual del relativismo que afirma la imposibilidad de alcanzar una verdad objetiva, bien porque esta no existe bien porque es inalcanzable a la inteligencia humana.

Está extendida la visión de que la verdad depende de la propia mirada sobre la realidad, la verdad dependería de las cambiantes circunstancias de acuerdo a la época y la cultura a la que se pertenezca. En definitiva, como decía el poeta, «nada es verdad ni mentira, todo es según el color del cristal con que se mira». Toda afirmación se reduciría así a una mera opinión. Para la convivencia social hay que tener especial cuidado, la guardia alta ante las personas que sí consideran que hay una verdad objetiva, porque se corre el riesgo de que quieran imponer su verdad con la fuerza. Estos serían hoy, irónicamente, los fundamentalistas porque mantienen una posición abierta a la posibilidad de alcanzar verdades objetivas sobre todo en materia moral.

Ante este fundamentalista que hoy se erige en portaestandarte valedor de la convivencia democrática, surge el relativista. Si no existe ninguna verdad objetiva, en la práctica prevalecerá la verdad de uno, la que favorece sus intereses individuales, la que produce más placer. Benedicto XVI, en la homilía antes referida, afirma: «se va constituyendo una dictadura del relativismo que no reconoce nada como definitivo, y que deja como última medida solo el propio yo y sus antojos». Con posterioridad, en un mensaje que dirige a los miembros de las Academias pontificias, dice el papa: «La cultura actual, profundamente marcada por un subjetivismo que desemboca muchas veces en el individualismo extremo, o en el relativismo, impulsa a los hombres a convertirse en única medida de sí mismo perdiendo de vista otros objetivos que no estén centrados en su propio yo. Transformando en único criterio de valoración de la realidad y de sus propias opciones»[13].

En esta línea, el papa Francisco en *Laudato sí*[14], advierte: «un antropocentrismo desviado da lugar a un estilo de vida desviado». Y recuerda que en su exhortación apostólica *Evangelii gaudium,* se refirió al "relativismo práctico que caracteriza nuestra época». Y añade: «cuando el ser humano se coloca a sí mismo en el centro, termina dando prioridad absoluta a sus conveniencias circunstanciales y todo lo demás se vuelve rela-

---

[13] BENEDICTO XVI, *Mensaje del Santo Padre Benedicto XVI a los miembros de las Academias Pontificias,* 5 noviembre 2005.

[14] FRANCISCO, *Carta encíclica Laudato Si del Santo Padre Francisco sobre el cuidado de la casa común,* 24 mayo 2015.

tivo», así como «la cultura del relativismo es la misma patología que empuja a una persona a aprovecharse de otra, y a tratarla como mero objeto». De esta manera advierte de esta emergencia social.

En el mundo desarrollado se manifiesta de manera particular, aunque parece que no haya una inmensa pobreza material -cuántas veces oímos esto de la sociedad del bienestar-, parece que lo importante sean los bienes materiales, y hemos alcanzado cada vez mayores cuotas de bienestar material, sin embargo, en este mundo desarrollado esta emergencia social se manifiesta en una pobreza espiritual que trae consigo la soledad y la indiferencia. Lo que está en juego en la cultura actual es la verdad sobre la persona humana.

3. La cultura actual y los jóvenes

No se puede querer lo que no se conoce, hemos de conocer a los jóvenes para poderlos querer, y hay que quererlos para ayudarles en su transformación, en su crecimiento.

a) Libertad y desorientación

Las sociedades democráticas propugnan como valores principales la libertad y la igualdad, una igualdad concebida como que no hay discriminación posible por ninguna razón, todos somos iguales, y una libertad concebida como mera capacidad de elección entre varias posibilidades, sin que nadie imponga nada, sin que nadie influya en nada. Libre para elegir.

Una libertad entendida como privilegio del individuo para hacer lo que le venga en gana, sin otro criterio que su gusto o capricho. Una libertad así considerada, se enfrenta al compromiso, a la entrega, al deber, a la obediencia, en todos los ámbitos.

Un reciente estudio[15] del Centro de Investigaciones Sociológicas señalaba que más del 40% de la sociedad española avala ya las relaciones abiertas, lo que se conoce como poliamor, al tiempo que se señala en el estudio que la monogamia se considera como algo ya superado. Por otro lado, son varias las campañas publicitarias que, en los últimos tiempos, y dirigidas a los jóvenes, normalizan y promueven este tipo de relaciones abiertas. Es curioso también cómo se ha pronunciado respecto de este tema del poliamor uno de los referentes mediáticos del momento para jóvenes y no tan jóvenes, Pablo Motos. Y en la misma línea, otro comunicador de referencia, David Brocano.

Este es el ecosistema en el que viven la juventud y por eso es necesario presentarles una libertad auténtica, una libertad radical, que está en la raíz de nuestro ser, que está inserta por Dios en su corazón, en nuestro corazón; una libertad que tiene una orientación, una libertad que, en definitiva, tiene un *para qué*.

Para vivir auténticamente esta libertad radical, esta libertad *para*, es necesario ejercitar las libertades *de*; que nos liberemos de las cosas que nos esclavizan, de las dependencias de los malos hábitos.

Son muchas las personas que hoy sienten asfixia por las obligaciones de la vida diaria, piensan que no son libres porque no pueden dedicarse a lo que les gusta, y ahí aparece el choque entre la entrega y la libertad, entre el cumplimiento de obligaciones y el ejercicio del libre albedrío. Esta forma de entender la libertad como autonomía absoluta unida a la falta de

---

[15] Centro de Investigaciones Sociológicas, *Encuesta sobre relaciones sociales y afectivas pospandemia (III)*, Estudio nº 3400, marzo 2023: https://www.cis.es/documents/d/cis/es3400marmt_a

referentes, provoca en nuestros jóvenes una desorientación que los convierte en errantes, yendo de un sitio a otro, sin criterio alguno. La universidad tiene que ayudar a los jóvenes a descubrirse peregrinos y no errantes, peregrinos que se pueden desviar, que se pueden desorientar, pero que mientras tengan un referente, mientras tengan una meta, podrán corregir y volver al camino.

Esta dinámica afecta también a la apertura a la vida con los hijos que se llegan a ver como una amenaza, un freno, lastre para el desarrollo profesional. Y hay empresas donde esa prometedora ejecutiva, joven, le proponen que congele sus óvulos, que desarrolle su carrera profesional y llegado el momento acudiremos a la reproducción asistida. Esto lo tenemos ya aquí, por eso es importante que ofrezcamos una alternativa a nuestros jóvenes. Y si no lo hacemos tendremos que rendir cuentas en algún momento.

La clave es el "para qué" de la libertad, su finalidad última. Frente a esa libertad de elección, que es una parte importante de la libertad, pero no la fundamental. El desarrollo pleno de la libertad para, requiere que nos liberemos de las cosas que nos esclavizan, de las dependencias, de los malos hábitos. La esclavitud más sutil y, frente a esas tenemos que combatir todos, es la del propio yo, la del egocentrismo en la que crecemos desde bien pequeños. Ya en casa al niño se le dice que es el rey de la casa, y a partir de ahí hay que comenzar ya a desmontar esa realidad en la que muchas veces uno crece. Liberarnos de las propias esclavitudes, desde luego los cristianos aspiramos a la gracia de Dios, peor es importante también nuestra voluntad.

Primero, para tomar conciencia de las cadenas que nos esclavizan, en segundo lugar, para cortarlas, y en tercer lugar para reconquistar espacios de libertad. Y este es el ambiente en

JOSÉ MANUEL PAGÁN

el que viven los jóvenes, que provoca en ellos, en primer lugar, desorientación. Si el valor supremo es la libertad entendida como autonomía absoluta, y no tenemos referentes, la consecuencia inmediata es la desorientación.

Otro efecto que sufren nuestros jóvenes es el afán de ser auténticos, y que también desarrolla el profesor José María Torralba. Una búsqueda de autenticidad tiene un lado positivo, el de querer ser protagonista de su vida es bueno, pero que presenta un serio riesgo, y es que esa autenticidad se entiende muchas veces como oposición a lo establecido, como un deseo de ser distinto por el mero hecho de serlo, de ser disruptivo por principio. Otra actitud muy vinculada a esta supuesta autenticidad es la sospecha como actitud vital, que también presenta una parte positiva en cuanto a que alerta frente a ciertas estrategias; pero cuando la sospecha se convierte en una actitud vital, cuando se desconfía de todos y de todo, necesariamente conduce a la soledad. En los momentos decisivos el joven se siente muchas veces así, solo, fruto de la falta de confianza, y todo ello a pesar de estar hiperconectado. Esta situación de soledad lleva al joven, no pocas veces, a buscar *vías de escape*, actitudes consumistas y hedonistas.

En el último informe del Observatorio de la Soledad No Deseada 2023[16], de la Fundación ONCE, se señalaba que uno de cada siete españoles se siente completamente solo, entendiéndose por soledad el aislamiento personal no deseado. Y lo que es todavía más dramático, las personas más jóvenes de 16 a 29 años, son las que más soledad no deseada sufren en España,

---

[16] Observatorio Estatal de la Soledad No Deseada, *Estudio sobre juventud y soledad no deseada en España, 2023*:
https://www.soledades.es/sites/default/files/contenidos/Estudio%20soledad%20juvenil_V12_accesible.pdf

un 25'5%. Esta es una realidad, nuestros jóvenes, muchas veces, están solos y necesitados de profesores, y educadores que generen confianza por su modo de ser, por su modo de plantear las cosas, educadores que, en definitiva, atraigan al joven que está necesitado de esa referencia.

b) Relativismo y emotivismo

Otra realidad con la que tienen que combatir los jóvenes es la que se deriva del relativismo y emotivismo circundante. Un relativismo que lleva necesariamente al emotivismo, ese soy lo que siento que tantas veces se escucha en nuestra sociedad y que aflora cuando el corazón se desboca y empieza a obnubilar la inteligencia, a tiranizar la voluntad, cuando se pierde el equilibrio entre razón, voluntad, y corazón.

Son necesarios jóvenes con un corazón rebosante de amor, personas con sentimientos, que huyan del sentimentalismo entendido como descontrol del corazón, que hace que se timen decisiones únicamente por motivos sentimentales, emocionales, pasionales, que no se deja iluminar ni por la luz de la fe ni por la luz de la razón. El profesor Torralba lo cuenta como una experiencia vivida en el aula, apela al principio ético que consiste en que tratar distinto lo diferente no es discriminatorio, aunque es cierto desde la razón, no puede aceptarse porque los sentimientos de uno se lo impiden. Esta es muchas veces la respuesta del joven, desde la razón parece razonable tratar de manera distinta situaciones que no son iguales, pero los sentimientos impiden esa discriminación.

Por este motivo hoy no bastan los argumentos que, por supuesto, siguen siendo necesarios, sino que hay que apelar a la experiencia. Educar a partir de la experiencia. Hoy hacen falta maestros que sean, además, testigos.

c) Fragilidad y sobreprotección

Las nuevas generaciones son frágiles, los conceptos de bueno y malo suenan demasiado duros. La sociedad tiende a hiperproteger, lo que conduce a la fragilidad porque no se está sometido a los riesgos de la vida que ayudan a madurar, como las vacunas que imitan a los virus y las bacterias que causan enfermedades y que nos administran de pequeños para preparar a nuestro sistema inmune, entrenándole a reconocer y defenderse contra determinadas enfermedades.

Mucha de la juventud vive en una burbuja permanentemente y necesitan de nuestra ayuda para que puedan tomar decisiones, asumir riesgos y ganar autonomía. Es fundamental generar esperanza, los jóvenes son idealistas, pero encuentran dificultades frente a las que tiran la toalla, no porque sean débiles sino porque muchas veces les falta la esperanza.

Hoy son numerosos los estudios y las noticias que evidencian que los jóvenes españoles son cada vez más mayores cuando abandonan el domicilio familiar. Así, de las cifras publicadas por Eurostat[17] se desprende que los jóvenes españoles, en promedio, abandonan el domicilio familiar a los 30,3 años. Por otro lado, y según los datos del INE, la media de las mujeres españolas señala que son madres a los 32,6 años, la mayor edad de la serie histórica; al mismo tiempo y en la misma línea, se confirma la caída de la natalidad. Igualmente, la edad media con la que se contrae matrimonio en España se sitúa para los hombres en 39,3 años y en las mujeres en 36,6 años.

Cuando se intentan explicar y justificar estos datos se alude normalmente y como causa de los mismos a la dificultad exis-

---

[17] Eurostat, ¿Cuándo abandonan los jóvenes europeos su hogar paterno? septiembre 2023: https://ec.europa.eu/eurostat/web/products-eurostat-news/w/ddn-20230904-1

tente en el acceso a la vivienda, a la tasa de paro -especialmente dura entre las personas jóvenes- o a la precariedad laboral existente con carácter general. Aunque estas afirmaciones son ciertas y seguramente ayudan a explicar estos tristes (y preocupantes) números, no me resisto a apuntar una razón más, quizá la más importante y menos comentada: la existencia de una cultura dominante que desprecia la condición de adulto, la que se alcanza cuando uno es capaz de comprometerse libremente con el otro, es entonces cuando alcanza la condición de adulto, por muy joven que sea.

Muchas veces los jóvenes se encuentran asustados, como aquellos marineros de las Vidas paralelas de Plutarco, que no querían navegar por miedo a la bravura del mar, poniéndose así en riesgo la misión de llevar grano a Roma. En ese momento, Pompeyo saltó al barco y retó a los marineros: *Navigare necesse est. Vivere non necesse est* (Navegar es necesario. Vivir no es necesario). Inmediatamente, todos saltaron al barco, levaron anclas y desplegaron velas. Habían entendido que el sentido de la vida era más grande que el vivir, y si Roma moría y ellos salvaban la vida, sería vida que carecería de sentido.

Los jóvenes se encuentran en el muelle de la vida, amedrentados ante la bravura de una mar en la que han visto fracasar demasiadas naves. Y no es solo una cuestión de decisión, necesitan ser acompañados. Hace falta ayudar a los jóvenes en este proceso de iniciación al estado adulto, también desde las instituciones educativas como la universidad, reconociendo en cada estudiante una persona con una vocación de plenitud, una plenitud que solo alcanzará por sí mismo, pero no por sí solo.

Ojalá sepamos acompañarlos para que adquieran una madurez propia, y que lo hagamos siendo testigos de la grandeza de la vida, dando razones de por qué es grande, indicándoles dónde está la verdad y cómo alcanzarla.

d) Superficialidad y condición digital

Hay una tendencia a la simplificación, se observa en los jóvenes, pero también en los adultos; pese a que la realidad es compleja y requiere de profundización. Es conveniente romper con la tendencia a realizar una lectura superficial o simplista de temas vitales. Ayudémoslos. Los jóvenes que llenan las aulas han nacido ya en una era digital donde parece que solo es real lo digital, y viven en un ecosistema de tecnologías de la interrupción, donde no hay lugar para el silencio, donde la mente calmada, concentrada, sin distracciones, ha sido arrollada por un medio, la Red, programada para dispersar sistemáticamente nuestra atención, generándose así un pensamiento acelerado, distraído, superficial.

Los jóvenes, y nosotros con ellos, se enfrentan a un modelo de servidumbre digital voluntario que responde a un nuevo modelo económico que se proyecta a partir de una economía de la atención que cuenta como numerosas herramientas, con los algoritmos.

Urge recuperar defender la atención. Simone Weil en uno de sus ensayos recogidos en el libro *A la espera de Dios*[18] escribe: "hay algo en nuestra alma que rechaza la verdadera atención mucho más violentamente de lo que la carne rechaza el cansancio. Ese algo está mucho más próximo del mal que la carne. Por eso, cuantas veces se presta verdadera atención se destruye algo del mal que hay en uno mismo. [...] La atención consiste en suspender el pensamiento, en dejarlo disponible, vacío y penetrable al objeto".

---

[18] S. WEIL, *A la espera de Dios*, Trotta, Madrid, 2009.

e) Desconexión consigo mismo y con el mundo exterior

Nuestros jóvenes se encuentran inmersos en una permanente estimulación audiovisual que muchas veces les arrastra a la dispersión y a la falta de atención y de receptividad, al tiempo que les aísla -aunque pudiera parecer lo contrario- de la comunidad social y política, de su entorno afectivo más inmediato; y también del mundo natural que se extiende más allá de las pantallas. Esa realidad digital les aísla, por un lado, de su mundo interior, de la esfera privada e íntima (vida interior) que cada ser humano debe cultivar para reconocerse a sí mismo como un ser único e irrepetible; por otro lado, el aislamiento digital le aísla también del mundo exterior.

Urge educar la interioridad, ayudar a los jóvenes a tomar conciencia de sí mismos, a que la proyecten en el mundo, a través de un proyecto de vida, que muchas veces requerirá de la ayuda y generosidad de sus padres y de sus profesores.

El profesor Francesc Torralba, en su iluminador libro *La interioridad habitada*[19], subraya: «Educar en la interioridad significa educar para discernir para aclarar para ordenar el caos que penetra desde el *afuera*. Eso siempre exige la generación de criterios, pues sin criterios resulta imposible distinguir, separar o evaluar».

4. Profesores: maestros y testigos

La última parte tiene que ver con la necesidad de contar con maestros que sean testigos. No hay mayor aspiración como universidad que nuestros estudiantes lleguen a ser jóvenes de

---

[19] F. TORRALBA, *La interioridad habitada*. Edelvives, Madrid, 2019.

corazón atento como el rey Salomón[20]. Una figura que impresiona, hijo y sucesor del rey David, un joven que a una edad muy temprana hereda una tarea ardua y una responsabilidad muy pesada, suceder a su padre, al gran rey David. Y el Señor se le aparece en sueños al joven Salomón, y le promete concederle todo lo que le pida en oración.

El joven Salomón no le pide larga vida, ni riquezas, ni la eliminación de sus enemigos, simplemente pide un corazón atento para discernir entre el bien y el mal. Jóvenes de corazón atento, esa debe ser nuestra más alta aspiración con nuestros estudiantes, que lleguen a ser jóvenes de corazón atento, que sepan discernir entre el bien y el mal.

El corazón, que en la Biblia no es solo una parte del cuerpo, es el centro de la persona, la conciencia. El corazón atento es la conciencia que sabe escuchar. La conciencia que es sensible a la voz de la verdad. La conciencia que es capaz de discernir entre el bien y el mal. Se habla poco del discernimiento, se escucha más sobre el pensamiento crítico. Es curioso que ambos términos, crítico y discernimiento, comparten raíz del griego, ambos términos provienen del verbo *krinen*, que significa separar. A eso debemos comprometernos como universidad, a formar jóvenes de pensamiento crítico que sepan discernir, que sepan separar y discriminar; jóvenes de corazón atento como el joven Salomón.

Hombres y mujeres de conciencia, esto es, que al precio de renunciar a la verdad nunca compran el estar de acuerdo, el bienestar, el éxito, la consideración social o la aprobación de la opinión dominante. Esto es mucho más interesante que la empleabilidad. Esta forma de entender la vida genera muchas más expectativas laborales, porque esto es lo que necesitan las em-

---

[20] 1Re 3, 5-14.

presas también: personas responsables, con luz, con discernimiento. Hombres y mujeres capaces de abrirse a la verdad objetiva universal igual para todos.

Necesitamos profesores que sean conscientes de la valía de su misión, que sean conscientes del encargo que la sociedad les ha encomendado. Profesores que cuiden su formación intelectual, lectura, estudio, escritura y reflexión. Profesores que sean coherentes en su quehacer diario entre pensamiento y vida. Unidad de vida, en definitiva. Un profesor que viva lo que enseña, en el que coincida lo que se piensa, lo que se dice y lo que se hace. Profesores que sean auténticos, esto es, que se muestren tal y como son dentro y fuera del aula, fieles a sus convicciones, sin vaivenes ni altibajos en el trato con los estudiantes, que cumplan las promesas hechas, sin reparo alguno en admitir una equivocación. Necesitamos profesores que sean amantes de su profesión, que hagan de su práctica docente un elemento de servicio a los demás, de esa caridad intelectual de la que hablaba el papa Benedicto XVI.

Profesores que no conciban su actividad como un elemento de vanidad o de acumulación de méritos, sino como un servicio. Profesores convencidos de la capacidad humana de aprender, y abiertos a las inquietudes profundas de los jóvenes a quienes comprender y querer, profesores que sean un modelo inspirador para sus alumnos, que quieran a estos y se sientan queridos por ellos, que se comuniquen con sus alumnos a través de la palabra oral o escrita, y a través de los sentidos, la voz, los gestos y la mirada. En definitiva, necesitamos de personas que disfruten en el aula y tengan alma de profesor, como recuerda el profesor Jaime Nubiola[21].

---

[21] J. NUBIOLA, M. R. ESPOT, *Alma de profesor. La mejor profesión del mundo*, Desclée de Brouwer, Bilbao, 2019.

La arquitecta Elisa Valero Ramos en su libro *La teoría del diamante y el proyecto de arquitectura*[22] hace una comparación entre el tallador de diamantes y el arquitecto, hago lo propio entre el tallador de diamantes y el profesor.

Fundamental en el tallador de diamantes es la mirada atenta y la talla precisa. La mirada atenta en tanto que el tallador de diamantes comienza su trabajo con el reconocimiento de la materia prima, de la piedra preciosa. Hace falta un examen atento de la realidad y un conocimiento de las características de la piedra preciosa, así como debe conocer también las dificultades que se convierten en oportunidades. Y esto es lo que le permite decidir cómo tallar la piedra. Encontramos la similitud con la figura del maestro, del profesor, de la mirada atenta fundamental para conocer los sufrimientos de los jóvenes, de las amenazas que sufren.

En segundo lugar, la talla precisa. La talla de diamantes y la educación tienen en común dos aspectos fundamentales. Primero, el trabajo parte siempre de algo que nos es dado, La creación es transformación de una materia prima, de una realidad existente. No olvidemos que la universidad está llamada a transformar de la sociedad, empezando por nuestros jóvenes. Y, en segundo lugar, la importancia de la precisión en la talla. Hay que ser muy exactos en el golpe porque si no te cargas la piedra, con esa precisión, con esa delicadeza, tiene que trabajar el profesor con el joven.

Es, en definitiva, un oficio arriesgado tanto en la talla de diamantes como en la educación, el trabajo implica un proyecto. Se trata de un trabajo en el que participa la sensibilidad, que aúna un componente creativo con una rigurosa preparación

---

[22] E. VALERO RAMOS, *La teoría del diamante y el proyecto de arquitectura*, ADABA Editores, Madrid 2021.

técnica. El trabajo no es solo teórico, sino que lleva una praxis que requiere una lenta y disciplinada preparación. Antonio Gaudí, arquitecto de la Sagrada Familia de Barcelona, advertía que «para hacer las cosas bien es necesario: primero, el amor; segundo, la técnica»[23].

Quiero animar a perseverar en nuestra vocación, vivamos la educación como un arte, el arte de despertar en el joven sus potencialidades latentes para que pueda apreciar los bienes invisibles, para que ponga orden en su sistema de preferencias. Recordemos con Plutarco que educar no es como llenar un vaso vacío sino, más bien, cómo generar la chispa que encienda el fuego, el impulso de conocer y el hambre de la verdad. A nosotros nos toca ayudar a que el fuego prenda, generar la chispa.

Un apunte final sobre la universidad. Recordar su origen, como hace el profesor Rémi Brague cuando señala que «si se aleja de sus raíces medievales, la universidad está condenada a desaparecer o a cambiar radicalmente, hasta que no quede nada de ella, excepto el nombre. Una universidad que se olvide totalmente de su origen cristiano, sea ese origen plenamente consciente y asumido, o bien implícito, envuelto en la niebla del olvido, esa universidad, no sólo dejaría de ser católica, sino mucho peor aún, dejaría de ser universidad en el sentido auténtico de la palabra»[24].

Y, finalmente, en el número 10 de la *Ex Corde Ecclesiae*[25] se lee: «la universidad católica constituye sin duda alguna uno de

---

[23] J.M. Tarragona, *Gaudí, el arquitecto de la Sagrada Familia*, Torsimany-Books, Barcelona, 2016.

[24] R. Brague, *Universidad Católica: una tautología*, CEU Ediciones, Madrid, 2023.

[25] Constitución apostólica *Ex Corde Ecclesiae* del Sumo Pontífice Juan Pablo II sobre las universidades católicas, 15 de agosto de 1990.

los mejores instrumentos que la Iglesia ofrece a nuestra época que está en búsqueda de certeza y sabiduría». La educación está en el corazón de la nueva evangelización.

5. Bibliografía

ESCÁMEZ, J., *La excelencia en el profesor universitario*, Revista española de pedagogía, nº 254, enero-abril 2013

BRAGUE, R., *Manicomio de verdades. Remedios medievales para la era moderna*, Encuentro, Madrid 2021.

HITZ, Z., *Pensativos. Los placeres ocultos de la vida intelectual*, Encuentro, Madrid 2022.

SUÁREZ, J. L., *La condición digital,* Trotta, Madrid 2023.

BÉCQUER, G. A., *Rimas* (Rima VII).

PIEPER, J., *Las virtudes fundamentales*, Rialp, Madrid 2017.

TORRALBA,J. M., *Una educación liberal. El elogio de los grandes libros*, Encuentro, Madrid 2022.

BENEDICTO XVI, *Mensaje del Santo Padre Benedicto XVI a los miembros de las Academias Pontificias*, 5 noviembre 2005.

FRANCISCO, *Carta encíclica Laudato Si del Santo Padre Francisco sobre el cuidado de la casa común*, 24 mayo 2015.

Centro de Investigaciones Sociológicas, *Encuesta sobre relaciones sociales y afectivas pospandemia (III)*, Estudio nº 3400, marzo 2023:

https://www.cis.es/documents/d/cis/es3400marmt_a

Observatorio Estatal de la Soledad No Deseada, *Estudio sobre juventud y soledad no deseada en España, 2023*:

https://www.soledades.es/sites/default/files/contenidos/Estudio%20soledad%20juvenil_V12_accesible.pdf

Eurostat, ¿Cuándo abandonan los jóvenes europeos su hogar paterno? septiembre 2023:

https://ec.europa.eu/eurostat/web/products-eurostat-news/w/
ddn-20230904-1

WEIL, S., *A la espera de Dios*, Trotta, Madrid, 2009.

TORRALBA, F., *La interioridad habitada*. Edelvives, Madrid, 2019.

NUBIOLA, J., y M. R. ESPOT, *Alma de profesor. La mejor profesión del mundo*, Desclée de Brouwer, Bilbao, 2019.

VALERO RAMOS, E., *La teoría del diamante y el proyecto de arquitectura*, ADABA Editores, Madrid 2021.

TARRAGONA, J. M., *Gaudí, el arquitecto de la Sagrada Família*, TorsimanyBooks, Barcelona, 2016.

BRAGUE, R., *Universidad Católica: una tautología*, CEU Ediciones, Madrid, 2023.

SAN JUAN PABLO II, Constitución apostólica *Ex Corde Ecclesiae* sobre las universidades católicas, 15 de agosto de 1990.

CORTINA, A., *Universidad, al margen de la ley*, El País, 7 abril 2023.

LOSU, Ley Orgánica 2/2023, de 22 de marzo, del Sistema Universitario, Preámbulo IV.

CAPÍTULO 15. LA UNIVERSIDAD QUE NECESITAMOS

Daniel Sada[1]

Rector de la Universidad Francisco de Vitoria, Madrid

Sumario

1. Presentación. 2. Qué sucede hoy en la Universidad. 3. ¿Qué deberíamos plantearnos en la Universidad? El difícil arte de los "cómos". 4. Efecto Merlín. 5. Las *human skills*. 6. Aprendizaje significativo: Razón abierta. 7.Respecto al gobierno de la Universidad. 8. Universidad centrada ¿en el profesor o en el alumno". 9. Conclusión.

1. Presentación

MI OBJETIVO NO ES PRESENTAR una exposición erudita de la universidad, ya abordada en las sesiones anteriores, sino compartir

---

[1] Este texto tiene como base la transcripción de la conferencia "La universidad que necesitamos", impartida en el 38 Curso de pedagogía para educadores: *La universidad que necesitamos: cultura e investigación*, Fundación Universitaria Española, Madrid, 23 abril 2024.

con ustedes una experiencia vital que comencé con otros compañeros cuando todavía era universitario y me preguntaba por la universidad que necesitamos. ¿Qué universidad necesitamos? En aquella época todo era universidad pública, los años 80 del siglo xx, donde había poco pensamiento y poca reacción, una España marcada política y socialmente por el socialismo que entonces parecía abarcarlo todo. En aquel contexto algunos universitarios despertaron y quisieron preguntarse por el auténtico sentido de la universidad como motor de cambio, de revolución humana y social.

Esa pregunta que algunos nos la hacíamos desde las universidades públicas en las que estudiábamos, me la sigo preguntando todavía y creo que es pertinente tenerla como pregunta permanentemente abierta. Lo primero que uno asocia a esta pregunta, la pregunta por la universidad que necesitamos es: pero ¿necesitamos otra universidad? Cuando nos hacemos este tipo de preguntas es porque pensamos que lo que tenemos no es suficiente, carece de algo o es susceptible de mejora.

Y la primera cosa que me viene a la mente aparejada a esta pregunta es: ¿cuál es el principal peligro de la universidad? Hablando como universidades católicas, me parece que el principal peligro es la irrelevancia cultural y evangelizadora, o dicho más propiamente, irrelevancia en la evangelización de la cultura y del pensamiento dominante. Porque se puede "surfear la ola" siendo una institución que consigue subsistir en el mercado con buenos resultados económicos y de posicionamiento en rankings pero resultando inocua para lo que se esperaría de esta institución que nació del seno de la Iglesia hace ya casi mil años.

¿Cómo se conjura ese peligro? Me gustaría reflexionar sobre lo que sucede actualmente en la universidad y apuntar algunas soluciones, que quizá resulten provocativas o divergentes respecto a lo que suele escucharse en este ámbito de la reflexión sobre lo que son y deben ser nuestras universidades católicas.

2. Qué sucede hoy en la universidad

En primer lugar ¿por qué es insuficiente nuestro actual modelo de universidad? La universidad que conocemos, con todos los matices y evolución de los últimos años, sustancialmente es una universidad que forma para los oficios. Heredamos el modelo napoleónico y lo que se esperaba y se sigue esperando por parte de las empresas y de la sociedad es que la universidad forme personas competentes, que aporte en la cadena de producción-consumo lo que es necesario para el bienestar de la sociedad. Desde la perspectiva de los alumnos y sus familias, lo que esperan mayoritariamente de nosotros es que los formemos para una profesión que les permita ganarse la vida lo más generosamente posible: somos generadores de una posibilidad de empleo.

Hace años cuando empecé como rector en la universidad, sistemáticamente lo que oía de los directores de recursos humanos y de los CEOS de las empresas era: «A ver cuando despertáis en la universidad y os ponéis al ritmo de lo que necesitamos las empresas. A ver si sois capaces de diseñar los programas de los grados y los posgrados que formen al tipo de profesional que necesitamos». Este discurso sigue muy presente, pero empieza a cambiar y se escuchan voces muy conscientes de que lo que la empresa y la sociedad necesita de los egresados de las universidades es algo más que profesionales competentes.

Qué dicen esas voces. Qué signos descubrimos en la realidad actual que apuntan a la constatación de que la universidad no puede formar solo para la vida profesional, porque la vida es más que la vida profesional.

Creo que una primera cosa a destacar es que llevamos decenios hablando de civilización agotada, de crisis de valores, de cambio de época, de eclipse de la razón, de ocaso de Occidente... Hay una especie de sensación de que esto no da para más. El mundo tal como lo conocemos está esperando algo, algún alumbramiento de algo que suceda. Y esto reclama a voces que una institución como la universidad sea uno de los focos que arrojen luz en esa aparente oscuridad. Es algo que uno esperaría de la universidad sabiendo que en otras épocas la universidad ha sido un auténtico faro para la vertebración de occidente y para la humanización de la Historia.

Por otro lado, si hacemos un ejercicio de autocrítica, bien podríamos afirmar sin equivocarnos que los líderes que se ponen a la cabeza o que abanderan nuestras empresas, nuestros gobiernos, nuestras instituciones en general, son líderes que en un porcentaje mayoritario se han formado en nuestras universidades. Esos líderes políticos, empresariales... de los que nos quejamos, al menos cuatro años han pasado por el sitio donde se supone que se debieran haber forjado como líderes, que son nuestros grados y nuestros posgrados. Tenemos que hacer autocrítica para saber qué estamos haciendo con la formación de los que luego no nos gustan como conductores de la marcha de la sociedad. Algunos recordarán el libro de Salvador Giner de los años 90, *La revolución empieza en Harvard*[2], cuando relata el papel de Derek Bok, el famoso y longevo presidente de Harvard (su presidencia se desarrolló en dos periodos que sumaron más de 20 años al frente de la institución) y Henry Rosovsky, el decano de Humanidades. A finales de los 80, hicieron un ejercicio de autocrítica notable y dijeron: los escán-

---

[2] S. Giner, *La revolución empieza en Harvard y otras crónicas americanas de nuestro tiempo*, Eunsa, Pamplona 1990.

dalos de Wall Street los están protagonizando personas que han salido de nuestro MBA de Harvard; algo habremos hecho mal.

Y entonces se plantearon una revolución de las humanidades, pensando que completar los currículos de todos los *colleges* con humanidades era un camino que había que emprender. Esta operación la repiten en 2006, más o menos de forma parecida. Y sin entrar en la eficacia de los resultados o los logros, me parece un ejercicio de crítica muy sano, porque uno debería saber si lo que están esperando de mí no lo aporto a la sociedad; si me está faltando aportar lo esencial que se espera de mi misión como institución de educación superior, y en nuestro caso, instituciones católicas de educación superior.

En tercer lugar, introduzco otro elemento que tiene que ver con el sujeto particular que son nuestros alumnos: esos ciudadanos de los que hablaba Ortega, que se espera que forme la universidad, a sus 18 años son diferentes de nosotros cuando teníamos esa edad, y de los que tenían 18 años en la época de Ortega.

Sin duda hay elementos comunes y perennes, pero necesitamos caer en la cuenta de lo que esperan las nuevas generaciones, de la forma en la que aprenden, y de la forma en la que pueden desarrollarse como personas; ello requiere una renovación como universidad y un tipo de adaptación que muchas veces no estamos dispuestos a hacer o no sabemos hacer. No somos capaces de entender que o salimos al encuentro y los rescatamos desde donde están, para que se muevan en su periplo formativo y despliegue como personas, o probablemente entraremos en un fracaso cada vez más profundo. Es el reto que todas las generaciones de profesores y de formadores tienen de intentar entender cómo es el proceso formativo y cómo aprende el que aprende. Pero muchas veces estamos tan preocupados por cómo enseña el que enseña que no caemos en la cuenta de que las dos cosas son necesarias.

La universidad que necesitamos es una universidad que ha de tener en cuenta este aspecto, ha de comprender a las nuevas generaciones que, por otra parte, cambian cada vez más rápidamente. Nos gustaría que no fuese así. Pero no es algo que podamos elegir. Simplemente sucede. Me acuerdo, cuando llegué a la universidad, que algunos ilustres humanistas me decían: «Las generaciones de alumnos mutan cada cinco o seis años». Ahora tendríamos que decir que quizá cada menos tiempo.

En cuanto lugar y de forma muy práctica, está cambiando lo que reclaman los directores de recursos humanos y los empleadores en las empresas. Hace no muchos años lo que pedían era monotemático: «envíenlos más formados técnicamente, más competentes».

Hay que decir que, con excepciones, como muestra de ello me permito mencionar una anécdota personal: mi primera oferta de trabajo la recibí de la que entonces era la gran auditora y consultora del momento, Arthur Andersen. Al director de recursos humanos que contactó conmigo, le pregunté:

–Con el expediente que tengo, que es bastante peor que el de muchos de mis compañeros, ¿por qué me habéis elegido?

–Respondió: Lo que tú puedas saber de contabilidad y de otras competencias técnicas te lo vamos a enseñar aquí. Para contratarte, me interesan otras cosas.

Efectivamente en la entrevista previa a la contratación no me preguntó nada relacionado con conocimientos técnicos; estuvimos tres cuartos de hora hablando de la teología de la liberación. Era el año 1986. Esto lo veo, lógicamente, como una excepción en el mundo del reclutamiento por parte de las empresas que, como digo, hasta hace no mucho, solo se fijaban en competencias técnicas y profesionalizantes para contratar.

Afortunadamente soplan vientos a favor de otra mirada por parte de las empresas, que se dan cuenta de que el sistema no funciona y se empiezan a plantear de otra manera los temas de atracción y retención del talento.

Cada vez es más frecuente que los directores de recursos humanos se den cuenta de que contratan por las *hard skills* y despiden por las *soft skills*. Es estupendo que un candidato tenga un expediente académico de nueve y medio, hable tres idiomas y haya hecho prácticas en empresas de mucho prestigio; pero al final los problemas surgen, no tanto con el que no es competente en lo suyo (la mayoría de la gente lo es suficientemente), sino con el que es tóxico, hace la vida imposible a los demás, no sabe cooperar, no sabe escuchar, no es capaz de dar segundas oportunidades a sus equipos, a sus pares o a sus jefes. Ese empleado es al que se despide antes que al que no tiene todas las competencias técnicas que siempre puede adquirir con nueva formación, con un cambio de puesto, etc. El fracaso en el desempeño del talento en las empresas cada vez se ve más vinculado a temas relacionales que son de un calado humano mucho más profundo que los saberes técnicos.

Las empresas están descubriendo que lo que necesitan que les venga de la universidad es algo que va mucho más allá de la formación en la que, como universidades, nos hemos especializado demasiado.

Para finalizar, incluyo en esta reflexión dos últimas observaciones:

Tenemos que hacer un ejercicio de honestidad respecto a lo que estamos cobrando por enseñar. En las universidades privadas cobramos de ocho a quince mil euros cada año, según los grados; por cuatro años, la media puede ser cuarenta o cincuenta mil euros; en Estados Unidos más de doscientos mil. En uno y otro caso estamos cobrando esas cantidades por enseñar una serie de cosas que ya sabemos que la Inteligencia Artificial y los robots van a dejar obsoletas dentro poco en un porcentaje muy importante.

Joseph Aoun, presidente de la Northeastern University en Boston, una de las universidades norteamericanas mejor ranqueadas y especialmente reconocida como universidad innovadora, en 2019 escribe un libro titulado *Robot-Proof*[3], (A prueba de robots); donde explica por qué piensa que puede estar estafando a sus alumnos: entre el 40 y el 60 % de lo que están enseñando es algo que la Inteligencia Artificial o los robots van a hacer en poco tiempo, por tanto, es bastante inútil proponerles eso en vez de aprendizajes "a prueba de robots". Acuña el término "*humanics*" para hablar de las humanidades que, en un buen entendimiento con la tecnología, la IA y los robots, deberían estar enseñándose en las universidades.

Y, por último, en el plano estrictamente mercantil, como universidades no podemos vivir de espaldas al mercado, en este caso el nuestro que es el de la educación superior. Tenemos que preguntarnos si el oligopolio que representan las universidades para este sector va a durar para siempre, o si, por el contrario, nos será de aplicación esto tan repetido en los últimos años de que "a todo sector le llega su Uber", como le ocurrió al sector del taxi; o por poner un ejemplo más fugaz, a Kodak con la imagen digital. En nuestro caso la llegada está siendo más lenta, pero es evidente que ya está aquí. Es una realidad que todavía se nota poco, pero va creciendo constante

---

[3] J. E. AOUN, *Robot-Proof. Higher Education in the Age of Artificial Intelligence*, The MIT Press, 2017. DOI: https://doi.org/10.7551/mitpress/11456.001.0001

e implacablemente en los últimos años: muchas cosas de las que enseñamos ahora están empezando a ser enseñadas por otras instituciones no universitarias que, en formato de micro credenciales, certificaciones, títulos propios, etc., se ofrecen al mercado comprobando que el negocio de la educación puede ser muy lucrativo.

Solo el área de formación de LinkedIn (*LinkedIn Learning Hub*) ofrece más de 20.000 cursos. Podemos pensar ingenuamente que este tipo de formación no compite con nuestros grados y posgrados; pero sí que lo hace y lo hará más. Es solo cuestión de tiempo.

No me parece arriesgado pensar que cada vez habrá más jóvenes de dieciocho años que tradicionalmente estudiarían un grado universitario, (porque hasta ahora es lo que correspondía después del bachillerato), y que ahora se planteen que estudiar por ejemplo un grado en periodismo durante cuatro años para que luego no te contraten de periodista, o te tengan mal pagándote y como becario durante años no merece la pena; y más en un mundo como el periodismo que no sabemos hacia dónde va desde el punto de vista profesional; cada vez tendrá más atractivo conseguir en un año o en pocos meses una certificación con una empresa del sector, que proporciona empleo seguro a corto plazo, y que luego ¡ya veremos si merece la pena estudiar o no un grado!

Últimamente hemos venido leyendo artículos en la prensa norteamericana, que se hacen eco del escepticismo creciente en Estados Unidos, por parte del americano medio, sobre el valor que tiene que sus hijos, con gran sacrificio económico para los padres, vayan a los *Colleges* americanos. De hecho, la *ratio* de personas que se gradúan en la universidad en Estados Unidos cada año es menor. Cada vez más padres están de acuerdo -algo que hace años era impensable- con que es muy digno que sus hijos no vayan a un *College*, y que estudien un año una certificación en algo, muchas veces por Internet y que se pongan a trabajar. Lo que antes podía percibirse socialmente vergonzante, ahora está dejando de serlo.

Esa credibilidad, esa aura de promesa para un progreso personal o familiar ha caído, entre otras cosas porque muchos, cuando acaban esos *Colleges* carísimos, no logran cobrar lo suficiente para pagar la deuda que han contraído por cursar los estudios universitarios. Es un tema que a Europa le afecta de otra forma, pero también nos influye, y, sobre todo, nos afectará.

Teniendo en cuenta todos estos aspectos, reflexionemos a fondo para descubrir dónde está el valor añadido de una Universidad que aspira, máxime si su oferta es presencial, a que los alumnos vengan al campus durante cuatro años y estén pagando por algo que retrasa su incorporación al mundo profesional. ¿Dónde está ese valor añadido por el que vamos a seguir cobrando o vamos a seguir operando en el mercado?

Todos los factores, empezando por los de misión e identidad, pero sin menospreciar los de mercado, apuntan a que necesitamos una universidad distinta; y a pensar que lo que actualmente ofrecemos en nuestras universidades debe someterse a revisión. En todas las universidades, y con más intensidad y por más razones, en las universidades católicas.

3. ¿Qué deberíamos plantearnos en la universidad?
El difícil arte de los "cómos"

Ahora me gustaría plantear cómo salir al paso de este reto, sugerir algunos "cómos". Desde mi experiencia personal, tras veintidós años siendo rector, soy consciente de que cada día es más difícil intentar ser una universidad que de verdad responda a un propósito valioso para la sociedad, un propósito que quiera trascender esa universidad de la formación para un oficio, como hablábamos al inicio.

Sobrecoge pensar que nuestra tarea consiste en educar a personas que se ponen delante de nosotros cada septiembre para decir: –a ver qué haces conmigo, con mi vida, vengo a formarme, y formarme significa que quiero crecer y te elijo como socio para que me ayudes a crecer como persona y como profesional–. Ellos pueden no ser conscientes de esto y pensar que solo vienen a la universidad para que los preparemos para ganar el mejor sueldo posible y lo más rápido posible; pero nosotros sabemos que vienen para otra cosa, más profunda y de mucho más alcance y reto.

Es una responsabilidad muy grande que cuanto mejor intentas responder, más cuenta te das de lo complejo que es, y también más padeces la herencia y la forma en la que hemos hecho universidad durante mucho tiempo.

La universidad no se cambia de repente, los profesores han estudiado lo que han estudiado, tienen los manuales que tienen, sus formas didácticas y pedagógicas. Uno puede ir adaptándose, pero sustancialmente hereda una forma de hacer las cosas y cambiar eso, en la medida que haya que hacerlo, es muy difícil.

4. Efecto Merlín

En este sentido me viene a la cabeza algo que siempre me ha estimulado mucho y es lo que algunas empresas llaman el efecto Merlín. Merlín, como recordaréis. lo que hacía era anticipar el futuro para el Rey Arturo. El proceder humano generalmente consiste en que «veo lo que soy en mi presente y según esto programo mi futuro». Lo que propone el efecto

Merlín en las empresas es lo contrario: «veo lo que me siento llamado a ser en el futuro, y según eso empiezo a cambiar mi presente».

Creo que debe haber una combinación de ambos, porque el realismo de los medios de los que se dispone y de lo que uno es, tiene que importar. En el caso de nuestras universidades católicas pensamos que hay Alguien (con mayúsculas), que nos llama, por lo tanto, si nos llama es porque habrá pensado que adonde nos llama podemos ir. Podemos alcanzar esa meta que nos propone. Si podemos ir, y por muy difícil y complicado que sea, alcanzar esa misión; tenemos que plantearnos cómo tenemos que modificar nuestro presente para llegar a ese futuro.

En este aspecto recomiendo que conjuremos ese error tan corriente de que porque no sabemos los "cómos" rechazamos los "qués". Si tenemos claro que debemos emprender un camino hacia un tipo de formación y de propuesta universitaria distinta de la que venimos haciendo, aguantemos el vértigo de no conocer los "cómos". No nos queda más alternativa coherente que arremangarnos y ponernos a hacerlo o aprender a hacerlo.

5. Las *human skills*

Algo que se nos dice desde el futuro (en realidad ya desde el presente, como hemos comentado), es que debemos tomarnos muy en serio la formación en *human skills* (me gusta más que el término *soft skills*, porque de *soft* no tienen nada). Tenemos un reto enorme al plantearnos qué valores debemos incentivar con nuestra formación en el adulto que luego enviamos a la sociedad. En qué claves de lo humano reside el que su aportación sea de verdad valiosa en su empresa, en su hospital, en su despacho de arquitectos...; pero también en su familia, en sus grupos de amistad e influencia, en el ejercicio de la política... ¿En qué claves reside el que sea valiosa su vida, y su vida para los demás?

No se trata de la formación en lo que ahora se llaman competencias transversales, porque quien más quien menos, todo el mundo se ha puesto a formar en el emprendimiento, en el trabajo en equipo... Todo eso ya es estándar. Me estoy refiriendo a otra cosa. Si hablamos de *human skills*, ¿nos atrevemos a hablar de formar en la gratuidad, en el perdón, en la escucha activa, en la mirada posibilitadora sobre los otros y sobre la realidad...? Porque estos son los retos humanos y relacionales principales en cualquier departamento, en cualquier empresa (en realidad en cualquier ámbito valioso de nuestra vida: matrimonio, relación con los hijos, ejercicio de la ciudadanía...). La gente no sabe pedirse perdón o no sabe aceptar el perdón ni concederlo; nos cuesta mucho ser generosos y estar dispuestos a dar más de lo que esperamos recibir; no tenemos una mirada agradecida sobre la realidad y tendemos a considerarnos acreedores permanentes con la vida, en lugar de deudores. Nos cuesta dar segundas oportunidades, sentenciamos y tratamos a las personas según sus comportamientos, olvidando que la persona es más que su comportamiento.

Uno podría decir: «eso que lo traigan de casa» o «que se vayan a la parroquia y se lo enseñen». ¿Por qué? Comprendo que alguien siga pensando que la universidad no está para eso. Pero yo creo que sí; a mí me hubiera encantado que mi formación universitaria hubiera comprendido esas habilidades humanas; porque me cuesta el perdón y nadie me ha enseñado a perdonar. Si me han enseñado, no ha sido en la universidad. Si esto es algo importante para la convivencia en cualquier sitio, particularmente en el trabajo, donde a todo el mundo le preocupa que seamos productivos, pues que me lo enseñen, porque seré mucho mejor trabajador si se hacer esto.

Lo mismo ocurre, por ejemplo, con la gratuidad. Habla Stefano Zamagni de los "supertontos", que son aquellos que están dispuestos en una empresa –son realmente minoría–, a dar más de lo que saben que van a recibir. En un equipo de trabajo, con su jefe, etc.; son la clave de los progresos de las empresas: cuando hay un número mínimo de "supertontos" capaces de dar más de lo que van a recibir.

Me hubiera encantado que me hubieran enseñado esto en la universidad en mi carrera de Administración y Dirección de Empresas. Cómo voy a ser un buen administrador o director de empresa si lo sé todo de contabilidad, estrategia y logística, pero soy torpe o analfabeto en mis relaciones personales, en elevar la temperatura humana de los equipos, en liderazgo de servicio, en compromiso real con el bien común de mi equipo, de mi empresa, de mi comunidad.

Tengo tres hijos que ha se graduaron en mi universidad y uno que está empezando. Si soy honesto, lo que más deseo que hayan aprendido, lo que más me gustaría que mi universidad les haya aportado, son esos valores y esa formación del carácter que les equipe para una vida fecunda, para ellos y para los demás. Ojalá también les haya enseñado a manejar con destreza las cuestiones técnicas del oficio en el que se vayan a desempeñar. Estas las adquieren incipientemente en la universidad, pero las desarrollan sustancialmente en sus trabajos. Sin embargo, lo que tiene que ver con el crecimiento como personas, con la formación integral, con el desarrollo y el entrenamiento en el fomento de las virtudes básicas es algo que, si no aprenden en la universidad, pueden no tener oportunidad de encontrárselo en sus profesiones hasta el día en que se jubilen.

Así, la pregunta que nos tenemos que formular es: igual que tenemos tasados los créditos y las horas que dedicamos a que aprendan el plan general contable o los conocimientos básicos de anatomía, ¿Cuántos créditos, actividades, seminarios o talleres dedicamos a esas cosas que van más allá de la formación técnica? ¿Qué esfuerzo de creatividad y de pelea con la agencia acreditadora hemos hecho para que tengan cabida en nuestros planes oficiales, y no sean simples seminarios voluntarios que atienden un porcentaje minúsculo de nuestros alumnos? ¿Cómo hacemos para poner medios proporcionales a los resultados que esperamos?

6. Aprendizaje significativo: Razón abierta

Otro cómo que me planteo y propongo: formar para un aprendizaje significativo. Y aquí traigo tres palabras: transdisciplinariedad, interdisciplinariedad e "intradisciplinariedad".

La transdisciplinariedad es algo de lo que de manera magistral habló Benedicto XVI: una universidad no es católica porque tenga crucifijos en las aulas, una pastoral muy activa o misa todos los días, eso está muy bien, por supuesto. Una universidad es católica por el modo en que se usa la razón. Él decía, el modo de usar la razón es desde una razón abierta o ampliada. ¿Abierta a qué? ¿A qué tienen que estar abiertas las disciplinas particulares, la química, la biología, la física, la economía, etc.? A aquellas ciencias que las pueden complementar y dar respuesta a las preguntas que no son posibles responder desde la propia disciplina particular. Esas ciencias son la Filosofía y la Teología. En algún momento de la trayectoria centenaria de la universidad se perdió ese contacto y hay que recuperarlo. La transdisciplinariedad de las disciplinas particulares en contacto con la Filosofía y la Teología.

Para un aprendizaje significativo, es importante en segundo lugar, la famosa síntesis de saberes o interdisciplinariedad entre las ciencias. Si las ciencias no se hablan, se convierten en guetos científicos que están cercenados, que les falta algo. En esto no hay que insistir mucho porque casi todo el mundo lo entiende; y a la vez quien lo intenta se da cuenta de lo difícil que es ponerlo en práctica, porque cada ámbito de conocimiento suele tener la tentación de convertirse en su propio reino de taifas, sobre todo en universidades muy grandes, dificultando con ello, esa interdisciplinariedad.

La "intradisciplinariedad" es aquella que piensa en clave no de profesores sino de comunidades docentes, que se da cuenta de que lo que estoy enseñando ahora tiene que estar conectado para que haya un aprendizaje de verdad significativo en el alumno. Tiene que estar conectado con lo que han enseñado los que me han precedido. Entonces el profesor de tercero o de segundo, tiene que mirar atrás y hacer referencias constantes y engarces con lo que han aprendido antes. No pensar que mi asignatura es autónoma y enseño lo que enseño, y el alumno en su cabeza que haga la síntesis que pueda. Es normalmente lo que tendemos a hacer. Es un reto enorme el ser capaces de funcionar como comunidades docentes y de buscar esa "intradisciplinariedad".

Otro cómo que puede sonar genérico, pero hemos de conseguir que no lo sea, es priorizar la relación en el proceso de enseñanza-aprendizaje. Esto que ahora se habla tanto, y creo que, con mucha razón, del acompañamiento. Un acompañamiento bien entendido, de profesores a los alumnos, de alumnos entre sí, de profesores entre profesores, por supuesto de directivos a equipos.

El debido acompañamiento y la priorización de la relación es fundamental, porque cuando el eje está puesto sólo sobre la transmisión de conocimiento de un formador que emite algo y un receptor que recibe algo, es difícil que se produzca ese aprendizaje significativo del que hablamos. La importancia de la relación en el proceso educativo es algo sobre lo que cada vez hay más congresos, publicaciones y trabajos que la ponen de manifiesto; ahora falta que queramos implantarlo y que sepamos darle el lugar apropiado en el gobierno y el diseño curricular de nuestras universidades.

Es necesario que afrontemos un examen y ver qué nota sacamos: las preguntas de ese examen tienen que ver con el nivel de temperatura de la relación en mi universidad: principalmente entre profesor y alumno, pero también entre los profesores, entre los alumnos, y entre los directivos con sus equipos.

7. Respecto al gobierno de la Universidad

Desde el gobierno de una universidad, ¿qué les diría a mis colegas rectores cuando me jubile? Durante mucho tiempo me he preguntado cómo se gobierna una universidad, a qué se le da más peso, qué se pone en el centro. Me he dado cuenta de que hay universidades en las que los que mandan son los vicerrectores –modelo común de universidades privadas tradicionales–; universidades donde los que mandan son los decanos –modelo muy presente en las universidades públicas, donde el verdadero rector en cada facultad es su decano–; y universidades, normalmente las mercantiles, donde lo que manda es el corporativo de directores de negocio: el director de recursos humanos, el director gerente, el director de ventas y marketing, etc., con un CEO a la cabeza. Todos ellos con rango similar al del propio rector, quien ejerce, a lo sumo, como un director general académico.

Mi impresión es que en la universidad que necesitamos debe haber un verdadero gobierno en comunidad, nos tenemos que dar cuenta de que todos los subgrupos mencionados anteriormente son importantes y deben pasar del reparto del "poder" en la universidad a compartir la responsabilidad por la misión.

8. Universidad centrada ¿en el profesor o en el alumno?

No nos equivocamos si decimos que el elemento fundamental en torno al cual tiene que girar la universidad es el profesor. Sé qué esto a algunos los escandaliza, porque es muy corriente escuchar que tenemos que ser universidades centradas en los alumnos; otros dicen que centradas en el cliente, en el usuario. Estoy totalmente de acuerdo, yo también abogo por estar centrado en el alumno. Pero sucede que la universidad más centrada en el alumno es la universidad centrada en el profesor.

Un partido solo se gana metiendo más goles que el contrario. Para que eso suceda son muy importantes: el entrenador, el presidente del club que compra a los jugadores, el director médico que prepara a los jugadores para que no se lesionen, el preparador físico, etc. Pero el que mete el gol, el que hace ganar o no ganar un partido, es el jugador. En la universidad el jugador es el profesor. Los demás estamos para posibilitarle que haga lo mejor posible su tarea.

Utilizando una metáfora militar, si los profesores son los que están "pegando tiros", no tiene sentido que los que estamos en retaguardia nos sintamos tan importantes que les hagamos decir a los profesores: «qué instancia tengo que rellenar para que me repongas munición, porque se me ha acabado». Tenemos que estar todos a ver cómo ese señor puede estar pegando tiros todo el rato, porque de lo que se trata es de conseguir lo que intenta el profesor. El resto de la universidad tiene que estar pensada para eso. Por ejemplo, el departamento de personas tiene que estar pensando cómo ayuda a que los directores generales y los decanos cuando buscan profesores encuentren lo que necesitan desde el punto de vista de la ANECA, ratios, doctores, y sexenios; pero que encuentren también el tipo de profesor que desde el plan estratégico de la universidad les hemos dicho que necesitamos: un profesor que piensa desde una razón abierta, que va a priorizar la relación, etc.

Estamos diciendo eso, lo predicamos, y luego resulta que el departamento de recursos humanos de lo único que se encarga es de buscar gente que cumpla no sé qué *ratios*, que está muy bien, pero que no es suficiente. Si el departamento de recursos humanos se centra en decir qué tipo de profesor necesitamos como universidad y en conseguir ese profesor que nos hará posible cumplir la misión, todo funcionará de otra manera. Ocurre lo mismo con la asignación de recursos desde la gerencia, con los vicerrectores que piensan políticas transversales que tienen que servir para que el profesor juegue mejor su partido, etc.

Creo que esto que parece evidente no lo es tanto en la práctica. Lo dice alguien al que le preocupa mucho la experiencia de usuario, que el café en la cafetería sea bueno para el alumno, y muchas cosas que tienen que ver con su experiencia integral. Eso está muy bien, sí. Pero nos confundimos si pensamos que podemos tener universidades centradas en el alumno, si no somos universidades centradas en el profesor.

9. Conclusión

Lo que he intentado exponer hasta aquí requiere muchas acciones que a veces no son fáciles de resolver o que, como decía Edmund Burke, «nadie comete mayor error que aquél que no hace nada porque solo puede hacer un poco». Hay veces que, aunque sea poco, hay que hacerlo. Lo de las minorías proféticas o creativas[4], también funciona entre el profesorado. Cuando uno logra que un grupito de profesores se tome en serio todo esto que hemos dicho, hay una mímesis también ahí, sobre todo en lo bueno. El bien es difusivo, y, por tanto, cala, y doy fe de que es así.

El problema se produce cuando nos toca orquestar los medios y los orquestamos todos para que sucedan otras cosas; a lo mejor salimos muy bien en los *rankings,* o competimos muy bien en el mercado. Todo eso hay que promoverlo, pero nos tenemos que examinar de aquello que de verdad nos hace pensar que no somos irrelevantes desde el punto de vista del cambio social, como decíamos al principio.

Finalizo con unas palabras del cardenal Ratzinger, cuando todavía no era papa, en la misa *Pro Eligendo* Pontífice, la misa previa a la elección en la que luego él resultó elegido Sumo Pontífice, y que me impactaron enormemente. De alguna manera resumen lo que he intentado exponer en esta reflexión sobre la universidad que necesitamos:

Todos los hombres quieren dejar una huella que permanezca. Pero ¿qué permanece? ¿El dinero? No. Tampoco los edificios. Los libros, tampoco. Después de cierto tiempo, más o menos largo, todas estas cosas desaparecen. Lo único que permanece eterna-

---

[4] A. J. TOYNBEE, *Estudios de la Historia*, compendio 1-4 vols., Alianza Editorial, Madrid 19989. La obra completa publicada en doce volúmenes, entre los años 1934 al 1961, describe el auge y la caída de veintiséis civilizaciones de todos los continentes. Comprueba cómo el paso de un ritmo estático a uno creador no depende de la civilización en sí, sino de una minoría creativa, cuya influencia se extiende al resto de la sociedad.

mente es el alma humana, el hombre creado por Dios para la eternidad, por tanto, el fruto que permanece es todo lo que hemos sembrado en las almas humanas: el amor, el conocimiento, el gesto capaz de tocar el corazón, la palabra que abre el alma a la alegría del Señor[5].

Que, como universidades, seamos capaces de sembrar así. Gracias por escucharme y gloria a Dios.

---

[5] Cardenal Joseph RATZINGER, Homilía en la misa *Pro Eligendo* Pontifice, 18 abril 2005.

Este libro se terminó de
imprimir el 15 de junio de 2025,
festividad de Santa María Micaela
del Santísimo Sacramento